古文獻整理與研究

第八輯

陝西省社會科學院古籍整理研究所 編

党斌 主編

鳳凰出版社

圖書在版編目（ＣＩＰ）數據

古文獻整理與研究. 第八輯 / 陝西省社會科學院古
籍整理研究所編 ; 党斌主編. -- 南京 : 鳳凰出版社,
2023.12
ISBN 978-7-5506-4088-7

Ⅰ. ①古… Ⅱ. ①陝… ②党… Ⅲ. ①古籍整理－研
究－中國②古籍研究－中國 Ⅳ. ①G256.1

中國國家版本館CIP數據核字(2023)第253809號

書　　　　名	古文獻整理與研究（第八輯）
編　　　　者	陝西省社會科學院古籍整理研究所
主　　　　編	党　斌
責 任 編 輯	徐珊珊
特 約 編 輯	姜　好
裝 幀 設 計	陳貴子
責 任 監 製	程明嬌
出 版 發 行	鳳凰出版社(原江蘇古籍出版社)
	發行部電話025-83223462
出版社地址	江蘇省南京市中央路165號,郵編:210009
照　　　　排	南京凱建文化發展有限公司
印　　　　刷	江蘇鳳凰數碼印務有限公司
	江蘇省南京市栖霞區堯新大道399號,郵編:210038
開　　　　本	787毫米×1092毫米　1/16
印　　　　張	17.25
字　　　　數	325千字
版　　　　次	2023年12月第1版
印　　　　次	2023年12月第1次印刷
標 準 書 號	ISBN 978-7-5506-4088-7
定　　　　價	135.00圓
	(本書凡印裝錯誤可向承印廠調換,電話:025-57718474)

《古文獻整理與研究》編委會

目　　録

傳統文獻研究

新出與稀見文獻研究

《穆天子傳》的原題名和篇目問題[*]

周書燦　張曉琳

　　《穆天子傳》自汲冢出土後,即引起學者們的高度重視。然迄今爲止,《穆天子傳》原題名、篇目之類的諸多問題,仍處于懸而未決、聚訟紛紜的狀態中。由于此類問題直接影響學術界對《穆天子傳》的文獻和史料價值的判定,所以,對這些問題繼續做一番系統的梳理和深入細緻的研究,仍顯得頗有必要。

一、歷代著録中的异名情况

　　汲冢竹書出土後,《穆天子傳》經荀勖、和嶠等人校理流傳至明清時期,其題名經過歷代傳抄、注釋,异名頗多。异名現象最早開始于東晉,以宋代最爲繁多。茲擇歷代著録《穆天子傳》异名之條目,舉證如下:

　　1.《史記》卷五《秦本紀》【索隱】:“《穆王傳》曰赤驥、盗驪、白義、渠黄、驊騮、騄駬、騄耳、山子。”①

　　2. 王應麟《玉海·藝文》卷二十四《周王傳·穆天子傳》云:“《唐志》:《穆天子傳》六卷。《晋書》云‘五篇’。《隋志》:六卷,汲冢書,郭璞注。起居注類。晋時得汲冢書,有《穆天子傳》,體製與今起居正同,蓋周時内史所記王命之副也。《春秋正義》:《周王游行》五卷。《文選》陶潜《讀山海經詩》:泛覽周王傳。《中興書目》:六卷。晋太康二年,汲

　　* 本文爲貴州省 2020 年度哲學社會科學規劃國學單列一般課題“現代學術思潮與多學科視野下的《穆天子傳》研究”(項目編號:20GZGX16)階段性成果。

①　司馬遷撰,裴駰集解,司馬貞索隱,張守節正義《史記》卷五,北京:中華書局,2013 年,點校本二十四史修訂本,第 224 頁。

郡民發古冢得之。其書言穆王游行之事。侍中荀勖等校正，郭璞爲之注。”①

3. 王應麟《玉海·藝文》卷十三《晋竹書紀年·古文官書》云：“《穆天子傳》五篇，言周穆王游行四海，見帝臺、西王母。……《周王游行》五卷，説穆王游行天下之事，今謂之《穆天子傳》。”②

4. 《六臣注文選》卷三十陶淵明《讀山海經》下注云：“善曰：‘《周王傳》，《穆天子傳》也。《山海圖》，《山海經》也。’銑曰：‘泛，溥也。《周王傳》謂《周穆王傳》也。’”③

5. 《六臣注文選》卷四十六王融（元長）《三月三日曲水詩序》李善注云：“《周穆王傳》曰：‘天子賜七萃之士。’”④

6. 晁公武《郡齋讀書志》卷第九傳記類《穆天子傳》云：“郭璞注本謂之《周王游行記》。”⑤

7. 馬端臨《文獻通考·經籍考》卷二十一《穆天子傳》云：“郭璞注本謂之‘周王游行記’。勖之時，古文已不能盡識。時有缺者，又轉寫益誤，殆不可讀。”⑥

　　從以上記載，可以清晰發現在傳抄過程中，《穆天子傳》屢屢有《穆王傳》《周王游行》《周王傳》《周穆王傳》《周王游行記》的不同名稱。《穆天子傳》各種異名的産生，或有兩種可能。一是晚出文獻將《列子》中關于周穆王之事和《穆天子傳》中的相關記載，張冠李戴，互相混淆。如《文選》中所引“《周穆王傳》曰：‘天子賜七萃之士’”⑦之文爲《穆天子傳》，而李昉《太平御覽》卷五七四樂部舞“《周穆王傳》曰：‘有偃師者，縛草作人，以五采衣之，使舞。王與美人觀之，草人以手招美人，王怒’”⑧之文字，實轉錄自《列子·湯問》。二者雖然同名爲《周穆王傳》，然而其文不符實。二是“竹書整理時經多人之手，故有异名。以周穆王巡游四海爲主題的竹書，荀勖等的定本稱《穆天子傳》，束晢的校改本則稱《周王游行》”，⑨而“以《穆天子傳》和《周王游行》出現最早，其他名稱可能是這兩個書名在其書流

①　王應麟撰，武秀成、趙庶洋校證《玉海藝文校證》卷二四，南京：鳳凰出版社，2013 年，下册，第 1153—1154 頁。
②　王應麟撰，武秀成、趙庶洋校證《玉海藝文校證》卷一三，中册，第 604—605 頁。
③　蕭統編選，李善等注《六臣注文選》卷三〇，杭州：浙江古籍出版社，1999 年，《四部叢刊》影印宋刊本，第 543 頁。
④⑦　蕭統編選，李善等注《六臣注文選》卷四〇六，第 855 頁。
⑤　晁公武編，孫猛校《郡齋讀書志校證》卷九，上海：上海古籍出版社，1990 年，第 360 頁。
⑥　馬端臨著，華東師大古籍研究所標校《文獻通考·經籍考》卷二一，上海：華東師範大學出版社，1985 年，第 511 頁。
⑧　李昉等《太平御覽》卷五七四，北京：中華書局，1960 年，上海涵芬樓影印宋本，第 3 册，第 2592 頁。
⑨　鄭杰文《關于〈穆天子傳〉出土、整理、流傳諸問題的考辨》，山東大學古籍整理研究所編《古籍整理研究論叢》，濟南：山東大學出版社，1991 年，第 65 頁。

傳、轉抄、引用時的省稱或轉稱"。①《周王游行記》一名，則被認爲是後世傳抄中出現衍文
"記"字，如晁公武云："郭璞注本謂之《周王游行記》。"②朱希祖認爲"此'記'蓋亦晁氏自
加，《左傳正義》及《玉海》所引，皆無'記'字"。③ 綜上可知，"竹書整理時經多人之手，故有
異名"之説，大體接近歷史實際。然《穆天子傳》自束晳校理後即出現異名，而束晳爲何將
《穆天子傳》改名，以及爲何改名爲《周王游行》，學術界則長期存在諸多爭議。

二、有關束晳改名《周王游行》的爭議

作爲汲冢古書之一的《穆天子傳》，經由荀勖、和嶠等隸寫整理，迄束晳校訂名《周王游
行》。《穆天子傳》經過再次校理之後出現異名，一度引起不少學者的注意。明代學者胡應
麟即曾懷疑：

> 《穆天子傳》諸家皆稱六卷，余讀之，前五卷皆紀穆王行游，第六卷獨叙王葬盛姬
> 事，文實出一人手而體制不類爲疑。及讀《束晳傳》載《穆天子傳》五篇而盛姬自爲一
> 篇，乃知本非一書，以穆王附合耳。④

胡氏讀《束晳傳》後質疑《穆天子傳》中"盛姬"一事并原書所有，乃荀勖"以穆王附合耳"，這
表明荀勖本和束晳本之間的區別在于是否收錄盛姬事。荀勖本收錄"盛姬死事"，是因此
卷記載爲周穆王之事。"盛姬"篇目是否爲《穆天子傳》原書内容，長期以來也是《穆天子
傳》文獻學學術史争訟的焦點問題之一。

胡應麟之後，考證最爲詳實的學者是朱希祖。朱氏在《汲冢書考》中，對束晳改名一事
條分縷析，頗有理據：

> 余考《紀年》有和嶠、束晳二本。《穆天子傳》亦有荀勖、束晳二本：荀勖本名《穆天
> 子傳》，束晳本名《周王游行》。蓋此書所載，實記穆王游行事，若名《穆天子傳》，則必
> 將穆王生平大事全行記入，方副其名。束晳以考正汲冢書爲己任，則改正名辭，亦一

---

① 鄭杰文《關于〈穆天子傳〉出土、整理、流傳諸問題的考辨》，《古籍整理研究論叢》，第 64 頁。
② 晁公武編，孫猛校《郡齋讀書志校證》卷九，第 360 頁。
③ 朱希祖《汲冢書考》，北京：中華書局，1960 年，第 28 頁。
④ 胡應麟《少室山房筆叢》卷三四，上海：上海書店，2009 年，第 342—343 頁。

要事。①

綜上可知,朱氏認爲,《穆天子傳》名不副實,故束晳"改正名辭"。朱氏詳舉三證,考證束晳改名問題:

　　束晳之時,《穆天子傳》已盛行荀本……而王隱《晋書·束晳傳》不稱《穆天子傳》而稱《周王游行》,明此名爲束晳所改,此一證也。束晳改訂《穆天子傳》,不特改其名稱,即其事迹亦有增減。唐修《晋書》卷五十一《束晳傳》言穆王游行四海,見帝臺、西王母,今本《穆天子傳》不載見帝臺事……此二證也。……荀勖《穆天子傳序》云"其書言周穆王游行之事",疑《汲冢竹書》原名爲《周王游行》,勖以《盛姬死事》加入其内,故改名爲《穆天子傳》,束晳特復其舊名,又去《盛姬死事》,以副游行之實耳,此三證也。②

朱希祖之説得到了衛挺生肯定。衛氏詳細補正了束晳校述的經過:

　　《穆天子傳》在太康三年,公元二八二年,已成書,荀勖等表上晋武帝,已見上文。《晋書·王接傳》云:"時秘書丞衛恒考正汲冢書,未訖而遭難。著作郎束晳述而成之,事多證异義。"察衛恒之遭難,事在晋惠帝永平元年(公元二九一年)六月。"束晳述而成之",又在其後。《穆天子傳》已成書十年以後,而經"衛恒考正未訖"束晳述成而改稱"《周王游行》"則可證此名乃束晳所改。③

　　這一補正爲朱氏之説增添了更强的説服力。目前絶大多數學者贊同《周王游行》爲束晳所改,而非他人。顯然,"盛姬死事"與前五篇"穆王游行"之事不成一類,從古至今,絶大部分學者多有共識。然束晳既覺"盛姬死事"不符原貌,删去即可,爲何改其名?朱希祖在第三證給出了理由:"疑《汲冢竹書》原名爲《周王游行》,勖以《盛姬死事》加入其内,故改名爲《穆天子傳》,束晳特復其舊名,又去《盛姬死事》,以副游行之實耳。"④朱氏對《穆天子傳》原題名的觀點一經發表,很快就得到了部分學者的支持,如有的學者引證王隱《晋書》

①　朱希祖《汲冢書考》,第28頁。
②　朱希祖《汲冢書考》,第28—29頁。
③　衛挺生《穆天子傳今考》外篇,臺北:陽明山莊出版社,1971年,第1册,第98頁。
④　朱希祖《汲冢書考》,第29頁。

以及唐修《晋書》中《束皙傳》收録的關于汲冢竹書目録的記載，判定"穆天子傳最初編校時題名爲《周王游行》，只五卷，經荀勖再次校定後即已改名爲《穆天子傳》，決非王隱時方有此名"。①

綜合以上諸家之言，《周王游行》爲《穆天子傳》原題名，共五篇，束皙删減"盛姬死事"，特復舊名，以副其實。此説似乎逐漸成爲大部分學者的普遍"共識"，然亦有學者認爲，"竹書本無定名，今名係整理者所加"，②束皙"增補佚簡，加進穆王見帝臺于宣岳事，使之成爲一種新本子，定名爲《周王游行》"。③ 這一觀點對朱希祖認爲《周王游行》爲汲冢竹書原題名説提出了新的疑問。經過荀勖、束皙先後兩次的整理，至東晋時人們所見到的《穆天子傳》已是各有增删的整理本，而其原題名在歷代著録中并未有詳細而明確的記載。雖然根據歷代著録記載，《穆天子傳》的題名頗多，但總體上被古今學者所認可，跟原題名有關係的，只有荀勖定名《穆天子傳》和束皙校定名《周王游行》。究竟《周王游行》是竹書原題名，還是《穆天子傳》是原題名？ 顯然，這一問題，尚有待于進一步深入的思考和探究。

三、《周王游行》是否《穆天子傳》原題名

綜上可知，《周王游行》是否爲《穆天子傳》的原題名這一問題，顯然是從推斷束皙改名的初衷中延伸出來的一個新的問題，所以，大部分學者往往將這兩個問題結合在一起討論。迄今爲止，《周王游行》是否爲《穆天子傳》的原題名是困擾學術界的一個難解的問題；而束皙改名的初衷是特復舊貌，以副其實，還是使之成爲一種新本子，則是學術界需要深入思考的另一難題。

大部分學者認爲《周王游行》乃《穆天子傳》原題名，束皙改名目的是"特復舊名"，其提出以上觀點的主要依據有：一是王隱所著録的《晋書·束皙傳》和唐代修訂《晋書·束皙傳》中提到的汲冢竹書目録和相關《周王游行》記載；二是荀勖《穆天子傳序》"其書言周穆王游行之事"的記載。在我們今天看來，以上兩條證據均需要進一步縝密的考辨：

第一條證據即兩部《晋書》中的汲冢竹書目録。《玉海·藝文志》卷十三引王隱《晋書》云：

太康元年，汲郡得竹書漆字科斗之文，周時古文也。大凡七十五卷，《晋書》有其目

① 王天海譯注《穆天子傳譯注·燕丹子譯注》，上海：上海古籍出版社，2018年，第5頁。
② 鄭杰文《關于〈穆天子傳〉出土、整理、流傳諸問題的考辨》，《古籍整理研究論叢》，第65頁。
③ 鄭杰文《〈穆天子傳〉知見版本述要》，《文獻》第2期，1994年4月，第170頁。

録。其六十八卷皆有名題，其七卷折簡碎雜，不可名題。有《周易》上下經二卷，《紀年》十二卷，《瑣語》十一卷，《周王游行》五卷，説穆王游行天下之事，今謂之《穆天子傳》。此四部差爲整頓，詔荀勖、和嶠以隸字寫之。①

王隱所著録的《晋書》"由于南北朝至隋唐時期的戰亂以及唐修《晋書》成而衆家晋史廢等原因，該書逐漸散佚。……而從北宋所撰類書《太平御覽》《册府元龜》對王隱書多有徵引來看，該書北宋時尚存。至南宋高似孫著《史略》時則稱王隱書'世不可見'，且《宋史·藝文志》亦不見著録，所以，王隱《晋書》可能在南宋時已佚"。② 高似孫于公元 1231 年逝世，王應麟爲公元 1223 年生人，高似孫時已不見王隱《晋書》，而王應麟生活年代略晚于高似孫，見到《晋書》原貌的可能性極微。因此，《玉海》中有關王隱《晋書》的引文或是從他書傳抄而來，所以未能發覺其中舛訛之處。對此，朱希祖考證説：

> 王隱之時，尚無《晋書》。《隋書·經籍志》所列紀傳體《晋書》，在晋時所作者，以王隱爲最早，有九十三卷；次爲虞預，四十四卷；又次爲朱鳳，十四卷。而編年體則皆稱《晋紀》或《晋陽秋》，不稱《晋書》。然則此注文蓋爲孔穎達所加，所指《晋書》，唐修《晋書》也。蓋惟唐修《晋書》卷五十一《束晳傳》乃有汲冢書全部目録，其他未聞也。據此則王隱《束晳傳》僅稱《周王游行》五卷，與上《周易》《紀年》《瑣語》三部同其句法，皆無注文，故下文云"此四部差爲整頓也"，明其聊舉大概，不暇細釋。③

據朱氏所考，王隱時并無《晋書》，所以《玉海》引王隱《晋書》中所以提到的"《晋書》"乃唐代修訂的《晋書》，根據上下文義，"《晋書》有其目録，其六十八卷皆有名題，其七卷折簡碎雜，不可名題"與"説穆王游行天下之事，今謂之《穆天子傳》"二句實爲後人所作注文，傳抄之中誤入正文。既不是王隱所言，將其作爲判斷《周王游行》乃《穆天子傳》原題名的證據自然就頗值得懷疑。其次，王隱《晋書》中的汲冢竹書目録，應爲荀勖、和嶠、衛恒和束晳等學者整理過的，而非剛出土時原書之貌，既然荀勖、束晳有改名之嫌，那王隱所收之汲冢書目録自然是已經整理過的。

　　而唐代修《晋書》時，已有多部晋史流傳，然"前後《晋史》十有八家，制作雖多，未能盡

① 王應麟撰，武秀成、趙庶洋校證《玉海藝文校證》卷一三，中册，第 605 頁。
② 宋志英《王隱〈晋書〉初探》，《文獻》第 3 期，2002 年 7 月，第 6 頁。
③ 朱希祖《汲冢書考》，第 28 頁。

善"。① 于是唐太宗詔房玄齡等人以臧榮緒《晋書》爲底本,取材正典雜説數十餘部撰成《晋書》。這表明,唐修《晋書·束晳傳》中收録的汲冢書目録是參考諸家而來,故其目録遠比王隱《晋書》詳實。唐修《晋書·束晳傳》關于《穆天子傳》的記載云:

> 《穆天子傳》五篇,言周穆王游行四海,見帝臺、西王母。《圖詩》一篇,畫贊之屬也。又雜書十九篇:《周食田法》《周書》《論楚事》《周穆王美人盛姬死事》。……漆書皆科斗字。初發冢者燒策照取寶物,及官收之,多燼簡斷札,文既殘缺,不復詮次。武帝以其書付秘書校綴次第,尋考指歸,而以今文寫之。晳在著作,得觀竹書,隨疑分釋,皆有義證。②

根據上述記載,唐修《晋書》雖改《周王游行》爲《穆天子傳》,但實際仍是束晳本,如"見帝臺"是束晳《周王游行》的篇目,荀勗本無。而在《荀勗傳》中對于荀勗整理汲冢書的記述只有一句話:"及得汲郡冢中古文竹書,詔勗撰次之,以爲《中經》,列在秘書。"③雖十八家晋史已廢,後撰《晋書》爲唐人所修,但其所呈現的仍是魏晋時期的史料情況,與王隱著《晋書》一樣,唐本《晋書》所收録的汲冢書目録也是經過荀勗、束晳等兩代校理者整理過的,以此作爲判斷《周王游行》乃《穆天子傳》的原題名顯然缺乏足夠的説服力。

此外,朱希祖推測爲王隱《晋書》作注之人乃孔穎達,因爲在《玉海》之前,孔穎達《春秋左傳正義集解後序疏》就已引王隱《晋書·束晳傳》,原文云:

> 大康元年,汲郡民盜發魏安釐王冢,得竹書漆字科斗之文。科斗文者,周時古文也。其字頭粗尾細,似科斗之蟲,故俗名之焉。大凡七十五卷,《晋書》有其目録。其六十八卷皆有名題;其七卷折簡碎雜,不可名題。有《周易》上下經二卷,《紀年》十二卷,《瑣語》十一卷,《周王游行》五卷,説周穆王游行天下之事,今謂之《穆天子傳》。此四部差爲整頓。汲郡初得此書,表藏秘府,詔荀勗、和嶠以隸字寫之,勗等于時即已不能盡識其書。今復闕落,又轉寫益誤。《穆天子傳》世間偏多。④

---

① 劉虎如選注《史通·古今正史》,上海:商務印書館,1929 年,第 29 頁。
② 房玄齡等著《晋書》卷五一,北京:中華書局,1974 年,第 1433 頁。
③ 房玄齡等著《晋書》卷三九,第 1154 頁。
④ 杜預注,孔穎達疏,阮元校刻《春秋左傳正義後序》卷六〇,《十三經注疏附校勘記》,北京:中華書局,1980 年,下册,第 486 頁。

朱希祖又推斷,孔穎達注文中提到的《晋書》爲唐修《晋書》,然據黄公渚《晋書·緒言》所考,唐修《晋書》時,孔穎達并未有參與撰著,[①]而且唐修《晋書》從貞觀二十年(646),開始撰寫,至貞觀二十二年(648)寫成,孔穎達也在同年去世。若孔穎達以唐修《晋書》爲王隱《晋書》作注,似乎不太可能。朱氏之所以認爲孔穎達以唐修《晋書》作注,是因爲"蓋惟唐修《晋書》卷五十一《束晳傳》乃有汲冢書全部目録,其他未聞也"。[②] 然而,朱希祖忽略了一點,孔穎達等人編定《五經正義》是在貞觀十六年(642),唐修《晋書》在後。因此,孔穎達所依注的《晋書》并非唐修《晋書》,或爲唐初十八家晋史之一。孔穎達注文"今謂之《穆天子傳》"則表明,束晳之時,荀勖本盛行,束晳校述之後,《周王游行》比荀勖整理《穆天子傳》更爲盛行,所以王隱《晋書》之中將"《周王游行》五卷"與其他出土竹書古文并舉,而不是六卷本的《穆天子傳》;而至唐時,《穆天子傳》占主流地位,所以《束晳傳》中改"《周王游行》五卷"爲"《穆天子傳》五篇",由此可以略見荀勖本、束晳本從東晋至隋唐的地位變化。

　　第二條證據爲荀勖《穆天子傳序》"其書言周穆王游行之事"。[③] 有學者懷疑"《汲冢竹書》原名爲《周王游行》",[④]故束晳特復舊名,此論説的興起源自學者們認爲其體例與起居注同,所以《穆天子傳》是荀勖整理後定名。但該説存有諸多疑問。若荀《序》此言所指《穆天子傳》原題名應爲《周穆王游行》,又豈會少一"穆"字? 不惟如此,荀勖《穆天子傳序》曰:"汲郡收書不謹,多毀落殘缺,雖其言不典,皆是古書,頗可觀覽。"[⑤]由此可見,汲冢竹書出土時便已斷爛殘破,其作者、成書時間等皆不見著録,其題名豈會有記載? "若古文竹簡原有其名,恐荀《序》及今本《晋書》等不應無載。"[⑥]此外,荀勖、和嶠等人是晋武帝欽定校理之人,其專業能力毋庸置疑,所以在《荀序》中詳細記録了汲冢竹書出土時間、地點、竹簡版式、數量、字體、字數以及天子命校等重要信息。[⑦]因此,整理者不書録原題名,或在有原始題名的情況下改名的可能性極微。廖群認爲,唐修《晋書·束晳傳》中關於《穆天子傳》的"這段叙述提到包括《瑣語》在内的'汲冢書'中多部書策的篇名書名,没有專門説明這些書名篇名是整理者題識還是原本固有。但從其中的某些説法或某些書名來看,似乎可以理解爲原有書名。……特別是其中還有'大凡七十五篇''七篇簡書折壞,不識名題'幾句,豈不是在説七篇之外其他各書的書名都是整理者辨識出來的結果? 還有,關於當時對這批書的考定、整理和研究,也只是提到'校綴次第,尋考指歸','而以今文寫之',并'隨疑分

　　① 房玄齡等著,黄公渚選注《緒言》,《晋書》,上海:商務印書館,1934年,第3頁。
　　② 朱希祖《汲冢書考》,第28頁。
　　③ 郭璞注,錢熙祚校《穆天子傳》,上海:商務印書館,1937年,第1頁。
　　④ 朱希祖《汲冢書考》,第29頁。
　　⑤⑦　郭璞注,錢熙祚校《穆天子傳》,第1—2頁。
　　⑥　王貽梁、陳建敏選《穆天子傳匯校集釋》,上海:華東師範大學出版社,1994年,第363頁。

釋,皆有義證',并没有提到爲這批書題寫書名"。①　雖然唐代《晋書》稱《穆天子傳》,而王隱《晋書》稱《周王游行》,兩本《晋書》關于汲冢書名篇名的記載有明顯的出入,但是按廖群的推論,荀勖、和嶠整理竹書時是辨識題名,所以《穆天子傳》有可能是原題名,而非荀勖後來題寫,并且荀勖《穆天子傳序》隻字未提有關原題名之記載,亦未見荀勖改名之痕迹。雖然這一切的疑點因汲冢竹書原件的佚失而無法得到確鑿的結論,但廖群所言仍不失爲一個合理的推測。

　　綜上所述,所謂"《周王游行》乃《穆天子傳》原題名"之説,所舉之依據并不明確,而且缺乏説服力。束皙改名的初衷,從他删減"盛姬死事",并加入"今本《穆天子傳》不載見帝臺事",②就可以看出束皙改名《周王游行》,是爲符合荀勖《序言》所概述的周穆王游行四海之實,而并非部分學者所謂的"特復舊名"。束皙所校述的《周王游行》五卷本雖在東晋時占有一席之地,但影響終不及荀勖、和嶠等人隸寫的《穆天子傳》。之後,《郡齋讀書志》《文獻通考》等均稱"郭璞注本謂之《周王游行記》",事實上,廣爲流傳的郭璞注釋本實爲荀勖本。唐代官修《晋書》也改《周王游行》爲《穆天子傳》,可見從專業角度和官方認可度來説,荀勖《穆天子傳》遠比束皙《周王游行》更爲世人所認可。因此,朱希祖評價束皙整理汲冢竹書一事直言:

　　　　束皙考正汲冢書,既重編《紀年》,又改《穆天子傳》六卷爲《周王游行》五卷,抽出《穆王美人盛姬死事》一卷入雜書中,于是雜書中既有《論楚事》一卷、《穆王美人盛姬死事》一卷,尚有十七卷則《周書》十卷、《周食田法》七卷也。此等雜書,在史學家視之,均大有價值。束皙文學之士,而又篤古,不重視此四種,一概歸入雜書,不加考正,此實無識之甚,不及荀勖、和嶠遠矣。③

　　綜上可見,不論是荀勖整理定名《穆天子傳》,還是束皙校定《周王游行》,學者們所論争的《穆天子傳》原題名是否爲《周王游行》這一問題,實質是討論對汲冢竹書的整理中哪個版本更爲接近原書原貌。古籍整理這一工作的首要任務就是要儘可能恢復古籍之本貌,而非改頭換面的二次創作。束皙删減"盛姬死事",又重新添入荀勖本没有的"帝臺事",這已經是二次創作的新本子。因此,清人姚振宗在《漢書藝文志拾補》中將《周王游行》和《穆天子傳》分爲兩個版本著録,題名下分别標記"汲冢竹書束皙本"和"汲冢竹書荀

---

①　廖群《先秦説體文本研究》,北京:中央編譯出版社,2018 年,第 104 頁。
②　朱希祖《汲冢書考》,第 29 頁。
③　朱希祖《汲冢書考》,第 30—31 頁。

勘本”①。

四、“盛姬死事”與《穆天子傳》之間的關係

綜前所述，學者們所討論束晳《周王游行》是否爲原題名問題的實質是探究荀勖本和束晳本哪個更貼近汲冢竹書原貌。這自然也關涉“盛姬死事”與《穆天子傳》其他篇目之間的關係問題。明代學者胡應麟較早明確指出：“第六卷獨叙王葬盛姬事，文實出一人手而體制不類爲疑。”②據胡氏之説，“盛姬”篇從體例看，與《穆天子傳》一書不同，但文風又似出自一人之手。比較荀勖、束晳二本之後，單就記載内容而言，卷六“盛姬死事”通篇叙述了有關周穆王爲美人盛姬舉辦的喪葬活動，似乎與記述周王游行之事的其他五篇格格不入。因此，胡應麟、朱希祖等學者質疑荀勖《穆天子傳》，懷疑束晳删減此篇，是爲符合周王游行之事實，頗有一定道理；更有學者認爲，“比較而言，‘《周王游行》’更符《穆天子傳》一書的内容和體例”。③ 以上學者均認爲，不能簡單地就類别不同而判定“盛姬死事”與其他五篇并非一書。鄭杰文指出“前四卷與第五卷當非出自一人之手。……兩部分的作者雖非一人，但後出的部分却有意模仿先出的部分，努力與之合拍。當是一部分先出，流傳中受人喜愛，又有‘好事者’仿此續成”，④第六卷“爲穆王游歷之書流傳後，‘好事者’仿照續貂。但這部分文字較前五卷流暢，描寫也細膩得多，時代明顯地晚于前兩部分”。⑤所以總的來説，“《穆天子傳》在先秦時是由幾個作者陸續寫成的，原本有六卷以上，發冢過程中將其中一部分毁壞較多，故整理者將所剩文句輯爲一卷，附于穆王西征四卷之後，又將穆王盛姬糾葛部分另分爲一書，在東晋至隋時有人將這部分復歸原書，成爲合璧”。⑥鄭氏之言表明，《穆天子傳》六卷不是出自同一個作者，但文風是相似的，也就能够解釋其類别爲何不同。因學界迄今對《穆天子傳》的作者以及成書年代仍頗有爭議，尚無定論，自然無法將同時代的文獻體例進行比較。兹僅就《穆天子傳》六卷内容本身做一簡要分析：

首先，清人周中孚《鄭堂讀書記》云：“記周穆王游行四海，見帝臺西王母暨美人盛姬死事，有月日而無年，又文多斷缺。”⑦筆者查“盛姬死事”一篇與其他五篇關于時間的記述，確如周中孚所言“有月日而無年”。例如，“吉日”一詞共出現 7 次，六卷俱有，具陳如表 1：

①　姚振宗《漢書藝文志拾補》，《二十五史補編》，上海：開明書店，1937 年，第 2 册，第 47 頁。
②　胡應麟《少室山房筆叢》卷三四，第 342 頁。
③　廖群《中國古代小説發生研究》，濟南：山東教育出版社，2015 年，第 354 頁。
④⑤⑥　鄭杰文《關于〈穆天子傳〉出土、整理、流傳諸問題的考辨》，《古籍整理研究論叢》，第 68 頁。
⑦　周中孚著，黄曙輝、印曉峰標校《鄭堂讀書記》卷六六，上海：上海書店出版社，2009 年，第 1077 頁。

表 1 《穆天子傳》中"吉日"頻次情況

卷數	内容
卷一	天子命 吉日戊午 。
卷二	吉日辛酉 ，天子升于昆侖之丘。
卷三	吉日甲子 ，天子賓于西王母。
卷四	吉日甲申 ，天子祭于宗周之廟。
卷四	吉日丁酉 ，天子入于南鄭。
卷五	吉日丁亥 ，天子入于南鄭。
卷六	吉日辛卯 ，天子入于南鄭。

其次，《穆天子傳》中周穆王携"七萃之士"游行四海，可見"七萃之士"應是除了"天子"之外貫穿全書的重要人物之一，其在卷一、二、三、五中出現共計 6 次，而在"盛姬死事"一卷中達 5 次之多，具體條目内容以及卷目位置如表 2 所示：

表 2 《穆天子傳》各卷"七萃之士"條目對比

卷目	卷一至卷五	卷六（盛姬死事）
内容	卷一：天子乃樂□賜 七萃之士 戰。 七萃之士 □天子曰：後世所望，無失天常。 卷二：天子大饗正公諸侯王吏 七萃之士 。 卷三：天子大饗正公諸侯王勤 七萃之士 。 七萃之士 曰：高奔戎，刺其左驂之頸。 卷五： 七萃之士 曰高奔戎請生搏虎，必全之。	七萃之士 抗即車。 七萃之士 哭于喪所。 外官王屬 七萃之士 倍之。 七萃之士 □士女錯踴九。 七萃之士 蘷豫上諫于天子。
總計	6	5

除了時間、人物貫穿《穆天子傳》六卷外，卷六的内容并非完全與其他卷没有任何聯繫。有的學者認爲，"整部書所記述的都只是周穆王游歷之事，卷一開篇便是'飲天子山之上'，卷五結尾一句是'天子入于南鄭'，其間逐季、逐月、逐日，記述了某四五年間周穆王幾番出行四方的起止行程、所經之地、所遇之人、所歷之事，有的巡游經春歷夏，有的只有數天，都一一給以記述，而中間回到宫中的時段，其生活起居便不在記述範圍之内，因此，這確是一部專題性的記游之書，而不是周穆王的生平傳記"。① 然而在上表 1 中所列卷四、五、六都可以看到"天子入南鄭"之事，且均位于卷末，其中卷四"天子入南鄭"下注："今京

---
① 廖群《中國古代小説發生研究》，第 354 頁。

兆鄭縣也。《紀年》穆王元年,築祇宮于南鄭。"①可見,卷一至卷五并非一個完整的閉環。卷一"開篇即爲'飲天子蠲山之上',可知由洛邑至蠲山之文,已因脱簡而闕"。② 卷二"開頭部分闕文甚多,據卷四載,自陽紆往西,還要經過西夏氏、珠余氏、河首、襄山諸地,方能到達昆侖之丘,歷五十餘日,行程三千多里,却均未見載"。③ 卷四承繼卷三,記述了周穆王由西域返程活動,所以文末記載了穆王回到南鄭祇宮之事。卷一至卷四所述內容表明周穆王在這些年月進行了長時段、長距離的游行。而卷五、卷六中周穆王兩次游行的時間和距離較短,"前四卷所載,皆周穆王遠征西域往返之事",④卷五所載,"爲周穆王在中原巡行、狩獵事"。⑤ 而對于卷六記載內容,王天海言:"雖然本卷以記述周穆王美人盛姬死喪事而獨立成篇,但從穆王這期間活動的範圍來看,與卷五似乎仍有某種聯繫。卷五記穆王南巡狩獵至今河南鄭州、許昌一帶,而本卷亦記述穆王南巡河、濟之間。"⑥而且在兩卷末都記錄了周穆王回南鄭之事。可見其在卷五、卷六所記載的年月并未進行遠距離如去昆侖見西王母之類的游行活動,而是以南鄭爲中心,展開游歷。"文燼斷殘"導致卷一至卷六之間闕落部分篇文和內容,所以後世校述者謂,"若名《穆天子傳》,則必將穆王生平大事全行記入,方副其名"。⑦ 筆者認爲,現存六篇之所以看起來非一書之內容,是因"文多斷缺"之故。荀勖、和嶠奉詔隸寫之時,所見殘篇之文依其文風內容攏合爲六卷。由此看來,汲冢竹書的斷缺或是造成束皙校改《周王游行》的重要原因。

結　語

迄今爲止,尚無法確定荀勖《穆天子傳》是否爲原題名,與此同時,《周王游行》是《穆天子傳》原題名的説法,亦非學界定論,學術界對相關問題的討論仍停留于推測階段。隨着古文簡書的佚失,更多新證據出現的可能性極微。就目前學術界關于《周王游行》是《穆天子傳》原題名之證據所呈現出的種種疑問表明,《周王游行》爲《穆天子傳》的原題名這一觀點并不具有足够的説服力和可信度。現存六篇之所以看起來非一書之內容,是因"文多斷缺"之故。荀勖、和嶠奉詔隸寫之時,將所見殘篇之文依其文風內容攏合爲六卷。汲冢竹書的斷缺或是造成束皙校改《周王游行》的重要原因:因"文多斷缺",不成體類,故删减篇

---

① 郭璞注,錢熙祚校《穆天子傳》,第 24 頁。
② 王天海譯注《穆天子傳譯注・燕丹子譯注》,第 27 頁。
③ 王天海譯注《穆天子傳譯注・燕丹子譯注》,第 52 頁。
④⑤ 王天海譯注《穆天子傳譯注・燕丹子譯注》,第 115 頁。
⑥ 王天海譯注《穆天子傳譯注・燕丹子譯注》,第 142 頁。
⑦ 朱希祖《汲冢書考》,第 28 頁。

章；爲了附和發冢殘卷的内容，即周穆王游行天下的事實，束晳删去原屬于一書之文的"盛姬死事"，然後增加古文竹書并未有之篇章"帝臺事"。就此來看，《周王游行》應是一部新作，而非《穆天子傳》之原題名。

【作者簡介】周書燦，男，1967 年生，蘇州大學社會學院教授、博士生導師，主要從事先秦史、歷史地理與中國學術史研究。張曉琳，女，1994 年生，蘇州大學社會學院中國史博士生，主要從事學術史文獻研究。

龜井昱《國語》校勘研究[*]

郭萬青

　　龜井魯(1743—1814)、龜井昱(1773—1836)父子是日本江户時期徂徠學派的代表人物。龜井魯,字道載、道哉,號南冥、信天翁、狂念居士等,日本築前姪濱人。龜井魯的父親龜井鑒從荻生徂徠學古文辭,"少壯喜俠使氣,中身折節,始志于學",[①]"蓋儒行革面,俠氣有時乎發,終身如故云。學專修徂徠物子之言"。[②] 龜井魯受學于僧大潮(1678—1770)和儒醫永富獨嘯庵(1732—1766),[③]又曾拜謁著名的徂徠學者山縣周南(1687—1752),終生奉行徂徠學説,曾爲福岡藩儒官,又任福岡藩甘棠館祭酒,後因行爲失當被罷免。其後代龜井千里謂:"先曾大父昭陽君爲高祖父從四位公長子。公學宗蘐園,闡發儒術,世稱南冥先生,甘棠館之設,四方麇集,人才輩出。未幾,爲忌者所中傷而廢。"[④]高野江基太郎(1866—1916)《儒俠龜井南冥:南冥先生百回忌紀念出版》對龜井南冥一生行止記載頗詳,荒木見悟(1917—2017)《龜井南冥·龜井昭陽》對龜井父子思想研究亦詳,安西安周(1889—1969)《日本儒醫研究》也有龜井南冥父子的傳記。是皆可參。

　　龜井昱,字元鳳,號昭陽,別署空石、月窟、天山遯者、匏居、檠谷,通稱昱太郎。龜井昱爲龜井魯長子,穎悟異常,十五歲作《范增韓信優劣辨》,十七歲作《書經考》二册,十八歲著《詩經考》十册,十九歲成《成語治要》三册,又刻苦自礪,遂傳其父之學。其《示伯子虞書》云:"距今三十三年,歲乙酉,余年十七作《書經考》二卷,庚戌作《詩經考》十卷。它詩文稿,二年而積成七册。《十三經》十三家、《十七史》、《弘鑑録》、《漢魏叢書》詩子、《彙函》詩書,抄録畢矣。是時也,食食置卷案側,行道必腹稿而行,雖出入官舍、大臣之家,必畜小卷疏

---

* 本文爲 2019 年度國家社科重大招標項目"《國語》文獻集成與研究"(項目編號:19ZDA251)階段性成果。
① (日)古壯太郎編《新編先哲叢談》卷一,日本江島喜兵衛等,1884 年,第 16 頁。
② (日)龜井南冥《先考千秋翁行狀》,《龜井南冥昭陽全集》第一卷,福岡:葦書房,1978 年,第 556 頁。載龜井鑒事迹較詳,謂龜井鑒先從鷹取氏學醫,後從僧人西山學文,亦可參閲。
③ 龜井南冥《泱泱餘響》載,玄川問:"君之受業于獨嘯者,文章耶? 學業耶? 抑醫業耶?"道載回答謂:"唯醫業、學術而已,文藻學之肥之大潮翁。"并謂:"潮翁名元皓,字月枝,肥前州高僧也,今年八十六,人稱曰文場之馬伏波。"(見《龜井南冥昭陽全集》第一卷,第 514 頁)
④ (日)龜井千里《左傳續考叙》,《龜井南冥昭陽全集》第五卷,第 7 頁。

記(自寫備忘也)于懷,有小暇則竊看之。暑月,或握小爐;寒月,或不被被。恐其有惰退
也。若有業不如課而睡魔頻犯,則自圖鬼物之狀而伏几,幸而驚魘,則起而滌面寒水,故先
姊目我曰文覺上人云。庚戌之冬,萬年榮禪師至,先君子謂禪子昱之勤于學,雖我兄弟之
刻苦乎不及也。"①其在《復柳沢碩齋》信件中謂:"足下答惠美先生言曰:'天降地出,我不
知也。苟十月結胎,三年免父母之懷者,勤苦如我師,古今幾人也!'此乃足下洞見僕而不
人欺者。勤苦二字,此僕之真題目。許郭不能加,獎許雖盛,僕亦不赧面愧退也。"②可見
其穎悟勤苦。

　　龜井南冥、龜井昭陽父子的著述絶大多數以寫本流傳,刊刻者較少。荒木見悟、井上
忠(1915—2014)、岡村繁(1922—2014)、林田慎之助(1932—)、町田三郎(1932—)等輯纂
爲《龜井南冥昭陽全集》八卷,由日本福岡市葦書房有限會社于 1978 年出版發行,所收有
《論語語由》《語由補遺》《春秋左傳考義》《孝經正文》《金印辨》《學問稽古所御壁書第一條》
《蜚英館學規》《甘棠館學規》《南冥問答》《古今齋以呂波歌》《肥後物語》《半夜話》《南游紀
行》《太宰府碑》《泱泱餘響》《千秋翁行狀》(以上第一卷)、《周易僣考》《毛詩考》《古序翼》
(以上第二卷)、《左傳纘考》(以上第三卷、第四卷)、《禮記抄説》《學記抄説》《論語語由述
志》《孟子考》《大學考》《中庸考》《孝經考》(以上第五卷)、《蒙史》《菅公略傳》《讀辨道》《蔧
文談廣疏》《家學小言》《成國治要》《傷逝録》(以上第六卷)、《烽山日記》《空石日記》(以上
第七卷)、《龜井南冥詩文集》《龜井南冥書簡集》《萬曆家内年鑑》(以上第八卷上)、《龜井昭
陽詩文集》《龜井昭陽書簡集》(以上第八卷下)。此後,阿部隆一(1917—1982)對龜井父子
的著述進行進一步查訪,撰有《龜井南冥昭陽著作書志》(《斯道文庫》1979 年第 16 期),分
類著録了龜井父子的著述以及收藏情況。

　　龜井南冥、龜井昭陽父子二人之學被稱爲"龜井學派",③也有稱爲"龜門學"者。④ 學
界對其哲學觀點、《楚辭》研究、《詩經》研究、《左傳》研究等多有關注。比如針對龜井父子
的《左傳》研究,有學者總結這一學派《左傳》治學特色爲:(1)篤信《左傳》爲孔門真髓;
(2)重視《左傳》"國"的觀念。⑤ 毛振華謂龜井南冥《春秋左傳考義》具有三個特點:(1)考
據與義理相結合,注解客觀公正;(2)以批評杜預注爲出發點;(3)注重尋求類似的語例和
事例。進而推斷龜井昱《春秋左傳考義》的注釋方法:(1)標誌着日本《左傳》研究方法由

①　(日)龜井昱《示伯子虔書》,《龜井南冥昭陽全集》第八卷(下),第 279—280 頁。
②　(日)龜井昱《復柳沢碩齋》,《龜井南冥昭陽全集》第八卷(下),第 403 頁。
③　(日)福澤諭吉著,馬斌譯《福澤諭吉自傳》,北京:商務印書館,2016 年,第 7 頁。
④　(日)岡村繁《日本漢文學論考》,上海:上海古籍出版社,2009 年,第 245—246 頁。
⑤　陳鳳川《〈文明論概略〉研究》,沈陽:遼寧教育出版社,2012 年,第 61—65 頁。

宋學向漢學的轉變;(2) 對此後《左傳》學研究具有重要影響。① 龜井魯没有專門的《國語》研究成果,但其《論語》《左傳》著述中,多有涉及《國語》篇章、人物者,亦可資《國語》研究,且在其《論語語由》中往往先引述《國語》,《國語》無例證者,再引述《左傳》,也頗值得思考。另,龜井昱《國語》研究著述中亦偶引述龜井南冥之説,以"大人曰"云云出之。龜井昱《國語考》受到後世日本學者的較多關注。今見日本《國語》批校本多種,其中兩種上都録有龜井昱《國語考》之説。此外,日本明治時期的高木熊三郎直接彙録中井履軒和龜井昱的研究成果并案以己意輯成《標注國語定本》,也可見龜井昱《國語考》的影響。但專門從事龜井昱《國語考》研究者則尚未有。

根據阿部隆一《龜井南冥昭陽著作書志》,龜井昱有《國語獨了》二卷、《國語考》二十一卷、批校本《重刻國語》二十一卷。《國語獨了》是龜井昱彙集《國語》各種注釋評説的札記,撰述于文化元年、文化二年之間,有筑波大學藏寫本、杵築市立圖書館藏寫本兩種。其中筑波大學藏本,前人誤標爲"南冥"著。

據龜井昱年譜,《國語考》完成于天保二年(1831),是年龜井昱五十九歲。阿部隆一著録,龜井昱《國語考》寫本以秦鼎《國語定本》爲底本録文,目前存世七種。今所見爲慶應義塾大學圖書館藏寫本。該寫本分上下欄,下欄爲《國語考》本文,半葉十行,行二十字,注文小字雙行。上欄小字,行五字、六字不等。《國語考》上欄文字内容主要包括兩個方面:1. 申述正文中語;2. 校勘正文文字。《國語考》正文小注内容主要包括三個方面:1. 補充説明;2. 典籍出處;3. 引述舊説且予評騭。《國語考》正文部分先録取《國語》文字,次爲考校。録文部分類似中國乾嘉時期著名學者陳樹華《春秋内外傳考正》録取正文的方式,是在對《國語》正文或韋注文字進行甄別判斷之後臚列出來的,故録文也代表着龜井昱對《國語》文本文字的勘別傾向。今以龜井昱《國語》勘校爲對象,以見龜井昱《國語》研究之大略。

龜井昱《國語》校勘包括理校、對校、他校等形式,既有直接對《國語》以及韋注本文的校勘,也有對秦鼎《國語定本》校勘意見的評騭。

一、以明道本爲參校對象

衆所周知,葛西質上善堂影刻黄刊明道本,使明道本《國語》的傳播在日本變得廣泛。

---

① 毛振華《龜井南冥〈春秋左傳考義〉的注釋方法及其學術史意義》,《浙江大學學報(人文社會科學版)》第 6 期,2016 年 11 月,第 78—89 頁。

故秦鼎《國語定本》、恩田維周《國語備考》等皆據黃刊明道本勘校,開啓日本《國語》校勘的新篇。龜井昱在勘校《國語》過程中,亦時時以明道本《國語》爲參校對象。但從龜井昱《國語考》行文可知,他是通過秦鼎《國語定本》間接參照明道本的。故龜井昱參校明道本體現爲兩種方式:(1) 以明道本异文爲參校對象;(2) 對秦鼎依從明道本校改之處進行評斷。

（一）以明道本异文爲參校對象

龜井昱參校黃刊明道本有兩種方式,其中一種是直接引録明道本异文,另外一種就是直接引録秦鼎著録明道本异文的校語。例如:

(1) 我先世后稷(周語上)

明本作"先王世后稷",《史記》同。然下有"我先王不窋",則作"先世"亦潔而不複,言其非一世也。(明本據《史記》添字,亦不可知。然《周本紀》索隱引《國語》云:"世后稷以服事虞夏。"似有"王"字。)

(2) 上任事而徹(周語中)

君任事于下,而其事能通達也。爲君必君,故所謂何事不徹,亦與士大夫爲善也。秦云:明本"任"作"作"。案:玩其"任"字,明本劣矣。

第一條是具有公序本、明道本版本特徵的异文,中國的學者對這一條多有措意。日本學者中,恩田維周較早注意到這一异文,并爲辨析。龜井昱依據《史記》進行了辨析,最終認爲明道本有依據《史記》增字的可能,并認爲明道本更勝。龜井昱的這一看法,和中國清代諸多學者的意見相同。第二條是龜井昱直接引用秦鼎校語。今檢静嘉堂文庫藏宋刻元明遞修本、宋刻明南監修補本、李士實序本、明德堂本、《百家類纂》本、許宗魯本、正學本、姜恩本、金李本、叢刊本、吳勉學本、張一鯤本、李克家本、綠蔭堂本、鄭以厚本、《國語鈔評》、閔齊伋本、二乙堂本、陳仁錫本、《國語髓析》、薈要本、文淵閣本、文津閣本、道春點本、千葉玄之本、冢田本、秦鼎本、董增齡本、高木本、徐元誥本等作"任事",宋刻宋元遞修本、朝鮮集賢殿校本、黃刊明道本等則作"作事"。《通鑑前編》《册府元龜》《通志》引字皆作"作事",而《經濟類編》《格物通》等引作"任事"。《册府元龜》景德二年(1005)開始編纂,至大中祥符六年(1013)編成,早于天聖明道本初刊之天聖七年(1029)十六年,早于公序本初刊之治平元年(1064)五十年。可見《册府元龜》時期就有和遞修本用字相同的本子。宋代的文獻引用都作"作事",明代的文獻引用却作"任事"。可見這個异文不同已經很長時間了。

各家之中唯黄模、張以仁認爲明道本"作事"是正確的。從上下文義看,"堪任"是在下者的行爲,故上文云"其何任不堪",下文又云"下能堪其任"。作爲在上者,似乎無"任"的動作職分,只有"作"的動作必要,故云"上作事而達",即謂其在上者作事通達。假如以在上者委任在下者以事,而在委任的時候没有任何阻滯,這樣,就正好和下文"下能堪其任"相應,也是通的,而且比"作事"更合語境,關脩齡的解釋可以爲佐證。既有語義語境的理據,又有多種《國語》版本的依據,故龜井昱所言"明本劣矣"可從。

(二) 對秦鼎依從明道本校改之處進行評斷

秦鼎《國語定本》往往從明道本改字,龜井昱對秦鼎依從明道本之處進行評斷。在龜井昱《國語考》中,此類條目數量較多。例如:

> (3) 宴以食好(周語中)
>
> 秦從明本"食"作"合"。此必舊本寫誤。
>
> (4) 則順而建德(周語中)
>
> 不逆之謂順。上十三事非順不成,故曰"則順以建其德"。《禮運》一篇以"順"結之甚似。秦從明本改作"德建"(讀猶其則順而其德立),不取也。

第一條,關脩齡、恩田維周、秦鼎皆校及之。龜井昱以秦鼎依從爲校,認爲"食"屬于舊本書寫錯誤。第二條,今檢朝鮮集賢殿校本、薈要本、黄刊明道本及其覆刻本、上善堂本、秦鼎本、高木本、寶善堂本、吳曾祺本、沈鎔本等作"德建"。陳樹華謂:"元明諸本作'建德'。案:《晋語》'善,德之建也',而《内傳》又有'天子建德'之文,義本無殊,從宋本爲允耳。"[1]秦鼎、汪遠孫僅揭明誤倒。張以仁也認爲明道本是,謂"則順"與"德建"相偶。[2]按照陳樹華的意見,"建德""德建"没有什麽差别,但秦鼎、汪遠孫都認爲公序本"建德"爲誤倒,理由恐怕和張以仁所説句式協同一致。檢關脩齡釋本句之義爲:"言則而順之,乃可能立德焉。"[3]冢田虎謂:"言宴饗之禮以親戚和順爲則,而相建德也。"[4]龜井昱則是從全句對前文的總括角度論證,認爲《周語中》本段與《禮記·禮運》結尾相似,因此他并不認同秦鼎

① 陳樹華《春秋外傳考正》卷二,中國國家圖書館藏盧文弨抄本,本卷第 6 頁。
② 張以仁《國語斠證》,臺北:臺灣"商務印書館",1969 年,第 8 頁。
③ (日)關脩齡《國語略説》第一,前川嘉七寬政四年(1792)刊本,本卷第 15 頁。
④ (日)冢田虎《增注國語》卷二,日本亨和元年(1801)刊本,本卷第 24 頁。

校從明道本。

　　總體而言，龜井昱對明道本《國語》的態度是理性的，并未表示出一味依從的傾向。這一點，和中國清代諸多學者對待明道本《國語》的態度不同。當然，龜井昱對《國語》版本似不熟悉，故未能區別秦鼎《國語定本》中之"明本"爲明道本，而以明人之本視之，是其疏漏。

二、以其他《國語》版本爲參校對象

　　秦鼎《國語定本》所參其他《國語》版本，龜井昱也往往以其異文進行參校。此外，龜井昱《國語考》中還經常出現"舊本"的稱謂。

（一）以陳本等爲參校對象

　　比如秦鼎所參校的陳本，因爲秦鼎有詳細校語，故龜井昱也以之爲參校對象，例如：

　　（5）百官官以物至（周語中）

　　　　上列十九官，故重沓"官"字，亦修辭之協也。（《傳》曰：夫物物有其官。）明本、陳本未優。

　　秦鼎《國語定本》云："明本無下'官'，陳本作'各'字。"①今檢《國語》之朝鮮集賢殿校本、姜恩本、綠蔭堂本、黃刊明道本及其覆刻本、上善堂本、寶善堂本、吳曾祺本、沈鎔本、徐元誥本等不重"官"字。"百官官"中第二個"官"字，《百家類纂》本作"皆"，二乙堂本作"各"，二乙堂本也即秦鼎所謂"陳本"。姜恩本批校即在"官"字下補"各"字。《通鑑前編》卷十三、《文章正宗》卷四、《儀禮經傳通解》卷二二、《經濟類編》卷七四等引字即作"各"。可見，自宋至清有多種文獻引文作"各"。如果説明代的文獻有可能據前代文獻或者《國語》別本的話，作爲宋代文獻的《通鑑前編》《文章正宗》和《儀禮經傳通解》所據必是宋代《國語》傳本。因此，可斷言宋代即有作"各"字之本，只是未如公序本、明道本流傳廣泛而已。又《册府元龜》卷二五四、《通志》卷八九引文則不重"官"字，與今明道本同。就重不重"官"字這個問題上，秦鼎、汪遠孫、龜井昱、張以仁的看法是相同的，即認爲重"官"字是。"百官"強調整體性，"官"（或"皆""各"）強調範圍。就文義而言，不重"官"字也是可以通

---

　　①　（日）秦鼎《國語定本》卷二，日本文化六年（1809）刊本，第 14 頁。

的,只是没有重"官"字更增進語氣效果而已。在這個問題上,恐怕也還是各有其理,公序本有,當然很好;明道本没有,也不必以爲錯誤。從宋代他書引文來看,也是各守其所引之書,未必以爲是非。當然,作"皆"字、"各"字之本肯定是重"官"字《國語》這一系統的變體,這倒是可以斷言的。故龜井昱和秦鼎相同,不取陳本、明道本。此外,他還從修辭的角度陳述"官"字重複的好處。

(二) 以舊本爲參校對象

龜井昱所謂舊本,當即道春點本一類。往往以"舊本""舊刻""舊"等出之。例如:

(6) 爲川者(周語上)
"者"字,舊刻闕。《史記》有"者"字,秦氏鼎得之云云。
(7) 明神降之(周語上)
舊作"民神",筆工寫誤。
(8) 莫之能禦也(楚語下)
舊本自篇首至此爲一章,可從。

第一條,"舊刻"指稱比較籠統。實際上主要指公序本《國語》一系。今檢《古文正集》謂:"'是故爲川'下,伍本有一'者'字,較家藏宋本無之,今從古。"[1]《國語》之朝鮮集賢殿校本、黃刊明道本及其覆刻本、上善堂本、董增齡本、秦鼎本、高木本、寶善堂本、吳曾祺本、沈鎔本、徐元誥本等"爲川"後有"者"字。從下文"爲民者宣之使言"來看,本處"川"下有"者"字可使前後文句規整劃一。至于《古文正集》所謂"伍本"究係何本,待考。秦鼎從陳、明二本增"者"字,并謂《古文析義》有之。龜井昱又引《史記》有"者"字爲佐證,并謂秦鼎本可從。實際上中國學者陳樹華已引《史記》爲佐證,且增"者"字。第二條,檢《國語》之鄭以厚本、道春點本、千葉玄之本等即作"民神",可見道春點本、千葉玄之本和鄭以厚本之間的淵源關係。本條,龜井昱之前的日本學者千葉玄之、關脩齡、皆川淇園、秦鼎皆有校勘,只有皆川淇園從上下文語境揭出依從根據,其他僅指明錯誤。龜井昱則從寫刻錯誤的角度進行揭示。書寫錯誤,當是因爲民、明二字音近混誤而寫錯。第三條,是辨析分章問題,認爲舊本分章是正確的。

---

① 　葛鼐、葛鼎《古文正集》,《四庫存目叢書補編》,第 48 册,第 60 頁。

三、以秦鼎《國語定本》爲參校對象

龜井昱《國語考》既以《國語定本》爲底本録文,故秦鼎本也是龜井昱的主要參校對象。以秦鼎本爲參校對象大致包括四種情況:(1) 直接以秦鼎本爲參校對象;(2) 對秦鼎本的依從進行平議;(3) 對秦鼎的校語進行平議;(4) 對秦鼎本移録的校語或者相關依從來源進行平議。

(一) 直接以秦鼎本爲參校對象

龜井昱直接以秦鼎本爲參校對象的條目,往往以"秦本作×"出之。例如:

(9) 民之亂也(周語上)

民猶人,對天地言之。注誤。《史記》作"民亂之也"。(秦本作"民之亂之也",多一"之"字,似失之)并通。

(10) 陰遁(周語上)

秦本"遁"作"迫"。

(11) 川源必塞(周語上)

秦本是句下有"源塞國必亡"句,《史記》亦有此五字。唯我不説此五字。玩上下文,有之,不如無之。

(12) 歌舞不思憂(周語上)

秦本作"歌舞不息,樂禍也"。然下有"忘憂"字,互相映帶,何必改之? 明人武斷,因《内傳》妄改,亦不可知。(《傳》曰:歌舞不倦,樂禍也。)

(13) 二日(魯語上)

秦本作"三日"云云,可從。《莊子》"海鳥止于魯郊三日而死"(《至樂篇》),《爾雅》邢疏亦引爲"三日"。

第一條,公序本、明道本有"民亂之"和"民之亂"之異,《史記·周本紀》《漢書·五行志》作"民亂之"。户崎允明、皆川淇園、秦鼎等皆引以爲校。秦鼎在版本勘對的基礎上,別增"之"字,形成"民之亂之"的文本形式。在秦本"民之亂之"中,"亂"前的"之"爲結構助詞,"亂"後的"之"爲代詞。龜井昱認爲秦鼎增字"失之",而以"民之亂""民亂之"兩種异文形式都講得通，可謂通達之言。第二條，龜井昱直接臚列秦鼎异文，并未進行評斷。第三條，龜井昱指出秦鼎本與《史記》皆有五字，并認爲無此五字更當。這一點，和中國清代時期諸多學者的校勘意見不同。如汪中、顧廣圻認爲公序本脱文，而龜井昱則不以有五字爲是。第四條，龜井昱反對秦鼎改字，認爲“歌舞不思憂”不誤，的是。第五條，公序本《國語》多作“二日”，明道本《國語》以及薈要本、文淵閣本《國語》作“三日”。汪遠孫謂：“公序本作‘二日’，非也。《内傳·文二年》疏、《爾雅·釋鳥》疏、《文選·吴都賦》劉注、郭璞《游仙詩》李注及《水經注·泗水篇》引《國語》并作‘三日’，《莊子·至樂篇》亦云：‘海鳥止魯郊，三日而死。’”①張以仁贊同汪遠孫之説。秦鼎依從明道本以及他書引文而改。龜井昱認爲秦鼎本改字爲是，且引《莊子》和《爾雅》邢疏爲證。筆者曾翻檢多種文獻，發現有作“三日”者，也有作“二日”者，作“三日”者往往文獻時代較早，作“二日”者文獻産生時代較晚。②或也可從側面爲《國語》本文字當作“三日”提供佐證。

（二）對秦鼎本的依從進行平議

秦鼎引録各種《國語》版本、他書异文等對《國語》進行勘校，且多有依從。龜井昱往往對秦鼎的异文依從進行平議。例如：

（14）瞽獻曲（周語上）
作“典”誤也。（注同）秦氏得之。
（15）其后稷省功（周語上）
“其”字似注文誤入行。（上□注本蓋作“終盡其耕也”歟？秦因明本，“耕”下添“之”字。案：明人以注文不了，補“之”字耳。）
（16）幽王三年（周語上）
秦從明本作“二年”，是。（引《札記》云云。案：《竹書》亦同。）“不過十年”，此其明徵。
（17）三川（周語上）
注“汭”，秦從明本作“洛”，又是。
（18）無胄（周語中）
秦從明本，古雅之辭大污，云云。我是以不甚乎明本也耳。

① 汪遠孫《國語明道本考异》，《國學基本叢書》本，北京：商務印書館，1959 年，第 288 頁。
② 郭萬青《唐代類書引〈國語〉研究》，濟南：齊魯書社，2018 年，第 168 頁。

(19) 前莘(鄭語)

秦本"莘"皆改作"華",頗似有考據。

　　第一條是具有《國語》公序本、明道本之間版本系統區別標記的異文。龜井昱認爲秦鼎本改字作"曲"是對的,直接謂字作"典"者錯誤。第二條,龜井昱對秦鼎依從明道本在注文"耕"下添"之"字的行爲進行了批評。第三條、第四條,龜井昱分別對秦鼎《國語定本》依從明道本改字作"二年"、秦鼎注文從明道本改字作"洛"表示了認同。第五條,龜井昱對秦鼎從明道本改字表示反對,兼而對明道本表示了不甚信服的態度。第六條,對秦鼎改字進行正評。今檢汪遠孫《考異》云:"公序本'華'作'莘',《注》同。《補音》出'前莘'。案:《水經·溜水注》引《國語》作'莘'。《詩譜》又作'華'。《考正》云:'前莘,疑當作前潁。據上文《注》謂左濟右洛前潁後河爲證。此注華,華國也四字係上句八邑釋文,八邑不當止存四在,傳寫逸之。'又據《水經注》引《注》'華國名在華君之土也'句下以爲證,未審是不?"① 可參。

(三) 對秦鼎的校語進行平議

　　無論引録版本异文還是他書异文,秦鼎多有校語予以揭明或平議。龜井昱對秦鼎平議進行平議。例如:

(20) 至于武王(周語上)

主諫觀兵務武,故特舉武王也。《史記》作"至于文王武王"。(秦氏鼎云:《史記》似勝。案:何勝之有。)

(21) 誣其王也(周語上)

誣猶蔑也。(徐鍇云:以無爲有也。案:以有爲無,亦誣也。)秦云:《傳疏》引之,"誣"作"無"。(僖十一年)案:誣通作"憮"。憮又有傲義。(《投壺》:毋憮毋傲。)《樂記》:"誣上行私。"此欺罔之意。秦云:《增注》王作"上"。舊本作"王",誤也。按:無據,何必改作?(蓋惠公妄意。非天子不稽首,不知天威不違顏咫尺。故曰不敬王命,蔑其王也。)夫王使猶王,以其非王,故不稽首,是誣也。"王"字未易改。

(22) 守禮不淫(周語上)

如"端委以入""三命而後受"是也。秦云:明本作"守節"。案:此豈嫌字複而

① 汪遠孫《國語明道本考异》,第 325 頁。

改歟?

（23）修舊法（齊語）

注可疑。秦云：明本作“百王”。案最覺突出。

（24）襄子出曰（晋語九）

出，將出也。秦本補“將”字，僭矣。（云：舊脱“將”字，《通鑑》有之。）

第一條，秦鼎認爲《史記》“至于文王武王”較《國語》“至于武王”更合，龜井昱批駁之。第二條，秦鼎引録《增注國語》改“王”作“上”，龜井昱否之。第三條，秦鼎謂明道本作“守節”，龜井昱揭出明道本字异之由。第四條，《齊語》“修舊法”，明道本注作“百王之法也”，公序本“百”作“伯”，黃丕烈認爲公序本“伯”字誤，汪遠孫唯揭明异文，謂《補音》作“伯”。秦鼎亦唯揭明异文，并未依從明道本改字。今檢林雲銘《古文析義》謂：“舊法，太公治齊遺制。”太宰純則謂：“舊法，謂本國舊法也，何必伯王之法?”俞志慧則謂：“包含載在典册舊籍及行政實踐中的良法善治，不必非霸王之法與太公治齊遺制也。”①龜井昱首先指出公序本“伯王”注釋可疑，接着對秦鼎所引明道本异文提出自己的看法，認爲明道本“百王”二字“最覺突出”。第五條，秦鼎據《通鑑》補“將”字，龜井昱對秦鼎補文的行爲進行了批評，認爲是僭越之舉，可見，在以他書异文校勘《國語》本書的問題上，龜井昱較秦鼎更爲慎重。

（四）對秦鼎本移録的校語或者依從來源進行平議

龜井昱不僅對秦鼎校語進行評騭，對秦鼎移録的校語或者依從來源也進行評騭。例如：

（25）國子之導訓諸侯者（周語上）

宜曰：“諸侯之能導訓國子能者。”上下顛倒耳。（秦引《增注》。案：亦無據。）

（26）十六年（周語中）

六，當作“七”。韋所見本或作“七”歟?（既以八年爲僖十五年，又以十六年爲僖二十四年，何哉?）如秦氏，錯誤大多（據《年表》，故三年、八年、十三年、十七年、二十一年皆誤），合《内傳》者止二個“十六”已。

（27）晋侯郊勞（周語上）

《聘禮》：鄉用束帛郊勞。是勞亦當禮道不虚。注不知何據。秦引或説云云。然

---

①　俞志慧《國語校注》，未刊稿。

所謂以勞辭（襄卅一年），言遇過賓之厚也。乙字益不了。

（28）儋何（齊語）

《漢書》"儋石"之"儋"（再石爲儋，言人儋之）。秦本從手，引《札記》云云。末哉，後人之辨字乎？古字假借，且木部手部，從寫混之，今不可分者寔繁。（《小匡》儋從手）我惡明本改儋作擔，況改何作荷乎？（秦云：明本何作"荷"。）一畫，我愛其古色。

（29）主之既食（晋語九）

秦引《評鈔》而圈却"主之"二字。（云：《評鈔》無"主"字，"之"句屬上句，《傳》作"及饋之畢"，此"主"字衍無疑。）

第一條，龜井昱提出新的校改文本，并對秦鼎所引《增注國語》之説提出批評。第二條，指出秦鼎據《漢書・年表》，故多誤。第三條，對秦鼎引或説之辭進行平議。第四條，對秦鼎引《札記》之言進行平議。第五條，對秦鼎引《國語評鈔》文字評議。

四、以他書异文爲參校對象

《左傳》《管子》等書皆有與《國語》内容相同者，故《國語》研究者多取以爲校，龜井昱也不例外。

（一）以《左傳》爲參校對象

例如：

（30）"司寇行戮"三句，内、外《傳》上下易位，各自成其辭，何必牽合。（周語上）

（31）夫天事恒象（周語上）

當作"大事"，與上文應，言大禮恒必有禍福之象也。（《傳》曰：夫禮，死生存亡之體也。朝禮喪戎，于是乎觀之。）作"天"者，蓋涉《内傳》而誤已。（昭十七年。隨文解之，天事豈言禍福之至歟？）

（32）咨義爲度（魯語下）

《傳》作"咨禮"，咨禮、義一也。（《毛傳》：咨禮義所宜爲度。）

以上三條，是龜井昱以《左傳》作爲參校對象的例子。第一條是對《國語》《左傳》二書語序不同不必是非彼此的認識。關于這一點，清人鄭知同也有很明確的認識，即不必强合二書。龜井昱可謂其同調。第二條，引《左傳》作爲校勘依據，謂"天事"之"天"涉《左傳》而誤，實當作"大"。第三條，引列《左傳》异文，并認爲二書"咨義""咨禮"語義相同，并引《毛傳》爲佐證。

（二）以《管子》爲參校對象勘校《齊語》

例如：

（33）監其鄉之資

《考工記》"通四方之珍异以資之"，謂之商旅，其鄉之資，言各土所出，可以資之者也。注"貴賤"字贅。《小匡》"資"作"貨"。

（34）令勿使遷徙

"使"當作"得"，《小匡》作"令不得遷徙"。

（35）伍之人

《小匡》作"卒伍之人"。噫！贅一字，而文字精神全死。丘明之辭，不可戲弄。

已上三條，是龜井昱以《管子・小匡》作爲參校對象勘校《齊語》的用例。第一條僅揭明异文，第二條則以《小匡》校《齊語》文字之譌，第三條則是通過《齊語》校《小匡》文字之贅。通過第三條的表述可以看出，龜井昱認爲《管子・小匡》文字襲用《齊語》，也即《小匡》成篇在《齊語》之後。

（三）以《禮記》爲參校對象

例如：

（36）夏之興也（魯語上）

《祭法》"興"作"衰"，誤。（《周語》"及夏之衰也，棄稷弗務"。）

（37）伯九有（魯語上）

《祭法》作"霸九州"。

　　以上兩條都出自《魯語上》"海鳥曰爰居"章。該章内容和《禮記·祭法》相同，故勘校《國語》者皆取以爲校。第一條，户崎允明已有勘校。第二條，《祭法》鄭注曰："天子衰，諸侯興，故曰霸。霸，把也，言把持王者之政教也。"①《白虎通義·號》："霸，伯也，行方伯之職，會諸侯朝天子，不失人臣之義。"《説文·月部》："霸，月始生霸也。"徐鉉云："今俗用爲霸王字。"②是"霸"本"魄"之義。段注云："後代魄行而霸廢矣。俗用爲王霸字，實伯之假借字也。"③是《魯語上》此處用本字而《祭法》用假借字。《國語》本文亦伯、霸同現，可見"霸"字很早借用爲"伯"。韋注云："有，域也。"《荀子·解蔽篇》"此其所以代夏王而受九有也"楊注："九有、九牧，皆九州也。"④董增齡云："《商頌》'奄有九有'，《文選》注引《韓詩》作'奄有九域'，薛君《章句》：'九域，九州也。'又'正域彼四方'毛傳：'域，有也。'互相轉訓。惠棟謂：'域從或，《説文》：或，邦也。從口從戈以守一，一，地也。'"⑤按，"有"上古音在匣紐之部，"州"上古音在章紐幽部，"域"上古音在匣紐職部，則"有""域"音同義通。《玉篇·巛部》云："州，居也。"⑥《廣雅》云："州、郡、縣、道、都、鄙、邦、域、邑，國也。"又云："州，居也。"⑦是"州"與"域"義通，故"九有"得訓"九州""九域"。

（四）以《孔子家語》作爲參校對象

例如：

（38）無洵涕（魯語下）
《家語》作"無揮涕"。
（39）知也夫（魯語下）
《家語》作"智矣"。

以上兩條皆《魯語下》内容。龜井昱僅揭出《孔子家語》异文，未予評斷。

---

① 阮元校《十三經注疏》，影世界書局本，北京：中華書局，1980年，第1590頁。
② 許慎《説文解字》，影陳昌治覆刻平津館本，北京：中華書局，1963年，第141頁。
③ 段玉裁《説文解字注》，影印經韵樓本，上海：上海古籍出版社，1981年，第313頁。
④ 王先謙撰，沈嘯寰、王星賢點校《荀子集解》，北京：中華書局，1988年，第386頁。
⑤ 董增齡《國語正義》卷四，清光緒庚辰式訓堂本，第16頁。
⑥ 陳彭年等《宋本玉篇》，影印張士俊澤存堂本，北京：北京市中國書店，1983年，第362頁。
⑦ 徐復主編《廣雅詁林》，南京：江蘇古籍出版社，1992年，第335、791頁。

（五）以《史記》作爲參校對象

例如：

（40）叔熊季紃（鄭語）

《世家》作“叔堪季徇”。

（41）入于王府（鄭語）

王府，《史記》作“王後宫”。

（42）火正黎（楚語下）

《史記自序》作“南正重，北正黎”（《曆書》作“南正火正”）。

以上三條，是以《史記》作爲參校對象的例證，也是僅揭出异文，未予評斷。

五、以他書引文异文作爲參校對象

以他書引文异文作爲參校對象，是專書勘校的主要方式之一，龜井昱《國語考》也頗及此。例如：

（43）南正重（楚語下）

《傳疏》引作“木正重”。（昭廿八）

（44）王耕一墢（周語上）

墢，發土也。（字書引之，作“一坺”。）

（45）無逢其灾害（周語中）

《傳》曰：“吾儕小人，皆有闔廬以辟燥濕寒暑。”注以尊卑之義説之，非本文之義。（寧宇，猶安宅也。《詩》《書》正義引作“寰宇”者，誤也。秦云：“寰宇，封疆也。”非。）

第一條，龜井昱以《左傳正義》爲參校對象，揭明异文。今檢朱熹《儀禮經傳通解續》卷二三引文即作“木正重”。劉繼華等整理《春秋左傳注疏》校勘記云：“今《國語·楚語》‘木’

作‘南’。傳説上古有木正、火正、金正、水正、土正，稱五行之官。‘木正’似不誤。”①第二條，《説文》“茇，春艸根枯，引之而發土爲撥，故謂之茇”，段注云：“此申明艸根爲茇之義也。《氾勝之書》曰：‘春土長冒橛，陳根可拔，耕者急發。’《考工記》注曰：‘ㄑ土曰伐。伐，之言發也。’《詩·噫嘻》‘駿發爾私’箋云：‘發，伐也。’《周語》‘王耕一墢’注：‘一墢，一耦之發也。’引之而發土者，謂柏藉陳根，土易解散，其耕澤澤也。‘爲撥’之‘撥’即《攷工記》之‘伐’。《國語》之‘墢’、《説文·土部》之‘坺’、今韵書之‘垡’，實一字也。”②“發”“墢”“撥”“坺”“垡”實際上强調的都是一個完整動作，韋注所謂“一耜之墢”即是講用耜耕作，從把耜插入泥土到把耜從土地裹拔出整個的一個動作，當然它的客觀結果會形成一個廣尺深尺的耕作片。段注證草根之義同此。另如《左傳·哀十六年》“必使先射，射三發，皆遠許爲”中的“發”，即從箭在手中發出去一直到落下這一個動作的完成。“發硎一試”則也是指完整的一個動作。從字形上看，用“墢”“坺”（段注所云之“茇”亦然）强調的是耕作動作之後的結果，指用犁翻起或鍬挖出的一塊土，名詞。第三條，謂《毛詩正義》《尚書正義》引字作“寰”爲誤。

六、以《國語》引文來源作爲勘校對象

　　《國語》本文引述《尚書》《詩經》以及古語多條。俞志慧統計出《國語》引言類之“語”88處。③ 夏德靠統計《國語》引《詩》20 處，引《書》11 處，引先王之制、引志、引《易》各 3 處，引瞽史記 2 處，引有言 6 處，引聞之 20 處，引謡諺 5 處，引其他 4 處，④統計綜合全面。陳長書統計《國語》引文 41 例，其中引《詩》21 例，引《書》10 例，引文出處不明 4 例，引《易》《逸周書》《夏令》《周制》《秩官》《禮志》各 1 例。⑤ 李孝蓉對《國語》直接引經書進行了統計，謂《國語》引《詩》24 例、《書》14 例，引《易》2 例，此外引《夏令》《月令》《秩官》各 1 例，共 43 例。⑥ 裴登峰對《國語》徵引亦有統計。各家標準不盡相同，統計數據容有差別。以今傳《詩》《書》對《國語》引文進行校勘，是《國語》勘校的工作内容之一。渡邊操《國語解删補》等皆有涉及。龜井昱《國語考》也涉及之。例如：

① 劉繼華等整理《春秋左傳注疏》，濟南：山東畫報出版社，2004 年，第 1580—1581 頁。
② 段玉裁《説文解字注》，第 38 頁下。
③ 俞志慧《古“語”有之：先秦思想的一種背景與資源》，上海：華東師範大學出版社，2010 年，第 204—210 頁。
④ 夏德靠《〈國語〉叙事研究》，北京：知識產權出版社，2015 年，第 212—226 頁。
⑤ 陳長書《〈國語〉詞彙研究》，北京：中國社會科學出版社，2015 年，第 159—160 頁。
⑥ 李孝蓉《〈國語〉引經書説略》，《北方文學（中）》第 5 期，2015 年 6 月，第 150 頁。

（46）莘莘征夫（晋語四）

《詩》作"駪"。

清人錢大昕曾校本條，《經典文字考异·艸部》云："莘，《詩》《左傳》《孟子》《説文》作'侁'。《吕氏春秋》：'湯聞伊尹，使人請之有侁氏。'《詩》：'駪駪征夫。'《國語》引作'莘莘'。"①龜井昱此處僅揭示异文。

七、以《國語》他篇作爲參校對象

《國語》中有些語句出現非止一次，龜井昱也往往取以參校。例如：

（47）請隧焉（周語中）

《傳》及《晋語》無"焉"字。

（48）晋侯圍之（周語中）

《晋語》此句下有"將殘其民"句。

第一條揭明《左傳》《晋語》與《周語》文字不同，第二條揭出《晋語》和《周語》文字不同。僅揭明异文，不進行判定。

八、理　校

龜井昱采取理校方式進行勘校，其表述和渡邊操、關脩齡、秦鼎等大致相同，往往以"×當作×"或"×字似"等表述形式出之。

（一）訓釋形式爲"×當作×"

例如：

---

① 錢大昕《經典文字考异》（中），陳文和主編《錢大昕全集》（增訂本），南京：鳳凰出版社，2016 年，第 1 册，第 300 頁。

（49）唯青陽與倉林氏（晋語四）

青陽當作“玄囂”。古人有定論。

（50）以疏其穢而鎮其浮（楚語上）

以，當作“使”，相涉寫誤已。

（51）襄十六年（晋語八）

六當作“七”，注疑。（十六年爲僖廿四年，二十一年何得爲僖？）王（廿八年乎？故秦云：廿一年，當作“廿年”。説見于上。）

（52）無所不疚（晋語一）

疚字複義，亦澀，當作“底”，後寫之誤。已流志而行，故流蕩妄行，無所不至也。

（53）鄭出自宣王（周語中）

宣，似當作“厲”。然鄭伯曰“徼福于厲宣桓武”，則以其近者言之。《傳》曰：“鄭有厲害、宣之親。”

以上五條，都是以“×當作×”的表述形式出現的理校條目。其中第一條形式上爲理校，實際上校人物且有依據。第二、第三、第四、第五條則是校文字。

（二）訓釋形式爲“×，似、或”

這一類校勘表述主要針對脱文、衍文，也有認爲誤字者，例如：

（54）則請止狐偃（晋語四）

“則”上似脱“然”字。

（55）用明德于民也（楚語上）

“也”字似衍。然上四字（使訪物官），此十五字長短相夒，故變文礎也字歟？（秦云：或作“焉”。案：作“焉”則與下文混而無倫，必非左氏之舊。）

（56）忠非禮（周語中）

“忠非”不可解，或“靠”字歟？《説文》：“靠，相違。”

以上三條，第一條校脱文，第二條校衍文，第三條校誤字。

（三）校羨文

如：

(57) 王處于鄭三年(周語中)

王處于鄭三年，羨文，涉起句而誤歟？或釋起句"三年"而注二字者誤入行歟？(莊二十年夏，王出，而翌年夏入。)

本條謂本句爲羨文。

（四）校倒乙

例如：

(58) 乃命魯孝公(周語上)

入而爲王官也。(孝公爲侯伯，絶不見史傳。)《世家》似大錯會是文。(曰：宣王伐魯，殺其君伯御而問魯公子能道順諸侯者，以爲魯後。樊穆仲曰：魯懿公弟稱云云，乃立稱，是爲孝公。)起句文字倒寫已久。(《檀弓》"吴侵陳"章大宰嚭、行人儀傳寫差互，與是相類。)

(59) 高位寔疾僨(周語下)

疾僨似字倒。僨疾，言隕命之疾也。(《正字通》引作"賁疾"，或有所據依。)秦本作"疾顛"，云云。

第一條校語句倒乙，第二條校文字倒乙。

（五）揭明贅餘

例如：

(60) 登叔隗以階翟(周語中)

階受登字。注"禍"字贅。（前文不應于此。）

（61）上帝（周語中）

昊天上帝，與五帝自別。注"五帝"可削。

（62）用足則族可以庇（周語中）

注二句贅矣。（無取于民，國人説之。）

以上三條，皆指明韋昭注文有贅餘文字。

總體而言，龜井昱《國語》校勘未參《國語》其他版本，僅依據秦鼎《國語定本》所臚列各本信息進行論定。其理校部分，相對而言，識斷較爲大膽，雖對于厘定《國語》文本不無裨益，但主觀成分較多，采擇其意見時需要仔細研玩、謹慎對待。

結　論

龜井昱《國語》研究内容之豐富、研究方法之多樣、參據資料之多元，皆超邁前人。就體量上而言，龜井昱《國語考》是日本《國語》研究史上較爲厚重的一部著作。由于龜井南冥、龜井昱父子在漢籍、漢學方面的成就卓著，故其《國語》研究也體現出不同前人的諸多特點。

（一）繼承了前此日本《國語》研究的基本範式，并在此基礎上有所更進。

自太宰純以來形成的日本《國語》研究傳統，即校勘、訂音、辨義、評點四位一體的研究範式。龜井昱在繼承了這一日本《國語》研究傳統的基礎上，有所更進。在龜井昱《國語考》中，訂音的内容相對較少，且往往表現在對秦鼎音讀的探討上，幾乎不引述音切資料，并未像此前的太宰純、冢田虎那樣引述大量的反切資料對文字讀音進行辨析。渡邊操以來的日本《國語》研究者多有依據評點之處，但對《國語》進行評點尚不普遍。至龜井昱，在繼承中國明清時期評點學基本路數的基礎上，對《國語》進行了諸多評點，成爲其《國語》研究的有機組成和重要内容之一。

（二）龜井昱《國語考》是日本《國語》研究史上較爲厚重的著作。

在户崎允明等人的《國語》研究中，充斥了大量的重複内容，主要表現在訂音和校勘方面。渡邊操、千葉玄之、户崎允明、冢田虎等在訂音方面下了很大功夫，多有重複的成分，且所訂音讀類于雞肋。校勘方面多據盧之頤本、閔齊伋本以及明清時期各種評點本進行校勘，且校勘條目往往也多有重複。龜井昱幾乎不徵引音切資料，《國語》音讀訂正在龜井昱《國語考》中所占比重較少。對《國語》文字校勘，龜井昱往往依據秦鼎《國語定本》的資料進行依從,不單純臚列异文。龜井昱多理校,且勇于質疑,這一點和中國乾隆時期的牟庭《國語校注》的校勘相近。《國語》語義訓詁是龜井昱《國語考》的重點内容和中心内容。無論從體量還是從學術價值上而言,都是日本《國語》研究史上較爲厚重的一部學術著作。

(三)龜井昱的《國語》考校更爲綜合全面。

前此《國語》考校,校勘、釋義、訂音等多單獨立目,如户崎允明等。至龜井昱,很多條目既釋義,又校勘,又評點。且釋義方式多元,并非僅僅采取直訓之法,往往引述《春秋》《左傳》以及相關典籍故訓材料,正反比核,然後案以己意。不僅釋義,還對前人注解進行評騭。不僅釋語境義,還涉及語源義之研討,語法作用、文例、句式、照應、變字變句之揭示,對職官、禮制、紀年等等亦多有考校。在引述相關材料時,往往也對引述的材料進行評騭勘校。

(四)引據材料,較前此諸家更爲權威。

從參據漢籍材料上,龜井昱較之前此日本《國語》研究學者都有更進。以小學材料爲例,龜井昱參據了《説文》《説文解字繫傳》等中國傳統小學要籍,爲前此日本《國語》研究學者所未能。這就從詞語語義溯源上解決了很多問題,避免了前此諸家僅依據《古今韵會舉要》《康熙字典》等勘定語義所存在的先天不足。另外,龜井昱精研三禮,故考校中每每引述《周禮》《禮記》等以作比對,進行禮制或職官的考校。龜井昱在《爾雅翫古》中也引述《國語》對《爾雅》進行考訂。

(五)在《國語》考校中,注重本書證據。

通過上文的梳理可知,無論是校勘,還是語義考辨,還是評點,龜井昱十分注重篇章内部前後文之間的比核,同時也往往徵引《國語》相應篇章的同類語言現象進行比證。

(六)對諸多此前《國語》研究未能注意到的語言點進行了考校。

學術研究的特點之一,在于補白,即對前人未曾涉及且確實有研究價值的領域進行開拓式研究。龜井昱《國語考》在這一方面有一定數量值得稱道之處。

(七)受到後世《國語》研究者的重視。

高木熊三郎撰述《增注國語定本》,即以龜井昱《國語考》、中井履軒《國語雕題》爲基礎,充分説明高木熊三郎對龜井昱《國語考》的重視。桂湖村謂龜井昱《國語考》"識見卓异",和關脩齡《國語略説》堪稱日本《國語》研究之"雙璧"。① 桂湖村的評價值得引起重視。

---

① (日)桂湖村講《國語》(上),東京:早稻田大學出版部,1917年,第226頁。

　　總之，龜井昱《國語考》在日本《國語》研究史上具有較高的學術價值，亟待進一步整理和深入研討。

【作者簡介】郭萬青，男，1975 年生，唐山師範學院文學院教授，主要從事《國語》研究。

《列女傳》所見春秋女性本事與
《詩序》關係考[*]

于洪濤

　　《列女傳》爲劉向所編撰的以女性爲記述對象的傳記,後代正史中的女性人物傳記基本以此爲參照。劉向在塑造春秋女性形象時,參考了衆多先秦時期文獻,其中有些撰寫内容與《詩經》中的内容相關性很大。劉向爲學嚴謹,博通五經,論及《詩》學家法,學界多以修習"魯詩"爲準。《列女傳》引《詩》文本頗豐,釋《詩》本事周詳,是漢代今文詩學的重要材料之一。此外,齊詩、韓詩多已散佚,目前現存内容多爲後世所輯佚,不甚明瞭。王承略以追溯性的研究方法考證"詩序"主體部分在戰國中期業已形成,并提出可能撰于孟子學派的相關證據。[①] 這對于重新審視"詩序"的成書年代與性質、解釋"詩序"有别于三家詩的獨特闡釋體系具有重要意義。今以《毛詩序》爲參照,校各家詩闡釋之异同,或可成爲探尋單行本"詩序"是否爲三家詩提供文本依據的關鍵。《毛詩序》闡釋與現存三家詩本事在詩旨或申釋方面有互通之處,從文本角度比對分析,應存在爲四家詩本事叙述提供文本依據的同源材料。在《詩經》流傳過程中,各家詩闡釋産生了相應變化的過程和關係還有待于研究。本文通過對《列女傳》中有關春秋女性解詩内容的梳理,結合已經散佚的"齊詩""韓詩"等相關材料,探討其與"詩序"的關係狀況。如有不當之處,還請就教于方家。

一、《列女傳》春秋女性本事闡釋的繼承性

　　《列女傳》作爲劉向所編撰的專門記録女性形象的叙事著作,其在塑造女性形象時不僅對傳主言行和史實材料進行采集和吸收,而且也對《詩序》中所見的詩旨有所繼承。通

　　* 本文爲"古文字與中華文明傳承發展工程"資助項目"出土簡帛所見'語'類文獻分類新研"(項目號:G1973)階段性成果。
　　① 王承略《論〈詩序〉的主體部分可能始撰于孟子學派——〈論《毛詩序》的寫作年代〉之四》,《詩經研究叢刊》第2期,2002年7月,第144—146頁。

過對《列女傳》中春秋女性本事梳理,發現某些篇章中解釋旨趣,與《詩經》中的《柏舟》《渭陽》《芣苢》《汝墳》《載馳》等篇章中的今本《毛詩序》有着相似性與關聯性。這也説明劉向在編撰《列女傳》時,或多或少地吸收了"詩序"的内容,但是在部分篇章的春秋女性本事解釋中,對于《毛詩序》的内容并非完全繼承,這可能與劉向所采用的"詩序"版本有着密切關係。

　　另外,《列女傳》中的解詩内容,清代學者王先謙認爲其是以"魯詩"爲底本,兼采其他三家詩的解釋。[①] 所以,通過對《列女傳》中的相關本事進行研究,我們能够發現"詩序"的不同流傳系統和相應版本。吕冠南就曾指出,"詩序"在誕生之初便存在單行本,與毛詩學派并無關係,只是解詩内容爲毛詩學派認可,後經其改造賦予學派色彩而行于世。[②] 綜合對"詩序"的流傳形態、小序闡釋結構進行了簡要分析,單行本"詩序"傳世的假設或可解釋《毛詩序》與三家詩闡釋相合或相離的傾向。

　　目前所見《詩經》和《列女傳》相關文本的關係性質,大致可以分爲"宗旨叙事繼承性""宗旨繼承性"兩大類。關于第二類劉向在編撰《列女傳》時,可能因整體著作女性分類和性格塑造的需要,會對《詩序》的内容有所增添而導致的内容有所損益,當然也不排除是其所采詩底本的具有區别性而造成的。

1. 宗旨叙事繼承性

　　《列女傳》在對"周南之妻""秦穆公姬"兩位春秋女性人物形象的塑造中,其叙事和宗旨皆表達了對兩位人物良好品格的贊美。結合《列女傳》中的女性分類來看,她們都分布在《賢明傳》中,這也説明《詩序》對于這兩位女性所塑造的都是賢順明達的正面形象,所以劉向在編撰過程中基本繼承了其中的叙事和宗旨内容。比如在《列女傳》"周南之妻"的形象塑造中,詳細叙述了周南大夫之妻因丈夫長期平治水土,遲遲不歸,恐怕他懈怠王事,通過鄰人陳素,轉達了勸勉丈夫的言辭,其云:"國家多難,惟勉强之,無有譴怒,遺父母憂……生于亂世,不得道理,而迫于暴虐,不得行義,然而仕者,爲父母在故也。"[③] 勸勉丈夫的文辭懇切而深明大義,并表達了對于丈夫的思念之情。劉向以此來解釋《汝墳》所作的原由。這實際上與《毛詩序》中的"婦人能閔其君子"的闡釋宗旨相合。當然在叙事意圖上,《列女傳》與《毛詩序》、"韓詩"中的内容可以相互補充。《毛詩序》主要是從周南之妻主

---

①　王先謙《詩三家義集疏》序例,北京:中華書局,1987 年,第 13 頁。
②　吕冠南、王承略《漢代〈詩序〉流傳考論》,《東岳論叢》第 5 期,2021 年 5 月,第 120 頁。
③　王照圓《列女傳補注》卷二,《賢明傳》,上海:華東師範大學出版社,2012 年,第 62—63 頁。

觀思想的外在影響上而言，即"道化行也，文王之化行乎汝墳之國"。① 其描述的是文王道
德教化流行至汝墳之國，婦人受其教化，雖閔念其君，仍勉勵之。而"韓詩"將本事定義爲
大夫以父母之故出仕，辭別家鄉。《後漢書·周磐傳》李注引《韓詩》文曰："《汝墳》，辭家
也。"②王先謙云："注稱《韓詩》，實《韓序》也。云'辭家'者，此大夫以父母之故，不得已而
出仕。"③由此可見，《列女傳》中所述出仕原因與"韓詩"相同，同時又兼收了《毛詩序》所言
閔念之情，周南之妻與鄰居分享平日匡正勉勵丈夫的言辭，與魯説中意欲贊頌周南之妻的
"賢明"品質相合。結合《毛詩序》、《列女傳》、"韓詩"三者所塑造的"周南之妻"的形象來
看，我們認爲劉向所述《汝墳》詩意雖與韓説詩旨相同，但仍兼收了《毛詩序》中後半部分所
述婦人閔念君子的叙事情節。

　　再如《列女傳》"秦穆公姬"形象塑造中的宗旨與叙事，皆與《毛詩序》有着相通之處。
從叙事角度而言，《渭陽》一詩所作的背景爲公子重耳逃至秦國，秦穆公因感念秦晋姻親關
係接納穆姬的弟弟重耳，重耳到秦國前穆姬已逝。後晋國局勢變化，公子重耳回國繼位，
太子罃（後爲秦康公）送其舅回國，在渭水之陽感念母親穆姬之情。《列女傳》與《毛詩序》
都記叙了類似的内容，如《毛詩序》云："康公之母，晋獻公之女。文公遭麗姬之難，未反而
秦姬卒。穆公納文公，康公時爲大子，贈送文公于渭之陽，念母之不見也，我見舅氏，如母
存焉。"④《列女傳》："穆姬死，穆姬之弟重耳入秦，秦送之晋，是爲晋文公。太子罃思母之
恩而送其舅氏也。"⑤兩者相比較而言，叙事内容和模式基本區別不大，但對于《渭陽》所作
時間問題，兩者有着不同的解釋。《列女傳》認爲此詩作于穆姬去世後，重耳來到秦國，由
秦國護送其歸國繼承君位，太子罃感念母親養育之恩，送舅父時作詩《渭陽》。然《毛詩序》
則認爲此詩是太子罃繼位爲秦康公時感念母情所作，即"及其即位，思而作是詩也"。王先
謙對此表示過懷疑，并認爲："案，贈送文公，乃康公爲太子時事，似不必即位後方作詩，魯、
韓不言，不從可也。"⑥而"韓詩"也認爲此詩作于送舅父當時而作。《後漢書·馬防傳》注
引"韓詩"曰："秦康公送舅晋文公于渭之陽，念母之不見也。其詩曰：'我見舅氏，如母存
焉。'"⑦由此可見，《列女傳》、"韓詩"在參考《毛詩序》時，極有可能翻閱過當時傳世典籍，

　　① 毛亨傳，鄭玄箋，孔穎達疏，陸德明音釋，朱杰人、李慧玲整理《毛詩注疏》卷一，上海：上海古籍出版社，2013
年，上册，第 74 頁。
　　② 范曄撰，李賢等注《後漢書》卷三九《周磐傳》，北京：中華書局，1965 年，第 5 册，第 1311 頁。
　　③ 王先謙《詩三家義集疏》卷一，上册，第 56 頁。
　　④ 毛亨傳，鄭玄箋，孔穎達疏，陸德明音釋，朱杰人、李慧玲整理《毛詩注疏》卷六，上册，第 617 頁。
　　⑤ 王照圓《列女傳補注》卷二《賢明傳》，第 56—57 頁。
　　⑥ 王先謙《詩三家義集疏》卷三，上册，第 458 頁。
　　⑦ 范曄撰，李賢等注《後漢書》卷二四《馬防傳》，第 3 册，第 858 頁。

考證過本事的真實性；或者説單行本"詩序"在當時并未增益出"及其即位"一句，最後一句乃後人整理《毛詩序》時增益而成。王承略則認爲《毛詩序》的第三部序是《毛詩》後學對《毛傳》的引申與抽象。① "及其即位"一句正是《毛詩序》的最後闡釋，故而在韓嬰、劉向所處的西漢時期，是極有可能并未增益出此句的，這也能够體現三家在解釋此詩時在宗旨和叙事的某些内容上有所相同，但《毛詩序》應當爲"毛詩"學派進行增添的產物。

2. 宗旨繼承性

《列女傳》中在塑造春秋"衛寡夫人""蔡人之妻""許穆夫人"等人物形象時，與《毛詩序》中所闡釋詩旨基本相合，但是對于叙事細節兩者之間則有所差別。這説明劉向在《列女傳》中構建人物形象時，基本依托先秦時期的相關典籍和儒家經典文獻的主旨，營造人物正面的性格特點的同時，也在部分叙事内容中有所損益。不過，從整體上來看，并没有脱離先秦典籍文獻而虚構人物形象，這也反映了《列女傳》對于《詩序》這類文獻主旨的尊重和繼承性。在《列女傳》中"宗旨繼承性"的闡詩人物形象數量也比較多，這也説明劉向校書是依托相關文獻底本進行再發揮的過程。正如劉賽所説，劉向在編撰《列女傳》時有意沿用經典原文，而没有如《史記》一樣進行過多的古今語轉換。② 下面針對《列女傳》中所見的三個女性人物，結合《毛詩序》和"韓詩"的相關材料，進行逐一分析。

《列女傳》在塑造"衛寡夫人"時基本沿用了《毛詩序》的解釋"不遇"的宗旨框架。《毛詩序》云："《柏舟》，言仁而不遇也。衛頃公之時，仁人不遇，小人在側。"③即指衛頃公時期奸佞之臣在君主身側，君主不能以個人意志行事，致使仁人懷才不遇，賢者受到侵害；而據《列女傳》叙事，齊侯之女嫁于衛，行至城門而聞衛君已逝，女子堅持守喪三年并回絶了繼任衛君的求娶之意，作詩《柏舟》以明其志。據王先謙考證，魯説曰"言守善篤也"，④可見王先謙認爲《列女傳》意在贊美善良忠實的品格。若説《毛詩序》與魯説各有其闡釋體系，劉向却在魯説文本中再度闡釋詩義："《詩》曰：'威儀棣棣，不可選也。'言其左右無賢臣，皆順其君之意也。"⑤我們認爲，《列女傳》闡釋原本基于兒女之情視角，意在叙述衛宣夫人忠貞不貳的品格，但文本却在結尾將視角轉化至君臣關係中，當有所據。若説劉向藉鑒了《毛詩序》文本，兩者間闡釋意涵却又不同，《毛詩序》直指衛頃公不遇仁臣，《列女傳》僅叙述爲臣子皆順從君主意願，身旁無賢臣輔佐。由此可見，劉向解詩雖基于男女之情視角，

① 王承略《〈詩序〉寫作歷程考論》，《文學遺產》第2期，2022年3月，第42頁。
② 劉賽《劉向〈列女傳〉及其文本考論》，復旦大學博士學位論文，2010年4月，第162頁。
③ 毛亨傳，鄭玄箋，孔穎達疏，陸德明音釋，朱杰人、李慧玲整理《毛詩注疏》卷二，上册，第154頁。
④ 王先謙《詩三家義集疏》卷三上，上册，第129頁。
⑤ 王照圓《列女傳補注》卷四《貞順傳》，第145頁。

却又并未逃離《毛詩序》構建的君臣關係框架,且二者本事均體現了"仁而不遇"的感情基調。就解詩的宗旨而言,棄婦與逐臣事異情同,兩説本質并無不同,①可見二者本事雖係杜撰附會,但却可以與《毛詩序》前半部分闡釋互通共存。至于《毛詩序》與魯説之間叙事的共通之處,應當爲遵循先秦時期業已形成的單行本"詩序"闡釋的結果。

　　《列女傳》在塑造"蔡人之妻"形象時,也基本沿用了《毛詩序》女性美德描述的宗旨。《毛詩序》叙述此詩是贊美後妃之作,繼而又言這是贊美和平盛世婦人樂于生子的社會現象。趙鑫從文字學角度分析,"芣苢"當爲"薏苡",本意爲胚胎,寓意生命的希望。② 由此可見,《毛詩序》提及"樂有子"的闡釋或與"芣苢"一詞釋義有關,當有所據。劉向在編纂《列女傳》系列故事時,部分材料采取了《詩》本事内容,在摘録材料過程中秉持審慎態度。在解釋《芣苢》本事上,僅表述爲女子得知夫君患有惡疾,母親令其改嫁,女子不從并以芣苢之草的特性爲例勸喻説理,作《芣苢》以表貞正。劉向在叙事過程中避諱了丈夫惡疾爲何,僅坐實本事中的人物,杜撰蔡人之妻闡釋義理的對話,使叙事與言辭互爲補充,體現其妻之貞順。"韓詩"本事則稱丈夫患有惡疾,取芣苢以愈之。《文選·辯命論》李善注曰:"《韓詩》曰:'《芣苢》,傷夫有惡疾也。'《詩》曰:'采采芣苢,薄言采之。'"③朱熹曰:"采之未詳何用,或曰:其子治産難。"④可見朱熹并不篤定芣苢功效,僅據前代史料推測可能用于産難之症;馬瑞辰考:"芣苢一名蝦蟆衣,舊謂取葉衣之,可愈癩疾。"⑤此處芣苢則被推測爲治療麻風病的藥材。"韓詩"中的薛君所言,坐實了君子人道不通,這極有可能汲取了《毛詩序》中"樂有子"的釋義,將"芣苢"申釋爲治愈君子人道不通的藥材。趙茂林言:"再則三家不談興,按之《韓詩外傳》等可證,但《薛君章句》一則説'以事興芣苢',再則説'以興君子雖有惡疾,我猶守而不離去也',則可能采自《毛詩》。"⑥然《毛詩序》中并未見君有惡疾,其妻不棄的相關叙事,説明這類穿鑿附會的説法爲《列女傳》結合"韓詩"闡釋而成。由此看來,《毛詩序》并無夫有惡疾之説,其本事重點在于"和平"二字,"樂有子"當是爲歌頌文王之化,已然脱離詩歌本身的釋義。《毛詩序》與《列女傳》"韓詩"本事均對女性加以贊美,《毛詩序》提及"后妃之美",《列女傳》則言蔡人之妻"甚貞而壹"之美,可見二者在《毛詩序》前半部分闡釋有互通之處。

　　《列女傳》在塑造"許穆夫人"感傷宗國滅亡而無法施救的形象時,基本與《毛詩序》的

①　曹建國《論先秦兩漢時期〈詩〉本事》,《文學遺産》第 2 期,2012 年 3 月,第 45 頁。
②　趙鑫《"芣苢爲薏苡説"補證——兼論〈詩經·芣苢〉主旨》,《長治學院學報》第 3 期,2020 年 6 月,第 61 頁。
③　蕭統編,李善注《文選》,長沙:岳麓書社,2002 年,第 1625 頁。
④　朱熹注《詩集傳》,北京:中華書局,2011 年,第 7 頁。
⑤　馬瑞辰《毛詩傳箋通釋》,北京:中華書局,1989 年,第 59 頁。
⑥　趙茂林《漢代四家〈詩〉的傳承與解説歧异》,《蘭州學刊》第 10 期,2017 年 10 月,第 21 頁。

解詩宗旨相合。《毛詩序》叙述結構劃分爲多個層次，立足于家國視角，聚焦許穆夫人作詩緣由及背景。《毛詩序》與三家詩均闡釋此詩爲許穆夫人顧念宗國之詩。《毛詩序》對于歷史事件的叙述較爲詳細，當是以《左傳》閔公二年記載爲據：

> 初，惠公之即位也少，齊人使昭伯烝于宣姜，不可，强之。生齊子、戴公、文公、宋桓夫人、許穆夫人。文公爲衛之多患也，先適齊。及敗，宋桓公逆諸河，宵濟。衛之遺民男女七百有三十人，益之以共、滕之民爲五千人。立戴公以廬于曹。許穆夫人賦《載馳》。①

衛懿公時國家爲狄人所滅，衛人畏懼狄師，于是夜渡黄河，至曹邑立戴公爲君，這與《毛詩序》叙述相同。然經過與上引材料比對，發現兩者仍有出入，《左傳》并未明確許穆夫人的作詩緣由，僅提及許穆夫人作《載馳》一事。《毛詩序》則闡釋爲許穆夫人閔懷宗國已亡，欲歸國吊唁其兄，而于禮不合，于是賦詩，即"閔其宗國傾覆自傷不能救也"。《列女傳》在叙事上更爲詳細，認爲《載馳》爲許穆夫人在駕車吊唁衛侯的途中而作。《列女傳·許穆夫人》："當敗之時，許夫人馳驅而吊唁衛侯，因疾之而作詩。""疾，怨也"，②意在埋怨衛侯起初不聽從自己的捨近求遠、離大附小，致使其身在許國而不能救援衛國的情況發生。不難看出，《列女傳》此處叙事與《毛詩序》所言"傷許之小，力不能救"相合。

此外，魯説提及許、齊二國求娶許穆夫人，夫人通過傅母傳達自己對于婚事的見解，這與"韓説"所云嫁娶之事"夫嫁娶者，非己所自親也，衛女何以編于詩也"相合。③ 衛懿公不受深諫，導致國家陷于危難却無援助的故事情節，又與"齊詩"的解釋内容相應，即"懿公淺愚，不受深諫。無援失國，爲狄所滅"。④可見《列女傳》與"韓詩""齊詩"兩家詩闡釋亦有互通之處。據此，劉向在塑造"許穆夫人"這一憂國憂民女性形象時，叙事上可能兼收《毛詩序》及其他各家詩的相關闡釋，并糅合出具備仁智和有預見性的女性故事。

二、《列女傳》春秋女性本事闡釋的創新性

《列女傳》在繼承相關經典文獻中的宗旨、叙事、人物形象的同時，在部分人物的塑造上對《毛詩序》文獻的解釋有所創新。劉向在塑造人物的過程中，會對經典文獻中解釋不

---

① 楊伯峻《春秋左傳注》，北京：中華書局，2016年，第291頁。
② 王照圓《列女傳補注》卷三《仁智傳》，第98、101頁。
③④　王先謙《詩三家義集疏》卷三中，上册，第258頁。

清或者人物不明的内容，進行人物故事情節的發揮和創造，尤其是在春秋女性形象的塑造和解釋上。通過對《列女傳》中的春秋女性人物進行梳理，筆者發現"衛姑定姜""召南申女""黎莊夫人""齊女傅母"等四個人物的塑造，在尊重和繼承"詩序"的闡釋宗旨基礎上，相應人物和故事情節的叙事也有些許創造性的變化。

　　究其變化的原因不外有兩點：一是劉向以繼承經典文獻原文爲主，尤其是以上所列四個人物皆與《詩經》中的篇章有關係（《燕燕》《行露》《式微》《碩人》）。二是"詩序"所解釋的本事内容不詳細或者有所缺損，劉向爲了擬合人物塑造形象上的不足，會對某些叙事進行改寫和創造，并且符合《列女傳》中的整體分類要求。如上所列四個人物皆在《母儀傳》《貞順傳》正面形象傳記中，説明爲了故事情節完整性的需要，劉向會對經典文獻中不足的部分進行補充和解釋。

　　綜合《列女傳》春秋女性塑造的實際情況，基本上有"人物身份創造"和"故事情節創造"兩種創新的方式。所謂"人物身份創造"，就是對諸如《毛詩序》中人物身份不詳細的，進行新的闡發和定位，這也是爲了完整故事情節和突出女性叙事主體的需要，這與《史記》爲人物立傳的方式不謀而合。張濤就指出："劉向在一定程度上繼承和發展了司馬遷的進步觀點，通過《列女傳》的編撰，最早有意識地爲婦女立傳，并形成了比較系統、完整的體裁結構。"①所謂"故事情節創造"，是指爲了詳細而完整的故事情節，在經典文獻語焉不詳的情況下，劉向根據其學派所解詩義作出某些情節上的創造。這實際上也與《詩經》流傳和學派有關，從側面可以證明劉向的闡發創造并不是没有底本的憑空捏造，雖然其叙事和人物塑造與真實的歷史情況相差甚遠，但是仍然能够看到在劉向尊重經典文獻基礎上的創新。下面筆者就根據已經搜集的《列女傳》中春秋女性形象與《詩經》相關材料，進行分類和逐一分析。

1. 人物身份創造

　　《列女傳》在塑造"衛姑定姜"人物形象時，與《毛詩序》、"韓詩"、"齊詩"的解釋有所不同，基本明確了人物和故事情節，實際上體現了劉向對于文本叙事和人物模式的新創造。《詩經》中的《燕燕》與"衛姑定姜"的關係密切，四家都將其解釋爲一首爲送別而作的歸寧詩，如《毛詩序》中云"《燕燕》，衛莊姜送歸妾也"，也就是説此詩爲衛莊姜送妾所作，似乎可以看出詩作出莊姜之手而非定姜。另外，《毛詩序》對于衛莊姜所送何人并没有明確説明，

　　①　張濤《劉向〈列女傳〉的學術價值簡論——〈《列女傳》的史源學考察〉序》，《管子學刊》第 2 期，2016 年 7 月，第 119 頁。

根據漢代學者鄭玄的考證,此詩中所送之妾爲戴嬀,其子完死于州吁之亂,于是返歸其母國。《鄭箋》云:"莊姜無子,陳女戴嬀生子名完,莊姜以爲己子。莊公薨,完立,而州吁殺之。戴嬀于是大歸,莊姜遠送之于野,作詩見己志。"[1]"齊詩"則繼承了《毛詩序》的説法,即"遠送衛野,歸寧無子",其説法較《毛詩序》更加隱晦而不明確。《列女傳》則一改《毛詩序》中的説法,將衛莊姜改成了衛定姜,并在此基礎上結合"詩序"的解釋進行人物形象塑造,表現出衛定姜送別兒媳時"揮泣垂涕"的不捨之情:

> 衛姑定姜者,衛定公之夫人,公子之母也。公子既娶而死,其婦無子,畢三年之喪,定姜歸其婦,自送之,至于野。恩愛哀思,悲心感慟,立而望之,揮泣垂涕。乃賦詩曰:"燕燕于飛,差池其羽。之子于歸,遠送于野。瞻望不及,泣涕如雨。"送去歸泣而望之。又作詩曰:"先君之思,以畜寡人。"[2]

"韓詩"在闡釋《燕燕》一詩時,也是與《列女傳》中的解釋相同,即"定姜歸其娣",而非《毛詩序》所言莊姜。當然,劉向將莊姜改爲定姜,不排除筆誤或者是作者有意爲之,但是從各家解詩的内容來看,定姜的改法實際上與衛定公夫人有着密切關係,而將姜改爲了兒媳,這種人物的修改和塑造正合劉向對于衛定姜在《母儀傳》中定位,表現了定姜在"州吁之亂"的歷史大背景下喪夫、喪子、送媳的孤獨之感,同時也能突顯母親身份的不易,正如《列女傳》中故事所體現的那樣,定姜是衛定公的夫人、衛公子的母親。公子娶妻後去世,其妻子并無後嗣,三年喪期過後定姜送兒媳歸家,賦詩《燕燕》相送。實際上,根據史實來看,戴嬀所生公子完,後爲衛國君主,而衛莊姜無子視完爲己出,完因州吁之亂死後,衛莊姜纔送戴嬀歸國,這也説明衛莊姜和戴嬀一個爲正妻、一個爲妾,再比較《列女傳》的故事文本,實際上不僅傳述人物不同,同時戴嬀的身份也由妾變成了兒媳,所以《列女傳》中的作爲兒媳丈夫的公子身份就没有明確表述,這也説明劉向爲突顯母親形象,對于故事情節和人物身份都進行了改寫。雖然人物身份進行了新的定位和創造,但是劉向的故事文本與經典文獻中的《左傳》《毛詩序》主體宗旨和基本詩義框架相比,依然没有過多的改動。

　　《列女傳》所塑造的"召南申女"形象與《毛詩序》有所不同。從人物角度而言,劉向爲解釋《詩經·行露》的詩意而創造了正史無載的人物。通過新人物的塑造,將《毛詩序》中所闡釋的女子忠貞信義方面的内容有所體現,其中認爲春秋時期衰亂風俗式微,貞順的教

---

① 毛亨傳,鄭玄箋,陸德明音義,孔祥軍點校《毛詩傳箋》,北京:中華書局,2018年,第39頁。

② 王照圓《列女傳補注》,第18頁。

化興起,召伯審理男子欺凌女子的訴訟,强行無禮的男子不能欺凌貞順之女。這也反映了當時女性貞順和反抗欺凌觀念的興起,實際上也是春秋時期對女性要求的整體社會現象。余冠英在闡釋此詩義時就指出:"一個强横的男子硬要聘娶一個已有夫家的女子,并且以打官司作爲壓迫女方的手段。女子的家長并不屈服,這詩就是他給對方的答復。"①但是從《毛詩序》的闡發來看,《行露》所作并没有明確的故事情節,甚至連詩的作者都没有明確表現出來,後世學者只能通過詩的原文纔能窺見深意。而《列女傳》却將所作詩的原因更加明確。《列女傳·召南申女》云:"女終以一物不具,一禮不備,守節持義,必死不往,而作詩曰。"②由此看來,劉向是將作詩原由,直接構建在一個明確的故事情節之上,認爲該詩應爲許嫁之女因夫家急慢婚事而不肯出嫁,夫家將申女送至公堂,申女守死不往而作,而詩的作者就是這位許嫁之女,即"召南申女"。

比較兩者就會發現,《列女傳》是直接重新塑造了一個新的故事和人物形象,同時又兼顧《毛詩序》中的"貞順之教興"的闡釋宗旨,構建了一個守護忠貞婚姻觀念的人物形象,其女甚至不惜通過法律手段進行維護。這一點從側面可以反映漢代女子婚姻觀念的形成。再從故事發展和形成的角度來看,劉向爲了體現女子貞順觀念,强行將漢代婚姻生活的實際狀況與詩的闡釋進行結合,在不破壞原有經典文獻宗旨的情况下,構建出新的女性故事,同時從其將"召南申女"放在《貞順傳》的分類之下也可見一斑。另外,《列女傳》之所以將故事中的女子明確爲召南申地之女,當是與《毛詩序》中所述人物"召伯"相關,召南一般被認爲是召公的統治區域,于是劉向爲兼顧《詩序》與今文詩闡釋的差異,爲傳主編造出這樣一種身份,以求與《詩序》闡釋史實相通。

2. 故事情節創造

《列女傳》中所塑造的"黎莊夫人"形象,實際上是依托《詩經·式微》中的黎侯而來的。劉向在構建這一人物時,與前面所論的"衛姑定姜""召南申女"這種人物措置和虚構有所不同,其依托《毛詩序》的人物設置,但是在故事情節和叙事方面有所創造。依《毛詩序》闡釋,《式微》一詩所作的背景,爲黎侯因狄人驅逐暫居衛國,國中之臣皆勸其歸國,詩的內容爲其臣極諫之辭。《毛詩序》云:"《式微》,黎侯寓于衛,其臣勸以歸也。"③而《列女傳》却將這個故事情節重新塑造,認爲黎莊夫人是黎莊公的夫人、衛國國君的女兒。她出嫁至黎國,與夫君喜好不同,追求迥异,婚後并未與夫君會面而頗爲失意。傅母憐憫夫人賢德却

---

① 余冠英《詩經選譯》,北京:人民文學出版社,1985年,第10頁。
② 王照圓《列女傳補注》卷四《貞順傳》,第139頁。
③ 毛亨傳,鄭玄箋,孔穎達疏,陸德明音釋,朱杰人、李慧玲整理《毛詩注疏》卷二,上册,第206頁。

不得莊公接納,既可憐她的悲慘境遇,又擔心她被離棄後不能及時抽身離去,于是作詩勸誠夫人離開。夫人以詩句對答,表示自己願意等待莊公回心轉意,整首《式微》當是二人共同作成:

> 謂夫人曰:"夫婦之道,有義則合,無義則去。今不得意,胡不去乎?"乃作詩曰:"式微,式微!胡不歸?"夫人曰:"婦人之道,壹而已矣。彼雖不吾以,吾何可以離于婦道乎?"乃作詩曰:"微君之故,胡爲乎中路?"終執貞壹,不違婦道,以俟君命。君子故序之以編《詩》。①

由此觀之,《列女傳》從夫妻之間的關係入手,闡發夫婦相和的論説主旨,實際上故事情節與《毛詩序》中大臣勸説黎君歸國有着完全不同的意思,當然在故事情節上因主旨的變化有了新的創造。從《式微》一詩的文本來看,其所説主旨也不甚明確,并未確定黎君與臣下之間的勸説關係,這也就留下了很大的情節發展空間。劉向則從夫妻之間關係不和而黎莊夫人屢勸不歸母國的故事,來塑造一個珍惜婚姻關係的婦女形象,這自然符合劉向構建這一女性形象的目的。同時,《列女傳》中還保留了經典文獻中的"勸説"環節,劉向僅藉鑒了《毛詩序》黎國故事背景,而將本事推演爲黎莊夫人閨怨詩,編造出寧願幽居也不願背離婦人準則的女性形象,故事中也只是將勸説的對象,從黎侯變成了他的夫人,這也明確了《列女傳》爲女性立傳的編寫宗旨。

《列女傳》在塑造"傅母"的形象時也采用叙述人物轉化和故事情節虛構的手法。"傅母"依托于《詩經·碩人》而創造出來的人物,從《毛詩序》來看本爲衛莊公好嬖妾而"閔莊姜"而作,即"閔莊姜也。莊公惑于嬖妾,使驕上僭。莊姜賢而不答,終以無子,國人閔而憂之",②但是《列女傳》却將莊姜身邊的傅母作爲叙事的對象。從這一點來看,劉向只是藉用了《毛詩序》中的故事背景和人物框架,在故事情節上則有更大的發揮空間。《列女傳》中傅母見莊姜容貌姣好却妝飾妖艷,頗有縱欲之心,不守婦道之嫌,傅母擔心莊姜不能踐行爲婦之道,創作一詩諷喻莊姜,描述其容貌秀麗錦衣加絅,并且介紹其出身來歷。《列女傳》:"姜交好,始往,操行衰惰,有冶容之行,淫泆之心。傅母見其婦道不正,論之。"③實際上,《列女傳》改變了詩義中的"閔"而改成了"諷",摘取《碩人》贊美莊姜儀表的詩句,衍生出"傅母"諷喻莊姜行爲不端的情節,將《碩人》坐實爲莊姜傅母所作,意在教化莊姜端正品

---

① 王照圓《列女傳補注》,第 150 頁。
② 毛亨傳,鄭玄箋,孔穎達疏,陸德明音釋,朱杰人、李慧玲整理《毛詩注疏》卷二,上册,第 301 頁。
③ 王照圓《列女傳補注》卷一《母儀傳》,第 21 頁。

行，可見此事主人公是傅母，并通過傅母的言辭，將漢代對女性要求表達出來，由此可以看出劉向創造傅母故事情節的用意。

三、《列女傳》春秋女性本事闡釋繼承與創新的原因

《列女傳》所見春秋女性本事在汲取單行本"詩序"詩旨或史實態度，客觀上造成《毛詩序》與《列女傳》闡釋本事的差异。譬如，《毛詩序》闡釋《燕燕》是衛莊姜送歸妾所作，而《列女傳》則闡釋爲定姜送兒媳所賦，即使詩旨都是送別，却因史實立場的差异造成本事闡釋的不同；《碩人》一篇中，《毛詩序》《列女傳》所闡釋的都是衛莊姜的事迹，前者聚焦于政治視角闡述莊姜因無子而爲國人所憫，後者則將詩作定義爲勸喻詩，莊姜傅母賦詩勸誡莊姜注意言行舉止。儘管兩者本事都與莊姜相關，但從詩旨、史實態度和闡釋視角來看，二者却并無關聯。《毛詩序》沿襲單行本"詩序"的闡釋風格，并多有申釋改動。將《毛詩序》與早期"詩序"的材料相對照，内容有許多相同或相通之處，王承略將這一現象歸結爲孟子學派對前代資料的利用與傳承。① 由此可見，《毛詩序》與《列女傳》中所見春秋女性本事的闡釋差异，部分是源于闡釋體系的不同。在《國風》詩篇中，除基于具體歷史事件外，《毛詩序》多描繪時代風貌、社會現象或是闡述政治事件，而劉向《列女傳》則多基于情感視角闡釋本事，從而教化女性。劉茜亦認爲，《毛詩序》中的《國風》篇章闡釋體系并非站在抒情主體的立場，而是站在統治者立場上宣揚詩之政教寓意，②是故二者本事的闡釋差异，部分源于闡釋體系不同。

劉向本人追求釋詩嚴謹性。《漢書·藝文志》載："魯申公爲《詩》訓故，而齊轅固、燕韓生皆爲之傳。或取《春秋》，采雜説，咸非其本義。與不得已，魯最爲近之。"③在班固看來，三家闡釋《詩》的内涵時均未求得《詩》之本義；若求本義，則申公爲《詩》訓詁時并未對《詩》進行申釋，蓋魯詩最接近本義。既然三家詩所言不得詩之本義，《列女傳》又要呈上閲覽而達到勸諫目的，在釋詩過程中追求接近本義便成劉向任務之一。如《芣苢》一篇，前文已提及芣苢的功用至今仍是學人考證的焦點，韓説本事則坐實君子惡疾爲"人道不通"，劉向則以"夫有惡疾"一筆帶過，并未指明芣苢功用爲何；又如《燕燕》一篇，送別之人衆説紛紜，劉向在魯説文本中陳述定姜"賦詩"而非"作詩"，既規避了《詩》作者的争議，又巧妙運用本事

---

　　① 王承略《論〈詩序〉的主體部分可能始撰于孟子學派——〈論〈毛詩序〉的寫作年代〉之四》，《詩經研究叢刊》第 2 期，2002 年 7 月，第 153 頁。
　　② 劉茜《〈毛詩序〉的闡釋特徵及漢唐〈詩經〉學闡釋體系的形成》，《學術月刊》第 12 期，2012 年 12 月，第 95 頁。
　　③ 班固《漢書》卷三〇，北京：中華書局，1962 年，第 6 册，第 1708 頁。

達到叙事意圖。對于《詩序》中無害于魯説本事闡釋體系的部分，則是有所吸取的。他將部分《毛詩序》所闡釋的意涵融入自己的著作體式之中，在《列女傳》中則表現爲摘取詩句，將詩句釋義與傳中故事主旨相串聯，形成自己的闡釋體系。這裏所闡釋的《詩》義并非回歸詩篇本義，而是藉托本事縮小了《詩》本義與闡釋本義的差距，借用《詩》文本内容説理以教化女性。當"詩序"闡釋顯然成爲當時社會精神風貌的某種代表時，《詩》義明顯成爲政教風俗的附庸，劉向便不取《毛詩序》相關闡釋，而是向韓嬰《韓詩》闡釋靠攏。若無可供藉鑒的本事闡釋，則改編先秦傳世文獻所見女性故事，以之爲依托達到叙事意圖。

　　總之，"詩序"與《列女傳》中釋《詩》本事，兩者本事的相關闡釋當屬兩種不同的系統。前者以一人之事繫于家國，體系宏大，將詩篇歸納于政教倫理之中；後者則以一人之事繫于禮，以"禮"爲價值判斷的標準闡發義理，呈于天子，以資于治道。而就詩義而言，"詩序"的闡釋體系與詩義闡釋或多或少爲劉向重新釋讀詩義提供了某種思路。《列女傳》部分篇章將詩句擴充爲本事，既講求徵實亦注重教化，詩史互動，使《詩》本事的内涵與意義更加豐富。

結　語

　　綜上，通過對《列女傳》中所見春秋女性《詩》本事的考察，發現劉向在整理編撰過程中，兼采衆家之長，對"魯詩""齊詩""韓詩"中對女成詩和女性形象塑造的本事都有所吸收，尤其是對"詩序"中的内容，在堅持整體性框架一致的前提條件下，有所情節創造和人物構建，這也説明劉向不是憑空塑造春秋女性形象的，但是基于其時代性要求，結合漢代對女性的價值觀念而進行修改和創新，這也反映了先秦文獻至于漢代流轉變化的狀況。《毛詩序》對《詩》的闡釋與《列女傳》對《詩》的闡釋互通的原因之一在于，它們以戰國中期早已形成的單行本"詩序"爲底本。假設《列女傳》釋《詩》以《毛詩序》爲底本并有所改動，那麼爲何會出現與《毛詩序》闡釋并無關聯的情況？與此同時，又能做到與"韓詩""齊詩"闡釋互通？故而我們認爲，《毛詩序》與三家詩闡釋應源于未經毛詩學派改造的單行本"詩序"。王承略指出，"詩序"在演進至今本三部序闡釋的歷程中，并非簡單地呈現出時間的先後，還暗含着釋經立場的轉换。[①] 的確，《毛詩序》自身有着不同的闡釋層次。譬如，《毛詩序》闡釋《柏舟》本事共有兩層意涵，第一層表明詩旨爲"仁而不遇"，第二層申釋爲衛頃公不遇賢臣的具體境遇，《列女傳》則演繹爲衛宣夫人出嫁"不遇"夫君且絶不改嫁；《毛詩

---

① 　王承略《〈詩序〉寫作歷程考論》，《文學遺産》第 2 期，2022 年 3 月，第 45 頁。

序》闡釋《汝墳》本事亦爲兩層意涵,第一層闡釋爲文王教化得到廣泛推行,後申釋爲婦人能够閔念君子,魯説、韓説將本事的描述做具象化處理,韓説闡釋爲君子以父母之故出仕辭家,魯説演繹爲周南之妻勉勵周南大夫,更爲具體。第一層次闡釋作詩緣由,點明詩旨態度;第二層次叙述本事經過,點明史實態度;第三層次交代本事結局,進行評論批評,以期達到"詩史互動"的效果。是故,《列女傳》所見春秋女性本事能够與《毛詩序》的闡釋相通,應是源于兩者對"詩序"詩旨態度或史實態度的認同與傳承。

【作者簡介】于洪濤,男,1987 年生,"古文字與中華文明傳承發展工程"協同攻關創新平臺、吉林大學古籍研究所,副教授,主要從事秦漢文獻及法制史研究。

《別鶴操》作者"商陵牧子"辨析

初建祥　周曉薇

　　相傳《別鶴操》是東漢蔡邕選編的《琴操》所收錄的樂章之一,此樂章記載了夫妻被迫分離的悲情故事,正如歌辭所唱:"將乖比翼隔天端,山川悠遠路漫漫。"①由于《琴操》一書在宋代已經佚失,②後世引文中關于《別鶴操》作者的記載頗有歧異,如清《平津館叢書》本《琴操》上卷《別鶴操》云:"《別鶴操》者,商陵牧子撰也。"而孫星衍校記言《太平御覽·羽族部》引作"高陵"。③

　　現存的《琴操》有輯本和卷本之分,認爲除王謨輯本之外的其他所謂"卷本"均係輯合諸本而成。④ 既然輯本和卷本都是從他書輯錄而成,即有可能不是原文。對異文而言,對校、本校意義不大,當采用他校法和理校法校勘。下文即以這兩種方法對《別鶴操》的作者是"商陵牧子"還是"高陵牧子"進行辨析。

　　《別鶴操》的作者在早期類書中的援引情況如下:《古今注》卷中《音樂第三》,⑤《北堂書鈔》卷一六〇《琴部十》,⑥《太平御覽》卷五七八《樂部》、卷九一六《羽族部》皆作"高陵牧子"。⑦《初學記》卷一六《樂部》、一八《人部》,⑧《白氏六帖事類聚》卷六《離部》、卷一八《琴部》、卷二九《鶴部》皆作"商陵牧子"。⑨ 現據上述類書所列異同予以辨析:

---

　　① 崔豹《古今注》卷中,《四部叢刊三編》影宋本。
　　② 清人王謨曾對《琴操》一書進行輯佚,在序錄中寫道:"此書宋世猶存,惜未見有傳本。"(吉聯抗《琴操〈兩種〉》,北京:人民音樂出版社,1990年,第57頁)
　　③ 蔡邕撰,孫星衍校《琴操》上卷,清《平津館叢書》本。
　　④ 劉晶《今存卷本〈琴操〉僞書考》,《音樂研究》第6期,2019年11月,第21—32頁。
　　⑤ 崔豹《古今注》卷中。
　　⑥ 虞世南《北堂書鈔》卷一六〇,清孔氏三十有三萬卷堂刻本。
　　⑦ 李昉等《太平御覽》卷五七八、九一六,《四部叢刊三編》影宋本。
　　⑧ 徐堅撰,司義祖點校《初學記》卷一八,北京:中華書局,2004年,第386、449頁。
　　⑨ 白居易《白氏六帖事類集》卷六、一八、二九,民國影傳增湘藏宋紹興本。國家圖書館藏宋殘本《新雕白氏六帖事類添注出經》卷一八"商"作"啇",應是形近而訛(http://read.nlc.cn/OutOpenBook/OpenObjectBook? aid=892&bid=84148.0,訪問時間:2023.6.18)。

　　《隋書·經籍志》載《琴操》有三卷。①《隋志》據《隋大業正御書目》撰成,則可證隋大業至唐貞觀間《琴操》未亡佚。《舊唐書·經籍志》載:"《琴操》二卷桓譚撰。《琴操》三卷孔衍撰。"②《舊唐書》記載《琴操》的作者不同,但目前學界一般認爲是東漢的蔡邕。③ 余嘉錫:"然《舊唐書·經籍志》,全抄自《古今書録》,但去其小序論釋耳。"④又毋煚《古今書録》成書于開元間,可證貞觀至開元年間有殘本入庫。該殘本版本源流和殘損原因都無法考訂,相比于《隋志》所載的足本《琴操》,該本傳抄致誤的可能性較大。而《南部新書》卷九"《初學記》"條"開元十三年五月……上制曰《初學記》",⑤説明《初學記》撰于開元中;又白居易所撰《白氏六帖》的年代爲中唐,⑥兩書所徵引的《琴操》條目有可能源于後收殘本,所以不可信據。

　　《古今注》的作者崔豹,據《世説新語·言語》劉孝標注:"《晋百官名》曰:'崔豹字正熊,燕國人,惠帝時官至太傅丞。'"⑦太傅丞爲學官,在宮中任職。《琴操》爲東漢蔡邕著,蔡邕官中郎,仕于宮廷,則晋人崔豹所見《琴操》傳本無論從時間還是空間上都更近于蔡邕的撰本,文獻可信度更高。

　　《北堂書鈔》爲虞世南在隋任秘書郎時所作,⑧依據隋秘書省藏書所編,援引時間相較于《初學記》《白氏六帖》更靠前。《隋書·經籍志》載有《琴操》三卷。那麽,《北堂書鈔》徵引的《琴操》當是隋大業年間官藏足本,故其條目亦可信據。

　　雖然《太平御覽》成書于宋,但該條當鈔自《北堂書鈔》。《太平御覽》與《北堂書鈔》均將該節列入《樂部》,《太平御覽》引《琴操》作"高陵牧子娶妻無子"與《北堂書鈔》"高陵子牧(此處倒誤)取妻無子"同,而其餘諸本或作"娶妻五年無子",則可證《太平御覽》很有可能鈔自《北堂書鈔》,故《御覽》亦可信。

　　通過對上述援引有《别鶴操》作者信息的早期類書的分析,作"高陵牧子"比"商陵牧子"應更合理。

---

　　①　魏徵《隋書》卷三二,北京:中華書局,1973年,第926頁。
　　②　劉昫《舊唐書》卷四六,北京:中華書局,1975年,第1976頁。
　　③　余大金《〈琴操〉研究》,雲南大學碩士學位論文,2017年,第54—63頁。
　　④　余嘉錫《目録學發微 古書通例》,北京:中華書局,2009年,第126頁。近年來有學者認爲《舊唐志》是由《古今書録》增補而來,而該説至今存疑,本文仍以余嘉錫之説爲準。詳可參:牛繼清《〈舊唐書·經籍志〉增補〈古今書録〉考》,《中國典籍與文化》第1期,2006年1月,第25—28頁;武秀成《〈舊唐書·經籍志〉"增補〈古今書録〉"説辨誤》,《中國典籍與文化》第3期,2006年9月,第9—15頁。
　　⑤　錢易撰,黃壽成點校《南部新書》壬集,北京:中華書局,2002年,第143頁。
　　⑥　白居易于六十八歲自撰墓誌:"又著'事類集要'三十部,合一千一百三十門,時人目爲'白氏六帖',行于世。"(白居易撰,謝思煒校注《白居易文集校注》卷三四《醉吟先生墓誌銘并序》,北京:中華書局,2011年,第2031頁)可見該書應成于中唐。
　　⑦　劉義慶著,劉孝標注,余嘉錫箋疏《世説新語箋疏》卷上之上,北京:中華書局,2007年,第108頁。
　　⑧　永瑢等《四庫全書總目》卷一三五,北京:中華書局,1965年,第1142頁。

以下用理校法推定"商陵"應作"高陵"。

"商陵牧子"中"商陵"當爲"牧子"的籍貫,這是《琴操》中介紹曲目作者的慣例,例如"《辟歷引》者,楚商梁子所作也",又例如"《走馬引》者,樗里牧恭所作也"。① 除了一些很著名的人物如文王、孔子、曾子不著籍貫外,其他作者多著籍貫。

《琴操》成書于東漢末年,該書收錄的是先秦及秦漢的曲目及其解題,撰者的籍貫也應當是這個時期的地名。傳世文獻中關于"商陵"的記載有四處。《漢書》卷四二《張周趙任申屠傳》"商陵侯趙周",②《漢書》卷十七《景武昭宣元成功臣表》、③《史記》卷十九《惠景間侯者年表》也稱趙周爲"商陵侯"。④ 梁玉繩《史記志疑》有《商陵》一條,證上述"商陵"爲"封于高陵而訛爲商字"。⑤ 錢大昭、周壽昌亦持此説。⑥ 洪頤煊則認爲"商陵"爲"南陵"之訛。⑦ 無論訛作哪一字,諸家均以"商陵"爲誤。《三國志》卷二《文帝紀》裴松之注:"武王必不悦于(商)〔高〕陵之玄宫矣。"⑧此處應指魏武帝曹操的王陵"高陵",作"商陵"屬訛誤。綜上,先秦或秦漢時期均無作"商陵"的地名。

相反,"高陵"的地名常見,如《史記·項羽本紀》:"(宋義)道遇齊使者高陵君顯。"《集解》引張晏:"高陵,縣名。"⑨《漢書·地理志》:"高陵,侯國。莽曰蒲陸。"⑩

前文提到的《四部叢刊》影宋本《古今注》"高陵"的"高"寫作"髙",又《琴操》撰于東漢末年,字用隸書。檢"髙""商"漢隸寫法,二者極其相近,因此很可能是後世抄書者因字形相近而發生訛誤。

綜上所述,《別鶴操》的作者當爲"高陵牧子",在後世傳抄過程中,"高"因與"商"字因形近而訛,故而出現了《別鶴操》作者是"商陵牧子"這樣的錯誤記載。

【作者簡介】初建祥,男,2002年生,陝西師範大學歷史文化學院古典文獻學2020級本科生。周曉薇,女,1957年生,陝西師範大學歷史文化學院教授、博士生導師,主要從事中國古代歷史文獻與中古碑刻文獻及隋唐史研究。

① 蔡邕撰,孫星衍校《琴操》卷上。
② 班固《漢書》卷四二,北京:中華書局,1962年,第2102頁。
③ 班固《漢書》卷一七,第638頁。
④ 司馬遷《史記》卷一九,北京:中華書局,1982年,第1017頁。
⑤ 梁玉繩《史記志疑》卷一二,北京:中華書局,1981年,第643頁。
⑥ 錢大昭《漢書辨疑》卷七,廣雅書局刻本。周壽昌《漢書注校補》卷九,廣雅書局刻本。
⑦ 洪頤煊《讀書叢録》卷一九,清道光二年富文齋刻本。
⑧ 陳壽撰,裴松之注《三國志》卷二,北京:中華書局,1982年,第74頁。
⑨ 司馬遷《史記》卷七,第303頁。
⑩ 班固《漢書》卷二八上,第1586頁。

《資治通鑑音注》所引《姓譜》成書考

——兼論中古譜牒的"姓氏書化"

李生平

一、引　言

《姓譜》一書如今湮没無聞,其内容全貌、文本形製、成書時代等基本信息目前均不得而知,撲掘胡三省《資治通鑑音注》(簡稱《音注》)全書,共輯得《姓譜》殘句 355 條。《姓譜》之書名常見于各書之徵引,在《宋本廣韵》《日知録》等其他文獻中亦有零星同名文獻存在,①爲避免枝蔓,本文僅就《音注》所引《姓譜》進行討論。

中古時期士族門閥制度經歷了逐漸興起、鼎盛又最終消亡的漫長過程,在此種背景影響下,中古時期文獻多注重引用譜牒類著作對人物的姓氏起源、家世譜系、前代名人等進行記述。元初成書的《音注》亦多觀照中古時風,徵引包括姓氏書在内的譜牒類著作,以回應當時士族社會注重譜牒之特點,《姓譜》即是其中之一。類似的情況較爲普遍,如在《音注》中還存有"《姓林》"等書名,在北宋邵思《姓解》的徵引書目中還可看到"《姓書》",皆僅存殘章斷句,這些譜牒類著作的内容全貌、成書時代和作者等基本信息亦不可考。根據筆者輯録的《姓譜》殘存條目進行觀察,可初步判定其性質屬于姓氏書;而且,通過其中引述的書目與人物時代,也可縮小成書時間的大致範圍。

但就筆者目之所及,尚較少有論著對《姓譜》一書進行專門研究。李德輝在新近出版的《中古姓氏佚書輯校》一書中,曾對《姓譜》有一段簡短的"輯校説明",其中即指出古姓氏書有多種都帶有"姓譜"之名,并提出"《通鑑》三百餘條引文,均出王儉《諸姓譜》"的觀

---

①　例如,《日知録》卷二三:"寇氏。《姓譜》:出自武王弟康叔,爲周司寇,後人因以氏焉","《姓譜》曰:顔姓本自魯伯禽支子。有食采顔邑者,因以爲族"(顧炎武著,黄汝成集釋,欒保群、吕宗力校點《日知録集釋(全校本)》卷二三,上海:上海古籍出版社,2013 年,第 1289—1290 頁)。《宋本廣韵》:"又姓,出《姓譜》。"(陳彭年等編《宋本廣韵》卷一,南京:江蘇教育出版社,2008 年,第 35 頁上)

點，①對該問題的探討有篳路藍縷之功。但是，通過對《音注》所引《姓譜》進行全面輯錄，即可發現此説尚有可商之處，其成書時間當在之後時段，且藴含着更爲豐富的歷史背景意涵。

從目前的中古時期譜牒學研究的進展來看，最突出的問題之一便是尚缺乏散佚譜牒文獻的輯佚與整理工作。易言之，當前學界對中古譜牒的研究可謂成果衆多，如陳爽對于中古墓誌中保留的"中古氏族譜"的輯錄工作拓展了譜牒研究的文獻來源，②但魏晋訖唐的譜牒文本到底具有何種樣態、包含哪些内容，這些基本問題仍然缺乏有力的解答。③ 職是之故，本文將在對《姓譜》殘句文本進行輯錄、厘定的基礎上，分析《姓譜》的基本信息及其與中古時期姓氏書發展演變的因果關係。

二、《姓譜》成書時間考

揆諸史翰，作爲著作名稱之"姓譜"常見于諸書，且基本上有本名"《姓譜》"與省稱爲"姓譜"兩種情況。本名爲"《姓譜》"的情況如西晋摯虞撰有《姓譜》。相對而言，省稱爲"姓譜"的情況更爲普遍，如《通志·氏族略三》載潁川太守聊某著《萬姓譜》、唐陸龜蒙著有《江表四姓譜》八卷。

關于《姓譜》的成書時間，李德輝《中古姓氏佚書輯校》徑稱"《姓譜》"乃爲"南朝姓氏書，撰人、卷數不詳"，且認爲"唐宋以上古籍引用之《姓譜》佚文，多數出自南齊王儉《諸姓譜》一百十六卷，當可斷定無疑"，或即是認爲王儉之後所名"《姓譜》"之書，包括《資治通鑑音注》所引《姓譜》，皆源出并改編自王儉《諸姓譜》。以上觀點，李德輝的理據爲：

> 所謂"諸姓譜"，當是《隋書·經籍志二》"譜系類"著錄的《冀州姓族譜》《洪州諸姓譜》《吉州諸姓譜》《江州諸姓譜》《諸州雜譜》《袁州諸姓譜》《揚州譜鈔》《京兆韋氏譜》《謝氏譜》《楊氏血脉譜》《北地傅氏譜》《蘇氏譜》等數十種地方姓氏之書的總匯編，因匯合有多書，叙述多地多姓的人物族望，故總題曰《諸姓譜》。《隋志二》"譜系類"賈執《姓氏英賢譜》條下案："梁有《王司空新集諸州譜》十一卷，又別有《諸姓譜》一百一十六卷、《益州譜》四十卷、《關東關北譜》三十三卷、《梁武帝總責境内十八州譜》六百九

① 李德輝《中古姓氏佚書輯校》，南京：鳳凰出版社，2020年，第317頁。
② 陳爽《出土墓誌所見中古譜牒研究》，上海：學林出版社，2015年，第268—536頁。
③ 范兆飛《士族譜牒的構造及與碑誌關係拾遺——從〈出土墓誌所見中古譜牒研究〉談起》，《唐研究》第二十二卷，北京：北京大學出版社，2016年，第509—540頁。

十卷,亡。"典籍所引,多數或出此王儉《諸姓譜》一百一十六卷。①

　　然而,以上論述尚有可議之處。不同稱謂的譜牒,意味着内容和體例的差异。上述列舉的《京兆韋氏譜》《謝氏譜》《蘇氏譜》顯係"某氏譜"之範疇,與姓氏書迥异,亦與州郡譜有别。"某氏譜"屬于中古時期士族譜牒的一種類型,指以"某(姓)＋'氏譜'"爲譜名的譜牒,是魏晋南北朝時期士族家族私修譜牒的形式。上引所列《冀州姓族譜》《洪州諸姓譜》等帶有州郡名稱、且非單一姓氏的譜牒,當爲州郡士族譜牒,其性質爲官方修纂之士族總譜,抑或官方對私修"某氏譜"收集審定所成之總譜。通過對《姓譜》一書的輯録,可以看出其與宋初邵思《姓解》這部"純粹的姓氏書"②在内容上有相似之處,可以判斷其性質當屬以列舉姓氏起源爲主要内容的姓氏書著作,故而并不宜將作爲姓氏書性質的《姓譜》認爲是諸多官修州郡士族譜或士族私修譜牒"某氏譜"之節略改編本。

　　實際上,判定《音注》所引《姓譜》成書時間更爲重要的途徑,當以輯録文本的實際内容爲基礎。《姓譜》一書的成書時間雖無法確切考定,但通過輯録條目却可以大致判斷其成書時間的上限和下限。

　　關于成書時間的上限,《通鑑》卷二二〇《音注》:"《姓譜》:荔非,西羌種,隋有荔非雄,涇州人。"③此條可以説明《姓譜》確實引用過隋代人物,若此一判斷無誤,則可證《姓譜》成書時間不會早于隋代。由此,也就證明了李德輝認爲包括《資治通鑑音注》所引《姓譜》在内的"《姓譜》"著作皆本自南朝王儉《諸姓譜》之觀點需要重新審視。

　　《姓譜》成書的時間下限也無法判定,但最遲不會晚于胡三省《音注》的成書時間,即至元二十二年(1285)。④ 我們還可以通過一些隱形綫索作爲旁證來繼續縮小這個範圍。《通鑑》卷二〇八《音注》言:"《姓譜》:迦葉,天竺姓。"⑤可知《姓譜》不僅記載漢人姓氏,也記載"胡姓"。繼而對《姓譜》輯本的全文進行統計,其中姓氏起源屬于"胡姓"的有:狄、竺、金、鮮于、卑、安、迦葉、荔非、覃、柯,共檢出 10 個胡姓,數量不宜謂之太少。其實,在南朝的氏族譜或姓氏書中已經有胡姓出現,陳鵬對南朝梁賈執《姓氏英賢譜》的輯本中,⑥即有以下兩條涉及胡人姓氏:

①　李德輝《中古姓氏佚書輯校》,第 317 頁。
②　虞萬里《先秦至唐宋姓氏書之産生與發展》,《社會科學》第 9 期,2010 年 9 月,第 129 頁。
③　司馬光撰,胡三省音注《資治通鑑》卷二二〇,北京:中華書局,1956 年,第 7053 頁。
④　楊鬱《宋元史學家胡三省及其〈資治通鑑音注〉版本》,《圖書與情報》第 3 期,2012 年 6 月,第 143 頁。
⑤　司馬光撰,胡三省音注《資治通鑑》卷二〇八,第 6610 頁。
⑥　陳鵬《賈執〈姓氏英賢譜〉輯考》,《北京大學中國古文獻研究中心集刊》第十七輯,北京大學出版社,2018 年,第110—122 頁。

　　鉗耳　《姓氏英賢傳》曰：本姓胡。天監初有鉗耳期陵，自河南歸化。父同，祖光，并仕虜至三品。

　　屍逐　《姓氏英賢傳》云：南匈奴屍逐鞮裔孫降漢，以國爲氏。

　　但是，在魏晉南北朝時期姓氏書中，以胡姓作爲姓氏起源的情況并不普遍，與以《元和姓纂》爲代表的唐代姓氏書著作相比，其數量則相對較少。所以，此種情況也可以作爲一項旁證，説明《姓譜》很有可能産生于唐代中後期以降，因爲在此之後姓氏書著作不再只記述門閥大族姓氏，對新起權貴甚至一般氏族姓氏亦有記載。

　　當然，需要注意的是，《音注》所存《姓譜》的很多條目難以明確析分出來，其主要原因或有兩個：一是由于胡三省在引用《姓譜》一書時，或徑自更改一些文句，或夾雜他書而又不作注釋所致。如《通鑑》卷六九《音注》："《姓譜》：衛成公之後爲成公氏，余不敢謂之傳信。"[1]《音注》在此條之後直接加上案語，爲輯佚工作增加了難度。二是由于1956年出版的中華書局點校本《資治通鑑》在點校《音注》時，標準不統一所致。因《通鑑》全書前後章節由不同學者點校，故而對同一書目中同一性質文句的句逗規範有可能并不統一，如《通鑑》卷一二三《音注》："《姓譜》，祁姓之後爲向國。"[2]此處的"《姓譜》"書名後的逗號明顯與其他大多數條目的標點標準相異，即當改爲冒號。

　　綜合以上幾點直接例證與旁證，筆者推測《姓譜》一書的成書時間當在唐代中後期至宋代之間。

三、《姓譜》的體例

　　根據對《音注》所引《姓譜》輯録的文句進行分析，可以更深入地觀察其體例特徵。

　　首先，作爲姓氏書的《姓譜》，追溯姓氏起源便是其最主要的内容，并處于每條中的首要位置。《姓譜》特別注重對周代人物的追溯。《姓譜》一書構築世系的目的都是追溯前代祖先，是爲家譜、族譜等的編纂提供"公共知識"的重要來源。《音注》所存的《姓譜》殘句，在《通鑑》全書的分布并不甚均匀，在《漢紀》部分引用最多，幾乎接近全部條目的一半，若細繹之，西漢猶多。關于出現這一現象的原因，可以從漢代追溯先秦氏族的社會風氣爲一背景進行分析。兩漢時期豪族勢力逐漸興起，愈加難控，故而東漢政府最終對地方豪族采

①　司馬光撰，胡三省音注《資治通鑑》卷六九，第2195頁。
②　司馬光撰，胡三省音注《資治通鑑》卷一二三，第3861頁。

取了放任甚至合作的態度,以至于在漢末出現了"累世公卿""四世三公"等現象。爲了宣揚門第,士族往往會追溯先秦氏族作爲祖先淵源,將其作爲一種"姓氏知識"進行傳承。[①]從殘存的《姓譜》一書來看,將姓氏起源追溯至春秋時期的記載最多,也能從側面説明這一問題。西漢後期開始,地方豪族逐漸壯大,"氏族"逐漸成爲重要的社會組成部分,姓氏起源追溯就成了氏族建構譜系的"時尚",所以從這一時期開始,《音注》便着重注意引用姓氏書等譜牒類著作闡述重要氏族的起源問題。

第二,從筆者輯本來看,《姓譜》經常引用其他書籍來追溯姓氏起源和人物行迹。經統計,所引書目包含以下 10 種:《史記》《漢功臣表》《風俗通》《魏志》《晏子春秋》《後趙録》《左傳》《廬山記》《國語》《蜀録》。而且,《姓譜》所引書目中,《風俗通》一書出現頻率最高,共有15 條。而中古時期另一部姓氏書《姓苑》則只記姓氏起源、不引他書。

第三,關于《姓譜》一書排列諸姓的方式。因目前不知其書完整樣貌故而尚無法確定,只能試作推論。鄭樵《通志·氏族略》曾對姓氏譜系類著作的種類做過歸納分析:

> 其書雖多,大概有三種:一種論地望,一種論聲,一種論字。論字者則以偏旁爲主,論聲者則以四聲爲主,論地望者則以貴賤爲主。然貴賤升沈,何常之有,安得專主地望? 以偏旁爲主者可以爲字書,以四聲爲主者可以爲韻書,此皆無與于姓氏。[②]

根據鄭樵的提示,宋以前姓氏譜系類著作排列姓氏的方式有三種,即"論地望""論聲"與"論字"。《姓譜》可能屬于其中的哪一類,在此試作分析。首先看其與"論地望"的關係,適用此法的著作常以地域空間的範圍爲劃分依據,依次排布各個郡的主要姓氏,而在每一郡內,又以各姓氏間門第貴賤高低爲標準,作爲排列本郡內主要大姓順序的標準。鄭樵《通志·藝文略》亦將該類姓氏著作稱爲"郡譜"。[③] 可以看出,"郡譜"的一大特徵便是其選取的姓氏均爲重要郡地的重要士族姓氏,但是從目前輯録的《姓譜》輯本來看,其中不乏非士族的普通姓氏,這些姓氏實不可稱爲"郡姓",故而亦不可能進入"郡譜"。所以,《姓譜》對姓氏的排列方式標準當不是"論地望"。那麼,再看"論字"和"論聲"的標準。鄭樵在《通志·氏族略》中亦曾有言"舊氏族家皆以聲類或以字別",[④]因爲《姓譜》所記姓氏亦有所謂"舊氏族家",故而其有可能就是以"論字""論聲"排列的。再如,陳鵬曾對賈執所撰

---

① 范兆飛《胙土命氏:漢魏士族形成史論》,《復旦學報》第 3 期,2016 年 5 月,第 1—12 頁。
② 鄭樵撰,王樹民點校《通志二十略》,北京:中華書局,1995 年,第 2—3 頁。
③ 鄭樵撰,王樹民點校《通志二十略》,第 1589 頁。
④ 鄭樵撰,王樹民點校《通志二十略》,第 186 頁。

《姓氏英賢譜》進行輯佚與研究時即總結道："《姓氏英賢譜》與《名賢氏族言行類稿》體例相近，而後者即'以姓氏分韵排纂'。這種形式在唐以降的姓氏書中最爲常見，包括今日治中古史常用的《元和姓纂》《古今姓氏書辯證》等。"①從《姓譜》輯本的實例來看，一些條目記述有姓氏字形、用字的演變過程，如《通鑑》卷五《音注》即對"朱"氏由"邾"字演化而來進行了記述："《姓譜》：朱本高陽，周封其後于邾；後爲楚所滅，子孫乃去邑氏朱。"②又如，前文曾討論了《姓譜》一書包含音韵内容，這也可以看出《姓譜》對"聲"的重視。如果將《姓譜》與《姓解》進行對比，也可以找出一些綫索。虞萬里對邵思《姓解》進行的體例進行研究後認爲，邵書擺脱譜牒，專就姓氏書和史書彙纂姓氏，對後世有一定影響。南宋初年永福黄邦先撰《群史姓纂韵譜》六卷，"凡史傳所有姓氏皆有韵，類聚而著其所出"，③專收史傳姓氏，以韵類聚，與邵書取徑相似，唯排列有異。④ 所以，我們推測《姓譜》存在以音或字或同時兼具兩種形式的方式和標準進行排列的三種可能性。

第四，《姓譜》作爲姓氏書却有記載人物事迹、人物評價等的内容。這就與只記姓氏起源，不載歷代人物的姓氏書《姓苑》的書法頗爲不同，而與唐代以降的姓氏書較爲相似。要探討《姓譜》作爲中古時期姓氏書所具有的特殊性，就必須要先説明唐末宋初典型的姓氏書的一般形態。目前所存世的此時期姓氏書都或多或少有所殘損或闕佚，相對而言保存較多的隋唐以降姓氏書，有《元和姓纂》《姓解》等，以這些姓氏書與《姓譜》作對照，可以發現一些异同之處。例如，《姓譜》作爲此時期姓氏書，却記載有人物事迹和人物評價的，如《通鑑》卷一《音注》："《姓譜》：王氏之所自出非一。出太原、琅邪者，周靈王太子晋之後。北海、陳留，齊王田和之後。東海出自姬姓。高平、京兆，魏信陵君之後。天水、東平、新蔡、新野、山陽、中山、章武、東萊、河東者，殷王子比干爲紂所害，子孫以王者之後，號曰王氏。"⑤其中"殷王子比干爲紂所害"一句是對人物事迹的記述，已經超出了追溯姓氏起源的範圍。此外，這一條亦可以證明《姓譜》會記載宗姓及其不同房分的遷徙問題。⑥ 又如《通鑑》卷二一《音注》言"《姓譜》：楚莊王少子爲上官大夫，其後以爲氏；秦滅楚，徙隴西之上邽"，⑦以及《通鑑》卷二六《音注》言"《姓譜》：夏啓封支子于莘；莘、辛相近，遂爲辛氏。漢初申蒲爲趙、魏名將，及徙家隴西，遂爲隴西人"，⑧這兩條都表明《姓譜》對于姓氏的分

① 陳鵬《賈執〈姓氏英賢譜〉輯考》，《北京大學中國古文獻研究中心集刊》第十七輯，第113頁。
② 司馬光撰，胡三省音注《資治通鑑》卷五，第180頁。
③ 陳振孫《直齋書録解題》卷八，上海：上海古籍出版社，1987年，第230頁。
④ 虞萬里《先秦至唐宋姓氏書之産生與發展》，《社會科學》第9期，2010年9月，第127頁。
⑤ 司馬光撰，胡三省音注《資治通鑑》卷一，第39—40頁。
⑥ 馬新、齊濤《試論漢唐時代的宗姓和房分》，《中國史研究》第1期，2013年2月，第69—87頁。
⑦ 司馬光撰，胡三省音注《資治通鑑》卷二一，第706頁。
⑧ 司馬光撰，胡三省音注《資治通鑑》卷二六，第847頁。

化與不同支脉的遷徙亦較爲重視。以此爲基礎進而可以推論,《姓譜》作爲姓氏書,并非只有單純的追溯姓氏起源的"一般知識",而且有爲世家大族修纂譜牒類著作提供本姓氏著名歷史人物等"特殊知識"的功能。

《姓譜》亦包含有人物評價的内容。如《通鑑》卷二《音注》載"《姓譜》:周文王子康叔封于衛,至武公子惠孫曾耳爲衛上卿,因氏焉,後有孫武、孫臏,俱善兵"①。又如《通鑑》卷二二一《音注》載"《姓譜》:東晋有喻歸,撰《河西記》"②。其中,"俱善兵"是簡單的人物評論,"撰《河西記》"是簡單的人物事迹。又如《通鑑》卷七五《音注》載"《姓譜》曰:衛大夫留封人之後,漢末避地會稽,遂居東陽,爲郡豪族",③以及《通鑑》卷八七《音注》載"《姓譜》:明,秦大夫孟明之後,爲平原望姓",④其中"爲平原望姓""爲郡豪族"這兩句爲評價門第的内容,與《姓苑》等六朝時期姓氏書只記姓氏起源的特點有所不同。還有一些條目對于具體的人物進行了專門記載,如《通鑑》卷八二《音注》"箕"姓:"《姓譜》:箕商,箕子之後。又晋有大夫箕鄭父。"⑤這些條目都顯示了《姓譜》相較于中古時期姓氏書一般内容所具有的特殊性。

第五,《姓譜》含有音韵内容。《音注》所存《姓譜》條目,常雜糅着一些音韵反切方面的内容,在輯録時頗難將其與《音注》其他内容剥離。關于中古時期姓氏書是否一定包含解釋姓氏音韵的内容,目前尚無專門研究,未成定論,只能就目前殘存的中古時期姓氏書進行歸納觀察。在《音注》中有一些關于訓音的内容,其位置較靠近《姓譜》,但是與其他姓氏起源追溯、本姓代表人物記述等内容之間是用句號隔開的,致使無法確定這一内容是否屬于《姓譜》原文,爲輯録工作帶來困難。如《通鑑》卷四《音注》載"《姓譜》曰:韓獻子玄孫曰康,食采于藺,因氏焉。藺,力刃翻",⑥在這一條目中,"藺,力刃翻"是否屬于《姓譜》原文,就不敢輕易確定。在現在仍然殘存三卷的《姓解》中,確實包含着對姓氏訓音的内容,在每個姓氏條目下用雙行小字夾注,在格式上很重要的一個特點是,訓音的内容是緊跟在姓氏本字之後的。在《音注》所見的《姓譜》條目中,亦有緊跟在"《姓譜》"書名和冒號之後的,這就容易確定訓音的内容屬于《姓譜》原文,比較典型的例子如《通鑑》卷四〇《音注》載"《姓譜》:其良翻",⑦這就應該可以肯定其屬于《姓譜》原文内容。又如《通鑑》卷五二《音注》載

① 司馬光撰,胡三省音注《資治通鑑》卷二,第 51 頁。
② 司馬光撰,胡三省音注《資治通鑑》卷二二一,第 7085 頁。
③ 司馬光撰,胡三省音注《資治通鑑》卷七五,第 2397 頁。
④ 司馬光撰,胡三省音注《資治通鑑》卷八七,第 2768 頁。
⑤ 司馬光撰,胡三省音注《資治通鑑》卷八二,第 2614—2615 頁。
⑥ 司馬光撰,胡三省音注《資治通鑑》卷四,第 132 頁。
⑦ 司馬光撰,胡三省音注《資治通鑑》卷四〇,第 1279 頁。

"《姓譜》云：今長沙有此姓，音豈俱翻"，①同理可證其當屬《姓譜》原文。又《通鑑》卷三二《音注》載"《姓譜》：何，出自周成王母弟唐叔虞；後封于韓；韓滅，子孫分散，江、淮間音以'韓'爲'何'，字隨音變，遂爲何氏"，②這一條目也可以從側面説明《姓譜》一書是注重闡釋姓氏讀音的。雖然關于《姓譜》所包含的音韵内容位置較爲混亂，但應該可以確定該書包含有對姓氏本字進行訓音的内容。故而筆者在輯録時，將出現在"《姓譜》"書名之後的關涉姓氏訓音的内容都作爲《姓譜》原文保留下來。經整理，《姓譜》中涉及音韵的文例條目共有 13 條。

綜上，可以看出《姓譜》體例與《元和姓纂》《姓解》等此一時期典型的姓氏書既有一定的相似性，如都以記載姓氏起源爲主要任務，亦注重對非大姓，甚至入華胡人姓氏進行記載；也具有其獨特性，如記載人物事迹、評價等内容，爲同時期姓氏書所稀見。

四、《姓譜》的成書背景

先秦至宋代的姓氏書經歷了一個起伏過程。宋代以後隨着貴族體制的瓦解及士族譜牒評定等級功能的没落，姓氏書却迅速發展起來。③ 對隋至宋的正史《經籍志》《藝文志》中的姓氏書著録進行統計，《隋書·經籍志》録 2 種，《舊唐書·經籍志》録 2 種，《新唐書·藝文志》録 6 種，《宋史·藝文志》録 16 種。魏晋南北朝至唐中期是貴族政治的繁盛期，與其之前的秦漢和之後的唐末宋初以降的官僚政治構成一種"波峰與波谷"，④中古時期氏族譜著作的興衰曲綫似乎也暗合着這樣的波形曲綫。但是，回顧先秦至宋代姓氏書的發展脉絡，却存在一個大致上與此恰好相反的盛衰曲綫：即先秦至秦漢、唐後期至宋的兩個時期中，譜牒類著作主要以姓氏書爲主，而魏晋南北朝至唐中期的譜牒類著作則以氏族譜爲主，正好構成了漢宋之間姓氏書的"波峰與波谷"。所以，在先秦至唐宋時期譜牒著作發展的内部，氏族譜牒與姓氏書這兩種類型的譜牒著作也逐漸產生分野，界限逐漸分明，出現了兩條相反的盛衰曲綫。其實，毋寧説在唐代中後期貴族政治式微之際，氏族譜别士庶定尊卑、注重婚姻職狀的政治功能下降，而姓氏書拔擢新族、注重地域遷移的社會功能逐漸上升，二者之間在這樣的"力量博弈"中逐漸走向了融合。

姓氏書在魏晋至宋代的發展過程中，與"氏族譜"的互動關係非常密切，由中古時期的

①　司馬光撰，胡三省音注《資治通鑑》卷五二，第 1680 頁。
②　司馬光撰，胡三省音注《資治通鑑》卷三二，第 1025 頁。
③　虞萬里《先秦至唐宋姓氏書之産生與發展》，《社會科學》第 9 期，2010 年 9 月，第 119—129 頁。
④　參看閻步克《波峰與波谷——秦漢魏晋南北朝的政治文明》，北京：北京大學出版社，2009 年，第 6—8 頁。

各自發展、特點不甚明顯,到唐代後期逐漸混一,最後到宋代發展爲純粹的姓氏書。陳爽認爲,隋唐以前,與古代譜牒發展的幾個重要的歷史階段相對應,譜牒著述的主要形式也有所不同,概言之:先秦兩漢時期,譜牒的主要形式是世系的記述;魏晉南北朝時期,譜牒的主要形式是記錄官爵和婚姻的譜狀;唐代譜學的主流,是以記述郡望爲主要特徵的姓氏書;宋代以後,纔逐漸演變爲近世家譜,并進而揭示道譜牒與姓氏書多混而不分。① 虞萬里也指出:南北朝至唐前期,除劉宋何承天《姓苑》、唐人王玄感《姓氏實論》這類明顯屬姓書的著作外,氏族譜與姓書很難分辨,但自唐代始,姓氏書逐漸增多。例如李林甫等撰《天下郡望姓氏族譜》一卷,此譜雖是立足于婚姻角度,但其簡略與敦煌殘卷同,擺脱繁重的世系人物,爲以後之姓氏書所取式。② 陳鵬對南北朝隋唐時期"氏族譜"的研究則揭示出,在唐代後期官私修譜的目的和功能都發生了巨大的變化,當時官私修譜如林寶《姓纂》等,已不再是評定士族門第的著作,形式上也與姓氏書趨同;氏族譜與姓氏書的形式和内容接近;氏族譜進一步"姓氏書化",甚至出現專門的姓氏學理論著作,比如王元感《姓氏實論》。③ 氏族譜的"姓氏書化"正是這一演變過程的隱形特點。究考魏晉訖宋的姓氏書發展綫索,便能發現這一特點產生的時代背景。

　　曹魏陳群建議魏文帝設立的"九品官人法"旨在壓抑戰爭時期在"唯才是舉"政策下勢力逐漸增長的"穢德穢行"之徒,④保證讓更多的各地"右姓"精英進入官僚機構,實現統治階級的血液更新。自此,譜牒構造便成爲士族之家爭取郡縣名望的重要途徑,而以追溯姓氏起源爲主的姓氏之學也爲時人所重。但是,當時更多的是將姓氏與地望相結合的著作。清人錢大昕《十駕齋養新録》卷十二"郡望"條言:

　　　　五季之亂,譜牒散失。至宋而私譜盛行,朝廷不復過而問焉。士既貴顯,多寄居它鄉,不知有郡望者蓋五六百年矣。唯民間嫁娶名帖偶一用之。言王必琅邪,言李必隴西,言張必清河,言劉必彭城,言周必汝南,言顧必武陵,言朱必沛國。其所祖何人,遷徙何自,概置弗問。此習俗之甚可笑者也。⑤

　　這是在強調時人偽冒郡望的現象,從側面也可以看出,中古時期的士族譜牒多注重構

---

① 陳爽《出土墓誌所見中古譜牒研究》,第 19—22 頁。
② 虞萬里《先秦至唐宋姓氏書之産生與發展》,《社會科學》第 9 期,2010 年,第 124 頁。
③ 陳鵬《中古譜牒的類型、層級與流變》,《古代文明》第 2 期,2019 年 4 月,第 81 頁。
④ 衛廣來《求才令與漢魏嬗代》,《歷史研究》第 5 期,2001 年 10 月,第 77—89 頁;柳春新、黄惠賢《"求才令"釋證》,《襄樊學院學報》第 3 期,2008 年 3 月,第 69—73 頁。
⑤ 錢大昕《十駕齋養新録》卷一二,上海:上海書店,1983 年,第 268 頁。

造輝煌的姓氏起源與顯赫州、郡祖述的"郡望"。① 柳芳也迂回地指出,晋唐之間譜學的一個重要特徵就是其更加類似于按區域來綜述當時天下主要姓氏的"姓系學"。如《新唐書·柳沖傳》:"晋太元中,散騎常侍河東賈弼撰《姓氏簿狀》,十八州百十六郡,合七百一十二篇,甄析士庶無所遺……弼傳子匪之,匪之傳子希鏡,希鏡撰《姓氏要狀》十五篇,尤所諳究。希鏡傳子執,執更作《姓氏英賢》一百篇,又著《百家譜》,廣兩王所記。執傳其孫冠,冠撰《梁國親皇太子序親簿》四篇。王氏之學,本于賈氏。"②姓氏書更多地被賦予了揆別郡望的使命,于是,姓氏書"向慕"著名郡姓的性格越來越明顯。

　　唐代譜學非常發達,出現了許多譜學大家,如尤工譜學、號爲"行譜"的李守素。③ 但唐代譜學與魏晋南北朝時期有着不同的側重點。如《新唐書·路敬淳傳》載其"尤明姓系……唐初,姓譜學唯敬淳名家。其後柳沖、韋述、蕭穎士、孔至各有撰次,然皆本之路氏"。④ 錢杭先生稱引該段史料而揭示道:"姓譜學"的概念比"氏姓學"更準確地反映了唐代譜學的特徵。⑤ 所以,單純記述姓氏起源的姓氏書便逐漸沒落,僅僅成爲一種承載姓氏知識的工具書,處于氏族譜的附庸地位。一如羅香林所言:"是知唐初所存自漢至隋之中國族譜……總述各姓來源之專書,亦附列其內,如《姓苑》《複姓苑》之類是也,但其篇幅則較小耳。"⑥

　　姓氏書類著作在唐代後期再次興盛的原因,顧炎武曾有所探討,他徵引姚寬《西溪叢語》曰:"姓氏之學莫盛于《元和姓纂》,自南北朝以官職相高,沿至于唐,崔、盧、李、鄭,糾紛可鄙。"⑦《元和姓纂》作爲唐代最後一部官修譜牒,其排列格式和記録內容已經與魏晋迄至唐初的譜牒有了很大差別,除皇族李氏外,其他姓氏一律按韵編排,實際上已經向宋以後的百家姓氏書過渡了。⑧ 在士族門閥制度逐漸式微的唐朝後期,曾在中古時期盛行的氏族譜逐漸消沉,而與此同時,姓氏書却繼先秦秦漢時期出現的一個高潮後再次興盛起來,《元和姓纂》成爲這一趨勢轉折初期的代表,其後又在宋代逐步出現了《姓解》《古今姓氏書辯證》等姓氏書著作。而在這一姓氏書編纂的第二個興盛期,姓氏書也出現了不同于

---

　　① 仇鹿鳴《"攀附先世"與"僞冒士籍"——以渤海高氏爲中心的研究》,《歷史研究》第 2 期,2008 年 4 月,第 60—74 頁;《製作郡望:中古南陽張氏的形成》,《歷史研究》第 3 期,2016 年 6 月,第 21—39 頁。
　　② 歐陽修等《新唐書》卷一九九《儒學中·柳沖傳》,北京:中華書局,1975 年,第 5679—5680 頁。
　　③ 劉昫等《舊唐書》卷七二《李守素傳》,北京:中華書局,1973 年,第 2584 頁。
　　④ 歐陽修等《新唐書》卷一九九《儒學中·路敬淳傳》,第 5665—5666 頁。
　　⑤ 錢杭《論通譜》,《史林》第 1 期,2000 年 2 月,第 12 頁。
　　⑥ 羅香林《中國族譜研究》上篇《中國譜籍之留傳與保存》,香港:中國學社,1971 年,第 51 頁。
　　⑦ 顧炎武著,黃汝成集釋,欒保群、吕宗力校點《日知録集釋》(全校本),上海:上海古籍出版社,2013 年,第 1293 頁。
　　⑧ 陳爽《出土墓誌所見中古譜牒研究》,第 11 頁。

中古時期氏族譜牒的特徵。《姓譜》作爲這一時期出現的一部姓氏書著作,便是這一轉折的重要"見證者",即在介紹一流高門大族姓氏之外,亦着力于記載一般氏族之姓氏,且其中爲貴族制政治服務的功能愈發弱化。

五、結　語

綜上,產生于唐朝後期至宋代的《姓譜》一書作爲一部重要的姓氏書著作,雖然其書已散佚無聞,但却在《資治通鑑音注》等著作中得以保留下斷章殘句,爲我們探究漢宋之間姓氏書特徵拓展了新的史料。在唐末宋初士族門閥制度没落消亡之際,作爲這一制度重要"捍衛者"的氏族譜牒也發生了巨大的變化,其注重婚姻、職狀的功能逐漸失勢暗啞,開始更加關注姓氏起源和郡望,氏族譜的"姓氏書化"逐步展開。姓氏書在經歷了魏晋南北朝至唐中期相對消沉的階段後,在唐後期以降出現了一個興盛期。而《姓譜》即爲我們觀察這一時期氏族譜"姓氏書化"的演變過程提供了管窺之機,并進一步爲中古譜牒研究拓展了史料範圍。

【作者簡介】李生平,男,1993 年生,浙江大學歷史學院博士研究生,主要從事魏晋南北朝隋唐史、中古譜牒文獻研究。

秦金年譜新編

高雲飛　郝潤華

　　秦金(1467—1544),字國聲,又字戀南,①號鳳山,明無錫(今屬江蘇)人。弘治六年(1493)進士,官兩京五部尚書,歷事三朝,贈少保,諡端敏。與臺閣文人李東陽、邵寶、夏言等,復古派代表人物李夢陽、邊貢等俱有交游。著有《鳳山詩集》(今已散佚)、《安楚録》等。嘉靖前中期,秦金在南京召集發起“碧山吟社”,對文學復古運動在江南的傳播興盛起到了積極作用。同時文人楊廷儀嘉賞其詩曰:“先生詩不激不詭,發乎性,止乎理,若不經意而蒼蒼茫茫,卒莫能及。”②對秦金的文學成就有較高評價。殷文輝稱許其政績云:“典章奏而内省褒諸司之考,督學校而中州擅多士之稱;藩宣既保障以成功,巡撫則安攘而著績。”③高度評價秦金一生的爲官業績。足見,秦金是明前中期官場詩壇頗具影響力的人物。對於其生平事迹,近人秦毓鈞、今人秦志豪先後編有《端敏公年譜》④、《秦金年表》(下稱《年表》),⑤惜乎過簡,間有錯訛,現于前人基礎之上,勾稽材料,新編年譜,細呈其一生行藏與文學交游。

　　秦金爲宋秦觀(1049—1100)之後。曾祖秦樸,字物初,號抱拙生。博學省文,表率鄉里,年九十三卒。祖名景薰,以字行。父秦霖(1426—1503),字潤夫,號卑牧。志行篤淳,教授鄉里,累贈太子太保、南京兵部尚書,有《卑牧吟稿》六卷,生平見吳寬《封承德郎户部主事秦公墓誌銘》。⑥

　　母王氏,封一品夫人。妻鈕氏(1463—1550),始封安人,累贈一品夫人。鈕氏自幼簡静端重,父母甚愛之。比歸,事舅卑牧公至孝,公稱其賢,行迹見孫升《明封一品夫人秦母

---

　　①　詳下文正德十四年(1519)譜文考證。
　　②　秦彬輯《錫山秦氏詩鈔》前集卷三,《秦金傳》後小注,天津圖書館藏清光緒十六年(1980)補刻本。
　　③　殷文輝《楚文崇祀郡縣鄉賢祠公呈》,載《鳳山詩集》附録,《明别集叢刊》第一輯83册,合肥:黄山書社,2013年,第71頁上欄。
　　④　秦毓鈞編《錫山秦氏宗譜》,清同治十二年(1873)刻本。
　　⑤　秦志豪主編《錫山秦氏寄暢園文獻資料長編》,上海:上海辭書出版社,2009年,第13頁。
　　⑥　吳寬《匏翁家藏集》卷六五,明正德三年(1508)刻本。

紐氏墓誌銘》。①

　　長子名泮，字思魯，號小山，有《小山吟稿》；次子秦汴（1509—1581），字思宋，號次山，官歷南京後軍都督府都事、雲南姚安知府等職，嗜藏書，建萬卷樓爲藏書所，著有《懷里齋集》《三才通考》，②生平見趙用賢《秦太守墓碑》。③

　　孫秦柄，汴之長子，字汝操，號刊塘，貢生；④孫秦柱，汴季子，字汝立，號餘山，以諸生授中書舍人。于外急公好義，于内孝友純備。又工文辭，精楷書，不辱祖風。《明史》卷一百九十四《秦金傳》後附其傳，吳中行撰《徵仕郎中書舍人餘山秦君墓誌銘》，⑤詳其生平。

明憲宗成化三年丁亥（1467），一歲。

九月十一日，秦金生于胡埭（今屬無錫市濱湖區）。

成化八年壬辰（1472），六歲。

是年，楊一清中進士。

九月，王守仁生。

成化九年癸巳（1473），七歲。

是年十二月，李夢陽生。

成化十一年乙未（1475），九歲。

金幼時即穎秀不群，父卑牧公授之啓蒙諸書，退爲家人解，既能了其大義十有七八，自是手不釋卷，至忘飢渴寒暑。九歲，卑牧公對客，命賦《懷橘詩》，金援筆立就，滿座驚嘆，以爲神授。⑥

成化十二年丙申（1476），十歲。

是年，顧璘、邊貢生。

成化十三年丁酉（1477），十一歲。

是年，朱應登生。

成化十五年己亥（1479），十三歲。

是年，吕柟生。

---

① 　孫升《孫文恪集》卷八，明嘉靖袁洪俞栻刻本。
② 　秦毓鈞編《錫山秦氏獻徵録》，第 27 頁。
③ 　趙用賢《松石齋集》卷一二，明萬曆刻本。
④ 　秦毓鈞編《錫山秦氏獻徵録》，第 102 頁。
⑤ 　黃宗羲編《明文海》卷四五七《墓文》二九，清涵芬樓鈔本。
⑥ 　張袞《明故光禄大夫太子太保南京兵部尚書鳳山秦公行狀》，載《張水南文集》卷九，明隆慶刻本。

成化十六年庚子(1480),十四歲。

是年,嚴嵩、林春澤生。

成化十七年辛丑(1481),十五歲。

母王夫人卒,毀瘠如禮,自爲之立傳。

稍長,事唐元敬進士,又受業于宗人豫齋先生之門,爲文日有繩尺,植制藝初基。

〔考證〕唐元敬,疑即唐廷修,字元敬,蘭溪(今浙江蘭溪市)人;[①]"豫齋先生"指秦用中,字擇之,號豫齋,貢生,官泰順教諭,有《游浙集》,今佚,以詩名。[②]

成化十八年壬寅(1482),十六歲。

六月,夏言生。

成化二十年甲辰(1484),十八歲。

是年,張邦奇生。

喬宇、邵寶、劉春、王雲鳳中進士。

成化二十二年丙午(1486),二十歲。

由儒士赴選,郡邑以至督學御史,三試皆第一。

是秋領南畿鄉試,高薦,名益著,卑牧公欲大成之,不遣會試,亟令就西塾讀書如故。

明孝宗弘治元年戊申(1488),二十二歲。

是年,陳儒、李濂生。

明孝宗弘治二年己酉(1489),二十三歲。

在南京。

是年,邊貢自南京返濟南。

〔考證〕按,邊貢成化十七年至弘治二年僑寓南京四載,[③]金與之相識訂交當在此數年。此後,嘉靖六年至嘉靖十年二人俱在南京任職,當有所交游。

弘治五年壬子(1492),二十六歲。

子泮生。

弘治六年癸丑(1493),二十七歲。

登毛澄榜進士。

同年登第者:李夢陽、錢榮、徐廷用、杭濟、馬陟、何孟春、羅欽順。[④] 此後與秦金皆有交游。

---

① 程子鏊修,徐魯源纂《(萬曆)蘭溪縣誌》卷五,明萬曆刻清康熙間補刻本。
② 秦毓鈞編《錫山秦氏獻徵録》,第 100 頁。
③ 楊道偉《邊貢年譜》,湘潭大學碩士學位論文,2011 年,第 12—14 頁。
④ 龔延明主編,邱進春點校《天一閣藏明代科舉録選刊·登科録》,寧波:寧波出版社,2016 年,第 54—90 頁。

〔**考證**〕是年九月，王華携王守仁赴京供職，十月入北雍就學。① 秦金與守仁相識，當在此數年間。

弘治八年乙卯（1495），二十九歲。

授户部主事，督太倉糧儲。

是年，李夢陽亦任户部主事，與金同僚，時相過從。

是時，古學漸興，風氣所煽，京師文人唱和日盛。李夢陽《朝正倡和詩跋》稱："余時承乏郎署，所與倡和，則揚州儲静夫、趙叔鳴，無錫錢世恩、陳嘉言、秦國聲，太原喬希大，宜興杭氏兄弟……"②引金爲同調。

〔**考證**〕日本京都國立博物館藏有李夢陽等人所作《明賢唱和詩卷》，介紹略云："ほかに李夢陽と同年の進士泰金（たいきん）などの詩がおさめられている。"③按，此處"進士泰金"有疏誤，此人應即秦金。據前考，李夢陽弘治六年進士，與秦金同年。此《唱和詩卷》，亦當作于此數年間。

弘治九年丙辰（1496），三十歲。

監臨清倉場糧斛，楊一清、喬宇、儲瓘等送之。一清有《福秦户部國聲督儲臨清次喬希大贈行韵》。④

是年，歐陽德生。

趙鶴、顧璘、邊貢中進士。

弘治十一年戊午（1498），三十二歲。

在北京。

二月，王雲鳳謫陝州知州，⑤錢榮、陳策、杭濟、秦金等聯句賦詩爲之贈別。諸人聯句之詩，俱載王雲鳳《虎穀集》中，可以參看。

〔**考證**〕按，餞別王雲鳳之集會聯句，先後有兩次。除本次外，復有與邵寶、毛紀、儲瓘、何孟春等人之聯句，發生在是年二月二十九日，有邵寶所作《贈別詩序》爲證。⑥ 秦金與上述諸人亦多有交游，陳策、錢榮、杭濟與秦金同邑同年，邵寶與秦金爲同鄉世交，又，聯句詩中秦金稱"傾蓋論交惜別筵"，知金與王雲鳳亦交誼匪淺。

① 束景南《王陽明年譜長編》，上海：上海古籍出版社，2017 年，第 88 頁。
② 李夢陽撰，郝潤華校箋《李夢陽集校箋》卷五九，北京：中華書局，2020 年，第 1859 頁。
③ 介紹詳見：https://colbase.nich.go.jp/collection_items/kyohaku/B%E7%94%B2699。
④ 楊一清撰，馮良方點校《石淙詩稿》，昆明：雲南教育出版社，2018 年，第 64 頁。
⑤ 魏應麒《青天白日石刻的發現及其他》（附《王雲鳳年表》），《國立中山大學歷史語言研究所周刊全編》第 5 册，北京：國家圖書館出版社，2011 年，第 309 頁。
⑥ 王雲鳳《虎谷集・聯珠集》，載《山右叢書三編》，第 432—433 頁。

弘治十二年己未(**1499**),三十三歲。

升河南司員外郎,進山西司署郎中。

是年,杭淮、周倫、朱應登、王守仁中進士。

〔**繫年詩**〕六月,程敏政卒,秦金作《挽篁墩先生程公》挽之。①

弘治十三年庚申(**1500**),三十四歲。

在北京。

〔**繫年詩**〕是年,張愷任黎平知府,本年或稍前秦金作《送張元之出守黎平》別之。②

弘治十五年壬戌(**1502**),三十六歲。

是年,徐問、魯鐸中進士。

弘治十六年癸亥(**1503**),三十七歲。

父卑牧公卒,丁父憂,泣血三年,不問戶外事。

邊貢作《挽秦國聲乃翁》、③羅欽順作《挽封君秦先生同年國聲之父》④挽之。

弘治十八年乙丑(**1505**),三十九歲。

是年,徐縉、顧可學、嚴嵩中進士。

明武宗正德元年丙寅(**1506**),四十歲。

服闋,補戶部郎中。

是年,李夢陽進戶部郎中,與金同僚。

正德三年戊辰(**1508**),四十二歲。

二月,升河南按察司副使,提調學校,徐問作《送秦鳳山副使提學河南省》⑤餞別。

是年,俞憲生。

顧可適中進士。

〔**繫年詩**〕是年或稍後作《秦金副使詩》四首,載《(嘉靖)輝縣誌》。⑥

正德四年己巳(**1509**),四十三歲。

子汴生,泮十八歲。

七月,李夢陽與秦金晤,李夢陽作有《七夕遇秦子贈咏》《秦君餞送詩序》。⑦

---

① 秦旭、秦瀚、秦金撰《秦氏三府君集》之《鳳山詩集》卷上,第 46 頁上欄。
② 秦金《鳳山詩集》卷上,第 43 頁下欄。
③ 邊貢《華泉集》卷二,清《文淵閣四庫全書》本。
④ 羅欽順《整庵存稿》卷一六,清《文淵閣四庫全書》本。
⑤ 徐問《山堂萃稿》卷五,明嘉靖二十年(1541)張志選刻崇禎十一年(1638)徐邦式重修本。
⑥ 張天真纂修《(嘉靖)輝縣誌》卷九、卷一〇,明嘉靖刻本。
⑦ 分別見李夢陽撰,郝潤華校箋《李夢陽集校箋》卷一五、卷五三,第 390、1693 頁。

正德五年庚午(1510),四十四歲。

八月,升河南左參政,分守大梁。

是年,馬文升卒。

〔繫年詩〕正德四年十月,馬應祥升湖廣按察司僉事,①提督學道。是年春赴任途經河南,與秦金相值,金爲之作《送馬公順提學湖南》。

正德六年辛未(1511),四十五歲。

是年,有巨盜犯中州,逼封丘,秦金平之,全汴生民。

秦金于汴爲官七載,有惠政,民爲之建生祠。

李東陽撰《重修新城記》,秦金爲之書丹。②

〔辯誤〕《年表》稱:"正德六年,任山東右布政司使,轉山東左布政司使。"有疏誤。按《明武宗實錄》:正德五年八月,秦金自河南按察司副使升河南布政司左參政。正德七年八月,升山東右布政使,八年九月轉左布政使。③ 故秦金任山東布政使當在正德七年至八年間,詳下譜。

正德七年壬申(1512),四十六歲。

八月,自河南布政司左參政升山東右布政使,李濂有詩別之。

正德八年癸酉(1513),四十七歲。

九月,轉本司左布使。

正德九年甲戌(1514),四十八歲。

十一月,升都察院右副都御史,巡撫湖廣,兼贊理軍務。

此年或稍後,秦金往湖南赴任途徑無錫,邵寶爲之作《送秦中丞國聲之湖南兼呈東山先生》。④

是年,吳仕、林春澤、李濂中進士。

〔考證〕《夏桂洲先生文集》卷首《年譜》稱:"是年,先生會試南宮未第,赴南都國子監讀書,盡友天下名士而德業大著。"⑤則秦金與夏言締交似在本年。

正德十年乙亥(1515),四十九歲。

在武漢,登黃鶴樓,與友人雅集唱和。

劉大夏卒。

---

① 費宏等《明武宗實錄》卷五六,第 1509 頁。
② 李兆洛纂《武進陽湖金石合誌》之《金石誌》,清光緒二十三年(1897)武進陽湖縣合誌本。
③ 分別見《明武宗實錄》卷六六、卷九一、卷一〇四,第 1445、1935、2386 頁。
④ 邵寶《容春堂集·後集》卷一二,清《文淵閣四庫全書》本。
⑤ 夏言《夏桂洲先生文集》卷首,哈佛大學圖書館藏明刻本,第 29 頁。

〔繫年詩〕是年或稍後,秦金作《黃鶴樓次李西涯閣老韵見寄》,詩載《(康熙)湖州府誌》并《(乾隆)江夏縣誌》中。

〔考證〕按,李東陽有《寄題黃鶴樓柬秦國聲都憲》,秦金所和者即此。① 據錢振民考證,李東陽此詩作于正德十年夏。② 則秦金和詩應作于正德十年或稍後,是時秦金任都察院右副都御史巡撫湖廣。又,邵寶《寄題黃鶴樓》題下注曰:"秦中丞國聲,以涯翁長句索和,用韵爲復。"③知秦金曾以李東陽詩索和諸友。邵寶外,相之唱和者,復有王守仁、張璧、朱應登、夏言、唐錦、劉春、毛伯温等,俱載諸人別集,可以查按。

正德十一年丙子(1516),五十歲。

是年七月,李東陽卒。

正德十二年丁丑(1517),五十一歲。

五月,湖廣郴桂猺峒龔福全等叛,秦金等奏調兵征勦。

是年,夏言中進士。

七月,王雲鳳卒。

〔繫年文〕十月,過衡山,作《謁岳廟祝文》。④

正德十三年戊寅(1518),五十二歲。

二月,巡撫湖廣都御史秦金等以龔福全請以俘獻,詔嘉其功。陳金、毛伯温等先後作詩賀之;陳玉、楊廷儀、王守仁先後有賀札,俱載《安楚録》中。⑤

九月,蔭子沜爲錦衣衛百户,録其郴桂平叛之功。

是秋,與族兄鋭建淮海祖祠。

〔繫年詩〕是年春,夏言奉太后遺詔使湖、廣、云、貴。⑥ 至湖北,秦金以《贈夏行人公謹次韵》贈之。

〔繫年文〕二月,凱旋,復過衡山,作《遣祭岳廟祝文》。⑥

正德十四年己卯(1519),五十三歲。

正月,從秦金之請,裁革湖廣桃源縣新店遞運所。

七月,朱宸濠反,秦金與王守仁、李充嗣等參與平叛,黃綰有詩贈之。

沜二十八歲,舉于鄉(順天舉人)。

① 詳見李東陽撰,錢振民校點《李東陽集》之《詩續稿》卷六,長沙:岳麓書社,2008年,第87頁。
② 錢振民《李東陽年譜》,上海:復旦大學出版社,1995年,第275頁。
③ 邵寶《容春堂集·後集》卷九,清《文淵閣四庫全書》本。
④⑥ 秦金《安楚録》卷五,明刻本。
⑤ 秦金《安楚録》卷七、卷八,明刻本。
⑥ 韓玉鳳《夏言詩歌研究》,浙江大學碩士學位論文,2013年,第110頁。

〔**考證**〕黃綰有《贈秦懋南守吉安》，按，《皇明詩統》稱："秦金，字懋南。"①知秦金又字懋南，此詩當爲秦金而作。《明武宗實錄》載："敕南和伯方壽祥，都御史王守仁、秦金、李充嗣、叢蘭，各督兵分駐江西、湖廣、鎮江、瓜洲、儀真等處防遏。"②又黃綰詩内有"五年南國周旋日"句，秦金正德九年巡撫湖廣，至本年適有五年，則黃綰贈秦金詩當作于本年七月。

正德十五年庚辰（1520），五十四歲。

十一月，升户部右侍郎，經嚴州，過嚴子陵釣臺，作《過嚴臺》。

入京赴任，經開封，與李夢陽相值，夢陽爲之作《送秦子》《繁臺次秦氏韵》等詩。③

〔**繫年詩**〕《過嚴臺》《無錫秦金次》（詩載《（嘉靖）徐州府誌》，前有喬宇詩，爲次喬宇詩而作）。④

〔**考證**〕秦金《集》中有《金山即事次喬白岩韵》詩⑤，知金與喬宇曾共至金山并有聯句。據《明通鑑》：正德十五年閏八月，武宗還京，"癸卯，自瓜州濟江，登金山，遂次鎮江"。⑥ 陳璘《喬公宇行狀》稱："九月，上還京師，公扈從至揚州歸。"⑦時秦金在南京，既爲朝臣，理當扈從武宗還京，二人同至金山，故有聯句。

正德十六年辛巳（1521），五十五歲。

改吏部左侍郎、調户部左侍郎。

七月，稱疾乞休再四，上不許。

八月，上《論皇莊疏》，上如所議行之。

十一月，追論平濠之功，秦金加俸二級。

十二月，議禮起，喬宇、秦金等聯名奏疏"興獻帝不宜稱皇號"。

何景明、劉春并卒于是年。

明世宗嘉靖元年壬午（1522），五十六歲。

在北京，邊貢作《寄秦鳳山少司徒》與秦金。

〔**繫年文**〕是年，顧璘寄詩與秦金，金以手札復之。

① 李騰鵬輯《皇明詩統》卷一二"秦金小傳"，天津圖書館藏明萬曆十九年（1591）刻本，第 12 册，第 28 頁。

② 費宏等《明武宗實錄》卷一七六，第 3415 頁。

③ 李夢陽撰，郝潤華校箋《李夢陽集校箋》卷六〇，第 771 頁。

④ 梅守德修，任子龍纂《（嘉靖）徐州府誌》卷四，明嘉靖刻本。

⑤ 秦金《鳳山詩集》卷上，第 52 頁下欄。

⑥ 夏燮撰，沈仲九標點《明通鑑》卷四九，北京：中華書局，2013 年，第 1867 頁。

⑦ 焦竑輯《國朝獻徵録》卷二五《吏部二》，明萬曆四十四年（1616）徐象橒曼山館刻本。

〔**考證**〕札文稱"金行期准在新正"，①知秦金次年春正月將赴任。據《明世宗實錄》所載：嘉靖二年三月，秦金爲南京禮部尚書。② 考察秦金行迹，似此年經歷與札文所述較爲符合，"重九後三日"即九月十二日，兹姑繫于此。又，弘治九年顧璘登進士第，其《重刻劉蘆泉集序》自稱："余自弘治丙辰舉進士，觀政户部，獲與二泉邵公國賢、空同李君獻吉、蘆泉劉君用熙友，未幾，余謝病歸。"③時秦金亦在北京，二人相識約在此時。

嘉靖二年癸未(1523)，五十七歲。

三月，升南京吏部尚書，喬宇作《送秦國聲之南都》，爲之餞別。

八月，改南京兵部尚書，上《灾异陳言疏》言詔令、任賢、聽納等八事政不如初，上是之。

十一月丁卯朔，改户部尚書。

是年冬，秦金往京師赴任，黄綰作《送秦鳳山司徒北上》以送之；崔銑爲之作《贈大司徒秦公赴召序》。④ 嚴嵩、邵寶二人并作《送户部尚書秦公序》以别之。

自南京往北京赴任途中過鎮江，與楊一清晤，一清有《與鳳山酌别二首》别之。

是年或稍後，秦金慕修敬公秦旭遺風，于南京結碧山吟社，見下考。

是年，歐陽德登進士第。

〔**繫年詩**〕是年夏，秦金作《喜雨次吴東湖都憲韵》和吴廷舉詩，時廷舉任右副都御史，巡撫南幾。

〔**繫年文**〕此年或稍後，作《高郵州公田記》，載《(雍正)揚州府誌》。⑤

〔**考證**〕《明詩紀事》丁籤卷六載："《碧山吟社志》：弘正間，社會既輟之後，司徒鳳山秦公歸自留都，邀二泉邵公、心泉吕公、惠岩顧公、松閣顧公、藕塘秦公、石村陳山人，結詩會山中，亦以碧山名社，然止就諸公之别墅，如二泉精舍、鳳谷行窩、惠岩小築次第舉會，蓋亦慕修敬之風，而一寄意焉。"⑥按，"弘正間"有疏誤。留都指南京，據《明世宗實錄》，嘉靖二年三月，秦金自户部左侍郎升南京禮部尚書。⑦ 又據何宗美考訂，碧山吟社具體結社時間在嘉靖二年至六年之間，⑧所謂"弘正間"當爲"嘉靖間"。

所邀結社諸人："二泉邵公"，即邵寶，與秦金爲世交；"惠岩顧公"指顧可學；"藕塘秦

① 參見：https://auction.artron.net/paimai-art16650042/。
② 《明世宗實錄》卷二四，第 685 頁。
③ 顧璘《顧璘詩文全集·憑幾集續集》卷二，清《文淵閣四庫全書》本。
④ 崔銑《洹詞》卷四，清《文淵閣四庫全書》本。
⑤ 尹會一修，程夢星纂《(雍正)揚州府誌》卷三七，清雍正十一年(1733)刻本。
⑥ 陳田輯《明詩紀事》丁籤卷六，上海：上海古籍出版社，1993 年，第 1221 頁。
⑦ 《明世宗實錄》卷二四，第 685 頁。
⑧ 何宗美《文人結社與明代文學的演進》下，北京：人民出版社，2011 年，第 143 頁。

公”爲秦鎰,爲金之族兄;“石村陳山人”即陳鳳。俱無錫人。“心泉吕公”,事迹無考。金南京之詩文契友,略見于此。

嘉靖三年甲申(1524),五十八歲。

時“大議禮”正熾,金生退意,四月,疏乞休,上不允。

孫相生,相爲泮長子。

喬宇、李堂、魯鐸并卒于是年。

嘉靖五年丙戌(1526),六十歲。

七月,封丘縣爲金重建生祠落成,張袞作《重建鳳山秦公生祠記》。①

九月,秦金六十壽辰,作《六旬自壽》。徐縉、楊一清、林春澤、吴仕等皆有壽詩賀之。

是年冬,朱應登卒。

是年,上以楊一清老臣,特免常朝等事,令晨始入閣視事。② 十二月,楊一清作《十二月初十日有旨念臣一清拜起艱難免其朝參只在内閣辦事志感一首》,③秦金作詩和之。

〔考證〕按,楊一清有《答秦鳳山司徒和章》,則秦金應有賀詩與一清。其詩題下注曰:“承和免朝志感鄙作,調高詞雅,再叠原韵一首奉謝。適當修省之期,天子方下恤民之詔,故于大司徒不能不致意焉,公其以予言爲然乎?”據史,嘉靖五年冬,楊一清上修省四事。報曰:其恤民事宜,令所司開具條件,于來春降敕行之。④ 又詩云:“物色漸隨春意轉,雪花猶點鬢毛寒。”⑤則此詩當作于次年初春,時秦金任户部尚書。

嘉靖六年丁亥(1527),六十一歲。

三月引疾還,致仕。楊一清作《送鳳山司徒秦公致政南歸三首》以别之。

是年,泮次子樫生,汴長子柄生。

是年,邵寶卒。

嘉靖七年戊子(1528),六十二歲。

始纂宗譜,秦金作《修輯宗譜序》。⑥

〔繫年文〕二月,作《重刊毘陵忠義祠録序》,文載《毘陵忠義祠録》卷首。

嘉靖八年己丑(1529),六十三歲。

汴次子楷生。

---

① 秦金《安楚録》卷一〇,明刻本。
② 夏燮撰,沈仲九標點《明通鑑》卷五〇,第 2008 頁。
③ 楊一清撰,馮良方點校《石淙詩稿》,第 272 頁。
④ 夏燮撰,沈仲九標點《明通鑑》卷五〇,第 2021 頁。
⑤ 楊一清撰,馮良方點校《石淙詩稿》,第 273 頁。
⑥ 周有壬輯《梁溪文鈔》卷一四,載《無錫文庫》第 4 輯,南京:鳳凰出版社,2011 年,第 151 頁。

王陽明、楊廷和、李夢陽并卒于是年。

嘉靖九年庚寅（1530），六十四歲。

在南京。

是年，楊一清卒。

〔**辯誤**〕《年表》稱：本年顧蓉峰卒，誤。按，顧蓉峰，即顧可適。明王永積《錫山景物略》卷五載秦金與顧可適唱和詩。詩前序明言，此次雅集在"嘉靖辛卯"，即嘉靖十年。又據唱和詩中"秋風回首已松楸""繞徑黃花九月天"等句，可知，至遲嘉靖十年九月前顧可學尚在人世，詳下譜。

嘉靖十年辛卯（1531），六十五歲。

六月，復起，任南京戶部尚書。

秋間，與杭氏兄弟等人雅集錫山，唱和竟日，見下考。

十一月，秦金上疏，陳便民六事。

〔**繫年詩**〕作《聯句後秦金又題》；毛珵八十，秦金有《吳門行壽礪庵毛都憲八帙》壽之。

〔**繫年文**〕六月，爲同邑安國所刊《初學記》作《重刊初學記序》。①

〔**考證**〕明末王永積《錫山景物略》云："嘉靖辛卯，宜興杭淮同弟杭濟、友吳仕訪秦端敏公于胡埭，遂載酒同游華藏。先期至者則有顧可學、可適，携手盡歡，酒半聯句，遂得六首。淮號雙溪，濟號澤西，端敏號鳳山，仕號頤山，可學號惠岩，可適號圃亭。"② 按，顧可適，字與行，號圃亭；吳仕，字克夫；杭淮，字東卿，號雙溪；杭濟，杭淮之弟，字世卿，號澤西。皆明中葉吳中文人。此中，杭淮與秦金爲通家世好，且爲姻親。③

六人唱和之詩具載王永積《錫山景物略》卷五，詩長不贅。

嘉靖十一年壬辰（1532），六十六歲。

十月，巡撫應天、延綏等處。

十一月，改北京工部尚書，趨令視事，嚴嵩作《送司空秦公赴召》以贈之。④

是年，子泮卒，黃綰作《挽秦思魯》以志哀思。⑤

是年二月，邊貢卒。

① 見徐堅《初學記》卷首，國家圖書館藏楊籠九州書屋明嘉靖十年（1531）刻本，第2—4頁。
② 王永積《錫山景物略》卷五，明末刻本。
③ 秦金《杭淮行狀》載"予與杭，世戚也"，末署"姻生秦金"。載杭維始修《百瀆杭氏宗譜·杭氏宗譜前編》卷六，中國社會科學院歷史研究所藏本。本條材料承阜陽師範大學劉毅韓同學見示，特此致謝。
④ 嚴嵩著，鄢文龍箋注《嚴嵩詩集箋注》，揚州：廣陵書社，2016年，第203頁。
⑤ 黃綰撰，張宏敏編校《黃綰集》，上海：上海古籍出版社，2014年，第84頁。

嘉靖十二年癸巳(1533),六十七歲。

在北京,上疏乞休,上慰留之。

嘉靖十三年甲午(1534),六十八歲。

四月,六年秩滿,加太子少保。

是年,杭濟卒。

〔繫年文〕此年或稍前,秦金作《無錫縣儒學田碑記》,見無錫碑林博物館石刻。

嘉靖十四年乙未(1535),六十九歲。

是年,升太子太保,改南京兵部尚書。

嘉靖十五年丙申(1536),七十歲。

五月,引年乞休,上褒留不允。

九月,再疏乞休,許之。

孫柱生,柱爲汴三子。

歐陽德作《大司馬鳳山秦公七十》,爲之賀壽。① 陳儒亦作《壽宮保鳳翁秦公七十叙》壽之。

嘉靖十六年丁酉(1537),七十一歲。

在南京。

〔繫年詩〕是年俞憲赴京應試,秦金作《題扇送俞汝成會試》以送之,期望甚殷。②

〔考證〕按,秦金又有《題便省歸朝册送俞汝成北上》《暇日游俞汝成園亭有作見貽次韵一首》,可見與俞憲有所往還。《盛明百家詩》之《秦端敏公集小序》中俞憲自陳:"先生邑人也,前輩風流,于此可概見矣。憲受知愛最深且久,其責望誘掖,不啻通家子弟而已。"③足證,俞憲師事秦金,交游頗密。

〔繫年文〕此年或稍後,作《合浦縣建學記》,載《(崇禎)廉州府誌》。

嘉靖十七年戊戌(1538),七十二歲。

是年,俞憲中進士。

杭淮卒,秦金爲之作《行狀》。

〔繫年文〕此年或稍後,作《西定橋記》、④《明故嘉議大夫都察院右副都御史雙溪杭公行狀》、《常守應侯遺愛碑》(《武進陽湖金石合誌》注曰:存)。⑤

① 歐陽德撰,陳永革編校整理《歐陽德集》卷一九,南京:鳳凰出版社,2007年,第492頁。
② 秦金《鳳山詩集》卷上,第56頁下欄。
③ 俞憲輯《盛明百家詩》之《秦端敏公集小序》,明嘉靖隆慶間刻萬曆增刻本。
④ 周有壬輯《梁溪文鈔》,第152頁。
⑤ 李兆洛纂《武進陽湖金石合誌》之《金石誌》,清光緒二十三年(1897)武進陽湖縣合誌本。

嘉靖十八年己亥(1539),七十三歲。

是年,張含作《結交行》,歷數其結交與弘正之際之師友,中有秦金。

〔考證〕按,正德九年張含隨父入京,時秦金在北京,張含與金當識于此數年間。正德四年六月張含至大梁,秦金時任河南按察司副使,二人或曾相值;嘉靖十五年張含再次入京,金時任户部尚書,或有晤交可能,此後張含返回雲南,二人未再相見。

嘉靖十九年庚子(1540),七十四歲。

吕柟代徐怡作《太子太保兵部尚書秦公七十壽序》爲秦金賀壽,方之宋文彦博,贊譽頗高。①

嘉靖二十年辛丑(1541),七十五歲。

在南京。

門生李濂作《奉壽太子太保南京兵部尚書秦公七十五序》,爲之賀壽。②

嘉靖二十一年壬寅(1542),七十六歲。

徐縉撰《長洲縣新遷儒學明倫堂記》,秦金爲之書丹。③

嘉靖二十二年癸卯(1543),七十七歲。

妻鈕氏八十壽辰,張邦奇作《壽封一品夫人鈕氏八十序》壽之。④

嘉靖二十三年甲辰(1544),七十八歲。

正月二十七日,薨于里第,訃聞,上震悼,輟視朝一日,加贈少保,謚端敏。

張袞撰《明故光禄大夫太子太保南京兵部尚書鳳山秦公行狀》,嚴嵩作《光禄大夫太子太保南京兵部尚書贈少保謚端敏秦公金神道碑》,張璧有《光禄大夫太子太保南京兵部尚書秦公墓表》)。⑤

張邦奇作《祭太子太保南京兵部尚書鳳山秦公文》。⑥ 李濂有《祭鳳山秦公文》。⑦

次年,顧璘卒。

弘治六年,"前七子"領袖李夢陽中進士。文學復古運動的第一次高潮由此展開。⑧秦金作爲明中葉南方政壇詩場的重要人物,通過與李夢陽、邊貢等復古派代表人物的交往唱和,推動了文學復古運動在南方的傳播。其生平事迹及文學交往活動應被更充分地予

① 吕柟著,米文科點校整理《吕柟集·涇野先生文集》,西安:西北大學出版社,2015年,第424頁。
② 李濂《嵩渚文集》卷六三,明嘉靖刻本。
③ 馮桂芬《蘇州金石誌》之《金石一》,清光緒九年(1883)蘇州府誌刻本。
④ 張邦奇《張邦奇集·紆玉樓集》卷八,明刻本。
⑤ 張璧《陽峰家藏集》卷二三,明嘉靖二十四年(1545)世恩堂刻本。
⑥ 張邦奇《張邦奇集·環碧堂集》卷九,明刻本。
⑦ 李濂《嵩渚文集》卷一〇〇,明嘉靖刻本。
⑧ 廖可斌《明代文學思潮史》,北京:人民文學出版社,2016年,第168頁。

以認識。

　　【作者簡介】高雲飛，男，1994 年生，文學碩士，西北大學中國古典文獻學專業博士研究生，主要從事明代文學及文獻研究。郝潤華，女，1964 年生，文學博士，西北大學文學院教授、博士生導師，主要從事明代文學及文獻研究。

張秉直《四書集疏》《四書集疏附正》淺論[*]

吴敏霞　　王志平

關學自北宋張載之後,直至晚清,學人輩出,學脉不斷,有藍田吕大忠、吕大臨、高陵吕柟,長安馮從吾,周至李顒,朝邑李元春,三原賀瑞麟,咸陽劉古愚等,均爲關學的重要代表人物,他們對于傳承并發揚光大關學做出了重要貢獻。關學在明代之後的發展中,形成了各具學術風格的關學學系,其中以朝邑之學或朝邑學派最爲著名。朝邑之學的學術特點非常明確,他們"篤信程朱,又受張載的極大影響,躬行實踐,篤雅謙恭……他們逐漸偏離了二曲(李顒)學宗陸(九淵)王(陽明)的方向,以推崇程(程頤、程顥)朱(熹)之理學爲要"。^① 一般認爲朝邑之學或朝邑學派在清代早期以王建常(復齋)、黨湛(兩一)、張珥(敦庵)等爲代表,在清代中後期以張秉直、孫景烈、李元春等爲代表。張秉直作爲關學朝邑之學或朝邑學派的重要人物之一,特別贊同王建常(復齋)崇程朱而抑陸王的學術立場,故近人錢穆有"蘿谷(張秉直號蘿谷)獨信好復齋(王建常)"之論,^②而在時人編纂的地方史誌中,更是將其"推爲橫渠(張載)後一人"。^③ 由此足見其在清代關學發展中的重要地位。張秉直一生未仕,專事著述,其著述中最有代表性的即是《四書集疏》《四書集疏附正》。本文就此兩部書的版本、引述、内容、價值等做一初步研究,以就教于方家。

一、張秉直及《四書集疏》《四書集疏附正》版本

張秉直(1695—1761),字含中,號蘿谷,陝西澄城縣安里張卓人。其先山西洪洞人,當宋元之際,始祖天極,徙居同州澄城縣故東里西故村。越數傳,族姓蕃衍,人因稱爲張家莊。張秉直太高祖諱翕,高祖諱宏。曾祖諱所見,庠生,生三男一女。其三男諱恂襟,字允

---

* 本文爲陝西省"十三五"古籍整理重大項目"陝西古代文獻集成"子項目"《四書集疏》《四書集疏附正》"的階段性成果。

① 劉學智《關學思想史》(增訂本),西安:西北大學出版社,2020年,第392頁。
② 錢穆《中國學術思想史論叢》卷八《清儒學案序》,合肥:安徽教育出版社,2004年,第372頁。
③ 戴治修、洪亮吉、孫星衍《(乾隆)澄城縣誌》,乾隆四十九年(1784)刻本,卷一四《聞人下》,第4頁b面。

若,增廣生,即張秉直之祖父。允若公初娶王氏,生增生在廊、庠生在臚。繼娶曹氏,生在輔、在璿、在璣。在璿字轉辰,即張秉直之父,先娶路氏,繼娶權氏。張秉直于康熙三十四年(1695)七月十八日辰時爲權氏所生。張秉直生而至性絶人,不好嘻戲。六歲失怙,受其叔父在璣公督責甚力,并口授《小學》《四書》《易》《書》《詩》等,十齡時已能背誦。年十四,受業于韓城吉儒宗先生,以學孝悌忠信之道、視聽言動之節。年二十入黌序,時任學使贊賞其文,拔置第一。但張秉直不以考試詞章爲意,因其母權氏争羡别家子中秀才,故不得不赴考,考中後,不復仕進。從此之後他即"閉户斂迹,屏絶交游,即史亦弗再讀,日究心四子書與濂、洛、關、閩之旨,心體神會,反躬實踐。嚴以禦家,和以處衆,躬行以率之,禮義以導之,宗族里黨駸駸有仁讓遺風,二十年無争訟者。邑令聞之,修式廬禮,而聲聞遠邇矣"。[①] 清乾隆十三年(1748),巡撫陳文恭公知得其學才,擬薦于朝廷,即差知縣李喬登門致意,張秉直以"衰朽無用,固辭乃止"。其"晚年所養益粹,矜持悉化,殫心著述。凡先儒一言一字之謬,必加厘正。有來問學者,反覆辨論,是是非非,原原本本,莫不各得其意以去,學者方倚如泰山北斗"。[②] 乾隆二十六年九月二十五日游學于韓城,不幸染痢疾卒于友人薛之桂家,世壽六十七。

張秉直爲學"于《六經》獨重《四書》,《四書》尤重《論語》",于理學尤重朱熹及其《小學》。"其爲學以窮理爲始,以知命爲要",[③]在推究精研宋代理學大家張載、程頤、程顥、朱熹等諸家學說的基礎上,不與時流苟同,獨樹己見,添列爲清代關學名家之一。

《四書》爲儒家經典《大學》《中庸》《論語》《孟子》的合稱。《大學》爲《禮記》中之一篇,是以"三綱領"(明明德、新民、止至善)和"八條目"(格物、致知、誠意、正心、修身、齊家、治國、平天下),構建儒家"内聖外王之道"政治倫理的一部重要理論著述;《中庸》亦爲《禮記》中之一篇,主張"存誠致性"達于"天人合一"的境界,以貫通天道與性命,是一部討論人生修養的著述;《論語》是春秋時期思想家、教育家孔子言論的彙集,集中體現了儒家的政治主張、倫理思想、道德觀念及教育原則等;《孟子》是戰國時期孟子及其弟子關于政治、教育、倫理思想等言論的彙集。

《四書集疏》,本爲四十卷,[④]付梓時只整理有《大學》三卷、《中庸》三卷,其餘未及整理,故學者亦稱此書名《學庸集疏》,是作者張秉直在精研《四書》數十年基礎上,以朱熹的《四書》注釋疏證爲宗,對《四書》進行的不完整的集疏,内容夾雜有漢唐學者對《四書》注疏

①　張南金《先君子蘿谷先生行述》,《文談》,清光緒十八年(1892)貧勞堂刻本,第51頁a面。
②　張南金《先君子蘿谷先生行述》,《文談》,第51頁b面。
③　馮從吾《關學編》卷四四《蘿谷張先生傳》,西安:西北大學出版社,2015年,第459頁。
④　張秉直《開知録》,清光緒元年(1875)三原劉昇之傳經堂藏版,賀瑞麟序,第3頁a面。

之縷分條析，又有宋儒對《四書》注疏之長篇大論，特別是對宋之後學者闡釋《四書》作了比較系統的疏證。

《四書集疏附正》，是張秉直在搜集整理《四書集疏》四十卷基礎上形成的對《四書》的精思妙解，反映清初《四書》學發展狀態的同時，也反映了關學思想在清代的發展内涵。張秉直所處的時代，注疏《四書》蔚然成風，在厘清儒學淵源嬗遞、傳承儒家學説方面有着重要意義，《四書集疏》和《四書集疏附正》作爲其中翹楚，亦具有重要的學術意義。

張秉直撰《四書集疏》，主要因爲“朱子後諸儒之説，是非紛出，真僞莫辨。即有辨之者，非入于語言文字之末，即雜以制藝攻取之途。能確然知聖道之精微，而訂其可存者，不敢謂世無其人，亦不敢謂世有其人而非予責也”，故自稱以傳承朱子之學爲己任，以弘揚儒家之學爲己責。又因“以地僻友稀，無講學師承，因得專力一家”。[①] 加之“爰自十五六時，即以删訂爲事。或去而復存，或存而復去，稿幾數易，而終不敢謂已成之書，蓋至今已四十五年矣”。[②] 憑一己之力，只成《大學》與《中庸》二書之集疏即止，行世刻本雖名《四書集疏》，而内容實止《大學》與《中庸》二書而已。古人做書題名，或往往從闊，如元末明初理學家景星所撰《大學中庸集説啓蒙》一書，其序亦記其名爲《四書集説啓蒙》，即此例。

該書主要版本有：

1. 光緒三十四年（1908）柏經正堂刻本，六卷。版框高 18.2 厘米，寬 13.3 厘米。半葉 10 行，行 21 字。下黑口，四周單邊，雙對黑。版心下署“柏經正堂藏書”。牌記右署“張蘿谷著”，中署“四書集疏”，左署“果齋署賗”；“光緒戊申年柏經正堂雕”。卷首署“北澂張秉直含中訂”“三原賀瑞麟復齋閲”“涇陽柏惠民小餘刊”。書前有清乾隆乙亥年（1755）四月張秉直《四書集疏序》，及乾隆丁丑年（1757）四月張秉直《書四書集疏序後》。陝西省興平市博物館、藍田縣圖書館、三原縣圖書館、陝西省圖書館各存 6 卷。

2. 清抄本，不分卷。版框高 23 厘米，寬 13.5 厘米。半葉 10 行，行 21 字。卷首署“北澂張秉直含中訂”。陝西省文史館、興平市博物館各存 1 册。

張秉直集成《四書集疏》後，間有心解，積久成帙，名曰《四書集疏附正》。是書成于乾隆二十年（1755），有自序。至道光十五年（1835），同里連毓太爲之梓行，毓太也有序，稱“秉直博覽群籍，遍讀濂、洛、關、閩各先儒講學之書”。是書篤守朱注，爲之疏通證明。朱注有前後相歧者，或與《朱子語類》相歧者，則互相參證以求其是；朱注所偶遺漏者，則加以補充；朱注所未明顯者，則予以引申，總之使其不悖朱注。而諸儒有違朱論之解，則予以駁

---

① 張秉直《四書集疏》，清光緒三十四年（1908）柏經正堂刻本，張秉直序，第 2 頁 a 面。

② 張秉直《四書集疏》，張秉直序，第 2 頁 b 面。

正。其中不少精核者,但逐章備解,難免抄襲陳言,而對朱注顯然乖謬處,也隨之附和。

該書主要版本有:

1. 道光十五年(1835)連毓太刻本,二十二卷。版框高 19.7 厘米,寬 12.6 厘米。半葉 10 行,行 20 字。白口,左右雙邊,單黑魚尾。開本高 27.7 厘米,寬 15.9 厘米。1 函 9 册,《大學》1 册,《中庸》1 册,《論語》4 册,《孟子》3 册。牌記左署"道光乙未新鐫",中署"四書集疏附正"。書前有清乾隆乙亥年(1755)五月張秉直《四書集疏附正序》及道光乙未年(1835)八月連毓太《四書集疏附正序》二序;書後有張秉直子張南金及其孫張遴發二題跋。卷首署"北澂張秉直含中著""男南雅、南金,孫東發、遴發編輯"。陝西省澄城縣圖書館、合陽縣博物館、陝西省圖書館各存二十二卷。

2. 道光十五年(1835)劉傳經堂刻本,二十二卷。版框高 19.4 厘米,寬 14.1 厘米。半葉 10 行,行 20 字。白口,左右雙邊,單黑魚尾。開本高 27.7 厘米,寬 16 厘米。牌記右署"北澂張蘿谷先生著",中署"四書集疏附正",左署"劉傳經堂藏書"。書前有清乾隆乙亥年(1755)五月張秉直《四書集疏附正序》及道光乙未年(1835)八月連毓太《四書集疏附正序》二序;書後有張秉直子張南金及其孫張遴發二題跋。卷首署"北澂張秉直含中著""男南雅、南金,孫東發、遴發編輯"。陝西省興平市博物館、高陵區圖書館、陝西省圖書館各存二十二卷。

3. 同治十二年(1873)刻本,二十二卷。1 函 8 册。版框高 19.7 厘米,寬 13.8 厘米。半葉 11 行,行 20 字。白口,左右雙邊,單黑。牌記"四書集疏附正""同治十有二年癸酉開雕"。書前有清乾隆乙亥年(1755)五月張秉直《四書集疏附正序》及道光乙未年(1835)八月連毓太《四書集疏附正序》二序;書後有張秉直子張南金及其孫張遴發二題跋。卷首署"北澂張秉直含中著""男南雅、南金,孫東發、遴發編輯"。陝西省周至縣圖書館、大荔縣文物旅游局、藍田縣圖書館、陝西省圖書館各存二十二卷。

《四書集疏》實際只有一種刻本,即清光緒三十四年柏經正堂刻本。柏經正堂,即涇陽柏森所創辦的刻書機構,是清末民初陝西地區重要的刻書機構,主要以刊刻理學著作爲主,兼刻地方鄉賢著作。《四書集疏附正》之清道光十五年連毓太刻本、劉傳經堂刻本及同治十二年刻本,實質亦只有道光十五年連毓太刻本一種,後兩種爲道光十五年連毓太刻本之翻刻本,版式、避諱、空格、前序、後跋等一如道光十五年連毓太刻本。刻者劉傳經堂,即三原劉紹攽所創立的傳經堂,亦是清末民初關中重要的刻書機構,以刊刻儒家經典爲主,兼及鄉賢著作。

二、《四書集疏》《四書集疏附正》序跋

《四書集疏》前有張秉直自序,其文曰:

　　《六經》皆載道之言,而《易》《四書》獨以垂訓。《易》雖理無不該,其旨遠,其辭深,非善學者莫能悉其蘊。四子書語道詳于古,而其言切于日用,學者進德修業有可持循。論者謂"《四書》者,《六經》之戶牖也",不其然乎。自漢唐以來即有注疏,至宋尤盛,諸説紛出,莫能歸一。朱子起而删集之,然後聖經賢傳之旨燦然昭明于世。又慮他説歧出,是非混淆,而理之難明者,《集注》言之弗詳也,設爲問答以成《或問》。門人于其答問退而記録,復有《語類》。《四書》之有《集注》,猶《易》之有《彖傳》《象傳》也。《集注》之有《或問》《語類》,猶《易》之有《繫辭》《文言》《説卦》《序卦》《雜卦》也。《十翼》作而《易》道著,《集注》《或問》《語類》出而《四書》之理始大明矣。同時注《四書》者,有南軒張氏,嗣後黄勉齋、輔慶源、陳潜室、真西山、饒雙峰、胡雲峰頗不戻于理,其他説無關微言大義者尚多。明永樂中,纂《四書大全》,增删倪氏《輯釋》本。《輯釋》故多謬妄,不知全用朱子成書,而《大全》乖違舛誤其詳其簡,尚不如倪氏。至八股盛行,而世之學者馳心于語言文字之間,于是姚江乘吾道無人之際,竊金溪之狂禪以惑亂天下。天下士之習舉子業者,限于功令,亦未嘗不號尊朱。然究其所學,終未有能破陽明之藩籬而超然獨出于其上者也。愈出愈熾,漸湮漸晦,且二百年。然後□□氏出,而有以正諸家之謬誤,障伯安之狂瀾,世之學者乃復知讀朱子之書。于是際飛黄氏、岱雲李氏始破《大全》之例,全録朱子《或問》《語類》,附以諸儒之説而折衷之。自二書出,而天下學者始得全讀朱子之書。蓋□□朱子之功臣,斯道之干城,而二書亦頗有功于□□者也。直自少時讀朱子書,頗知嗜其平實。又以地僻友稀,無講學師承,因得專力一家,以爲吾學基址。後雖遍觀先儒學録,其不合朱子及宗朱子而未至者,卒弗能易其所好。竊嘗病朱子前諸儒之説,得朱子而論已定矣。朱子後諸儒之説,是非紛出,真偽莫辨,即有辨之者,非入于語言文字之末,即雜以制藝攻取之途。能確然知聖道之精微,而訂其可存者,不敢謂世無其人,亦不敢謂世有其人而非予責也。爰自十五六時,即以删訂爲事。或去而復存,或存而復去,稿幾數易,而終不敢謂已成之書,蓋至今已四十五年矣。昔朱子集《四書章句》,病革之時,猶改《大學》"誠意"章;太史公作《史記》,班孟堅著《漢書》,猶父子兄妹相繼而成一家之言。矧予樗蒲薄材,未獲就正有道,敢易言删正古人乎?姑爲稿本,思日孜孜,死而後已。若夫裁訂付梓,以

公海内,尚有待于後之人焉。

　　乾隆乙亥四月

　　蘿谷張秉直題

後有張秉直書後跋,其文曰:

　　今人看書,只是以功令尊朱,不敢違背,然總未真見他好處。某却是句句咬出汁漿,如饜飫酒肉之人,其中自有美味有難與他人言者。太史公謂"非好學深思,固朱①可爲淺見寡聞者道",此自論文章之事。聖賢言語,別有指趣,非好學深思不能。然亦非徒好學深思者所可幾也,顧身體力行何如耳。

　　丁丑四月

　　蘿谷書

　　張秉直這兩篇序跋,不但道出了作《四書集疏》之宗旨:因《四書》爲《六經》之户牖,且其語詳于古,其言適于日用,故爲進德修業者之圭臬,并闡明了儒學的淵源嬗變,自漢唐,自宋元明,直至清代前期,各朝各代對于《四書》注疏闡釋之優劣真僞,是非混淆,异説歧出之狀況。立志作出一部"能確然知聖道之精微"的《四書集疏》,以正是非,是辨曲直,爲儒學的有序傳承貢獻己力。

　　《四書集疏附正》前有二序,一爲張秉直自序,一爲刊刻者連毓太序。張秉直序曰:

　　予既集四子書疏,纂次之餘,間有隻解,不忍即棄,因録課家塾,久之成帙,得若干卷。夫聖人之道,非有外于吾心也。學者視爲剽竊功名之具,而未嘗求之于心,于是聖人之道爲之一晦。間有有志之士,知學貴心得矣,而不復以聖人之心驗吾心。于是向之晦者,在不知聖學之人;而今之晦者,在知求聖學之人。夫至知求聖學而聖道益晦,則其任心之弊有不可勝言者矣。君子之爲學也,不敢謂吾之心非聖賢之心,亦不敢謂吾之心即聖賢之心。其始也,以聖賢之言反求諸己,所以毆吾心之私者,無所不至其既也。以吾之心察聖賢之道,所以辨天下之惑者,自無所不明。蓋道不外乎吾心者,天地所以生物之理無不同也,而吾心不可謂即道者。天地所以生物之形氣,不能無异也,以聖賢之道反求諸己,則所以化其不同而毆之,使同者其功既盡,即聖賢可

---

① 朱,據上下文意當爲"未"。

學而至。而況聖賢之言,邇之在日用云。爲之細遠,亦不出家國天下之間。夫豈真有所謂"仰彌高""鑽彌堅""忽前忽後"而不可知者哉!予也頹惰自棄,其于聖人之道,茫乎未有聞也。然數十年探索之力,頗知所以入道之門,有不外是者。因著簡端,以告世之學者。若夫言之或是或非,删繁就簡,尚有俟于後之君子。

乾隆乙亥五月

蘿谷張秉直題

連毓太序曰:

東坡云:昔之君子見書之難,而今後生皆束書不觀,爲可惜也。學者束髮受業,塾師即授以《四書》《六經》《左》《國》及《史》《漢》各書。近代科舉之士,以書爲釣名之具,厭常喜新。每求僻簡斷編《七略》《四庫》所不列者,詫爲秘函。其實叩以《四書》經史講義,茫不記憶者,十常八九。書自遭秦火後,士之得見《六經》,蓋無幾矣。歷漢、唐及宋,董、韓、周、張、二程各儒互相闡發,至朱子而集其成,學者翕然得所宗仰,孔孟之道以著。自朱子殁後,异學并起争鳴,顛倒是非,惑亂耳目,至詆朱子爲洪水猛獸,講學諸儒幾溺焉,不知所返。蓋氣數循環,雖聖賢亦或值厄運之窮。如日月經天有時,爲微雲所掩蔽,而光明炳曜,普照人寰,歷久常如一日也。蘿谷張先生者,博覽群籍,自《六經》《史》《漢》而外,遍讀濂、洛、關、閩各先儒講學之書,觀元、明以來諸儒語録,約之益精,歸本《四書》,尤重《論語》,以朱子之説爲宗,信之最篤,好之最深,謂"舍四子書外,更無可講之學",以窮理爲始,以知命爲要,無近名急功之志,所謂學必探其本原者耶。毓太自成童後,即耳先生名。讀邑誌所載先生藝文數篇,未窺全斑。兹得閲先生所删訂及各著述語録,始知先生力學忘倦,不求聞達,垂老彌篤,其見道親切有高出時輩萬萬者。恨予生也晚,不獲聆其笑言謦欬爲可惜耳。謹擇其要者,取《四書集疏附正》《論語緒言》付諸梓人,以公同志。不揣固陋,恭疏短引,述其始末。續貂之譏,知所不免,而使窮鄉晚進有志之士便于觀覽,由是書以求朱子之書,或不無小補也夫。

時道光乙未八月望後三日

同里雪峰連毓太謹撰

張秉直此序,用"君子之爲學也,不敢謂吾之心非聖賢之心,亦不敢謂吾之心即聖賢之心。其始也,以聖賢之言反求諸己,所以颺吾心之私者,無所不至其既也。以吾之心察聖賢之道，所以辨天下之惑者，自無所不明”之語，道破其著《四書集疏附正》之意，即一以聖學修其自身，一以聖學傳揚天下。

刻者連毓太，據其序言可知其爲張秉直之同里，因崇尚張秉直之學問，故取《四書集疏附正》付梓，期望以此書求朱子之學，使儒學得以傳承光大。

三、《四書集疏》《四書集疏附正》引述

張秉直《四書集疏》與《四書集疏附正》引用相關學者及其著述者頗多，可考者有如下：

朱熹（1130—1200），南宋著名理學家、哲學家。字元晦，又字仲晦，號晦庵，晚稱“晦翁”，又稱“紫陽先生”“考亭先生”等，謚文，世稱“朱文公”。祖籍徽州婺源。紹興十八年（1148）敕同進士出身，歷任泉州同安縣主簿，知南康軍、提舉浙東茶鹽公事，知漳州、潭州，焕章閣待制兼侍講等職。後無意仕進，一心向學，主講白鹿洞書院，以反佛崇儒爲指歸，完成《大學章句》《中庸章句》《論語集注》《孟子集注》，首次提出《四書》之名。晚年因捲入政治鬥爭被奪職，其學被定爲“僞學”，朱熹本人被定爲“僞學首魁”。朱熹死後，黨禁解弛，其社會地位日益上升，最終成爲配享孔廟的“孔十哲”之一，成爲僅次于孔子、孟子的儒家學者，其思想學説從元代開始爲官方推崇，在中國、日本、朝鮮等産生了較大的影響。其所撰著之《大學章句》《中庸章句》《論語集注》《孟子集注》《四書或問》《朱子語類》等成爲張秉直《四書集疏》與《四書集疏附正》主要引用書籍，并以“《或問》”“《語類》”“《章句》”或“朱子”相稱。

“程子”爲程顥與程頤兄弟合稱，均宋代著名理學家。程顥（1032—1085），字伯淳，號明道，世稱“明道先生”。河南洛陽人。宋嘉祐二年（1057）進士，歷官鄠縣主簿、太子中允、監察御史等。程頤（1033—1107），字正叔，號伊川，世稱“伊川先生”。程顥之胞弟。歷官汝州團練推官、西京國子監教授等。與其兄程顥同學于周敦頤，共創“洛學”。張氏主要引用朱熹編著之《二程集》，先以“明道”“伊川”爲別，再以“伯子”“叔子”區分，後以其學其説同，合稱“程子”。

張載（1020—1077），宋代著名理學家，“關學”創始人。字子厚，鳳翔眉縣橫渠鎮人，學者稱“橫渠先生”。宋嘉祐進士，歷渭州判官公事、崇文院校書等。其學以《易》爲宗，以《中庸》爲體，以孔、孟爲法。著有《正蒙》《橫渠易説》《張子語録》《經學理窟》《西銘》等。張氏引用其文或以“張子”或以“橫渠張子”相稱。

呂大臨（1044—1091），北宋學者、金石學家。字與叔。京兆藍田人。張載弟子，後從學于程頤，與游酢、楊時、謝良佐并稱“程門四先生”。著有《考古圖》《易章句》《大學説》等。

張氏引用其文或以"吕氏"、或以"藍田吕氏"相稱。

　　謝良佐(1050—1103)，北宋理學家。字顯道，人稱"上蔡先生"。蔡州上蔡人。師從二程，爲"程門四先生"之一。創立"上蔡學派"。著有《論語説》《上蔡先生語録》等。張氏引用其文或以"謝氏"、或以"上蔡謝氏"相稱。

　　游酢(1053—1123)，宋代著名理學家。字定夫，號豸山，又號"廣平先生"，謚文肅。福建建陽人。師承二程，爲"程門四先生"之一。傳理學于福建，爲"閩學"創始者。著有《易説》《中庸義》《論語雜解》等。張氏引用其文或以"游氏"、或以"廣平游氏"相稱。

　　楊時(1053—1135)，北宋理學家、文學家。字中立，號龜山，學者稱"龜山先生"。福建三明人。師承二程，爲"程門四先生"之一。著有《二程粹言》《禮記解義》《龜山集》等。張氏引用其文以"龜山楊氏"相稱。

　　尹焞(1071—1142)，北宋理學家，程頤直傳弟子。字彦明，一字德充。河南洛陽人。著有《論語解》《和靖先生集》。張氏引用其文以"和靖尹氏"相稱。

　　葉夢得(1077—1148)，北宋學者。字少藴。蘇州吴縣人。晚年隱居湖州卞山石林谷，自號"石林居士"。張氏引用其文以"葉氏"相稱。

　　李侗(1093—1163)，南宋理學家。字願中，世稱"延平先生"。福建南平人。著有《論語講説》《讀易管見》等。張氏引用其文以"延平李氏"相稱。

　　胡宏(1105—1161)，南宋理學家。字仁仲，福建崇安人。胡安國次子，因住衡山下，人稱"五峰先生"。著有《五峰集》。張氏引用其文以"五峰胡氏"相稱。

　　張栻(1133—1180)，南宋學者、教育家。字敬夫，又字樂齋，號南軒，學者稱"南軒先生"。四川綿竹人。主岳麓書院，與朱熹辯學。其説上承二程，推崇周敦頤，主張"理本體"。著有《南軒論語解》《南軒孟子説》《南軒先生文集》等。張氏引用其文以"南軒張氏"相稱。

　　陸九淵(1139—1192)，南宋著名大儒。字子静，號象山翁，世稱"象山先生"。撫州金溪人。主"心即理"説，"明心見性"，創立心學，與以朱熹爲代表的理學相抗衡。朱陸之爭起于鵝湖之會。謚文安。張氏引用其文以"象山陸氏"相稱。

　　陳亮(1143—1194)，南宋思想家、文學家。字同父(甫)，原名汝能，人稱"龍川先生"。婺州永康人。倡導經世濟民之"事功之學"，故曰"陳同父之功利"。指摘理學家空談"道德性命"，與朱熹多次進行"王霸義利之辯"。張氏引用其文以"陳同父"相稱。

　　黄榦(1152—1221)，南宋學者。字直卿，號勉齋。福州閩縣人。少師從朱熹，爲朱熹四大弟子之一。嘗講學白鹿洞書院，以授徒著書終生。著有《五經講義》《四書紀聞》等。張氏引用其文以"勉齋黄氏"相稱。

陳淳(1159—1223),朱熹弟子,南宋學者。字安卿,學者稱"北溪先生"。漳州龍溪人。朱熹稱其無書不讀。著有《論孟學庸義》《北溪大全集》等。張氏引用其文或以"陳氏"、或以"北溪陳氏"相稱。

李道傳(1170—1217),宋代學者。字貫之。隆州井研(舊仁壽)人。慶元二年(1196)進士。研二程及朱子學。著有《江東十考》。張氏引用其文以"仁壽李氏"相稱。

真德秀(1178—1235),南宋理學家。字景元、希元,號西山。福建浦城人。大力提倡朱熹理學,創立"西山真氏學派"。著有《四書集編》《大學衍義》《西山文集》等。張氏引用其文以"西山真氏"相稱。

陳孔碩(1150—1228),宋代理學家。字膚仲,一字崇清,人稱"北山先生"。福建侯官人。初從張栻、呂祖謙游,後師事朱熹。淳熙二年(1175)進士。著有《中庸大學解》《北山集》。張氏引用其文以"三山陳氏"相稱。

盧標,南宋理學家。字孝孫,號玉溪先生。福建閩縣人。著有《四書講義》《玉溪文集》。張氏引用其文以"玉溪盧氏"相稱。

饒魯(1193—1264),南宋著名理學家。字伯興,一字仲元,號雙峰,世稱"雙峰先生",門人私謚文元。朱熹學生黃榦高足。江西餘干人。著有《五經講義》《語孟紀聞》《西銘圖》等。張氏引用其文或以"饒氏"、或以"雙峰饒氏"相稱。

許衡(1209—1281),金末元初著名學者。字仲平,號魯齋,學者稱"魯齋先生"。懷州河內人。著有《魯齋集》等。張氏引用其文或以"《魯齋遺書》"、或以"許氏"、或以"魯齋許氏"相稱。

趙順孫(1215—1277),南宋理學家。字和仲,號格庵,學者稱"格庵先生"。浙江縉雲人。朱熹再傳弟子。著有《四書纂疏》《近思録精義》等。張氏引用其文或以"趙氏"、或以"格庵趙氏"相稱。

方逢辰(1221—1291),南宋教育家、學者。字君錫,號蛟峰。浙江淳安人。著有《中庸大學釋傳》《蛟峰先生文集》等。張氏引用其文以"蛟峰方氏"相稱。

陳埴(1176—1232),宋代理學家。字器之,號木鐘,學者稱"潛室先生"。浙江永嘉人。嘗舉進士,授通直郎,致仕。其學出于朱子。著有《禹貢辨》《木鐘集》。張氏引用其文以"潛室陳氏"相稱。

輔廣,南宋理學家。字漢卿,號潛庵,學者稱"傳貽先生"。祖籍趙州慶源。曾師呂祖謙,亦曾問學于朱熹,著有《語孟學庸答問》《四書纂疏》等,皆亡佚。張氏引用其文或以"輔氏"、或以"慶源輔氏"相稱。

金履祥(1232—1303),宋元之際學者。字吉父,號次農,自號"桐陽叔子"。浙江蘭溪人。"北山四先生"之一，因宋亡隱居金華仁山下，講學著書，學者尊稱"仁山先生"。著有《尚書注》《大學疏義》《論語集注考證》《孟子集注考證》《仁山集》。張氏引用其文或以"金氏"、或以"仁山金氏"相稱。

熊禾(1247—1312)，南宋理學家。字位辛，一字去非，號勿軒，晚號退齋。福建建陽人。以繼朱子學爲己任。著有《易經講義》《四書小學集疏》等。張氏引用其文或以"熊氏"、或以"勿軒熊氏"相稱。

程若庸，南宋理學家。字達原。湖北休寧人。早年師從饒魯，得朱熹真傳。歷任安定書院、臨汝書院、武彝書院山長，學者稱"勿齋先生"。著有《性理字訓講義》《太極洪範圖説》等。張氏引用其文以"勿齋程氏"相稱。

李性傳，南宋理學家。字成之。隆州井研人。南宋嘉定四年(1211)進士。曾權禮部尚書兼給事中，兼修國史。編有《朱子語録》《朱子語續録》等。張氏引用其文以"東窗李氏"相稱。

黄仲元(1231—1312)，宋元之際學者。字善甫，號四如。福建莆田人。入元，改名淵，號"韵鄉老人"。教授鄉里。著有《四如講稿》《四如文稿》。張氏引用其文以"黄氏四如"相稱。

蔡模(1188—1246)，南宋理學家。字仲覺，號覺軒。福建建陽人。著有《續近思録》《大學衍説》等。張氏引用其文以"蔡氏"相稱。

潘柄，南宋理學家。字謙之。福州懷安人。從朱熹學，學者稱"瓜山先生"。著有《易解》《尚書解》。張氏引用其文以"三山潘氏"相稱。

吴澂(1249—1333)，元代理學家、教育家。字幼清，晚字伯清。臨川崇仁人。南宋末考中鄉試，宋亡後隱居家鄉，潛心著述，人稱"草廬先生"。著有《吴文正公全集》。張氏引用其文以"臨川吴氏澂"相稱。

胡炳文(1250—1333)，元代教育家，理學家。字仲虎，號雲峰。江西婺源人。"篤志朱子之學"，一生致力於研究弘揚朱子理學，在家鄉創建明經書院。著有《雲峰集》《四書通》《周易本義通釋》等。張氏引用其文以"雲峰胡氏"或"胡雲峰"相稱。

陳櫟(1253—1334)，宋末元初學者。字壽翁，學者稱"定宇先生"。徽州(即新安郡)休寧人。"其學以朱子爲宗。"張氏引用其文或以"陳氏"、或以"新安陳氏"相稱。

程復心(1256—1340)，元代學者。字子見，號林隱，學者稱"林隱先生"。江西婺源人。自幼沉潛理學，以道學爲志。著有《四書章圖》《纂釋》等。張氏引用其文以"程氏復心"相稱。

許謙(1269—1337)，元代著名學者。字益之，號"白雲山人"。浙江東陽人。婺學派金履祥弟子,發展程朱理學。著有《白雲集》等。張氏引用其文或以"許氏"、或以"東陽許氏"相稱。

史伯璿(1299—1354),元代儒學名家。字文璣,號庸岩。温州平陽人。篤朱熹學説,譽稱"東海大儒"。著有《四書管窺》《青華集》等。張氏引用其文以"史氏伯璿"相稱。

朱公遷,元代理學家。字克升。江西樂平人,係朱熹第七代裔孫。著有《四書通旨》《四書約説》等。張氏引用其文以"朱氏公遷"相稱。

黄寬,字洵饒。福建福鼎人。著有《四書附纂》等。張氏引用其文或以"《附纂》"、或以"黄氏洵饒"相稱。

張存中,元代理學家。字德庸。廣東新安人。著有《四書通證》。張氏引用其文以"張氏存中"相稱。

倪士毅(1302—1348),元代學者。字仲弘。徽州(即新安郡)休寧人。隱居祁門山,潛心講學,世稱"道川先生"。曾師從新安理學名儒陳櫟。著有《四書輯釋》等。張氏引用其文以"新安倪氏"相稱。

薛瑄(1389—1464),明代理學家。字德温,號敬軒。山西河津人。河東學派創始人,世稱"薛河東"。明永樂十九年(1421)進士,官至通議大夫、禮部左侍郎兼翰林院學士。謚文清,世又稱"薛文清"。爲學推崇程朱理學,爲明初理學之冠。著有《讀書録》《理學粹言》等。張氏多引用其所著《讀書録》文。

丘濬(1421—1495),明代思想家,理學名臣。字仲深。瓊州瓊山人。景泰五年(1454)進士。曾官翰林院編修、國子監祭酒、禮部尚書、文淵閣大學士等。因其博極群書,被稱爲"當代通儒",并被明孝宗賜爲"理學名臣"。著有《大學衍義補》《朱子學的》《英宗實録》《瓊台類稿》等。張氏引用其文以"邱(因避諱而改)瓊山"相稱。

胡居仁(1434—1484),明代理學家。字叔心,號敬齋。江西餘干人。飽讀儒家經典,尤致力于程朱理學,曾主白鹿書院,以布衣終身。著有《居業録》《敬齋集》等。張氏引用其文以"胡敬齋"相稱。

蔡清(1453—1508),明代理學家。字介夫,號虛齋。福建晋江人。成化二十年(1484)進士,官至國子監祭酒。其思想淵源于程朱理學,後轉入道家,學者評其"先主静,後主虛"。著有《易經蒙引》《四書蒙引》《虛齋集》等。張氏引用其文或以"《蒙引》"、或以"蔡虛齋"、或以"虛齋蔡氏"相稱。

王守仁(1472—1529),明代著名思想家。本名王雲,字伯安,號陽明。浙江餘姚人。提出"致良知"的哲學命題和"知行合一"的方法論。著有《傳習録》《王文成公全書》等。張氏引用其文以"王伯安"相稱。

林希元(1482—1567),明代理學家。字茂貞,號次崖。福建同安人。正德十二年(1517)進士。曾官大理寺丞。一生精研理學。著有《易經存疑》《四書存疑》《林次崖先生文集》等。張氏引用其文或以"《存疑》"、或以"林次崖"、或以"次崖林氏"相稱。

顧憲成(1550—1612),明代思想家。字叔時,別號涇陽,人稱"涇陽先生"。江蘇無錫人。明末東林黨領袖。謚曰端文。著有《小心齋劄記》《顧端文遺書》等。張氏引用其文以"顧涇陽"相稱。

吳默(1554—1640),字因之。吳江七都人。明萬曆進士,官至太僕寺卿。以經學名于諸生。張氏引用其文以"吳因之"相稱。

郝敬(1557—1639),晚明著名經學家、思想家。字仲輿,號楚望。湖北京山人,世稱"郝京山先生"。著有《九部經解》《論孟子》《山草堂集》等。張氏引用其文以"郝仲輿"相稱。

艾南英(1583—1646),明末散文家。字千子,號天傭子。江西撫州人。著有《禹貢圖注》《民爲貴》疏等。張氏引用其文以"艾千子"相稱。

陳龍正(1585—1645),字惕龍,號幾亭。浙江嘉善人。崇禎七年(1634)進士。著有《朱子經説》《幾亭全集》等。張氏引用其文以"陳幾亭"相稱。

顧夢麟(1585—1653),明清之際學者。字麟士,號中庵,時稱"織簾先生"。江蘇太倉人。著有《四書説約》《四書十一經通考》《詩經説約》《中庵瑣録》等。張氏引用其文以"顧麟士"相稱。

王建常(1615—1701),清初理學家。字仲復,號復齋。陝西朝邑人。隱居渭野,專心讀書著述,于經、史、子及濂、洛、關、閩之書無不詳究,著有《春秋要義》《大學直解》《小學句讀記》《復齋集》等。

吕留良(1629—1683),明末清初思想家。字莊生,一字用晦,號晚村,別號耻翁。浙江崇德人。清順治十年(1653)應試爲諸生,後隱居不出,晚年出家爲僧。其學專攻程朱理學,創立南陽講學堂,設館授徒。又創設天蓋樓,選輯程朱遺書,刊刻傳播。著有《四書講義》《吕晚村先生文集》等。

陸隴其(1630—1692),清代理學家。字稼書。浙江平湖人。康熙九年(1670)進士,曾官嘉定、靈壽知縣,四川道監察御史。學術專宗朱熹,排斥陸王,被清廷譽爲"本朝理學儒臣第一"。著有《四書講義困勉録》《松陽講義》《問學録》《三魚堂文集》等。張氏引用其文或以"《困勉録》"、或以"陸稼書"、或以"稼書陸氏"相稱。

陳錫嘏(1634—1687),字介眉,號怡庭。浙江鄞縣人。受業于黃宗羲。張氏引用其文以"陳介眉"相稱。

　　仇兆鰲(1638—1717),明末清初著名學者。字滄柱,號知幾子。浙江鄞縣人。著有《四書説約》《周易參同契集注》等。張氏引用其文以"仇滄柱"相稱。

　　李光地(1642—1718),清代康熙朝大臣、著名理學家。字晋卿,號厚庵,別號榕村。福建安溪人。康熙九年(1718)中進士,歷任翰林院編修、翰林學士、直隸巡撫、文淵閣大學士兼吏部尚書。著有《周易通論》《四書解》《性理精義》《榕村文集》等。張氏引用其文以"李厚庵"相稱。

　　汪份(1655—1722),字武曹。江蘇長洲人。康熙四十三年(1704)進士,官編修。與陶元淳、何焯俱知名。增訂《四書大全》,著有《遄喜齋集》。張氏引用其文或以"汪氏"、或以"汪武曹"相稱。

　　趙國麟(1673—1751),清初學者。字仁圃,號拙庵。山東泰安人。康熙四十五年(1706)進士,官至禮部尚書、文淵閣大學士。學宗程朱,著有《學庸困勉録》《大學困知録》等。張氏多引用其所著《學庸困勉録》《大學困知録》之文。

　　李沛霖,字岱雲,清初理學家。湖南都梁人。著有《四書諸儒輯要》《四書朱子异同條辨》《四書釋義》等。張氏引用其文或以"李岱雲"、或以"岱雲李氏"相稱。

　　黄越,清代理學家。字際飛。江寧府上元人。潜心宋五子書,著有《四書義疏》《禮記大全》等。張氏引用其文以"黄際飛"相稱。

　　此外,在《四書集疏》與《四書集疏附正》中,尚有一些人名的留白。有以黑框替代者,如《四書集疏》中"然後■■氏出而有以正諸家"(《四書集疏·張秉直序》),又有以空格替代者,如《四書集疏附正》中"俱釋明德二字,而□□□氏宗之"(《四書集疏》大學卷之一"大學之道"章)、"詳見□□□《日知録》"(《四書集疏》論語卷之四"述而"篇),蓋是因注疏時無法查證或刊刻時因避諱而抹去。至于避諱,清末河南太康人王新楨于光緒二十八年(1902)任澄城縣知縣,在其刊刻張秉直《讀書存疑》中,道出張秉直編撰《四書集疏》與《四書集疏附正》時所避諱人名之原委:"書中遇有吕晚村字,皆空而不刻,以晚村曾得罪清朝也。"可見清代文字獄影響之深刻。

　　通過《四書集疏》《四書集疏附正》引述,可清晰看出儒學發展到宋代以後的重要人物及其著述,爲研究宋元至清初儒學發展嬗變軌迹提供了依據。

四、《四書集疏》《四書集疏附正》特點

　　作爲清代關學治經的典型代表,張秉直《四書集疏》與《四書集疏附正》在釋字、釋文、釋義和釋意方面均有着突出的特點。

　　釋字方面：一是釋通假字。如釋《或問》"則表端景正"條，疏曰："景即'影'字，古只作景，至晉葛洪始加彡。"①二是釋避諱字。如釋《或問》引"桑羊""楊矜"名者，秉直疏曰："桑宏羊、楊慎矜，朱子以在宋避諱，故各去一字。"②三是釋本字。如釋"子程子"之前一"子"字，曰："傳授師説，後人稱其先師之言，則以子冠氏上，所以明其爲師也，'子公羊子''子沈子'之類是也。若非己師，而稱他有德者，則不以子冠氏上，直言某子，若'高子''孟子'之類是也。"③又如釋"所以行之者一"之"一"字，曰："一隻作數目字，非不二不雜之謂。"④等等。

　　釋文方面：一是釋引文之出處。如《或問》引文"人雖至愚，責人則明。雖有聰明，恕己則昏。苟能以責人之心責己，恕己之心恕人，則不患不至于聖賢矣"條，秉直疏曰："范純仁，字堯夫，謐忠宣公。"⑤明此引文爲宋范純仁之言。又如《或問》引文"有諸己不必求諸人，以爲求諸人而無諸己，則不可也。無諸己不必非諸人，以爲非諸人而有諸己，則不可也"條，秉直疏曰："文公父名松，字喬年，號韋齋先生。"⑥明此引文爲朱熹之父朱松之言。又如對《或問》指出的"此莊子所謂'絜之百圍'，賈子所謂'度長絜大'者也"，秉直注解"莊子名周。《人間世》篇：'匠石之齊，至于曲轅，見社櫟樹。其大蔽數牛，絜之百圍（注：絜，圍束也。是將一物圍束以爲之則也）。'賈子名誼，西漢洛陽人。《過秦論》：'試使山東之國，與陳涉度長絜大，比權量力，則不可同年而語矣。'"⑦注解非常清晰，使人一目瞭然。又如《或問》引文"中者，和也，中節也，天下之達道也"，秉直疏曰："周子《通書》中語。"⑧明此引文爲周敦頤《周子通書》之文。二是釋引文之作者。如《或問》引陸宣公之言，秉直疏曰："陸公名贄，字敬輿，蘇州嘉興人。事唐德宗。謐曰宣。其言見奏議。"⑨又《或問》引吕正獻公之言，秉直疏曰："吕公名公著，字晦叔，謐正獻。河南人。其言見奏劄。"⑩三是對引文原意之釋。如對《四書集注》原文"董子所謂'道之大原出于天'"，秉直疏謂："漢董仲舒策中此語。大意亦可謂知道之原者，故引以爲證。"⑪等等。

　　釋義方面：如釋《或問》"豈若後世頭會箕斂"條，引《前漢書·陳餘傳》"秦爲亂政，外内

---

①　張秉直《四書集疏》，大學卷之三，第 28 頁 b 面。
②　張秉直《四書集疏》，大學卷之三，第 63 頁 b 面。
③　張秉直《四書集疏附正》，清道光十五年(1835)劉傳經堂刻本，大學卷之一，第 1 頁 b 面。
④　張秉直《四書集疏附正》，中庸卷之二，第 18 頁 a 面。
⑤　張秉直《四書集疏》，大學卷之三，第 29 頁 a 面。
⑥　張秉直《四書集疏》，大學卷之三，第 28 頁 a 面。
⑦　張秉直《四書集疏》，大學卷之三，第 38 頁 b 面。
⑧　張秉直《四書集疏》，中庸卷之一，第 31 頁 b 面。
⑨⑩　張秉直《四書集疏》，大學卷之三，第 64 頁 a 面。
⑪　張秉直《四書集疏》，中庸卷之一，第 8 頁 b 面。

騷動,百姓罷敝(罷音疲)。頭會箕斂,以供軍費",又釋"頭會箕斂",曰"秦吏到民家,計人頭數,以箕斂之",①其義自明。又如釋"君子中庸,小人反中庸"之"反"字,曰"'反'者,背而馳之之意"②等等。

釋意方面:如針對"所謂平天下在治其國者,上老老而民興孝,上長長而民興弟,上恤孤而民不倍,是以君子有絜矩之道也"條,諸家解釋紛紜。據此,張秉直提出己見,曰:"俗解添出理財。夫本文只説德本財末,内本外末,何嘗説要理財? 以理財爲急務,便是内末心腸。生財有大道,亦只是破人君内末聚斂之惑,意不重理財也。至又添出用人一項,與理財對,益非本章之意矣。"③釋義與釋意主要體現在《四書集疏附正》中,是張秉直對《四書》文義與文意之理解和辨析,對于後人正確理解《四書》原文大有裨益。

五、《四書集疏》《四書集疏附正》的價值

張秉直撰《四書集疏》及《四書集疏附正》,起因是"《六經》皆載道之言,而《易》《四書》獨以垂訓。《易》雖理無不該,其旨遠,其辭深,非善學者莫能悉其藴。四子書語道詳于古,而其言切于日用,學者進德修業有可持循",④以爲《四書》當爲修身進德不可或缺之經典,故"爰自十五六時,即以删訂爲事",⑤兢兢業業于搜集《四書》之注疏,欲辨明聖學傳承之淵藪。又曰:"予既集四子書疏,纂次之餘,間有隻解,不忍即棄,因録課家塾,久之成帙,得若干卷。夫聖人之道,非有外于吾心也。學者視爲剽竊功名之具,而未嘗求之于心,于是聖人之道爲之一晦。"⑥不忍聖學之湮晦無聞,不忍儒學止成爲竊取功名利禄之工具,故在廣泛搜集前人成果的基礎上,成《四書集疏》,間有自己的見解心得,而成《四書集疏附正》。

《四書集疏》只整理完成了《大學集疏》與《中庸集疏》即行殺青,但據其之後《四書集疏附正》分別對《大學》《中庸》《論語》《孟子》進行疏正,似其當亦完成了《論語》與《孟子》的注疏搜集工作。只因"以地僻友稀,無講學師承,因得專力一家,以爲吾學基址",⑦恐以一身之力,未及整理《論語》《孟子》,以《大學集疏》與《中庸集疏》彙集名曰《四書集疏》,故後人亦稱其書爲《學庸集疏》。又恐時間久遠,存佚有之。及刊刻時,《論語》及《孟子》兩種集疏

---

① 張秉直《四書集疏》,大學卷之三,第 57 頁 b 面。
② 張秉直《四書集疏附正》,中庸卷之一,第 7 頁 b 面。
③ 張秉直《四書集疏》,大學卷之三,第 37 頁 b 面。
④ 張秉直《四書集疏》,張秉直序,第 1 頁 a 面。
⑤ 張秉直《四書集疏》,張秉直序,第 2 頁 b 面。
⑥ 張秉直《四書集疏附正》,張秉直序,第 1 頁 a 面。
⑦ 張秉直《四書集疏》,張秉直序,第 2 頁 a 面。

已不完整矣。在《四書集疏》的基礎上，張秉直希望"以吾之心察聖賢之道，所以辨天下之惑者，自無所不明"，即使儒學不惑于人心，昭彰于天下，是其自負之擔當。故其在序言中言"竊嘗病朱子前諸儒之説，得朱子而論已定矣。朱子後諸儒之説，是非紛出，真偽莫辨，即有辨之者，非入于語言文字之末，即雜以制藝攻取之途。能確然知聖道之精微，而訂其可存者，不敢謂世無其人，亦不敢謂世有其人而非予責也"，①可見其爲學之謹慎。

在《四書集疏附正》中，張秉直極力推崇朱熹，并堅決捍衛朱熹學説。如在"讀《論語》序説附正"中，他認爲"《論語》書最難讀，蓋聖賢立言各有本意，一經記者纂述，即未必盡合"，而"《朱子集注》解理既極明晰，語意亦極貼合"，是後學應該遵循的準則；但"陽明之徒，恃其偏見，妄詆前賢"，應該予以批判。② 在《論語》"述而"篇中，張秉直更指出"庸妄之輩不知自己之心與聖賢之心天懸地隔，故議論歧出，如陳同父之功利，陸文安之虛静，王伯安之致良知，皆是也"。③ 又如在《孟子》"萬章下"篇中，關于"伯夷目不視惡色"條，張秉直認爲陸九淵之學爲一偏之學，判言"陸子静與朱子反覆辨難，終成一偏之學，固由硬執己見，無虛己求益之心，亦由禀得那偏底多了，自家看得無弊，故終不自覺其偏耳"。④ 又在《孟子》"公孫丑上"篇中，張秉直直接批評陸九淵"先立乎其大者宗旨"之理念，"與聖賢內外本末交修并進功夫迥然不同"。⑤ 又在《孟子》"告子上"篇中，認爲王陽明"無善無惡心之體"之説，"雖不敢顯攻孟子，而實陰與孟子作敵矣"。并就"告子曰：性猶杞柳也"條，一并批評與孔孟之學反其道者，曰"告子、荀、楊之失在不知性，象山、陽明之失在硬師心，有明諸君子之失在耳食附會。然告子與孟子同時，不肯謙己就正師心可知，而象山與朱子往復辨難，卒迷不悟，非剛愎自智，何以如是？若夫有明諸君子，更無陸、王之才識，不過隨聲附和輩耳，又何怪其從風而靡乎"。⑥

張秉直雖推崇朱熹，但也指出朱熹釋《論語》之瑕。如在《論語》"爲政篇"中，言"諸家看德、政多作兩事，即《語類》中亦多不妥。如云'爲政以德'，非不用刑罰號令，但以德先之耳。曰'以德先之'，則德自德而政自政矣，不知聖王禮樂刑政綱紀號令，無非德之作用，政即其德，非政自一事，而以德又一事也"。⑦ 又如其曰"余非敢獨抗朱子，欲存聖人之真，是不妨顯明朱子之小失"，⑧表現了其爲學不虛美、不掩惡的原則。

---

① 張秉直《四書集疏》，張秉直序，第 2 頁 b 面。
② 張秉直《四書集疏附正》，讀論語序説附正，第 2 頁 b 面。
③ 張秉直《四書集疏附正》，論語卷之四，第 1 頁 b 面。
④ 張秉直《四書集疏附正》，孟子卷之五，第 16 頁 a 面。
⑤ 張秉直《四書集疏附正》，孟子卷之二，第 4 頁 a 面。
⑥ 張秉直《四書集疏附正》，孟子卷之六，第 2 頁 a 面。
⑦ 張秉直《四書集疏附正》，論語卷之一，第 16 頁 b 面。
⑧ 張秉直《四書集疏附正》，論語卷之五，第 7 頁 a 面。

　　張秉直在前人注釋疏證及彙總的基礎上，將朱熹之後學者對《四書》的闡釋做了整體上的疏證，形成《四書集疏》及《四書集疏附正》，保存了大量前人闡釋《四書》的資料，爲今人瞭解宋元之後儒學的嬗遞軌迹，提供了重要的資料。加之張秉直爲清代中期關學家之一，對于《四書》的闡發，也體現了關學的發展軌迹和思想内涵，這對于理解《四書》内容，研究關學發展史，以及《四書》對今人的啓迪意義等，都具有一定的文獻意義和學術價值。

　　【作者簡介】吴敏霞，女，1959 年生，陝西省社會科學院古籍整理研究所研究員，主要研究方向爲典籍文獻與金石文獻整理與研究。王志平，男，1956 年生，西安培華學院教授，主要研究方向爲宋明理學及宗教學。

沈德潛、厲鶚集外詩文拾遺[*]

胡書晟

一、沈德潛集外詩文二則

沈德潛(1673—1769),字確士,號歸愚。吳郡長洲(今江蘇蘇州)人,是乾隆年間著名的詩學家,繼王世貞以後的文壇宗主,在清代文壇上產生了極大影響。迄今爲止,沈德潛詩文集以潘務正、李言所整理之《沈德潛詩文集》(人民文學出版社 2011 年版)收録最爲完備。潘、李二人以乾隆年間教忠堂刻本《沈歸愚詩文全集》爲底本,從各類總集、別集、方誌等文獻中輯得佚文佚詩數十篇。此外,侯倩《沈德潛集外詩文輯録》、林春虹《沈德潛佚序輯考》、朱澤寶《沈德潛佚文考釋》《沈德潛佚文輯存》、高印寶《沈德潛佚文十篇輯補》等文亦有續輯。① 然各家所輯,仍有缺漏。今從錢襄《東皋唱和集》、陸惟鎏《平湖經籍誌》輯得沈德潛集外詩文兩篇,兹録文如下,并略考其寫作時間及沈氏之交游情況。

東皋唱和詩跋

花花相對,葉葉相當。所咏者,首重倫常,次及游藝,且叠韵孔多,不窘不復,于元、白、皮、陸外,又增一勝。主賓之材,非可以斗石計也。辛齋病餘得此,應霍然起矣。歸愚潛跋。

此跋作于乾隆二十二年(1757),見《于喁草》卷上《東皋唱和詩》,日本内閣文庫藏清乾

＊ 本文爲國家社科基金重大項目"日本天理圖書館藏漢籍調查編目、珍本複製與整理研究"(項目編號20&ZD276)階段性成果。

① 按:侯倩《沈德潛集外詩文輯録》,《寧波大學學報(人文科學版)》第 6 期,2017 年 11 月,第 26—29 頁;林春虹《沈德潛佚序輯考》,《文獻》第 2 期,2018 年 3 月,第 35—45 頁;朱澤寶《沈德潛佚文考釋》,《古籍整理研究學刊》第 2 期,2015 年 3 月,第 47—51 頁;朱澤寶《沈德潛佚文輯存》,《南京師範大學文學院學報》第 3 期,2017 年 9 月,第 160—164 頁;高印寶《沈德潛佚文十篇輯補》,《山西大同大學學報(社會科學版)》第 1 期,2022 年 2 月,第 86—92 頁。

隆年間刊本。按,《于喁草》二卷,爲錢襄所輯,惜流傳甚罕,今僅見日本内閣文庫有藏,其上卷爲《東皋唱和集》,輯于乾隆二十二年(1757),乃蔣重光五十生辰,錢襄與蔣重光唱和之集;下卷爲《玉峰秋興詩》,輯于乾隆二十四年(1759),爲錢襄、張玉穀、沈德潛、張祖謙、孫登標、方懋福、王逢源、周世清、蔣重光、沈光裕、吕綸、蔣曾瑩、徐曰璉等蘇州文人唱和之集。各卷上有眉批,爲沈德潛評語。

錢襄,字思贊,號訥生,又號百愧居士,齋號愛日樓,江蘇吴縣人。乾隆二十七年(1762)南巡,召試,與程晋芳等俱爲一等,賜舉人,官内閣中書。二十八年(1763)罷歸回鄉。錢氏生卒年均未詳,按,王昶《湖海詩傳》卷二十七録有江寧嚴長明《挽錢思贊同年》一詩,而考嚴氏卒于乾隆五十二年(1787),則其卒年當早于是年。錢氏早年曾師事徐葆光,以書法名世,"逼真虞、褚,晚年益進",①嚴長明亦稱其"以書法名吴下"。② 著有《愛日樓初稿》一卷、《華陽草》一卷、《百愧居士稿》一卷。③ 錢氏與沈德潛交善,《玉峰秋興詩》卷首錢襄序云:"歲戊寅之秋,以試事同張子蔭嘉寓玉峰杜氏園林,主賓款洽,水木蕭森,興之所至,率成長句。適歸愚宗伯枉返,許爲繼聲,而二三同志相過從,并有和章。"④戊寅,即乾隆二十三年(1758)。由此可知,二人在乾隆二十三年之前便已相識。檢沈德潛《歸愚先生詩鈔》,中有《題錢訥生印湏園》《懷人絶句》《秋興次錢訥生韵》《過昆山錢子訥生張生蔭嘉寓齋流連日夕次其秋興韵》詩,其中既有與錢氏探論詩歌理論的詩句,如"共愛元和新樣脚,漫耽古拙學鍾張",⑤又有表達對錢氏思念之情的詩,如"我友期未來,佇立垂楊岸",⑥可見二人交誼匪淺。

沈氏跋文中所指之"辛齋",即蔣重光(1708—1768),字子宣,辛齋爲其號,江蘇長洲人,著有《賦琴樓詩稿》《囈語集》《缶音小草》,又編選有《漢魏六朝唐宋元明詩選》、《國朝文選》、《昭代詞選》三十八卷等。蔣氏事師沈德潛,彭啓豐《贈奉直大夫蔣君墓誌銘》稱其:"少有异秉,既長,爲諸生,恂恂安雅,敦孝悌,好讀書……事師沈文公甚謹。"⑦蔣氏五十壽辰時,沈德潛贈詩《贈蔣子宣時值五十》,一方面對其表示祝賀,另一方面又對其病情表示擔憂,而有"辛齋抱疾三年餘,床第跼曲難安舒"⑧之嘆,由此可見二人深厚的師生情誼。

---

① 曹允源、李根源纂《(民國)吴縣誌》卷六六下,民國二十二年鉛印本。

② 王昶編纂,趙杏根等整理《湖海詩傳》,南京:鳳凰出版社,2018 年,第 1139 頁。

③ 曹允源、李根源纂《(民國)吴縣誌》卷五六下,民國二十二年鉛印本。

④ 錢襄輯《于喁草》卷下,《日本所藏清人詩歌總集善本叢刊》第一輯,桂林:廣西師範大學出版社,2019 年,第 12 册,第 421 頁。

⑤⑥ 沈德潛著,潘務正、李言校點《沈德潛詩文集》,北京:人民文學出版社,2011 年,第 405、102 頁。

⑦ 彭啓豐著《芝庭先生集》卷一六,《清人詩文集彙編》第 296 册,上海:上海古籍出版社,2010 年,第 608 頁。

⑧ 沈德潛著,潘務正、李言校點《沈德潛詩文集》,第 458 頁。

古直廬詩序

　　昔昌黎《調張籍》詩曰："李杜文章在，光焰萬丈長。"則昌黎所宗仰者，惟謫仙、少陵。無論大曆十子，不願推服，即高、岑諸公，亦未能心悦誠服也，而于孟東野之高寒峭刻，則願低頭拜之；于盧仝之《月蝕詩》，則仿其體爲之；于劉義之《冰柱》《雪車》詩，則奇其體而推許之。意必當時詩家漸流庸弱，無磊磊軒天地氣概，故昌黎于李杜外，寧取奇倔有真氣者。蓋三百篇，有正風，即有變風，有正雅，必有變雅。是知詩之爲道，有正有變，果其豪放勁健，有真氣行乎其中，則司空表聖有言，"真力彌滿，萬象在旁"，"行神如空，行氣如虹"，皆《詩品》所貴也。當湖馬子愛蘿，以詩鳴于時。予得其稿讀之，氣體豪放，筆力勁健，不肯一語同流俗之庸弱，戞戞乎去故就新，殆才之高，學之富，而故爲詩之變聲者與！中多感時傷事，有大可大不可處，輒用全力，發揚盤空排奡，横從譎詭，無語不造，無韵不險，當與韓孟聯句、盧仝《月蝕》、劉義《冰柱》《雪車》分鑣抗行。倘世有昌黎，則必願低頭以拜，合如雲龍，且仿其體，奇其體，而聯爲同調也。雖然人之造詣，比于行路，歷平夷之境，則思崎嶇，歷崎嶇之久，則歸蕩平正直之王路，愛蘿由此更進，而才益高，學益富，從變聲以還正聲，昌黎所云"李杜文章、光焰萬丈"者，以爲歸宿焉可！清乾隆甲申。

　　此序作于乾隆二十九年（1764），見陸惟鎏《平湖經籍誌》（上海圖書館藏清稿本）卷十七"馬恒錫《古直廬詩》"條。按，《古直廬詩》三卷，今未見，《平湖經籍誌》卷十七著録是書云："《古直廬詩》三卷。見。同邑葛氏守先閣藏。清乾隆三十年乙酉刊本，長洲沈德潛、秀水諸錦、錢塘王延年、同里沈初序。"[1]可知，是書刊行于乾隆三十年（1765），而《平湖經籍誌》著録之來源，乃據平湖葛氏守先閣舊藏之本。1937年日寇入侵平湖，葛氏守先閣大部分藏書遭毁，所藏《古直廬詩》疑亦毁。

　　馬恒錫（1714—？），字久庭，號愛蘿。清雍正時諸生，淡薄于科名，暇以吟咏自適，引掖後進，學詩者多師之。著有《古直廬詩》三卷、《古直廬詩續集》、《再續洛如詩》一卷、《排律詩繩》二卷等。

二、厲鶚集外詩文二則

　　厲鶚（1692—1752），字太鴻，號樊榭，錢塘（今浙江杭州）人，清代文學家，浙西詞派中

---

①　陸惟鎏《平湖經籍誌》，上海圖書館藏民國間清稿本。

堅人物。迄今爲止,收録厲鶚詩文最全的本子爲上海古籍出版社 1992 年出版的《樊榭山房集》整理本,但尚有遺漏,學界多有輯補,主要有:涂宗濤《介紹厲鶚的兩首佚詩》、朱則杰《清名家集外詩文輯考》、田曉春《憑仗君扶大雅輪——從樊榭集外書劄一通之考證論厲鶚在雍、乾詩壇的地位》、方盛良《〈樊榭山房集〉拾遺》《〈樊榭山房集〉集外詞跋五則》、謝海林《厲鶚〈樊榭山房集〉佚文一通》、閔豐《厲鶚集外佚文輯釋》、吳華峰《〈樊榭山房集〉佚文輯考》。① 儘管如此,各家所輯亦未完備,今復從韓戴錦《雪鴻寄草》、陸惟鎏《平湖經籍誌》輯得厲鶚集外詩文兩篇。

《雪鴻寄草》題辭

東坡和陶詩,雪山紹陶録。南山見東籬,松風自彈曲。先生柘水栖,草衣久違俗。翛然冰雪文,欲漱碉泉讀。清乾隆庚午。

此題辭作于乾隆十五年(1750),見韓戴錦《雪鴻寄草》卷首,上海圖書館藏乾隆年間刊本。

韓戴錦,字怡蓀,號柘田,浙江平湖人,生卒年未詳,康熙年間諸生。著有《寶墨齋詩鈔》二卷、《雪鴻寄草》等。《(光緒)平湖縣誌》卷十七《文苑傳》稱其詩"宗晚唐、兩宋諸家"。②

西湖名勝集元詩序

東坡云:"西湖天下景,游者無愚賢。淺深隨所得,誰能識其全。"蓋湖山真面,隨時變幻,不可以刻畫求也。自南渡後,始有十景之目,見于祝穆《方輿勝覽》。王洧十絕句,見于潛說友《臨安誌》。自是而爲詩爲詞,更僕難數,顧未有以集句傳者。當湖陸君耐士,耽佳餐勝時,游寓此間,因十景而及高得暘之《錢塘八景》,并及李敏達公新修《西湖誌》諸景,集元人詩,一題爲一絕句。予得受而讀之,神動天隨,鏘洋乎人耳。昔宋胡元邁之《宮詞》、李和父之《梅花》、衲僧亞愚之《浙江紀行詩》,皆絕句,皆以集古擅長。耐士頡頏其間,誠如他化自在天衣,大鈇無縫,不得複以百家衣體目之矣。清

　　① 按:涂宗濤《介紹厲鶚的兩首佚詩》,《杭州師範學院學報》第 5 期,1989 年 10 月,第 95—97 頁;朱則杰《清名家集外詩文輯考》,《杭州師範學院學報(社會科學版)》第 6 期,2002 年 12 月,第 91—95 頁;田曉春《憑仗君扶大雅輪——從樊榭集外書劄一通之考證論厲鶚在雍、乾詩壇的地位》,《西北師大學報(社會科學版)》第 2 期,2004 年 4 月,第 15—19 頁;方盛良《〈樊榭山房集〉拾遺》,《古籍研究》總第 46 期,安徽大學出版社,2004 年,第 268—270 頁;方盛良《〈樊榭山房集〉集外詞跋五則》,《文獻》第 2 期,2007 年 4 月,第 183—184 頁;謝海林《厲鶚〈樊榭山房集〉佚文一通》,《中國典籍與文化》第 2 期,2010 年 5 月,第 147—148 頁;閔豐《厲鶚集外佚文輯釋》,《文獻》第 2 期,2015 年 3 月,第 171—184 頁;吳華峰《〈樊榭山房集〉佚文輯考》,《文獻》第 4 期,2015 年 7 月,第 111—118 頁。
　　② 彭潤章《(光緒)平湖縣誌》,《中國地方誌集成·浙江府縣誌輯》第 20 冊,上海:上海書店,2011 年,第 423 頁。

乾隆壬申。

　　此序作于乾隆十七年(1752)，見于陸惟鎏《平湖經籍誌》(上海圖書館藏清稿本)卷十七"陸銘三《西湖名勝集元詩》"條。陸銘三《西湖名勝集元詩》一卷，今未見，《平湖經籍誌》卷十七著録云："《西湖名勝集元詩》一卷。見。同邑葛氏守先閣藏。清乾隆十七年壬申寫刊本，錢塘厲鶚、同里張奕樞序，卷末附同里張雲錦、馬恒錫、兄銘一《西溪探梅》聯句三十四韵。"①知《平湖經籍誌》著録之本爲平湖葛氏守先閣舊藏，疑毀于 1937 年戰火。

　　陸銘三字駉思，號耐士，生卒年未詳，浙江平湖人。父陸大復，字松潤，號鶴嗜，康熙間諸生，《(光緒)平湖縣誌》卷二十三引《小石林文外》稱其"通經汲古，詩有根柢，爲洛如詩社名宿"。② 兄銘一，字恕先，號紆齋，雍正乙卯舉人，官壽昌教諭，著有《東皋吟草》、《壽昌縣誌》十二卷。兄弟二人與厲鶚、張雲錦等人多有交游，厲鶚《樊榭山房集》續集卷六《詩己》有《張龍威招同陸南香紆齋耐士諸君集弄珠樓》《葉迎坡信臣陸紆齋耐士招泛東湖分韵》等詩。

　　【作者簡介】胡書晟，男，1998 年生，西北大學文學院中國古典文獻學專業碩士研究生，主要從事明清文學與文獻研究。

---

　　①　陸惟鎏《平湖經籍誌》，上海圖書館藏民國間清稿本。
　　②　彭潤章《(光緒)平湖縣誌》，《中國地方誌集成・浙江府縣誌輯》第 20 册，第 580 頁。

文淵、文津閣《四庫全書》本《史記索隱》抄寫質量比較[*]

王　璐

　　自二十世紀九十年代起,陸續有學者對同一本書的文淵閣鈔本與文津閣鈔本進行比對研究。如楊訥、李曉明在 1995—1997 年所發表的一系列論文,關注彙録了《四庫全書》楚辭類、歷代別集類、總集類與詩文評類、詞曲類諸書,探究文淵閣本與文津閣本所收篇目的差异之處。[①] 二十一世紀以來,學者們則從具體的一部書入手,通過比對文淵閣本與文津閣本所抄録的同一本書的异文情况,考察其優劣,探索其原因。[②] 還有學者通過比勘文淵閣本與文津閣本等在文字上的差异,從而考證《四庫全書》抄録某書時所使用的底本版本。[③] 上述研究成果不但揭示出文淵閣本與文津閣本《四庫全書》抄録時在篇目甚或文字上都存在諸多差异,而就具體的一本書而言,文淵閣本與文津閣本的優劣情况也不盡相同。

　　《史記索隱》是《史記》三家注中唯一有單行本存世的一部,然而現存最早的《史記索隱》單行本却已是明末毛晋汲古閣所刊,更早的鈔本或版本皆已不存。《四庫全書》史部所

---

　　*　本文是國家社科基金後期資助項目“單行本《史記索隱》研究”(23FTQB010)階段性成果。

　　①　主要包括:楊訥、李曉明《〈四庫全書〉文津閣文淵閣本清別集類録异》,《北京圖書館館刊》第 1、2 期,1995 年 6 月,第 73—80 頁;楊訥、李曉明《〈四庫全書〉文津閣文淵閣本楚辭類與五代前別集類録异》,《北京圖書館館刊》第 3、4 期,1995 年 12 月,第 40—47 頁;楊訥、李曉明《〈四庫全書〉文津閣文淵閣本宋別集類録异(上)》,《北京圖書館館刊》第 1 期,1996 年 3 月,第 34—48 頁;楊訥、李曉明《〈四庫全書〉文津閣文淵閣本宋別集類録异(下)》,《北京圖書館館刊》第 2 期,1996 年 6 月,第 62—78 頁;楊訥、李曉明《〈四庫全書〉文津閣文淵閣本總集類録异(上)》,《北京圖書館館刊》第 3 期,1996 年 9 月,第 48—62 頁;楊訥、李曉明《〈四庫全書〉文津閣文淵閣本總集類録异(中)》,《北京圖書館館刊》第 4 期,1996 年 12 月,第 46—61 頁;楊訥、李曉明《〈四庫全書〉文津閣文淵閣本總集類録异(下)、詩文評類及詞曲類録异》,《北京圖書館館刊》第 1 期,1997 年 1 月,第 55—66 頁。

　　②　如:孔凡禮《〈隨隱漫録〉〈四庫全書〉文淵閣本與文津閣本异文及其研究價值》,《南京師範大學文學院學報》第 2 期,2008 年 6 月,第 1—5 頁;孫麒《〈四庫全書〉本〈藝文類聚〉考論——以文淵閣本與文津閣本爲例》,《圖書情報工作》第 7 期,2011 年 4 月,第 142—146 頁;崔世平、王銀田《文津閣本與文淵閣本〈河朔訪古記〉的比勘研究》,《暨南學報(哲學社會科學版)》第 3 期,2021 年 3 月,第 27—34 頁。

　　③　如:張春國、江慶柏《〈四庫全書〉本〈誠意伯文集〉底本考——以文淵閣本、文津閣本、薈要本爲例》,《圖書館雜誌》第 11 期,2014 年 11 月,第 82—86、75 頁。

收入之單行本《史記索隱》，便是依據毛晉汲古閣刻單行本抄寫而成。① 通過比勘與統計，便可對文淵閣本、文津閣本《史記索隱》的編修與抄寫質量一探究竟。

一、篇目條目比較

汲古閣單行本《史記索隱》，全書分爲三十卷，書前先有一篇裴駰的《史記集解序》，接着是全書的三十卷内容，在第三十卷之後又有兩篇毛晉所作題識。

文淵閣本《史記索隱》在史部第二四六册，全書分爲六册，其中卷一至四爲一册、卷五至十一爲一册、卷十二至十八爲一册、卷十九至二十三爲一册、卷二十四至二十七爲一册、卷二十八至三十爲一册。書前先是《提要》，後緊接裴駰《史記集解序》，其後方是《史記索隱》一至三十卷，其中每册卷首頁鈐有“文淵閣寶”印。卷三十之後同汲古閣本，有毛晉的兩篇題識，文淵閣本將此命名爲“史記索隱後序”，書于版心及最末頁最末行。而全書最後一頁前半頁中上部，則鈐有“乾隆御覽之寶”印。

文津閣本《史記索隱》在史部第二四一册，全書亦分爲六册，其中卷一至五爲一册、卷六至十爲一册、卷十一至十五爲一册、卷十六至二十爲一册、卷二十一至二十五爲一册、卷二十六至三十爲一册。書前先是《提要》，但《提要》後無裴駰《史記集解序》，緊接着便是《史記索隱》一至三十卷，其中每册卷首頁鈐有“文津閣寶”印，卷末前頁鈐有“太上皇帝之寶”印，後頁鈐有“避暑山莊”印。還有一點與文淵閣本不同的是，文津閣本卷三十之後并未抄寫汲古閣本中毛晉的兩篇題識。

由此，從整體的篇目上來看，文淵閣本《史記索隱》更全面地保留了汲古閣本《史記索隱》的全部篇目，而文津閣本則較汲古閣本少了《史記索隱》全書最前面的《史記集解序》與最末的兩篇毛晉題識。

汲古閣單行本《史記索隱》對《史記》的注解乃是先摘取需要解釋的字詞句列爲大字，其後則以雙行小字對所摘字詞句進行解讀。如果把所摘大字與注釋大字的相應小字看作一個條目，汲古閣單行本《史記索隱》對《史記》進行注解的條目共有 7137 條，而文淵閣本《史記索隱》在抄録時遺漏了 7 個條目，分別是：

第八卷《禮書》：“振槁振，動也，擊也。槁，乾葉也。”文淵閣本無此條，共計 11 字。

第九卷《封禪書》：“會稽晉灼云：‘本名茅山。’《吳越春秋》云：‘禹巡天下，登茅山，群臣乃大會計，更名茅

---

① 據《四庫全書總目》卷四五“《史記索隱》三十卷”條：“此單行之本，爲北宋秘省刊板，毛晉得而重刊者，録而存之，猶可見司馬氏之舊。”永瑢等《四庫全書總目》，北京：中華書局，1965 年，上册，第 399 頁。案，兩閣本書前《提要》此數句作：“此本爲北宋秘省大字刊本，毛晉得而重刻者，録而存之，猶可以見司馬氏之舊。”意同。

山爲會稽。'亦曰苗山也。'""山戎服虔云:'蓋今鮮卑是。'""卑耳按:山名,在河東大陽。卑讀如字也。""《注》'齊語'按:即《春秋外傳國語》之書《齊語》也。"文淵閣本無此四條,共計 80 字。

第十五卷《蕭相國系家》:"封爲鄼侯鄒氏云:'屬沛郡音嵯,屬南陽音贊。'又臣瓚按《茂陵書》:'蕭何國在南陽,則字當音贊,今多呼爲嵯也。'""《注》'瓚曰今南鄉鄼'顧氏云:'南鄉,郡名也。'《太康地理誌》云:'魏武帝建安中分南陽立南鄉鄼,晉武帝又曰順陽郡也。'"文淵閣本無"鄒氏云屬沛郡音嵯屬南陽音贊又臣瓚按茂陵書蕭何國在南陽則字當音贊今多呼爲嵯也注瓚曰今南鄉鄼"共計 44 字。

第二十四卷《扁鵲倉公列傳》:"扁鵲倉公列傳第四十五王劭云:'此醫方,宜與《日者》《龜策》相接,不合列于此,後人誤也。'"文淵閣本無題下注文"王劭云此醫方宜與日者龜策相接不合列于此後人誤也"共計 23 字。

而文津閣本《史記索隱》在條目上則無所遺漏。唯第十六卷《絳侯周勃系家》中"此不足君所乎"條小字注文中少了"本不爲足當別有辭未必爲之笑也"此 14 字。

二、文字校改比較

毛晉汲古閣本《史記索隱》的文字舛訛頗多。清人盧文弨在《史記索隱校本序》一文中指出:"……毛氏所梓,亦有次第顛倒,脫文訛字,難可盡據。"[1]又莫友芝在《史記索隱》解題中也指出:"……毛氏刻誤,亦自不少。"[2]而在辦理《四庫全書》時,其宗旨是抄出一部校對精良的書籍,因此對于底本中原有的訛誤,是鼓勵相關人員提出修改意見并改正的。[3]

在通校過文淵、文津閣本《史記索隱》與毛晉汲古閣單行本《史記索隱》後便可以發現,四庫館臣在對《史記索隱》底本精校之後,對其中的訛誤進行了大量改正。然而,文淵閣本與文津閣本又仍存在諸多异文。對于汲古閣本原有的錯訛,有兩閣本皆校改者,亦有一改而一未改者。

---

① 盧文弨《抱經堂文集》卷四,北京:中華書局,1990 年,第 39 頁。
② 莫友芝《宋元舊本書經眼錄》附錄卷一《書衣筆錄》,北京:中華書局,2008 年,第 124 頁。
③ 《四庫全書》編纂時有《功過處分條例》稱:"倘有能將原本訛字看出,簽請酌改得當者,每一處記功一次。至分校各員,除校改謄錄錯誤,分所應爲,毋庸記功外,若能將原本訛舛應改之處,校正簽出,精確得當者,每一處記功一次。校畢後交覆校官校勘,如謄錄有錯,分校官未得看出,經覆校之員查改者,將原辦之分校、謄錄各記過一次。若覆校人員能于原本錯誤處簽改切當者,將覆校官記功一次。至校畢送武英殿後,經臣等隨意抽查,如見有謄錄錯字,未經各員校改者,將承辦疏忽之覆校、分校、謄錄人員,各記過一次。若進呈後,經皇上指出錯誤,即將覆校、分校、謄錄人員加倍記過,并將臣等總裁交部察議。"見張書才主編《纂修四庫全書檔案》上冊,上海:上海古籍出版社,1997 年,第 169 頁。

（一）兩閣本皆校改

汲古閣本《史記索隱》中的錯訛，文淵閣本與文津閣本皆校改者共計48字。以下略舉數例説明。

如"潁川""潁陰"之"潁"字，汲古閣本或誤刻作"穎"或"頴"字。如汲古閣本第三卷《高祖本紀》中大字"襄城"後小字注文"韋昭云：潁川縣"，又大字"成陽"後小字注文中"韋昭云：在潁川"。第十三卷《魏系家》中大字"岸門"後小字注文中"徐廣云：潁陰有岸門亭"。以上"穎"或"頴"字，文淵閣本、文津閣本俱改作正字"潁"。

汲古閣本第八卷《律書》中大字"六律爲萬事根本焉"後小字注文中"按《律曆志》云：夫推曆生律，制器規圓矩方，權重衡平，準繩嘉量，探頤索隱，鈎深致遠，莫不用焉"，案"探頤索隱"之"頤"字誤，文淵閣本、文津閣本俱改作正字"賾"。

又如汲古閣本第十二卷《晉系家》中大字"朝王于踐土"後小字注文中"按《氏氏傳》"。"氏氏傳"乃"左氏傳"之誤，文淵閣本、文津閣本俱改前一"氏"字作正字"左"。[①]

汲古閣本第三十卷《老子韓非列傳》述贊中"形名有術，説難極知"，案"形"字誤，文淵閣本、文津閣本俱改作正字"刑"。

（二）文淵閣本改而文津閣本未改

汲古閣本《史記索隱》中的錯訛，文淵閣本校改而文津閣本未校改者，共計70字。以下略舉數例説明。

汲古閣本第一卷《夏本紀》中大字"夾石碣石"後小字注文："……蓋碣石山有二，此云'夾石碣石入于海'，當是北平之碣石。"案大字及小字"夾石碣石"之上一"石"字俱誤，文淵閣本俱改正爲"右"。

汲古閣本第十四卷《陳涉系家》中大字"銍人伍除"，案"伍除"之"除"字誤，據其後小字注文中"伍徐，《漢書》作'伍逢'也"，文淵閣本改"除"作"徐"。

汲古閣本第十六卷《三王系家》中大字"無俏好軼"後小字注文中"褚先生解云：無好軼樂馳騁戈獵"，案"馳騁戈獵"之"戈"字誤，文淵閣本改作"弋"，是。

① 此條校證在《四庫全書考證》卷二五中有載："《晋世家》長女妻重耳注'左傳'，刊本'左'訛'氏'，今改。"王太岳、王燕緒等輯《欽定四庫全書考證》，北京：書目文獻出版社，1991年，第一册，第579頁。

汲古閣本第十八卷《蘇秦列傳》中大字"東有朝鮮"後小字注文"潮仙,水名",案"潮仙"二字誤,據大字"東有朝鮮",文淵閣本改"潮仙"作"朝鮮"。

(三) 文津閣本改而文淵閣本未改

汲古閣本《史記索隱》中的錯訛,文津閣本校改而文淵閣本未校改者,共計 87 字。以下略舉數例説明。

汲古閣本第一卷《五帝本紀》中大字"《注》'惟形之謐哉'",案"形"字誤,文津閣本改作"刑",是。《夏本紀》中大字"三江"後小字注文中"三江,謂松江、錢塘、陽江",案"陽"字上脱一"蒲"字,文津閣本補正。

汲古閣本第三卷《項羽本紀》中大字"高俎"後小字注文中"俎,亦人之類,故夏侯湛《新論》爲'机'",案"人"字誤,文津閣本改作"几",是。

汲古閣本第六卷《高祖功臣侯者年表》中大字"什二三"後小字注文"言十分讒二三在耳",案"讒"字誤,文津閣本改作"纔",是。又大字"侯張良"後小字注文中"韋昭云:劉,今在彭城",案"劉"字誤,文津閣本改作"留",是。

汲古閣本第九卷《天官書》中大字"旋璣玉衡"後小字注文中"璿,美玉也。機,渾天儀,可轉旋,故曰機",案"機,渾天儀"之"機",文津閣本改作"璣",是。

汲古閣本第十一卷《衛康叔系家》中大字"貞伯立"後小字注文中"《系伯》作箕伯",案"系伯",文津閣本改作"系本",是。

汲古閣本第二十卷《孟子荀卿列傳》中大字"重華不可牾兮"後小字注文中"王師叔云:牾,逢也",案"師叔",實爲王逸字"叔師"之誤,[1]文津閣本正作"叔師"。又大字"亂曰"後小字注文中"王師叔曰:亂者,理也",案"師叔",文津閣本亦正作"叔師"。

三、新生訛誤比較

四庫館臣在編修《四庫全書》時,針對《史記索隱》一書,雖對其底本汲古閣本中所存在的訛誤進行了一定程度的校改,但與此同時,兩閣本在抄寫過程中,還各自產生了新的

---

① 可參見蘇芃《司馬貞〈史記索隱〉"王師叔"正訛》一文,《圖書館理論與實踐》第 2 期,2011 年 2 月,第 68—69 頁。

訛誤。[1]

（一）文淵閣本新生訛誤

文淵閣本雖校改汲古閣本錯訛 118 字，但又新生文字訛誤 285 字，以下略舉數例。

汲古閣本第一卷《五帝本紀》中大字"旁羅"後小字注文中"謂日月揚光，海水不波，山不藏珍，皆是帝德廣被也"，案"廣"，文淵閣本抄作"光"，誤。

汲古閣本第二卷《秦本紀》中大字"蕩社"後小字注文中"西戎之君號曰亳王，蓋成湯之胤，其邑曰蕩社"，案"湯"，文淵閣本抄作"陽"，誤。

汲古閣本第三卷《高祖本紀》中大字"姓劉氏"後小字注文中"禹姓姒氏，契姓子氏，棄姓姬氏"，案"禹姓姒氏"之"氏"，文淵閣本抄作"字"，誤。又大字"母媼"後小字注文中"姓字皆非正史所出，蓋無可取"，案"字"，文淵閣本抄作"氏"，誤。

汲古閣本第七卷《建元以來侯者年表》中大字"安道侯揭陽令定"，文淵閣本抄脱"侯"字。

汲古閣本第八卷《禮書》中大字"以歸太一，是謂大隆"後小字注文中"貴本親用，兩者合而成文，以歸太一"，文淵閣本抄脱小字注文中"太一"二字。

汲古閣本第十二卷《越王勾踐系家》中大字"楚威王殺王無疆，北破齊于徐州"，文淵閣本抄脱"殺王"二字。

汲古閣本第十三卷《韓系家》中大字"公又爲秦求質子楚"，案"子"，文淵閣本此字下抄衍"于"字。

汲古閣本第二十八卷《太史公自序傳》中大字"錯孫靳"後小字注文中"《漢書》作蘄"，案"書"，文淵閣本此字下抄衍"靳"字。司馬貞自序中"而俗自化"，案"而"，文淵閣本此字下抄衍"民"字。

汲古閣本第三十卷《三皇本紀》中大字"首有懷氏"，案"有"，文淵閣本此字下抄衍"無"字。又"但古書亡矣，不可備"，案"備"，文淵閣本此字下抄衍"悉"字。

汲古閣本第二十六卷《司馬相如列傳》中大字"按節未舒"後小字注文中"馬足未展，故曰未舒之也"，案"舒之"二字，文淵閣本抄倒作"之舒"。

汲古閣本第二十七卷《游俠列傳》中大字"久孤于代"後小字注文中"而不若卑論儕俗

---

[1]　案，據《纂修四庫全書檔案》中有關材料記載，《四庫全書》在纂修過程中，對于文字的精準度要求特別高，如果不是底本有明顯需要改正的錯誤，修書過程中是嚴禁隨意對底本進行改動的。因此，這裏所列舉之例，即指在底本沒有明顯錯誤的情況下，兩閣本與底本汲古閣本未能保持一致的字詞。

以取榮寵也”，案“榮寵”二字，文淵閣本抄倒作“寵榮”。

（二）文津閣本新生訛誤

　　文津閣本雖校改汲古閣本錯訛 139 字，但又新生文字訛誤 250 字，以下略舉數例。

　　汲古閣本第一卷《五帝本紀》中大字“閏月正四時”，案“月”，文津閣本抄作“四”，誤。

　　汲古閣本第二卷《秦始皇本紀》中大字“合五德之數”後小字注文中“水主陰，陰刑殺”，案“陰刑殺”，文津閣本抄作“陽刑殺”，“陽”字誤。又大字“堯女”後小字注文中“今此文以湘君爲堯女，是總而言之”，案“今”，文津閣本抄作“女”，誤。

　　汲古閣本第三卷《高祖本紀》中大字“秦二世”後小字“善文稱隱士云‘趙高爲二世殺十七兄而立今王’，則二世是第十八子也”，案“子”，文津閣本抄作“字”，誤。

　　汲古閣本第七卷《建元以來侯者年表》中大字“平丘王遷”及其後一條大字“家在衛”，案文津閣本將上一條大字中“王遷”二字抄脱“王”字，并誤抄“遷”字至下一條“家”字之上，即文津閣兩條之大字爲“平丘”與“遷家在衛”。

　　汲古閣本第十八卷《張儀列傳》中大字“虎賁之士，跿跔科頭”後小字注文中“上跿跔，音徒俱二音，又音劬”，案文津閣本抄脱“上”“又音”三字。

　　汲古閣本第八卷《樂書》中大字“著不息者天也”後小字注文中“故《易·乾卦》云‘天行健，君子以自强不息’是”，案“是”字下文津閣本抄衍“也”字。

　　汲古閣本第十卷《吴太伯系家》中大字“楚之亡大夫申公巫臣”後小字注文中“馬陵之會，吴入州來，子重、子反于是乎一歲七奔命。是”，案“是”字下文津閣本抄衍“也”字。

　　汲古閣本第十六卷《絳侯周勃系家》中大字“改容式車”後小字注文中“則俯身而憑之”，案“身而”，文津閣本抄倒作“而身”。《梁孝王系家》中大字“且百巨萬”後小字注文中“巨亦大，與大百萬同也”，案“亦大”，文津閣本抄倒作“大亦”。

　　汲古閣本第十七卷《孫子吴起列傳》中大字“李克曰：起貪而好色”後小字注文中“下文云‘魏文侯知起廉盡能得士心’”，案“廉盡”，文津閣本抄倒作“盡廉”。

四、避諱違礙字處理比較

　　清人避諱嚴格，而乾隆時期尤爲酷烈，人所共知。因而館臣們在編修《四庫全書》時對此一問題也十分注意。不過，在每一本書的抄録過程中，寫手們對避諱與違礙字的處理，寬嚴程度并不十分統一。

（一）皇帝御名嫌名

　　對于皇帝的御名，文淵閣本《史記索隱》多以缺筆的方式避諱。且既避其御名，亦避其嫌名，例如與康熙、雍正、乾隆皇帝相關的"玄""弦""眩""鉉""泫""曄""胤""弘""泓"等字，文淵閣本大都缺筆以避諱。①

　　而文津閣本則多以替代的方式來避諱。如"玄"字，文津閣本《史記索隱》以"元""氏"或"懸"字替代。如汲古閣本第十七卷《老子韓非列傳》中大字"姓李氏"後小字注文中的"葛玄"，文津閣本因避諱而抄作"葛元"。又汲古閣本第十八卷《仲尼弟子列傳》中大字"卜商""顓孫師，陳人""原憲""樊須，字遲""巫馬施，字子旗""少孔子四十六歲""公孫龍，字子石""申堂，字周"，《商君列傳》中大字"平斗桶"，《蘇秦列傳》中大字"此天府""黃金千鎰""今兹效之"，《張儀列傳》中大字"曰嘻""塞午道"；汲古閣本第十九卷《孟子荀卿列傳》中大字"趙亦有公孫龍"，《平原君虞卿列傳》中大字"目笑而未廢也"；汲古閣第二十卷《范雎蔡澤列傳》中大字"莫不灑然變色"；汲古閣本第二十一卷《呂不韋列傳》中大字"大賈"；汲古閣本第二十二卷《淮陰侯列傳》中大字"效首虜"；汲古閣本第二十三卷《季布欒布列傳》中大字"廣柳車"；汲古閣本第二十四卷《扁鵲倉公列傳》中大字"虢太子""齊桓侯客之"；汲古閣本第二十六卷《司馬相如列傳》中大字"南榮""蘗一莖六穗"。上述諸卷各篇之大字後小字注文中皆有"鄭玄"，而文津閣本則俱改抄作"鄭元"。而汲古閣本第三十卷《三皇本紀》中大字"女媧氏没，神農氏作"及"《禮》曰'厲山氏之有天下'是也"其後小字注文中之"鄭玄"，文津閣本則改抄作"鄭氏"。另外，遇用以注音的反切下字"元"字，則以同韻母的"懸"字替代。如汲古閣本第十七卷《孫子吳起列傳》中大字"孫臏與龐涓"後小字注文中"涓，古玄反"，案"玄"字，文津閣本即改抄作"懸"。

　　如"曄"字，文津閣本《史記索隱》以"氏"或"煜"字替代。遇人名中之"曄"字，即用"氏"字替代。如汲古閣本第三卷《高祖本紀》中大字"屠沛"後小字注文中"按范曄云：克城多所誅殺，故云屠也"，案"曄"字，文津閣本因避諱而改抄作"氏"。又大字"拔之"後小字注文中"按范曄云：得城爲拔"，案"曄"字，亦被文津閣本改抄作"氏"字。而遇非人名中的"曄"字，則以通義的"煜"字替代。如汲古閣本第二十九卷《建元以來王子侯者年表》述贊中"扞城

　　①　另外還有兩處用改字方式避諱的。一是汲古閣本第十六卷《三王系家》中大字"曰：我安得弟在者"後小字注文中"斯寔父德不弘，遂令子道不順"，案"弘"字，文淵閣本改抄作"宏"字以避諱。一是汲古閣本第二十八卷《太史公自序傳》中大字"故重黎氏序天地"後小字注文中"據《左氏》，重是少昊之子，黎乃顓頊之胤"之"胤"字，文淵閣本改抄作"裔"字以避諱。

禦侮，曄曄輝映”，案“曄曄”二字，則被文津閣本改抄作“煜煜”。

如“胤”字，文津閣本《史記索隱》以通義之“裔”字替代。如汲古閣本第二十八卷《太史公自序傳》中大字“故重黎氏序天地”後小字注文中“重是少昊之子，黎乃顓頊之胤”，案“胤”字，文津閣本因避諱而改抄作“裔”。汲古閣本第二十九卷《三代年表》述贊中“高辛之胤，大啓禎祥”，案“胤”字，文津閣本亦改抄作“裔”。汲古閣本第三十卷《春申君列傳》述贊中“烈王寡胤，李園獻女”，案“胤”字，文津閣本亦改抄作“裔”。

（二）孔子名諱“丘”

和《四庫全書》中的其他鈔本相比較，文淵閣本《史記索隱》有一特殊的現象，即很少爲孔子避諱。清代自雍正四年（1726）以後，朝廷下令爲孔子避諱，方法有兩種：或給“丘”字加上“阝”爲“邱”，即同義互訓的替代避諱法；或缺“丘”字中的一小豎不寫，即爲字不成的缺筆避諱法。而《史記索隱》中的“丘”字很多，數以百計，文淵閣抄本卻僅有三處以“邱”代“丘”。汲古閣本第十九卷《孟子荀卿列傳》中大字“注般詘”後小字注文中“詘，音丘勿反”，汲古閣本第二十四卷《衛將軍驃騎列傳》中大字“猲羄”後小字注文中“上音丘昭反”，汲古閣本第二十六卷《司馬相如列傳》中大字“注迟曲”後小字注文中“《字林》音丘亦反”，其中的三個“丘”字，文淵閣本俱改抄作“邱”。

孔丘之“丘”字，文津閣本在第一至第十六卷中，抄寫時對部分“丘”字進行了避諱，避諱方式乃是以“某”或“邱”字替代“丘”字。如汲古閣本第八卷《樂書》中大字“唯丘聞諸萇弘”，案“丘”字，文津閣本因避諱而改抄作“某”。汲古閣本第十卷《吳太伯系家》中大字“孔子相魯”後小字注文中“實夾谷，孔丘相”“孔丘知禮而無勇”“丘以公退”，案三“丘”字，文津閣本亦俱改抄作“某”。值得注意的是，汲古閣本《史記索隱》中之“丘”字不算少數，而文津閣本在第十六卷之前，除過對“孔丘”之名諱中的“丘”字，以“某”字替代來避諱之外，其餘如“左丘明”或“太丘”“營丘”“葵丘”“楚丘”“廩丘”“雍丘”“長丘”“邢丘”等人名或地名中的“丘”字，抑或表示山丘等義的“丘”字，甚或注音用的“丘”字，皆不以任何形式加以避諱。而至十六卷，凡遇“丘”字如《絳侯周勃系家》中大字“其先卷人”後小字注文中的“音丘玄反，《字林》音丘權反”，大字“廢丘”及其後小字注文中“槐里，周曰犬丘”“秦更名廢丘”“又云：廢丘者，以章邯本都廢丘而亡”，又大字“靈丘”，其中“丘”字，文津閣本皆抄作“邱”字替代。但第十六卷之後，“丘”字又俱恢復正常寫法而不加避諱。

（三）違礙字

　　對于違礙字，文津閣本較文淵閣本處理得更嚴格。如汲古閣本第五卷《十二諸侯年表》題下小字注文中"按篇言十二，實叙十三者，賤夷狄不數吳，又霸在後故也"，其中"夷狄"二字，文津閣本改抄作"蠻夷"。[1] 汲古閣本第二十九卷《管蔡系家》述贊中"胡能改行，克復其爵"，案"胡"，文津閣本改抄作"何"。汲古閣本第三十卷《衛將軍驃騎列傳》述贊中"青本奴虜，忽升戎行"，案"奴虜"，文津閣本改抄作"匈奴"。上述違礙字，文淵閣本在抄寫時則并没有進行特別的處理。

　　由此可以看出，文津閣本《史記索隱》在對本朝避諱與違礙字的處理上，較之文淵閣要更爲謹嚴。

五、結　論

　　從整體的篇目、條目來看，文淵閣本保留了《史記索隱》的全部篇目，却抄漏了 7 個條目。文津閣本未抄入《史記集解序》與毛晉的兩篇題識，但在條目上却無所缺漏。

　　就具體的文字而言，文淵閣本校改汲古閣本錯訛 118 字，新生文字訛誤 285 字；文津閣本校改汲古閣本錯訛 139 字，新生文字訛誤 250 字。

　　綜上所述，文津閣本《史記索隱》在抄寫質量上較之文淵閣本要略勝一籌。同時，文津閣本在避諱與違礙字的處理上也較之文淵閣本更加嚴苛。

　　究其原因，當與兩閣本《史記索隱》抄寫謄録者的個人素質有關。《四庫全書》在正式抄寫時所依據的底本，乃是經過校官們認真校訂後所形成的定本，而由于不同抄寫謄録者的謹嚴程度、抄寫態度與自身學術水平有所不同，因而每閣本的同一本書在文字上還是有

---

　　① 案，實際上對于"夷狄"二字，乾隆并没有特別着意于更改。據乾隆四十二年十一月十四日內閣奉上諭："前日披覽四庫全書館所進《宗澤集》，內將'夷'字改寫'彞'字、'狄'字改寫'敵'字。昨閱《楊繼盛集》內，改寫亦然。而此兩集中又有不改者，殊不可解。夷、狄二字屢見于經書，若有心改避，轉爲非理。如《論語》'夷狄之有君'、《孟子》'東夷、西夷'，又豈能改易，亦何必改易！且宗澤所指係金人，楊繼盛所指係諳達，更何所用其避諱耶？因命取原本閱之，則已改者皆係原本妄易，而不改者，原本皆空格加圈。二書刻于康熙年間，其謬誤本無庸追究。今辦理四庫全書，應抄之本，理應斟酌妥善。在謄録等草野無知，照本抄謄，不足深責，而空格則係分校所填，既知填從原文，何不將其原改者悉爲更正？分校、覆校俱係職官，豈宜失檢若此？至總裁等身爲大臣，于此等字面尤應留心細勘，何竟未能逐一校正？其咎更無所辭，非他書總核記過者可比。所有此二書之分校、覆校及總裁官，俱即着交部分別議處。除此二書改正外，他書有似此者，并着一體查明改正，并諭該館臣嗣後務悉心詳校，毋再輕率干咎。欽此。"見張書才主編《纂修四庫全書檔案》第四五二條《諭內閣〈宗澤集〉等書內"夷""狄"二字毋庸改易并將其總裁等交部分別議處》，上海：上海古籍出版社，1997 年，上冊，第 751—752 頁。

頗多差异。前人對文淵閣本與文津閣本已經做過一些比勘工作,但對于兩閣本究竟孰優孰劣,就不同的書籍而言,似乎并没有得出十分統一的結論。① 因此,針對不同的書籍,還是要通過具體的比勘纔能得出更爲準確的結論。同時,《四庫全書》各閣本在文字上的差异與抄寫質量確實存在有優有劣這一問題,也提醒我們在使用《四庫全書》時需要頗留心注意。

【作者簡介】王璐,女,1987 年生,西安電子科技大學人文學院中文系講師,主要從事中國古典文獻學、中國古代文學研究。

___

① 　如孔凡禮在比勘過文淵閣本、文津閣本《隨隱漫録》的文字异同後,得出結論稱:"淵本是《四庫全書》各個閣本的代表,這自然有充足的理由。然而,具體到《隨隱漫録》一書,津本實勝淵本。"孔凡禮《〈隨隱漫録〉〈四庫全書〉文淵閣本與文津閣本异文及其研究價值》,《南京師範大學文學院學報》第 2 期,2008 年 6 月,第 5 頁。而孫麒在對文淵閣本與文津閣本《藝文類聚》進行比較後則得出"文津閣本多臆改,文淵閣本優于文津閣本"的結論。孫麒《〈四庫全書〉本〈藝文類聚〉考論——以文淵閣本與文津閣本爲例》,《圖書情報工作》第 7 期,2011 年 4 月,第 142 頁。又崔世平、王銀田則指出兩閣本《河朔訪古記》"互有優劣,可以互補,不可偏廢"。崔世平、王銀田《文津閣本與文淵閣本〈河朔訪古記〉的比勘研究》,《暨南學報(哲學社會科學版)》第 3 期,2021 年 3 月,第 34 頁。

據出土文獻校讀傳世古書二則

黄一村

一、《孟子》中的一些"思"應讀爲"使"

《孟子·公孫丑上》有：

> 北宫黝之養勇也，不膚橈，不目逃，思以一豪挫于人，若撻之于市朝。不受于褐寬
> 博，亦不受于萬乘之君，視刺萬乘之君若刺褐夫。無嚴諸侯，惡聲至，必反之。

這裏要討論的是"思以一豪挫于人，若撻之于市朝"一句。其中的"思"字由趙注、孫疏到焦循《正義》皆未解釋。古人將先秦古書中一些出現在句首的"思"視爲發語詞，如《詩經·魯頌·泮水》"思樂泮水，薄采其芹"等，[①]之所以對《孟子》中的這個"思"未作解釋，或許也是受了這種觀念的影響。楊伯峻《孟子譯注》爲此句作的現代漢語譯文爲"他以爲受一點點挫折，就好像在稠人廣衆之中挨了鞭打一樣"。[②]將譯文與原文對照來看，楊說是將"思"理解爲"思考""以爲"一類的意思的。金良年的《孟子譯注》中雖然也未解釋"思"字，但爲此句作的現代漢語譯文爲"即使有一根毫毛被他人傷害，也覺得猶如在大庭廣衆之下遭到鞭打一樣"。[③]然而問題在于，"思"并没有"即使"之訓，譯文中雖然有"即使"，但似是據句意加的，原文的"思"所對應的應當是譯文中的"覺得"。

出土文獻中的用字情況爲此句的訓釋提供了新的思路。在郭店簡、上博簡公布之後，學者陸續指出楚文字中的一些"思"應當讀爲"使"，如：

---

① 王引之撰，李花蕾點校《經傳釋詞》，上海：上海古籍出版社，2014年，第170頁。
② 楊伯峻《孟子譯注》，北京：中華書局，1960年，第59頁。
③ 金良年《孟子譯注》，上海：上海古籍出版社，2004年，第64頁。

于是乎作爲九成之臺,置盂炭其下,加縲木于其上,思(使)民道之,能遂者遂,不能遂者入而死。(容成氏 42+44)

禹然後始爲之號旗,以辨其左右,思(使)民毋惑。(容成氏 20)

後來陳斯鵬對這一問題做了細緻的整理,認爲"思"是一個"從凶從心,凶亦聲"的字,并舉出了楚簡帛中十七例應當讀爲"使"的"思"和"凶",①沈培也續有討論,舉出了《説苑》《逸周書》《山海經》《詩經》等傳世文獻中一系列應當讀爲"使"的"思"字。② 在清華簡中也有不少"思"應讀爲"使"的例子,如:

先人有言:"能其事而得其食,是名曰昌,未能其事而得其食,是名曰喪。必思(使)事與食相當。"(湯丘 5—6)

乃各賜之劍帶衣裳,思(使)還。(子犯 7)

這兩處簡文中的"思"很顯然都應該讀爲"使"的。《孟子·離婁上》有:

是故誠者,天之道也;思誠者,人之道也。至誠而不動者,未之有也;不誠,未有能動者也。

在楊伯峻的譯文中,"思誠者,人之道也"被翻譯成"追求誠實做人的規律"。與此句相似的內容又見于《禮記·中庸》:

誠身有道,不明于善,不誠于身矣。誠者,天之道也;誠之者,人之道也。夫誠,弗勉而中,不思而得,從容中道,聖人之所以定體也。誠之者,擇善而固執之者也。

《中庸》中的"誠之者"與《離婁上》的"思誠者"對應。廖名春據此指出,"思誠者"之"思"應當讀爲"使",③其説可信。從以上所舉出的書證和學者的有關討論看來,出土文獻與傳世文獻中"思"可以讀爲"使"應當是沒有問題的,同時《孟子》書中雖然用"使"字,但也有使用

---

① 陳斯鵬《論周原甲骨和楚系簡帛中的"凶"與"思"——兼論卜辭命辭的性質》,《文史》第七十四輯,北京:中華書局,2006 年,第 5—20 頁。

② 沈培《周原甲骨文裹的"凶"和楚墓竹簡裹的"凶"或"思"》,中國文字學會、河北大學漢字研究中心編《漢字研究》第一輯,北京:學苑出版社,2005 年,第 345—366 頁。

③ 廖名春《〈孟子〉三考》,《孔子研究》第 4 期,2017 年 7 月,第 73—79 頁。

“思”來記錄“使”這個詞之例。由此來看，上舉《公孫丑上》中的“思”，也就可以讀爲“使”了。古書中“使”有“假使”的用法，如：

> 如有周公之才之美，使驕且吝，其餘不足觀也已。（《論語·泰伯》）

因此，“思以一豪挫于人，若撻之于市朝”之“思”應當讀爲“使”。如果爲這句話作現代漢語翻譯，就可以大致譯爲“如果有一分一毫爲人所挫，就像在衆人面前遭受鞭撻般恥辱”。

根據《孟子》中有“思”讀爲“使”的現象，再來看書中其他幾處相關的內容。《萬章上》《萬章下》中兩處評價伊尹，文例一致，皆作：

> 思天下之民匹夫匹婦有不與被堯舜之澤者，若己推而內之溝中，其自任以天下之重也。

趙注此“思”字爲“思念”，金良年譯作“他覺得”，[1]他們對“思”的理解是一致的。楊伯峻爲這段話所作的現代漢語譯文作：

> 伊尹是這樣考慮的：在天下的百姓中，如果有一個男子或一個婦女，沒有沾潤上堯舜之道的惠澤，便好像自己把他推進山溝中一樣。他是像這樣地以天下的重擔挑在自己肩上。[2]

楊説雖然也將“思”譯成“考慮”，但他已注意到“匹夫匹婦有不與被堯舜之澤者”是一種假設的情況，故在譯文中又根據句意加上了“如果”。這句話與上面討論的“思以一豪挫于人，若撻之于市朝”一樣，都是“思（使）……若……”的句式，表示“假使……就像”的意思，因此其中的“思”很可能也應當讀爲“使”。此外，《萬章下》稱伯夷“思與鄉人處，如以朝衣朝冠坐于塗炭也”，《離婁下》稱禹“思天下有溺者由己溺之也”、稱稷“思天下有飢者由己飢之也”，這兩句中的“由”應當讀爲“猶”，意思與上文的“若”相近，“思”似乎也應當讀爲“使”，在句中是“假使”之意。

---

① 金良年《孟子譯注》，第 208 頁。
② 楊伯峻《孟子譯注》，第 226 頁。

二、《逸周書·商誓》中的"新"應讀爲"親"

《逸周書·商誓》篇内容爲殷周易代之後周王對殷遺民的告辭,從文辭與内容來看,其文獻形成的時間很可能應當追溯到西周時代。篇中内容多有訛脱處,李學勤曾詳加整理,并指出"《商誓》篇的重要性絶不下于《周書》中的周初各篇"。① 這一觀點是可信的。文中有:

今惟新誥命爾,敬諸! 朕話言自一話言至于十話言,其惟明命爾!(《逸周書·商誓》)

這段話中的"新誥命爾",由于文意不難理解,歷來注家皆未加着墨。黄懷信爲此句所作的現代漢語譯文爲:"現在是第一次誥命你們,要認真地聽! 我的話每一句都是明白地教誡你們。"②周寶宏將"新誥命爾"注爲"以新近的誥辭命令你們"。③ 他們明顯都是將"新"照字來講的。

《尚書·金縢》中成王得知周公以身代武王之事後,稱"惟予冲人弗及知,今天動威以彰周公之德,惟朕小子其新逆,我國家禮亦宜之",其中"新逆"馬本作"親迎",《詩經·豳風·東山》序鄭箋對應之處作"成王既得金縢之書,親迎周公"。在清華簡本《金縢》中,與傳本"新逆"對應之處作"辟逆",而"辟"正是楚文字中"親"主要的用字方法,因而整理者將簡文此處讀爲"親逆",此説可信。除了"辟"之外,清華簡中"親"這個詞還用"新"來表示,如:

吴王乃出,新(親)見使者。(越公 15)

余聽命于門,君不嘗新(親)宥寡人,抑荒棄孤。(越公 21)

襄公新(親)率師禦秦師于崤,大敗之。(繫年 48)

上博簡中也有一些與之相同的用例。"新"可分析爲從"斤""辛"聲,應當是由"新"簡省"木"形而來的,在簡文中讀爲"親"屬于假借。春秋晚期吴國的壽夢之子劍有:

---

① 李學勤《〈商誓〉篇研究》,《古文獻叢論》,北京:中國人民大學出版社,2009 年,第 64—67 頁。
② 黄懷信《逸周書校補注譯》,西安:三秦出版社,2006 年,第 208 頁。
③ 周寶宏《〈逸周書〉考釋》,北京:社會科學文獻出版社,2001 年,第 128—129 頁。

荆伐徐，余薪（親）逆，攻之。（壽夢之子劍，銘圖 18077）

根據以上這些材料可以知道，古文字材料中"新""薪"可以藉用來記錄"親"。《金縢》中的異文"新逆"，或許就是這一藉用現象在文獻中的反映。《逸周書·官人》有"誠忠必有可新之色"，①《大戴禮記·文王官人》中有同文例作"誠忠必有可親之色"，與"新"對應之處正作"親"，潘振據而校"新"爲"親"，可信。② 由此可見《逸周書》中即有"新"用爲"親"之例。

從文義上來考慮，西周金文中常見周王"親命"某人、"親詣"某地、"親賜"某物等的記載，如：

王在周康烈宫，王呼士智召克，王親命克。（克鐘，集成 206）
王呼師虘召盨，王親詣盨駒，賜兩。（盨尊，集成 6011）
王親賜馭方玉五穀、馬四匹、矢五束。（鄂侯馭方鼎，集成 2810）

在相似的記載中，與它們相對的情况都是"王命某人做某事"，可見上面這些辭例無疑應理解爲"王親自做某事"。在文獻中"新命"僅上舉《金縢》一例，而"親命"則有不少用例：

韓侯受命，王親命之，纘戎祖考。（《詩經·大雅·韓奕》）
正月，王親命七屬之人曰……（《大戴禮記·文王官人》）

由出土文獻和傳世文獻中的用字情况來考慮，上舉《商誓》篇中"今惟新誥命爾"的"新"，很有可能也應當讀爲"親"，文意爲"現在我親自來誥命你們"。

【作者簡介】黄一村，男，1991 年生，蘭州大學文學院講師，主要從事出土文獻與古文字研究。

---

① 此處原作"誠勇必有可新之色"，盧文弨據《大戴禮記·文王官人》在"誠勇"下補"必有難懾之色，誠忠"八字，此據盧校引。
② 黄懷信、張懋鎔、田旭東《逸周書彙校集注》，上海：上海古籍出版社，2007 年，第 834 頁。

漢代"劫人"罪研究

——以《二年律令·盜律》爲中心

謝曉燕

據現有資料,明確以"劫人"爲罪名且以法論之者,自漢爲始。劫人罪是漢代重點打擊的犯罪之一,包括兩種犯罪行爲。一是以武力爲手段直接搶奪他人錢財,類似今天的搶劫罪;二是持人爲質以求錢財,即類似今天的綁架罪。《説文》釋"劫"字曰:"人欲去,以力脅止曰劫;或曰,以力止去曰劫。"①《晋書·刑法志》載:"劫召其財爲持質。"②漢代劫人罪名之下所包含的兩種犯罪行爲,乃是立法技術不太成熟的一個表現,故而從唐代開始,劫人罪名便産生了改變和分化。劫人罪在漢代的犯罪實踐中强調"以力脅止",即以武力脅迫求取錢財是主要的犯罪手段和犯罪目的,此在唐律中也進行了犯罪内涵的擴展,下文將有論述。在張家山漢簡《二年律令·盜律》中,關于劫人罪的律文有以下幾條:

> 1. 劫人、謀劫人求錢財,雖未得若未劫,皆磔之;完其妻子,以爲城旦舂。其妻子當坐者偏(徧)捕,若告吏,吏捕得之,皆除坐者罪。③
> 2. 諸當坐劫人以論者,其前有罪隸臣妾以上,及奴婢,毋坐爲民;爲民者亦毋坐。④
> 3. 相與謀劫人、劫人,而能頗捕其與,若告吏,吏捕頗得之,除告者罪,有(又)購錢人五萬。所捕告得者多,以人數購之,而勿責其劫人所得臧(贓)。所告毋得者,若不盡告其與,皆不得除罪。諸予劫人者錢財,及爲人劫者,同居智(知)弗告吏,皆與劫人者同罪。劫人者去,未盈一日,能自頗捕,若偏(徧)告吏,皆除。⑤

---

① 許慎撰,段玉裁注《説文解字注》,上海:上海古籍出版社,1981年,第701頁。

② 房玄齡等《晋書》卷三〇《刑法志》,北京:中華書局,1974年,第929頁。

③ 張家山二四七號漢墓竹簡整理小組編著《張家山漢墓竹簡(二四七號墓)》(釋文修訂本),北京:文物出版社,2006年,第18頁。另本簡中整理小組釋爲"罪其妻子",文中爲"完其妻子",是采用彭浩、陳偉、工藤元男主編的《二年律令與奏讞書》(上海:上海古籍出版社,2007年,第118頁)中根據圖版和紅外綫影像的新釋。

④ 張家山二四七號漢墓竹簡整理小組編著《張家山漢墓竹簡(二四七號墓)》(釋文修訂本),第18頁。

⑤ 張家山二四七號漢墓竹簡整理小組編著《張家山漢墓竹簡(二四七號墓)》(釋文修訂本),第18—19頁。

　　劫人罪在漢代是一種常見的犯罪。《漢書·趙廣漢傳》載:"長安少年數人會窮里空舍謀共劫人,坐語未訖,廣漢使吏捕治具服。富人蘇回爲郎,二人劫之。有頃,廣漢將吏到家,自立庭下,使長安丞龔奢叩堂户曉賊,曰:'京兆尹趙君謝兩卿,無得殺質,此宿衛臣也。釋質,束手,得善相遇,幸逢赦令,或時解脱。'二人驚愕,又素聞廣漢名,即開户出,下堂叩頭,廣漢跪謝曰:'幸全活郎,甚厚!'送獄,敕吏謹遇,給酒肉。至冬當出死,豫爲調棺,給斂葬具,告語之,皆曰:'死無所恨!'"[①]這兩則案例中,長安少年劫人只是預謀,尚未實施,然亦被"捕治具服";二人劫持蘇回案雖已實施然中途放棄,但結果仍爲死刑。此兩例表明,《二年律令·盗律》中"劫人"罪的相關處罰規定在漢法律實踐中確實是有被認真執行過的。

　　然而目前學術界對漢代"劫人"罪的專題研究尚不多見,[②]一些論著只是在討論秦漢法律時涉及劫人的論題,[③]某些論著雖以劫人爲題,但討論的中心并非法律問題。[④]鑒于漢代的"劫人"罪有一定的複雜性,且與恐猲人以求錢財、劫略、群盗等罪不易區别,筆者擬結合出土與傳世文獻,試比較各罪的異同,并對漢代"劫人"罪及在後世的發展做一粗淺論述。

一、劫人與恐猲人以求錢財

　　岳麓秦簡中有一則著名的"劫"案——《識劫𡠵案》。本案中,𡠵是大夫沛之妾,沛在妻死後,免𡠵爲庶人并以爲妻。識爲沛之隸,沛爲識娶妻,答應以肆、舍客室給予識。但没有給,而給識買室,并分給識馬一匹及田二十畝。沛死後,識向𡠵索要肆、舍客室。𡠵不予,識便恐謂要舉告𡠵隱匿資産。𡠵怕被識舉告,只好把肆、舍客室給了識。旋即又悔,便去

---

　　① 班固撰,顏師古注《漢書》卷七六《趙廣漢傳》,北京:中華書局,1964 年,第 3202 頁。
　　② 筆者目力所及,直接以劫人罪爲題的專論僅見張娜《秦漢"劫人"罪芻議》(《赤峰學院學報》第 5 期,2016 年 5月,第 54—57 頁)一文。
　　③ 如曹旅寧《張家山漢簡盗律考》,《南都學壇(人文社會科學學報)》第 1 期,2003 年 1 月,第 11—15 頁;閆曉君《秦漢盗罪及其立法沿革》,《秦漢法律研究》,北京:法律出版社,2012 年;朱騰《唐以前盗罪之變遷研究》,《法學研究》第 1 期,2022 年 1 月,第 135—152 頁。
　　④ 如李零《中國歷史上的恐怖主義:刺殺和劫持(下)》,《讀書》第 12 期,2002 年 12 月,第 55 頁;陶賢都《三國時期劫質現象芻議》,《許昌學院院報》第 4 期,2004 年 4 月,第 37 頁;王勇《漢代劫持事件考察》,《晋陽學刊》第 5 期,2005年 5 月,第 99 頁;王子今《漢代"劫質"行爲與未成年受害者》,《山西大學學報(哲學社會科學版)》第 3 期,2012 年 3 月,第 178 頁;林永强《漢代道德與法律關係的研究——以漢代"劫質"案例爲考察中心》,《貴州文史叢刊》第 1 期,2012 年1 月,第 9 頁;陳鳴《漢代持質的立法、執行及流變》,《史學月刊》第 12 期,2014 年 12 月,第 13 頁。以上各文以持質或劫質的現象、行爲等爲中心話題,或未直面劫人罪之罪名,或繞開了法律意義上的劫人罪而討論劫人的其他含義以及被劫者的特殊主體身份等。

官府先自告己罪,再告識劫己。此案南郡屬縣在上讞中也是以"劫"來名之:"識劫婉曰:以肆、室鼠(予)識。不鼠(予)識,識且告婉匿訾(貨)。婉恐,即以肆、室鼠(予)識;爲建等折棄券,弗責。先自告,告識劫婉。"①學者張娜將此案做爲秦漢時期的劫人案進行分析,并認爲秦漢時的"劫人"罪類似今日的敲詐勒索罪與綁架罪。②

結論中的綁架罪頗值得斟酌,此案中雖有"劫"字,但與漢律中的"劫人"罪之"劫"截然不同。這裏的"劫"與漢律"劫人"的目的雖然都是爲了求取錢財,但案中識對婉所謂的"劫",其實質乃是以婉隱匿資産爲把柄而對婉進行口頭的恐猲,即簡中的"識恐謂婉且告婉匿訾(貨)",其間并不存在以武力搶劫婉或以武力綁架婉以爲質的行爲。雖有"劫"字,却只屬于漢代的"恐猲人以求錢財"罪,罪名見《二年律令·盗律》規定:

4. 群盗及亡從群盗,毆折人枳(肢)、胅體,及令仅(跛)蹇(蹇),若縛守、將人而强盗之,及投書、縣(懸)人書,恐猲人以求錢財,盗殺傷人,盗發冢(塚),略賣人若已略未賣,橋(矯)相以爲吏,自以爲吏以盗,皆磔。③

晋張斐曰:"將中有惡言爲恐猲。"④《唐律疏議》曰:"諸恐喝取人財物者,準盗論加一等;雖不足畏忌,財主懼而自與,亦同。【疏】議曰:恐喝者,謂知人有犯,欲相告訴,恐喝以取財物者。注云'口恐喝亦是',雖口恐喝,亦與文牒同。"⑤漢代"恐猲人以求錢財"罪的内涵當源自秦律的"劫"罪,秦律中目前雖未見恐猲人以求錢財的罪名,但根據《識劫婉案》可知,此中"劫"之内涵正是恐猲人以求錢財。唐律對"恐喝取人財物"的規定是沿襲漢代以來的通行規定,即以惡言諸如把柄之類相威脅爲手段來迫使他人給予財物,尤其是"雖不足畏忌,財主懼",説明其中之惡言,既包括"財主"犯罪的把柄,還包括其個人隱私等其他屬于"財主"不想或不願公開的事情在内;而《疏議》對唐律的解釋,則把"恐喝"定義在"知人有犯"上,完全限制了"恐喝"的外延。但根據《疏議》的解釋,"恐喝取財"罪認定的關鍵是知人有犯,以向官府舉告爲由而進行恐猲,則恰與秦簡中識"劫"婉案相吻合。王彦輝認爲,"'識劫婉案'當爲秦南郡屬縣上讞的恐猲案",⑥此説符合秦漢時期的法律實際。

---

① 朱漢民、陳松長主編《岳麓書院藏秦簡(三)》,上海:上海辭書出版社,2013年,第153—162頁。以下所引本案内容均出自本書,不再分別標注。
② 張娜《秦漢"劫人"罪芻議》,《赤峰學院學報(漢文哲學社會科學版)》第5期,2016年5月,第54頁。
③ 張家山二四七號漢墓竹簡整理小組編著《張家山漢墓竹簡(二四七號墓)》(釋文修訂本),第17頁。
④ 房玄齡等《晋書》卷三〇《刑法志》,第929頁。
⑤ 長孫無忌等撰,劉俊文點校《唐律疏議》,北京:中華書局,1983年,第360頁。
⑥ 王彦輝《秦簡"識劫婉案"發微》,《古代文明》第1期,2015年1月,第74頁。

　　綜上可知,漢律中的"劫"與秦簡中的"劫"之間并無直接的承襲關係,秦代的劫罪相當于漢代的恐猲人以求錢財罪,而漢律中劫人罪與恐猲人以求錢財罪二者在犯罪手段上有着明顯的不同。即"劫人"是以武力爲手段進行直接搶奪錢財或劫人爲質而索取錢財;"恐猲人以求錢財"則是以掌握"財主"的罪行或個人隱私等把柄而對其進行口頭或書面恐嚇爲手段索取錢財,[1]這點與張娜文中提到的敲詐勒索罪頗有相同之處。

二、劫人與劫略

　　在《晋書·刑法志》魏律序中,有言漢律中"《盗律》有劫略、恐猲、和買賣人,科有持質,皆非盗事,故分以爲《劫略律》"。[2] 朱騰認爲"漢律分明把'劫略''恐猲'等全部視爲獨立罪行,而非他罪的牽連問題"。[3] 然目前所見《二年律令·盗律》中,以"劫略"二字出現者尚無,多見"劫人""略賣人"。除《盗律》外,在《二年律令》的《捕律》《收律》《雜律》中還有

---

　　① 關于引文 4 中的"恐猲人以求錢財",曹旅寧認爲,"需要指出的是,這條漢律'縣(懸)人'後應爲'、',表示停頓;投書是手段,勒索財物是目的,而非并列的兩種犯罪"(曹旅寧《張家山漢簡盗律考》,《南都學壇(人文社會科學學報)》第 1 期,2003 年 1 月,第 12 頁)。閆曉君在研究中認爲,"張家山漢簡中有所謂的'恐喝取財',但釋文斷句不妥,將'投書、縣(懸)人書恐嚇人以求錢財'從中間斷開,分成爲兩種罪名即'投書、縣(懸)人書'和'恐嚇人以求錢財',這種理解有誤,'投書''縣(懸)人書'是恐嚇取財犯罪兩種常用的犯罪方式,否則,'投書、縣(懸)人書'與'盗'罪無關,不大可能列《盗律》。《唐律疏議》:'恐喝者,謂知人有犯,欲相告訴,恐喝以取財物者。'注云:'口恐喝亦是。'《疏議》云:'雖口恐喝,亦與文牒同。'可見直到唐代,'恐喝'常見的方式仍以書面形式恐嚇爲主,間或有口頭的形式。"(閆曉君《秦漢盗罪及其立法沿革》,《秦漢法律研究》,北京:法律出版社,2012 年,第 216 頁)

　　兩位先生的研究,是把"投書、縣(懸)人書"作爲"恐猲人以求錢財"的一種手段,有其合理的一面。但是,秦漢時期的投書、縣(懸)人書并不是"恐猲人以求錢財"的唯一手段。因此如果將"投書、縣(懸)人書"與"恐猲人以求錢財"之間的逗號去掉或者改成頓號,將和《疏議》對唐律的限制性解釋一樣,造成對"恐猲人以求錢財"的手段外延的不合理限制,變成只有"投書、縣(懸)人書"的恐猲手段纔是法律所追究的,而"投書、縣(懸)人書"以外的恐猲手段法律則不予追究,這顯然是不符合常理的。另外,"投書、縣(懸)人書"在秦漢時期也不僅僅是爲了"恐猲人以求錢財",還包含匿名舉告的意思在内。如睡虎地秦簡《法律答問》載:"有投書,勿發,見輒燔之。能捕者購臣妾二人,系投書者鞫審讞之","見書而投者不得,燔書,勿發;投者得,書不燔,鞫審讞之之謂殹。"(睡虎地秦墓竹簡整理小組編《睡虎地秦墓竹簡》,第 106 頁)《二年律令·具律》:"毋敢以投書者言毄治人。不從律者,以鞫獄故不直論。"(張家山二四七號漢墓竹簡整理小組編著《張家山漢墓竹簡[二四七號墓]》[釋文修訂本],第 25 頁)《三國志·國淵傳》記:"時有投書誹謗者,太祖疾之,欲必知其主。"(陳壽《三國志》卷一一《魏書·國淵傳》,北京:中華書局,1982 年,第 339 頁)

　　因此,投書、縣(懸)人書與恐猲人以求錢財分别是兩種不同的罪名。恐猲人以求錢財的方式也不僅爲投書、懸人書。閆曉君先生認爲,"投書、縣(懸)人書"是恐嚇取財犯罪兩種常用的犯罪方式,否則,"投書、縣(懸)人書"與"盗"罪無關,不大可能列《盗律》。閆老師此說則忽視了引文 4 所針對的犯罪主體。引文 4 中所列的所有犯罪行爲,"毆折人枳(肢)、朓體、及令伿(跛)躄(蹇),若縛守、將人而强盗之,及投書、縣(懸)人書,恐猲人以求錢財,盗殺傷人,盗發塚(冢)、略賣人若已略未賣,橋(矯)相以爲吏,自以爲吏以盗",其犯罪主體均是"群盗及亡從群盗者",否則不可能全部適用磔刑。如其中折枳、朓體在常人犯則處刑刑,見《二年律令·賊律》:鬥以刃及金鐵鋭、錘、椎傷人,皆完爲城旦舂。其非用此物而瓯人,折枳、齒、指,朓體,斷朓(決)鼻、耳者,耐。(張家山二四七號漢墓竹簡整理小組編著《張家山漢墓竹簡[二四七號墓]》[釋文修訂本],第 12 頁)

　　② 房玄齡等《晋書》卷三〇《刑法志》,第 924 頁。

　　③ 朱騰《唐以前盗罪之變遷研究》,《法學研究》第 1 期,2022 年 1 月,第 144 頁。

"略妻""强略人以爲妻"等罪名。除前已録引文 4 中涉及有"略賣人若已略未賣"此處略録之外,以上相關罪名簡皆録如下:

　　5. 智(知)人略賣人而與賈,與同罪。不當賈而私爲人賣,賣者皆黥爲城旦舂;買者智(知)其請(情),與同罪。【盜律】①

　　6. ▨亡人、略妻、略賣人、强奸、僞寫印者棄市罪一人,購金十兩。刑城旦舂罪,購金四兩。完城▨二兩。【捕律】②

　　7. 罪人完城旦舂、鬼薪以上,及坐奸府(腐)者,皆收其妻、子、財、田宅。其子有妻、夫,若爲户、有爵,及年十七以上,若爲人妻而棄、寡者,皆勿收。坐奸、略妻及傷其妻以收,毋收其妻。【收律】③

　　8. 强略人以爲妻及助者,斬左止(趾)以爲城旦。【雜律】④

從以上諸引文來看,漢律中劫人與略賣人、略妻、强略人以爲妻等罪名在犯罪手段、犯罪人身份及處罰結果等方面還是有很大區別的。因此《晉書·刑法志》中所言漢律中的"劫略",當是"劫人"與"略賣人"二者的合稱,是指劫人罪與略賣人罪兩種犯罪行爲。"略妻""强略人以爲妻"是略賣人罪之中的兩種情况。

　　"略賣人"罪也是漢代較爲常見的犯罪行爲。《漢書·陳平傳》記,陳平"曾孫何,坐略人妻,棄市"。⑤《漢書·外戚傳》載文帝竇皇后"弟廣國字少君,年四五歲時,家貧,爲人所略賣,其家不知處"。⑥《後漢書·光武帝紀》載:建武七年(31)五月"甲寅,詔吏人遭饑亂及爲青、徐賊所略爲奴婢、下妻,欲去留者,恣聽之。敢拘制不還,以賣人法從事";⑦建武十二年(36)"三月癸酉,詔隴、蜀民被略爲奴婢自訟者,及獄官未報,一切免爲庶人";⑧建武十三年(37)"冬十二月甲寅,詔益州民自八年以來被略爲奴婢者,皆一切免爲庶人,或以托爲人下妻,欲去者,恣聽之,敢拘留者,比青、徐二州以略人法從事"。⑨光武帝就略爲奴婢、下妻者連續下詔,足可看出略賣人犯罪在彼時之猖獗。

---

①　張家山二四七號漢墓竹簡整理小組編著《張家山漢墓竹簡(二四七號墓)》(釋文修訂本),第 18 頁。
②　張家山二四七號漢墓竹簡整理小組編著《張家山漢墓竹簡(二四七號墓)》(釋文修訂本),第 27 頁。
③　張家山二四七號漢墓竹簡整理小組編著《張家山漢墓竹簡(二四七號墓)》(釋文修訂本),第 32 頁。
④　張家山二四七號漢墓竹簡整理小組編著《張家山漢墓竹簡(二四七號墓)》(釋文修訂本),第 34 頁。
⑤　班固撰,顔師古注《漢書》卷四〇《張陳王周傳》,第 2050 頁。
⑥　班固撰,顔師古注《漢書》卷九七《外戚傳》,第 3944 頁。
⑦　范曄撰,李賢注《後漢書》卷一《光武帝紀》,北京:中華書局,1965 年,第 52 頁。
⑧　范曄撰,李賢注《後漢書》卷一《光武帝紀》,第 59 頁。
⑨　范曄撰,李賢注《後漢書》卷一《光武帝紀》,第 63 頁。

《説文》釋"略"字曰："經略土地也……引申之,規取其地亦曰略地。"①《漢書·高帝紀》載："(陳涉)遣武臣、張耳、陳餘略趙地。"師古注曰："凡言略地者,皆謂行而取之,用功力少。"②《晋書·刑法志》載張斐《注律表》曰："不和謂之强,攻惡謂之略。"③《唐律疏議》之《賊盗律》中,有"略人略賣人"條,其中疏議對略人略賣人釋曰："略人者,謂設方略而取之。略賣人者,或爲經略而賣之。"④因而略賣人之略,有方略或謀略之意,是指以陰謀詭計的誘騙爲主要手段進行的人口買賣行爲繼而從中獲利的犯罪,類似于今天的拐賣人口罪。因此,"略"字本義并無明目張膽的搶奪、擄掠之意,然而學界對"略賣人"之"略"的解釋多以搶奪、擄掠意爲主,如此在犯罪手段上則與劫人不易區分。如引文 4 中的"略賣人若已略未賣",曹旅寧認爲,這是群盗或亡從群盗者"搶奪買賣人口";⑤朱騰認爲是群盗或亡從群盗者"擄掠并販賣人口"。⑥ 二者觀點基本相同,即均認爲略賣人是以暴力爲主要的犯罪手段。兩位先生的結論當是建立在其"略賣人"身份爲"群盗或亡從群盗者"而言。但即便是群盗略賣人,也未必就一定得使用武力。從引文 4 中群盗"橋(矯)相以爲吏,自以爲吏以盗"的手段來看,群盗也很會使用謀略。

據引文 5、6、7、8 以及《漢書》《後漢書》等的記載,可知漢代"略賣人"包括了四種犯罪行爲:一是指拐騙庶人或自由人將其販賣爲奴、婢。此舉嚴重影響到國家的户口、賦役,是"百姓遭難、户口耗少"⑦的原因之一,故而光武帝數次下詔將此類人免爲庶人,也是國家重點打擊和治理的犯罪之一。二是略妻,即將自己的妻子誘騙賣出。三是强略人以爲妻,即强行買人爲自己的妻子,而此處的"强"字,也充分説明了"略賣人"本身是不具有强制性武力手段的。四是略人妻,即將别人的妻子拐騙販賣。後三項均是"奸虐之人因緣爲利,至略賣人妻子,逆天心悖人倫,繆于'天地之性人爲貴'之義",⑧因而從略賣人中分開單獨成以罪名。

略賣人、略妻、略人妻者在漢律中均處棄市之刑;强略人以爲妻及其助者,則處斬左止爲城旦之刑;⑨而對于有群盗背景的"略賣人若已略未賣者",則加重處以磔刑。引文 5 中有兩處"與同罪",其量刑則有所不同。前一處當包含兩種意思在内,一種是指買者與賣者

---

① 許慎撰,段玉裁注《説文解字注》,第 697 頁。
② 班固撰,顔師古注《漢書》卷一《高帝紀》,第 9 頁。
③ 房玄齡等《晋書》卷三〇《刑法志》,第 928 頁。
④ 長孫無忌等撰,劉俊文點校《唐律疏議》,第 369 頁。
⑤ 曹旅寧《張家山漢律群盗考》,《張家山漢律研究》,北京:中華書局,2005 年,第 58 頁。
⑥ 朱騰《唐以前盗罪之變遷研究》,《法學研究》第 1 期,2022 年 1 月,第 145 頁。
⑦ 范曄撰,李賢注《後漢書》卷一《光武帝紀》,第 49 頁。
⑧ 班固撰,顔師古注《漢書》卷九九《王莽傳》,第 4110—4111 頁。
⑨ 此項非死刑,大概是因爲略人以爲妻者對國家户口、賦役等影響不大。

同處棄市,因據引文 6 可知常人犯"略賣人"罪本就是處棄市,另一種則是同處磔刑,即對買者知道賣者有群盜背景者而與之交易,同樣加重爲磔刑;後一處是相對于"不當買而私爲人賣"的買、賣雙方,買方當與賣方同罪,處黥爲城旦舂。

此外,在《魏書·刑罰志》中還出現了"掠人""掠賣人",其中所記之北魏《盜律》云:"掠人、掠賣人、和賣人爲奴婢者,死。"①《説文》中原無"掠"字,"掠"與"略"屬同源字,爲擄掠、奪取之意。在《史記·匈奴列傳》中,載有匈奴經常"殺略人民"②"殺略人民畜産甚多"③"殺略千餘人而去"④的説法,此處之"略"是指略人和民而言,是匈奴對漢人力資源的大規模强奪,即强奪漢之奴婢和百姓以爲己用,而非用來進行人口買賣,因而非"略賣人"之誘騙意。北魏律中的"掠賣人"較之漢律中的"略賣人",其在手段上已經不是以誘騙、拐賣爲主,而是與匈奴人的"略人民"手段一樣,以光天化日之下肆無忌憚的擄掠爲主,這要比漢代的"略賣人"更爲直接和氣焰囂張。

綜上,文獻中雖將"劫略"并説,但二者并非一回事,實是指"劫人"和"略賣人"兩種犯罪行爲。略賣人與劫人在犯罪手段以及犯罪目的上有着明顯的區別:略賣人是以謀略等的誘騙手段爲主進行拐賣人口而獲取錢財,在漢律中的犯罪內涵和犯罪處罰上有着自己的體系;而劫人則是以武力爲主要手段以求取錢財,其犯罪內涵和犯罪處罰的體系在第四部分將詳細論述。

三、劫人與群盜

劫人罪與群盜罪同屬《盜律》,二者乍看起來并無關聯,但二者在犯罪手段和犯罪目的上有時却難以區分。文獻中劫人罪的實例多以持人爲質以求錢財者爲主,而少見直接以武力搶奪他人錢財者。以武力搶奪錢財屬當即發生、當即結束,即便報官也難以追究,故文獻中難尋實例。但細究之下也不乏實例,只是這樣的案例多歸爲盜或群盜犯罪當中。如《漢書·賈誼傳》:"盜者……白晝大都之中剽吏而奪之金。師古注曰:剽,劫也。"⑤《史記·梁孝王世家》:"(彭離)昏暮私與其奴、亡命少年數十人行剽殺人,取財物以爲好。"⑥白晝大都之中剽吏而奪之金明顯屬于劫人罪;彭離數十人剽殺人取財物,人數已經超過五

① 魏收《魏書》卷一一一《刑罰志》,北京:中華書局,1974 年,第 2880 頁。
② 司馬遷《史記》卷一一〇《匈奴列傳》,北京:中華書局,1959 年,第 2895 頁。
③ 司馬遷《史記》卷一一〇《匈奴列傳》,第 2901 頁。
④ 司馬遷《史記》卷一一〇《匈奴列傳》,第 2909—2910 頁。
⑤ 班固撰,顏師古注《漢書》卷四八《賈誼傳》,第 2244 頁。
⑥ 司馬遷《史記》卷五八《梁孝王世家》,第 2089 頁。

人以上，雖是以武力搶奪他人財物，但顯然應屬群盜，上述史料中白晝剽吏奪金被稱爲"盜"，彭離與數十人剽殺人取財屬于"劫"。在張家山漢簡《奏讞書》中有一秦代的劫人案例："不智（知）何人刺女子婢寰里中，奪錢，不智（知）之所"。① 由于秦代之"劫"相當于漢律的"恐猲人以求錢財"，故此劫人案《奏讞書》中亦稱爲盜案。然而里中刺人奪錢後逃走，此爲典型的以武力搶奪他人錢財的劫人案例。以上表明，劫人罪雖然是漢律中專門的法律罪名，但是實際生活中，劫人與盜或群盜在漢時便已混爲一談、不甚明瞭了。

以武力搶奪他人錢財的劫人行爲與强盜犯罪手段極爲相似，這也是唐律中不見劫人罪名，而以强盜名之的主要原因。然《二年律令》中并不見强盜罪名，所出現的"强盜"，均是强調和形容群盜的犯罪手段而言，如前引文 4，即《盜律》六十五簡："群盜……若縛守、將人而强盜之"，以及《捕律》一四〇簡："群盜殺傷人、賊殺傷人、强盜，即發縣道"。强盜多見于傳世的漢代文獻史料中，但是否爲專門的法律罪名無法確知，筆者傾向于其在漢時非專門的法律罪名，而只是對盜、群盜等犯罪手段的强調和形容，但在後世中，其却逐漸代替"劫人"從而成爲專門的法律罪名。因此下文不再討論劫人與强盜，而專論劫人與群盜。

《晋書·刑法志》引張斐《注律表》曰："三人謂之群，取非其物謂之盜。"② 按張斐的解釋，三人起取其非物便爲群盜。然《二年律令》中謂群盜曰：

　　9. 盜五人以上相與功（攻）盜，爲群盜。③

張斐的解釋與《二年律令》中群盜人數有所出入，這或許是漢初以後或魏晋時對群盜人數的一個重新界定，亦有可能是漢律中對群盜人數的專門界定。關于《二年律令》對群盜人數的界定，日本學者堀毅曾有過較爲中肯的研究，"因爲當時實行由五名壯丁組成的'伍'鄉保制，以便互相戒備。大概以防禦方面的'伍'爲基準，有關'五人盜'的規定便應運而生。這一規定的背景，正像前面已談到的，成群結夥的盜賊活動危害里邑的安寧，所以纔制訂了有關'五人盜'的法規"。④

然而群盜的犯罪構成除了人數以外，是否還需要有暴力行爲手段？ 曹旅寧根據《二年律令》中群盜的規定認爲，"人數五人以上只是群盜的法定犯罪構成要件之一，群盜還具有'相與功（攻）'即以暴力爲行爲手段這一特徵。這兩者缺一不可"。⑤ 目前大多數學者均

① 張家山二四七號漢墓竹簡整理小組編著《張家山漢墓竹簡（二四七號墓）》（釋文修訂本），第 109 頁。
② 房玄齡等《晋書》卷三〇《刑法志》，第 928 頁。
③ 張家山二四七號漢墓竹簡整理小組編著《張家山漢墓竹簡（二四七號墓）》（釋文修訂本），第 17 頁。
④ （日）堀毅《秦漢盜律考》，《秦漢法制史論考》，北京：法律出版社，1988 年，第 236 頁。
⑤ 曹旅寧《張家山漢簡盜律考》，《南都學壇（人文社會科學學報）》第 1 期，2003 年 1 月，第 12 頁。

持此觀點。然竊以爲此觀點頗有值得商榷之處。在睡虎地秦簡《封診式》中有一"群盜爰書":

　　10. 群盜　　爰書:某亭校長甲、求盜才(在)某里曰乙、丙縛詣男子丁,斬首一,具弩二、矢廿,告曰:"丁與此首人强攻群盜人,自晝甲將乙等徼循到某山,見丁與此首人而捕之。此弩矢丁及首人弩矢殹(也)。首人以此弩矢□□□□□□乙,而以劍伐收其首,山儉(險)不能出身山中。"訊丁,辭曰:"士五(伍),居某里。此首某里士五(伍)戊殹(也),與丁以某時與某里士五(伍)己、庚、辛,强攻群盜某里公士某室,盜錢萬,去亡。己等已前得。丁與戊去亡,流行毋(無)所主舍。自晝居某山,甲等而捕丁戊,戊射乙,而伐殺收首。皆毋(無)它坐罪。"診首毋診身可殹(也)。①

　　《封診式》爲秦典型的法律文書彙編,切實反映了秦律當時的法律規定及適用情况。從該"群盜爰書"可知,"群盜"是秦律中一個專門的法律名詞,爰書中的丁、戊、己、庚、辛五人即爲群盜。朱騰對此也有論述,"丁等五人被認定爲'群盜'的原因不僅在于其人數,更在于'弩二、矢廿''强攻''去亡'等詞語所描述的打家劫舍、武裝抗捕的强悍行爲。這表明,秦律對'群盜'的認識與張家山漢簡《二年律令》所説'盜五人以上相與功(攻)盜'是一致的"。② 這説明朱騰也和曹旅寧的意見基本相同,即認爲群盜不止是五人以上,還包括暴力行爲手段。但是兩位先生却忽視了爰書中的一個關鍵的詞語"强攻群盜"。即如果"群盜"本身已經包含了打家劫舍、武裝抗捕等暴力手段,那麽此處再以"强攻"來修飾豈不是累贅嗎? 爰書內容中兩次叙述群盜均爲"强攻群盜"而非"群盜",説明他們的行爲與一般群盜有着很大的不同。普通群盜五人以上盜即爲群盜,而"强攻群盜"除五人外還有"强攻"的暴力手段。换言之,曹旅寧所認爲的五人以上和暴力手段相結合其實是"强攻群盜"犯罪的法定構成要件,而非一般群盜。引文 9 中"功"整理小組理解爲"攻"亦不妥,應是"功"本字,意爲互相配合、互相成就以爲盜事之意,對"功"字的理解也是對群盜含義理解的一個關鍵所在。

　　另外關于群盜與攻盜,閆曉君認爲,"'强盜'罪重于'竊盜','攻盜'重于'强盜','群盜'又重于'攻盜'"。③ 其如此劃分的依據當是《後漢書·陳忠傳》中所載:"臣竊見元年以來,盜賊連發,攻亭劫掠,多所傷殺。夫穿窬不禁,則致强盜;强盜不斷,則爲攻盜;攻盜成

　　①　睡虎地秦墓竹簡整理小組編《睡虎地秦墓竹簡》,北京:文物出版社,1990 年,第 152 頁。
　　②　朱騰《唐以前盜罪之變遷研究》,《法學研究》第 1 期,2022 年 1 月,第 141—142 頁。
　　③　閆曉君《秦漢盜罪及其立法沿革》,《秦漢法律研究》,北京:法律出版社,2012 年,第 214 頁。

群,必生大奸".① 閆曉君的觀點認爲群盗乃爲攻盗的更高級的形態,不難看出其仍把暴力行爲手段當做群盗犯罪的一個必要構成要件。但從陳忠話中分析,可知穿窬是最小的盗,如閆曉君所言之竊盗,如果不及時治理,就有可能發展爲强盗;强盗不及時戒除,會發展爲攻盗;屆時攻盗四起,則國必有大患。此處的"攻盗成群",竊以爲并非"攻盗"成爲"群盗",而是形容攻盗泛濫、四起,這種情形將會成爲國家治理的大患。因而,攻盗與群盗在危害程度上并不是次第加深,群盗與攻盗之間也并非是一方爲另一方的發展結果的關係。

漢律中定義"群盗"人數爲五人以上,其律法精義當源自秦律。秦律在"盗"的人數上,已經以五人爲界限而在量刑輕重上有顯著區別。如五人共同爲盗,哪怕贓值在一錢以上也要處斬左止、黥以爲城旦;而五人以下,則贓值超過六百六十錢纔黥剭爲城旦。見睡虎地秦簡《法律答問》:

11. 五人盗,臧(贓)一錢以上,斬左止,有(又)黥以爲城旦;不盈五人,盗過六百六十錢,黥剭(劓)以爲城旦;不盈六百六十到二百廿錢,黥爲城旦;不盈二百廿以下到一錢,覂(遷)之。求盗比此。②

雖然漢律中群盗"五人以上"源自秦律的"五人盗",但秦律中五人盗與群盗之間尚無明顯之聯繫。秦簡中有見"群盗""五人盗""五人共盗",除引文10"群盗爰書"中爲盗者恰好爲丁、戊、己、庚、辛五人以外,而以"五人盗"與"群盗"字樣同時出現的情形則尚未發現在同一處簡文之中。見《法律答問》"五人共盗"等:

12. 夫、妻、子五人共盗,皆當刑城旦,今中(甲)盡捕告之,問甲當購○幾可(何)?人購二兩。③

13. 夫、妻、子十人共盗,當刑城旦,亡,今甲捕得其八人,問甲當購幾可(何)? 當購人二兩。④

《二年律令·盗律》中,對于盗罪的量刑有三個方面的考量,一爲所盗贓值;二爲盗者身份;三爲是否群盗。對于一般的盗罪通常以所盗贓值來計贓定罪。見下《盗律》簡:

———————————

① 范曄撰,李賢注《後漢書》卷四十六《陳忠傳》,第 1558—1559 頁。
② 睡虎地秦墓竹簡整理小組編《睡虎地秦墓竹簡》,第 93 頁。
③④ 睡虎地秦墓竹簡整理小組編《睡虎地秦墓竹簡》,第 125 頁。

14. 盜臧(贓)直(值)過六百六十錢,黥爲城旦舂。六百六十到二百廿錢,完爲城旦舂。不盈二百廿到百一十錢,耐爲隸臣妾。不盈百一十到廿二錢,罰金四兩。不盈廿二錢到一錢,罰金一兩。

所謂盜者身份,即對于"徼外人"者來入爲盜,則不以贓值多少而皆論腰斬,且吏能捕或斬者,獎勵豐厚。見下簡:

15. 徼外人來入爲盜者,腰斬。吏所興能捕若斬一人,拜爵一級。不欲拜爵及非吏所興,購如律。

不論是以所盜贓值還是盜者身份,以上對盜者的處罰都是明確的。而對于群盜,《二年律令》中并沒有明確的量刑規定。至于引文 4 中的群盜及亡從群盜者所處的"皆磔",則是有具體針對的罪行,即在群盜犯引文 4 中所羅列的相關罪行時方處以磔刑。如果群盜不論犯何罪皆爲磔刑,則引文 4 中便沒有必要專門羅列出一應罪行。

關于群盜的量刑,在《法律答問》中有記,秦時群盜當處斬左止爲城旦:

16. 可(何)罪得"處隱官"? ·群盜赦爲庶人,將盜戒(械)囚刑罪以上,亡,以故罪論,斬左止爲城旦,後自捕所亡,是謂"處隱官"。 ·它罪比群盜者皆如此。[1]

但這裏當是秦律對一般群盜犯罪的量刑,而對于"强攻群盜",必有特殊的加重處罰。同樣引文 4 中對于群盜犯其中所羅列罪行時而處的"皆磔",亦爲漢律中對群盜的特殊加重處罰。再據《二年律令·盜律》下簡:

17. 智(知)人爲群盜而通歙(飲)食餽遺之,與同罪;弗智(知),黥爲城旦舂。其能自捕若斬之,除其罪,有(又)賞如捕斬。群盜法(發),弗能捕斬而告吏,除其罪,毋賞。

根據引文 17,意爲在知道對方是群盜的情況下而提供通行、飲食和犯罪方便的,與群盜同罪;而在不知道的情況下做以上者,則黥爲城旦舂。表明黥爲城旦舂的處罰低于群盜正罪

---

① 睡虎地秦墓竹簡整理小組編《睡虎地秦墓竹簡》,第 123 頁。

的處罰。因此,根據引文 4、16 和 17,則漢律中群盜一般的處罰當在磔刑以下、黥爲城旦春以上,或同秦律爲斬左止爲城旦春,或重于秦律爲棄市等。

"群盜"起初是統治階級對農民起義的蔑稱,其政治含義遠大于其法律含義。群盜在秦漢的發展歷程,也是其逐步弱化政治含義而成爲規範法律含義的過程。隨着西漢的建立和政權的穩定,群盜的法律含義逐漸明朗、去政治化,而成爲對五人或五人以上盜竊的專稱,類似今天的團夥盜竊,這也是今天團夥犯罪最早在法律上有所體現的罪名。

綜上所述,群盜與劫人的不同之處有三:一是群盜必不少于五人或五人以上,并且其相互配合以爲盜事,即構成群盜罪,而劫人者人數必不滿五人;二是群盜的犯罪手段多樣,但不一定非得使用武力,故是否使用武力手段不能作爲群盜的法定犯罪構成要件,而漢代的劫人者則必有武力手段;三是對群盜的處罰有一般處罰和加重處罰兩種情形。

四、漢代劫人罪的特徵

漢代劫人、恐猲以及群盜等其實都屬于以威勢得財,此在晋時因罪相似而名不同便曾有過區分,《晋書·刑法志》載:"律有事狀相似而罪名相涉者,若加威勢下手取財爲强盜,不自知亡爲縛守,將中有惡言爲恐猲,不以罪名呵爲呵人,以罪名呵爲受賕,劫召其財爲持質。此六者,以威勢得財而名殊者也。即不求自與爲受求,所監求而後取爲盜贓,輸入呵受爲留難,斂人財物積藏于官爲擅賦,加歐擊之爲戮辱。諸如此類,皆爲以威勢得財而罪相似者也。"①但因漢律之不存,故很難窺其全貌。通過以上對比,可大致可得出漢代"劫人"罪的特徵如下。

第一,劫人者,預謀即爲犯罪,不需要有實際的犯罪行爲,有預謀劫人即處磔刑。據引文 1,"劫人、謀劫人求錢財,雖未得若未劫,皆磔之",表明劫人者僅是預謀階段即便尚未實施,亦與已實施者同罪。

第二,劫人實施過程中,無論有没有得到錢財,亦不論贓值多少,皆處磔刑。見引文 1。

第三,給劫人者提供犯罪資助以及犯罪方便的,劫人者的同居人員知道劫人者劫人而不告官的,皆處磔刑。據引文 3,"諸予劫人者錢財,及爲人劫者,同居智(知)弗告吏,皆與劫人者同罪"。意思是凡給予劫人者以犯罪資助,以及爲劫人者提供犯罪方便的,劫人者

---

① 房玄齡等《晋書》卷三〇《刑法志》,第 929 頁。

的同居人員知道劫人者劫人而不告官的，皆與劫人者處同樣的處罰。① 此處的同居，非共同居住之意，否則引文1中就没有必要單列出妻、子。《漢書·惠帝紀》載：“今吏六百石以上父母、妻子與同居。”②師古注曰：“同居，謂父母妻子之外，若兄弟及兄弟之子等見與同居業者，若今言同籍及同財也。”③因此這裏的同居顯然不能以共同居住爲限，而有同籍（共同居住）和同財（大功親屬）兩種含義。

　　第四，劫人者妻、子完以爲城旦舂，并對緣坐爲城旦舂者施行二次株連。見引文1，“完其妻子，以爲城旦舂”。城旦舂是很重的處罰，爲徒刑中的最高等級，且罪人在完城旦舂、鬼薪以上者，皆收其妻、子爲官奴婢。見前引文7所録《二年律令·收律》：

　　　　罪人完城旦舂、鬼薪以上，及坐奸府（腐）者，皆收其妻、子、財、田宅。

二次株連説係吾師魏道明首次提出：“正犯妻、子罰爲城旦舂，再收孥正犯之子的妻、子，也即正犯的孫子女。這一類的株連，在西漢初年就不常見，《二年律令》中規定適用者也只有‘劫人、謀劫人’而已。”④據引文7，《二年律令》中有罪當緣坐其妻、子者一般是“收其妻子”，唯此處規定爲“完其妻子”。如此規定，當是因爲還牽涉二次株連之故。

　　第五，劫人者及所緣坐者苛刻的免罪情形。可分三種，一種情形爲共同預謀劫人者或者劫人者，在預謀或劫人過程中能幡然悔悟而頗捕同夥或者及時向官府舉告，官府能頗捕而將其他人得之，則除告者罪，且獎勵錢人五萬、不没收告人者因劫人所得贓值；但若告官後没有抓到同夥，或者舉告者不吐露全部實情，則都不得免罪。見3“相與謀劫人、劫人，而能頗捕其與，若告吏，吏捕頗得之，除告者罪，有（又）購錢人五萬。所捕告得者多，以人數購之，而勿責其劫人所得臧（贓）。所告毋得者，若不盡告其與，皆不得除罪”。二是劫人者妻、子當坐者，在妻、子進行徧捕或者告官後，官府捕得劫人者的情況下，劫人者妻、子皆

---

① 目前學界對該句的理解，多認爲此乃對被劫者家屬的規定，如閆曉君認爲該句意思是“嚴禁給劫人質者交付贖物，强制性規定被害者家屬必須報告官府，否則與劫人者同罪”（閆曉君《秦漢盜罪及其立法沿革》，《秦漢法律研究》，第220頁）。細思之，這樣的解釋既不符合語法規範，也不符合常理和邏輯。另《二年律令·賊律》三一簡：“鬥毆變人，耐爲隸臣妾。懷子而敢與人争鬥，人雖毆變之，罰爲人變者金四兩。”三一簡中的“爲人變者”與本處的“爲人劫者”其語言表述方法一致，而該處亦常被人錯譯爲“鬥毆而致懷孕者流産的人，耐爲隸臣妾。懷孕還敢與人争鬥，雖然被人鬥毆致流産，也要罰流産者金四兩”。實則亦不合語法規範，且亦違背常理和邏輯，正確理解應爲“鬥毆而致懷孕者流産的人，耐爲隸臣妾。但懷孕還敢與人争鬥，人雖然在鬥毆中致懷孕者流産，則只對導致流産的人罰金四兩，而不耐爲隸臣妾”。此兩處語言表述可參照譯之。
② 班固撰，顔師古注《漢書》卷二《惠帝紀》，第85頁。
③ 班固撰，顔師古注《漢書》卷二《惠帝紀》，第88頁。
④ 魏道明《始于兵而終于禮——中國古代族刑研究》，北京：中華書局，2006年，第183—184頁。

免罪；見 1"其妻子當坐者偏（徧）捕，若告吏，吏捕得之，皆除坐者罪"。三是給劫人者提供犯罪資助和犯罪方便，以及劫人者的同居人員，在劫人者離開不滿一日的情況下，能自己頗捕，或者徧告吏，也可免其罪。見 3"諸予劫人者錢財，及爲人劫者，同居智（知）弗告吏，皆與劫人者同罪。劫人者去，未盈一日，能自頗捕，若偏（徧）告吏，皆除"。①

　　據上可知，劫人者及緣坐者雖然有免罪的情形，但條件極爲苛刻，免罪的前提根據與劫人者關係的親疏遠近而有不同的要求。首先是劫人者的同夥，所要免罪，則要滿足三個條件，即在及時告發、如實告發且官府能抓到大部分同夥三者齊備的情況下，纔得免罪。其次是劫人者的妻、子，若要獲得免罪，要麼妻、子徧捕劫人者，要麼告官後在官府捕得劫人者的情況下，方可免罪。再次是對于給劫人者提供犯罪資助和犯罪方便的，以及劫人者的同居人員，這裏當包含了兩類人員，一類是劫人者的社會關係方面，即其友人；一類是劫人者的家庭關係方面，即同居人員，包括同産、同籍以及同財。這兩類人員的減刑相對于劫人者的同夥和妻子來説較爲容易，即在劫人者離去不滿一日的時間内，能自頗捕或者將所知情況全部告知官府，兩種情況具其一便可免罪。

　　通過以上論述，可看出劫人罪在漢律中處罰極重，《二年律令》中處罰比其更重者唯有《賊律》的一、二號簡：

　　　　18. 以城邑亭障反，降諸侯，及守乘城亭障，諸侯人來攻盜，不堅守而棄去之若降之，及謀反者，皆要斬。其父母、妻子、同産，無少長皆棄市。

《賊律》一、二簡的内容爲謀反叛國的大罪，故而犯者腰斬，且犯者父母、妻子、同産無少長皆棄市。而對于劫人者，無論是謀而未劫，還是劫而未得，均處磔刑，且完其妻子以爲城旦舂并對妻子實行二次株連，更對爲劫人者提供犯罪資助、犯罪方便以及劫人者同居知道劫人者劫人而不告官者，與劫人者同處磔刑。劫人罪包含以武力爲手段搶奪他人錢財和持人爲質以求錢財兩種犯罪行爲，兩種行爲嚴重破壞社會秩序和穩定，對人身和財產安全產生極大的威脅，均是造成社會動亂、民衆惶恐的一大源頭，因而必須施以重刑，特別是持人爲質的行爲，更是"不僅危及人質生命安全，而且使整個社會陷入恐怖，破壞性極大，必須嚴懲而屬禁之"。②

　　以上爲西漢乃至東漢靈帝以前的"劫人"罪的特徵。此時的劫人罪，國家在打擊對象

----

① 這其中"劫人者去"之前的標點整理小組整理有誤，其"。"當爲"；"。否則，"劫人者去"這句缺少主語，則不知其所免罪對象爲何人。而改爲分號之後，整個句子在邏輯和語意上纔表達完整、上下貫通。

② 劉俊文《唐律疏議箋解》，北京：中華書局，1996 年，第 1284 頁。

上是針對劫人者爲主,并且注重争取、分化劫人者内部人員,積極調動劫人者的妻子、同居及友人等家庭和社會關係來一起對劫人者進行圍捕和舉告。對于被劫持的人質,官府也是全力解救,如前引《趙廣漢傳》中的二人劫持蘇回案,廣漢則親自至現場,命喊話劫人者"京兆尹趙君謝兩卿,無得殺質,此宿衛臣也",喊話中明言"無得殺質",足見對人質生命的重視。而至于"此宿衛臣"的曉示,很多人認爲蘇回"宿衛臣"的身份是廣漢在這次劫質案中親自到場的原因,實則不然。對于劫人者來説,所求只爲錢財,因而在他們眼中蘇回只是一"富人",不可能詳知其身份。廣漢此時曉示"此宿衛臣",乃是一種解救人質的方略,使劫人者對于"殺質"行爲有所畏忌,其目的還是爲了使劫人者"無得殺質"。

　　而到東漢末年,官府在處理持人爲質的劫人案時,曾一度發展爲將所劫人質與劫人者并殺之,并不准被劫者家人贖以錢財,此事肇始于橋玄。《後漢書·橋玄傳》載,靈帝時期,"玄少子十歲,獨游門次,卒有三人持杖劫執之,入舍登樓,就玄求貨,玄不與。有頃,司隸校尉陽球率河南尹、洛陽令圍守玄家。球等恐并殺其子,未欲迫之。玄瞋目呼曰:'奸人無狀,玄豈以一子之命而縱國賊乎!'促令兵進。于是攻之,玄子亦死。玄乃詣闕謝罪,乞下天下:'凡有劫質,皆并殺之,不得贖以財寶,開張奸路。'詔書下其章。初自安帝以後,法禁稍弛,京師劫質,不避豪貴,自是遂絶"。[1]

　　此事的發展出人意料,橋玄寧願放棄自己的兒子也要殺掉劫人者,其偏激、違常理、逆人情之舉原不具有正面的代表性。但此事背景不容忽視,即"自安帝以後,法禁稍弛,京師劫質,不避豪貴",《三國志》之《魏書·夏侯惇傳》注引孫盛言中也有反映:"自安、順已降,政教陵遲,劫質不避王公。"[2]説明此時京師劫質之事已經頻發,權貴者多爲受害,已經深刻影響到了權貴者的切身利益,否則朝廷亦不可能准橋玄之請而"詔書下其章"。"劫人"罪的處置在橋玄棄子之後的驟然轉變,説明了法律的演變與社會現實之間有着密切的關聯。

五、餘　論

　　漢代以後,劫人罪持續發展。至晋代,規定劫人者處斬刑,家人棄市。《宋書·何尚之傳》載:

---

① 范曄撰,李賢注《後漢書》卷五一《橋玄傳》,第 1696 頁。
② 陳壽撰,裴松之注《三國志》卷九《魏書·夏侯惇傳》,第 268 頁。

　　義熙五年(409)，吴興武康縣民王延祖爲劫，父睦以告官。新制，凡劫身斬刑，家人棄市。睦既自告，于法有疑。時叔度爲尚書，議曰："設法止奸，本于情理，非謂一人爲劫，闔門應刑。所以罪及同産，欲開其相告，以出爲惡之身。睦父子之至，容可悉共逃亡，而割其天屬，還相縛送，螫毒在手，解腕求全，于情可愍，理亦宜宥。使凶人不容于家，逃刑無所，乃大絶根源也。睦既糾送，則餘人無應復告，并合從原。"從之。①

　　根據"凡劫身斬刑，家人棄市"可知，晋律中對于劫人者本人處斬刑，而家人受緣坐者亦爲死刑，其處罰之重説明劫人罪在晋時依然是重點打擊的犯罪行爲。

　　漢律中規定，劫人者家人或同居人員若知道劫人者劫人而不告官，則與劫人者同罪，但若自捕或者自告，則可免罪。但是漢律中并未言，若劫人者家人或同居知道劫人者劫人，是家人或同居中一人自捕或自告而家人及同居人員均可免罪，還是全家及同居一起共捕、共告而方可免罪？在《宋書·何尚之傳》中，對于劫人者之父的"縛送"和自告是"于法有疑"，説明晋律中亦無劫人者家人或同居中之一人自捕或自告而其他人皆可免罪的規定。從該項材料中，或可窺視漢律劫人罪的不周密之處，以及晋律對漢律的繼承。

　　至北魏，因材料有限，"劫人"之律法情況不甚明朗，只有些蛛絲馬迹。魏初，"無囹圄考訊之法，諸犯罪者，皆臨時決遣"，②此時當以其民族習慣爲主兼行前朝之法；"延興四年(474)，詔自非大逆幹紀者，皆止其身，罷門房之誅"；③太和五年(481)，"除群行剽劫首謀門誅，律重者止梟首"；④到孝明帝孝昌年間(525—527)以後，侍中孫騰曾上言曰："案律，公私劫盗，罪止流刑"。⑤梁武帝天監元年(502)，定《梁律》二十篇，其中第三篇爲盗劫律，規定"劫，身皆斬，妻、子補兵。遇赦降死者，黥面爲劫字，髡鉗，補冶鎖士終身"，⑥"十四年(515)，又除黥面之刑"。⑦北周武帝保定三年(563)拓跋迪等成《大律》，又名《北周律》，凡二十五篇，其中第十二篇名爲劫盗律，除律名外别之不存。

　　至唐代，《唐律疏議》中"劫人"罪名已不見，但"劫人"之犯罪手段則在《賊盗律》之"有所規避執人質"和"强盗"條中有所反映，可見漢代的劫人罪在此被分化成了有所規避執人質罪和强盗罪兩種罪名。見唐律"有所規避執人質"條："諸有所規避，而執持人爲質者，皆

---

①　沈約《宋書》卷六六《何尚之傳》，北京：中華書局，1974年，第1733頁。
②　魏收《魏書》卷一一一《刑罰志》，第2873頁。
③　魏收《魏書》卷一一一《刑罰志》，第2876頁。
④　魏收《魏書》卷一一一《刑罰志》，第2877頁。
⑤　魏收《魏書》卷一一一《刑罰志》，第2888頁。
⑥　魏徵等《隋書》卷二五《刑法志》，北京：中華書局，1973年，第699頁。
⑦　魏徵等《隋書》卷二五《刑法志》，第701頁。

斬"，①"强盗"條："諸强盗,謂以威若力而取其財"，②此二罪名亦包含了漢代劫人罪的兩種
内涵。隨着唐律中劫人罪的分化,"劫人"罪在量刑上亦與漢代有很大不同,對有所規避而
執持人爲質者,唐律規定皆斬;而對于强盗罪,更是細分爲得財、不得財、傷人及是否持杖
等情況而有不同的處罰標準,③更爲難得的是唐律中對于預謀者的未予置論以及不罪及
妻、子,這相比漢律、晋律以及梁律來説是極大的進步。另外,在有所規避執人質條中,疏
議還將此罪的犯罪目的擴大至除"規財"之外的"避罪"目的,見疏議曰:"有人或欲規財,或
欲避罪,執持人爲質";④以及在强盗條中,在犯罪手段上也進行了擴展:"先强後盗、先盗
後强等。若與人藥酒及食,使狂亂取財,亦是"。⑤這些均是漢律中所未見。對比《二年律
令》與《唐律疏議》的條文,可發現唐律中很多律法精義來源于漢律,但是却比漢律規定更
爲具體詳盡,且在司法實踐中更易于操作。

宋因唐律,無甚變化,見《宋刑統·賊盗律》"劫囚捉人爲質"條:"諸有所規避而執持人
爲質者,皆斬",⑥"强盗竊盗監主自盗"條:"諸强盗,謂以威若力而取其財"。⑦ 到元代,據
《元史·刑法志》記載,"諸强奪人財,以强盗論",⑧説明基本仍因唐宋之律,但元律中比
唐、宋律更進一步的乃是區分了"未發而自首者""始謀而未行者"及"已行而不得財者"
等,⑨并據此而有不同的科罪標準,亦可看爲是封建時代立法思想和立法技術成熟的一大
表現。

明律中不見"有所規避執人質"條,却將之分爲强盗罪與白晝搶奪罪,見《大明律》:"凡
强盗已行,而不得財者,皆杖一百,流三千里;但得財者,不分首從,皆斬",⑩"凡白晝搶奪
人財物者,杖一百,徒三年;計贓重者,加竊盗罪二等。傷人者,斬。爲從,各減一等"。⑪
明代的强盗罪和白晝搶奪罪,在量刑標準上較之唐、宋律明顯加重,當與明代重典治國的
思想有所關聯。清律基本因襲明律,見《大清律例》:"凡强盗已行而不得財者,皆杖一百、
流三千里;但得(事主)財者,不分首從皆斬",⑫"凡白晝搶奪人財物者,(不計贓)杖一百、

①④　長孫無忌等撰,劉俊文點校《唐律疏議》,第 331 頁。
②⑤　長孫無忌等撰,劉俊文點校《唐律疏議》,第 356 頁。
③　見:"不得財徒二年;一尺徒三年,二疋加一等;十疋及傷人者,絞;殺人者,斬。其持杖者,雖不得財,流三千
里;五疋,絞;傷人者,斬。"(長孫無忌等撰,劉俊文點校《唐律疏議》,第 357 頁)
⑥　竇儀等詳定,岳純之校證《宋刑統校證》,北京大學出版社,2015 年,第 238 頁。
⑦　竇儀等詳定,岳純之校證《宋刑統校證》,第 259 頁。
⑧　宋濂等《元史》卷一〇四《刑法志》,北京:中華書局,2013 年,第 2658 頁。
⑨　宋濂等《元史》卷一〇四《刑法志》,第 2657 頁。
⑩　懷效鋒點校《大明律》,北京:法律出版社,1999 年,第 140 頁。
⑪　懷效鋒點校《大明律》,第 141 頁。
⑫　田濤、鄭秦點校《大清律例》,北京:法律出版社,1999 年,第 377 頁。

徒三年;計贓(并贓論)重者,加竊盜罪二等。(罪止杖一百、流三千里)傷人者,(首)斬(監候)。爲從各減(爲首)一等。并于右小臂膊上刺'搶奪'二字"。① 後清末修律,在《大清現行刑律》中又對以上略有增删,但總體上直至帝制終結而無大變。

【作者簡介】謝曉燕,女,1985 年生,青海師範大學歷史學院博士生,主要從事中國法制史、漢唐考古等研究。

---

① 田濤、鄭秦點校《大清律例》,第 386 頁。

新見西魏文帝嬪席暉華墓誌及相關問題探析*

王　治　傅清音

近年,隋開皇四年(584)席暉華墓誌出土于西安市長安區(圖一、圖二),席暉華係西魏文帝元寶炬之嬪,遂在正史所記文帝文皇后乙弗氏、悼后郁久閭氏之外,補以文帝嬪妃席氏。誌文所揭席暉華與元寶炬的一子三女,其子拓跋儒係元寶炬第九子,[①]與元寶炬第五子拓跋寧[②]皆卒于北周孝閔帝元年(557)二月十八日,與西魏八大柱國之一的趙貴被北周權臣宇文護所誅爲同一天。西魏最後一任皇帝拓跋廓復在是年二月二十五日尋殂,其長子拓跋初與拓跋儒同日同地葬于小陵原,由此推測宇文護清算趙貴謀反案時,西魏皇族宗室也捲入其中牽連殞命。席暉華三女分别與西魏權臣宇文泰之子、八大柱國之一李弼之子和重臣辛威聯姻,揭示了西魏政權的勢力博弈和政治聯姻。席暉華係出安定席氏,學界對安定席氏淵源及發展已有相關研究,[③]本文僅對北朝席法友和席固兩支與西魏北周發展攸關的家族世系略做考證,希冀輔于對安定席氏家族的深入認識,乃至對隋唐間順應科舉趨勢,頗有人物躋身文壇以爲家族崛起之資的理解亦不無裨益。

《席暉華墓誌》誌文23行,滿行24字,正書,有方界格。蓋題"魏文皇帝之嬪開皇四年歲次甲之墓誌"16字,4行,行4字,篆書,有方界格。誌石長寬約40厘米見方。爲方便考釋,謹將墓誌録文如下:

---

* 本文爲2020年全國高等院校古籍整理工作委員會直接資助項目"新見隋代墓誌銘疏證續集"(項目編號:2051)及2021年國家社會科學基金一般項目"新出隋代墓誌銘捜補與研究"(項目編號:21BZS008)階段性成果。

① 西安市文物稽查隊《西安新獲墓誌集萃》,北京:文物出版社,2016年,第16—17頁。

② 趙力光主編《西安碑林博物館新藏墓誌續編》,西安:陝西師範大學出版總社有限公司,2014年,第7—8頁。

③ 王其禕、周曉薇《隋代墓誌銘彙考》,北京:綫裝書局,2007年,第334—335頁;于文哲《新出唐詩人席夔墓誌考釋》,《古典文獻研究》第二十二輯,南京:鳳凰出版社,2020年,第193—212頁;楊瓊《新發現唐代席夔墓誌的文學研究價值》,《浙江大學學報(人文社會科學版)》第3期,2019年5月,第83—96頁。

魏席嬪墓誌銘并序

　　嬪姓席，諱暉華，河南緱氏人，魏文皇帝之嬪也。昔皇甫門人，与摯虞而方駕；永嘉使者，錫張軌于上台。奕葉相承，衣纓不絕。祖　，岐州刺史。父器，秦州刺史。清徽素範，光映朋儕，奇績茂功，鼓儛真俗。嬪聲高戚里，譽滿良家，蘭琬非馨，玉峰掩色。載仁而行，抱義而處，動必以礼，言出可師。張茂先之女箴，不看而自合；蔡伯喈之女訓，未讀而懸同。恣皀端華，容止閑麗，流風迴雪不能侔，暮雨朝雲無以匹。年十有四，入嬪魏宮，飛裾玉陛，恭儉之心逾切；鳴珮金門，琴瑟之和斯在。鑾輿巡幸，時入貂尾之車；弓劍不追，徒深爵臺之望。子，開府燕王；長女，柱國抱罕公夫人；第二女，周愍帝皇后；第三女，上大將軍真鄉公夫人。男則儀形鼎實，方駕酅郇；女則内主長秋，連驂馬鄧。嬪訓以母儀，示之士則，懇懃四德，流連百行，雖鮑氏之曰女宗，王姬之稱母式，楊擢德音，不之過也。大隋開皇四年四月廿六日遘疾薨于靖安里宅，即以其年歲次甲辰七月辛酉朔十三日癸酉葬于大興縣堺小陵原。昔長水之縣，忽起波瀾；羅浮之山，俄移峰岫。故知陵谷無定，緗素易彫，試陳高行，聊刊美石。其銘曰：

　　球檀王人，乘表名臣。家流餘慶，世挺芳塵。邦媛載誕，女德日新。含貞抱順，祖義宗仁。四德遠聞，八條早見。朝游椒閨，夜陪蘭殿。瓊砌當熊，玉筐迎鷫。頌麗鬱金，詩高團扇。男坐靈光，女入昭陽。國礼斯變，夜哭增傷。延年牢術，童子居育。忽歸東岱，徒蒸西香。山遥路曲，野寂松孤。秋月空照，春禽自呼。金罌不浴，銀樹將枯。銘茲節婦，永誌山隅。

圖一　席暉華墓誌蓋

圖二　席暉華墓誌

一、席暉華及三個女兒的政治婚姻

　　誌文稱席暉華"年十有四,入嬪魏宮",《北史·后妃上》有西魏文帝元寶炬文皇后乙弗氏和悼皇后郁久閭氏,[①]乙弗后于西魏大統六年(540)賜死時年三十一,知其生年在北魏永平三年(510)。元寶炬崩于大統十七年(551)時年四十五,知其生年在北魏正始四年(507)。乙弗氏年十六聘爲元寶炬妃,在北魏正光六年(525),時元寶炬年十九。悼皇后郁久閭氏是蠕蠕主阿那瓌之長女,大統四年(538)立爲文帝皇后時年十四,知其生年恰在元寶炬迎娶乙弗氏的北魏正光五年(525),後因難産卒于大統六年(540)。席暉華"入嬪魏宮"而納于元寶炬,至少在西魏建立之後,緣悼皇后善妒忌,乙弗后因其讒言而死,則席暉華之入宮或可能在悼皇后卒後。

　　席暉華"長女,柱國抱罕公夫人;第二女,周愍帝皇后;第三女,上大將軍真鄉公夫人"。揆諸史書,柱國抱罕公即辛威,《周書》《北史》有傳,[②]知辛威于北周孝閔帝初(557)進爵抱罕郡公,天和元年(566)爲柱國。然辛威卒于北周大象二年(580)時年六十九,知其生年在北魏延昌元年(512),只比其岳父元寶炬小五歲,比起在西魏大統初年入宮纔十四歲的席暉華年紀大得多。那麼,辛威是在何時迎娶元寶炬與席暉華長女的呢? 史書闕載的這一信息在北周庾信的《北周上柱國宿國公河州都督普屯威神道碑》中有以記錄,碑文"保定四年……朝廷與公有内外之親,令公從戚里之貴,乃以魏文帝女爲公夫人"。[③] 今據席暉華墓誌可知此處魏文帝女即席暉華所生長女,于北周保定四年(564)聘于辛威,此時的辛威已經年逾五十。北朝大都以早婚爲尚,席暉華長女不會是辛威的第一任夫人,那麼這會是席暉華長女的第一次婚姻嗎? 下文將在述及席暉華次女的婚姻時解析。

　　席暉華第二女是周愍帝皇后,周愍帝即北周孝閔帝宇文覺,《周書》《北史》有紀。[④] 宇文覺是宇文泰第三子,生于西魏大統八年(542),皇后元胡摩,是西魏文帝元寶炬第五女,初封晋安公主,[⑤]宇文覺爲略陽公時納之。西魏大統十六年(550),宇文覺九歲時封略陽郡公,西魏恭帝三年(556)封爲周公。時宇文覺十五歲,元胡摩聘于宇文覺時年紀應也在

　　① 李延壽《北史》卷一三《后妃上》,北京:中華書局,1974 年,第 506—507 頁。
　　② 令狐德棻等《周書》卷二七《辛威傳》,北京:中華書局,1971 年,第 2311—2312 頁;李延壽《北史》卷六五《辛威傳》,第 447—448 頁。
　　③ 庾信撰,倪璠注,許逸民校點《庾子山集注》卷一四《碑》,北京:中華書局,1980 年,第 879—894 頁。
　　④ 令狐德棻等《周書》卷三《孝閔帝紀》,第 45—50 頁;李延壽《北史》卷九《孝閔帝本紀》,第 330—333 頁。
　　⑤ 令狐德棻等《周書》卷九《皇后傳》,第 143 頁;李延壽《北史》卷一四《后妃下》,第 527 頁。

這個歲數上下。據隋開皇十年(590)《于儀與廣寧公主墓誌》①可知,廣寧公主係元寶炬第三女,下嫁西魏八大柱國之一的于謹之子于儀,廣寧公主于隋開皇十年(590)卒,時年四十八,則其生年在西魏大統九年(543),元胡摩生年當在此之後。

　　按照常理,席暉華的長女不太可能在妹妹元胡摩之後出嫁,嫁給辛威應該也不是她的第一次婚姻。據《周書》卷一三《文帝諸子傳》,宇文震于西魏大統十六年(550)尚西魏文帝女,其年薨。② 宇文震和宇文覺同爲宇文泰子嗣,二者與西魏文帝元寶炬之女聯姻的時間接近,席暉華長女很可能就是這位聘于宇文震的西魏文帝元寶炬女,因爲宇文震不幸早卒而守寡,繼而于北周保定四年(564)又下嫁辛威,這樣也就能解釋爲何妹妹元胡摩早在西魏末年就出嫁,而身爲姐姐的席氏長女卻一直到北周纔步入婚姻。如果這種事實成立的話,姐妹倆的命運便如出一轍。長姐的丈夫宇文震在結婚當年就不幸身亡,妹妹元胡摩嫁給的宇文覺并在即位當年就被廢黜,元胡摩自己也出俗爲尼。

　　席暉華第三女適上大將軍真鄉公,即西魏八大柱國之一的李弼之子李衍,《北史》《隋書》有傳。③ 李衍在李弼諸子中的排行,隋開皇五年(585)《崔仲方妻李麗儀墓誌》有"第四叔,上大將軍、敷虢隴介四州刺史、真鄉公衍",④誌主李麗儀祖父李弼,父親李曜。李麗儀稱李衍爲四叔,則李衍爲李弼第四子。李衍在隋代大舉伐陳時從秦王俊出襄陽道,拜安州總管,歲余卒,時年五十七。隋代大舉伐陳在開皇八年(588),李衍卒年當在隋開皇九年(589)之後,知其生年在北魏永熙二年(533)之後。另據北周建德三年(574)《徒何綸墓誌》,誌主徒何綸即李衍弟李綸,建德三年(574)卒,時年四十,⑤知李綸生年在西魏文帝大統元年(535),由此推測李衍生年很可能在北魏永熙三年(534)。

　　元寶炬的祖父就是乙弗后的外祖北魏孝文帝拓跋宏,婚後十年元寶炬爲帝,乙弗氏爲皇后,僅又四年在西魏權臣宇文泰和親政策的建議之下,乙弗后被廢。元寶炬旋又迎娶柔然公主郁久閭氏。北魏永熙三年(534)孝武帝西行入關,其後魏分東西,偏安一隅的西魏政權內憂外患,帝王的婚姻也只能服從政治的需要,席暉華之父席器是秦州刺史,秦州在北魏地理位置就十分重要,發展到西魏更是具有舉足輕重的作用,一直由重臣坐鎮,席暉華的入嬪魏宮亦不會是無因之果。不僅元寶炬的帝王婚姻,他的子女更是如此,西魏的政權實際掌握在宇文泰手中,元寶炬和宇文泰結爲姻親以謀求各自的政治需要:元寶炬與乙

---

①　胡戟《珍稀墓誌百品》,西安:陝西師範大學出版總社,2016 年,第 26—29 頁。

②　令狐德棻等《周書》卷一三《文帝諸子傳》,第 201 頁。

③　李延壽《北史》卷六〇《李弼附李衍傳》,第 2129—2130 頁;魏徵《隋書》卷五四《李衍傳》,北京:中華書局,1973 年,第 1362—1363 頁。

④　羅新、葉煒《新出魏晉南北朝墓誌疏證(修訂本)》,北京:中華書局,2016 年,第 348 頁。

⑤　羅新、葉煒《新出魏晉南北朝墓誌疏證(修訂本)》,第 253 頁。

弗后長子元欽娶宇文泰女;宇文泰子宇文震娶元寶炬與席暉華長女;宇文泰子宇文覺娶元寶炬與席暉華次女。不僅如此,元寶炬與席暉華第三女與八大柱國之一的李弼之子聯姻;元寶炬第三女廣寧公主下嫁八大柱國之一的于謹之子于儀。前述元寶炬與席暉華的長女在第一次不幸的婚姻之後,復又被宇文周政權作爲拉攏大臣的手段下嫁辛威,在周代魏的歷史劇變下,西魏的皇女難以選擇自己的人生,而對于西魏皇子們來説,則連自己的生死都爲人掌控。

　　席暉華墓誌提及的她和元寶炬之子"開府燕王",即史書中的燕王拓跋儒。據《北史》卷五《西魏文帝本紀》:"(大統)十六年夏四月,封皇子儒爲燕王,公爲吳王。"①拓跋儒係元寶炬第九子,魏後三年(556)正月,封爲燕郡公。北周元年(557)二月十八日薨,北周二年(558)九月卅日窆于小陵原。前述已及拓跋儒之死應屬非正常死亡,恐是因趙貴圖危社稷謀反之罪牽連而遭殺戮。趙貴謀反一事,《周書》卷三《孝閔帝紀》記"(孝閔帝元年二月)丁亥,楚國公趙貴謀反,伏誅"。②《周書》卷一六《趙貴傳》記"初,貴與獨孤信等皆與太祖等夷,及孝閔帝即位,晋公護攝政,貴自以元勳佐命,每懷怏怏,有不平之色,乃與信謀殺護。及期,貴欲發,信止之。尋爲開府宇文盛所告,被誅"。③可知,趙貴謀反尚未實施,他被誅殺很大程度上源于權臣宇文護對朝中重臣的猜忌。又,北周明帝元年十二月甲午,宇文毓曾下詔:"善人之後,猶累世獲宥,況魏氏以德讓代終,豈容不加隱恤。元氏子女自坐趙貴等事以來,所有没入爲官口者,悉宜放免。"④可知元氏子女曾受趙貴謀反案株連,聯繫前述席暉華之子拓跋儒死于趙貴被誅同一天,推斷宇文護曾以趙貴謀反牽扯西魏皇族爲名,對其進行誅殺。

二、南北朝安定席法友席固相關問題探析

　　席暉華墓誌稱"昔皇甫門人,與摯虞而方駕;永嘉使者,錫張軌于上臺",追溯先祖爲皇甫門人、永嘉使者,應指西晋皇甫謐門人、前凉張軌使者安定席純。據《晋書》卷五一《皇甫謐傳》:"謐所著詩賦誄頌論難甚多,又撰《帝王世紀》《年曆》《高士》《逸士》《列女》等傳、《玄晏春秋》,并重于世。門人摯虞、張軌、牛綜、席純,皆爲晋名臣。"⑤目前學界對安定席氏的

---

①　李延壽《北史》卷五《西魏文帝本紀》,第181頁。
②　令狐德棻等《周書》卷三《孝閔帝紀第三》,第47頁。
③　令狐德棻等《周書》卷一六《趙貴傳》,第263頁。
④　令狐德棻等《周書》卷四《明帝紀第四》,第54頁。
⑤　房玄齡《晋書》卷五一《皇甫謐傳》,北京:中華書局,1974年,第1418頁。

淵源及發展已有相關研究，①本文僅對南北朝席法友和席固兩支家族世系略做考證。

　　安定席法友，《魏書》《北史》有傳。② 席法友，祖父南奔，席法友仕南朝齊，北魏景明元年（500）豫州刺史裴叔業降魏，據《魏書》卷七一《裴植傳》："叔業卒，僚佐同謀者多推司馬李元護監州，一二日謀不決定，唯席法友、柳玄達、楊令寶等數人慮元護非其鄉曲，恐有异志，共舉植監州。"③席法友同謀歸魏，北魏熙平二年（517）卒。席法友子席景通，席景通子席鷗西行入關。又有北魏正光五年（524）《席詢墓誌》，誌主席詢"秦州使君乘氏襄公之孫，驍騎將軍景蔚之元子"，乘氏襄公即席法友，由此席法友之子除了史書所記席景通，另有席景蔚，爲北魏驍騎將軍。席詢正光五年（524）卒于其家洛陽永智里，窆于襄公陵之西北，可知安定席法友一支以洛陽爲居住地，襄公陵應即席法友塋地。

　　北魏孝昌元年（525）《裴譚墓誌》記"妻河東柳氏，父玄瑜，正員散騎侍郎前軍將軍大女荆瑤適安定席鷗，乘氏縣開國伯"，④此處席鷗即席景通之子。裴譚，祖父裴叔業，父裴蒨之。裴譚妻柳氏，父柳玄瑜，伯父柳玄達。據《魏書》卷七一《裴衍傳》："時河東南解人柳玄達，頗涉經史。仕蕭鸞，歷諸王參軍。與叔業姻婭周旋，叔業之鎮壽春，委以管記。及叔業之被猜疑，將謀獻款，玄達贊成其計，前後表啓皆玄達之詞。景明初，除輔國將軍、司徒諮議參軍，封南頓縣開國子，邑二百户。二年秋卒，時年四十三。"⑤據《魏書》卷五二《趙逸附趙超宗傳》："遷玄孫翼、翼從子超宗、令勝、遐、叔隆、穆等，太和、景明中，相尋歸降。"⑥北魏永平元年（508）《趙超宗墓誌》稱："君諱超宗，字令和，天水新縣人也。乃祖因宦居于斯鄉，雖擇地形而措宅焉。……及歸魏闕，拜左中郎將、尋陽伯，除扶風太守，又授建威鎮南府長史，尋轉車騎大將軍、儀同三司、府司馬，帶梁郡太守。"⑦據西魏大統二年（536）《趙超宗妻王氏墓誌》可知，趙超宗與王氏次子趙仲懿，趙仲懿夫人柳氏，祖父柳緝，父柳僧習。趙超宗與王氏長女，適柳師義，父柳緝。趙超宗與王氏第三女適裴英起，祖父裴彥先，父裴約。趙超宗與王氏第四女適柳遠，父柳玄達。⑧ 據西魏廢帝二年（553）《柳檜墓誌》可知，

　　① 王其禕、周曉薇《隋代墓誌銘彙考》，第 334—335 頁；于文哲《新出唐詩人席夔墓誌考釋》，《古典文獻研究》第二十二輯，第 193—212 頁；楊瓊《新發現唐代席夔墓誌的文學研究價值》，《浙江大學學報（人文社會科學版）》第 3 期，2019 年 5 月，第 83—96 頁。

　　② 魏收《魏書》卷七一《席法友傳》，北京：中華書局，1974 年，第 1587—1588 頁；李延壽《北史》卷四五《席法友傳》，第 1658—1659 頁。

　　③ 魏收《魏書》卷七一《裴叔業附裴植傳》，第 1570 頁。

　　④ 魏收《魏書》卷七一《裴叔業附裴植傳》，第 1567—1568 頁。

　　⑤ 魏收《魏書》卷七一《裴叔業附裴衍傳》，第 1576 頁。

　　⑥ 魏收《魏書》卷五二《趙逸附趙超宗傳》，第 1146 頁。

　　⑦ 趙力光《西安碑林博物館新藏墓誌彙編》，第 7 頁。

　　⑧ 趙力光《西安碑林博物館新藏墓誌彙編》，第 24 頁。

裴約之女裴媚，嫁柳檜，祖父柳緝，父柳僧習。[1] 又據西魏恭帝元年（554）《乙弗虯墓誌》可知，乙弗虯即柳虯，父柳僧習，柳虯夫人席氏，祖父席法友，父席景通。[2] 據北周建德六年（577）《柳鷟妻王令媛墓誌》可知，柳僧習子柳鷟夫人王令媛，祖父王世弼。[3] 綜合上述，參與北魏景明元年（500）裴叔業歸附北魏的席法友、柳僧習、柳玄達、王世弼、趙超宗亦屬南來投魏者，這些家族之間互相聯姻，既因其具有相近的政治背景，亦緣此而尋求共同發展。

南北朝安定席氏，復有安定席固，《周書》《北史》有傳。[4] 據《元和姓纂》卷一〇《席氏》記：“［安定臨涇］瓌十代孫廣，後漢光禄勋；元孫允，魏酒泉郡守。允元孫保，苻秦尚書左丞；生衡，晋建威將軍，寓居襄陽，仕南朝。四代衡孫固，歸後魏，湖州刺史、靖安公；元孫君懿，唐侍御史。懿曾孫建、涣、异、晋。建，禮部尚書、襄陽文公，孫谷、夔。夔，中書舍人，生鴻。”[5] 其中，“四代衡孫固”應爲“衡四代孫固”。席固高祖席衡因爲後秦之亂寓居襄陽仕宦東晋，遂爲襄陽著姓。

南朝經侯景之亂，席固遂擁親兵，《周書》稱梁元帝蕭繹嗣位，席固密謀歸魏。西魏大統十六年（550），席固以地歸款，宇文泰甚禮遇之。[6]《北史》稱梁元帝時，席固爲興州刺史，西魏大統中以地歸魏。[7] 然蕭繹嗣位乃在南朝梁承聖元年（552），時席固密謂其腹心曰：“今梁氏失政，揚都覆没，湘東不能復仇雪耻，而骨肉相殘。宇文丞相創啓霸基，招携以禮。吾欲決意歸之，與卿等共圖富貴。”[8] 言語中仍稱蕭繹爲湘東王，謂其罪爲骨肉相殘，乃指湘東王蕭繹與其侄河東王譽、岳陽王詧相互攻伐，于南朝梁大寶元年（550）殺河東王譽等事。按此，席固可能在西魏大統十六年（550）投魏，而在梁元帝蕭繹即位後方纘圖謀可能不確。席固卒于北周保定四年（564），敕襄州賜其墓田，二子席世雅、席世英位至大將軍、上開府儀同大將軍。據唐永徽五年（654）《席泰墓誌》，[9] 席泰曾祖席固，祖父席雅，父席鄆，子席元福。席泰的祖父席雅應即席世雅，席泰永徽四年（654）卒時年六十四，知其生于隋開皇十年（590），葬地在邙山。據《元和姓纂》卷一〇《席氏》可知，席固玄孫席君懿，席君懿曾孫席豫、席涣、席异、席晋。[10] 席豫，新舊《唐書》有傳，天寶七載（748）卒時年六十九，知其生于調露二年（680），席豫進士及第，玄宗稱其“詩人之首出，作者之冠冕”，與弟席晋

① 王連龍《新見北朝墓誌集釋》，北京：中國書籍出版社，2013年，第116頁。
② 寧琰《西魏乙弗虯暨夫人隋代席氏墓誌考釋》，《考古與文物》第2期，2020年2月，第88—92頁。
③ 趙文成、趙君平《秦晋豫新出墓誌蒐佚續編》，北京：國家圖書館出版社，2015年，第141頁。
④ 令狐德棻等《周書》卷四四《席固傳》，第798—799頁；李延壽《北史》卷六六《席固傳》，第2338—2339頁。
⑤⑩ 林寶《元和姓纂》卷一〇《席氏》，北京：中華書局，1994年，第1598頁。
⑥⑧ 令狐德棻等《周書》卷四四《席固傳》，第798頁。
⑦ 李延壽《北史》卷六六《席固傳》，第2338頁。
⑨ 周紹良、趙超《唐代墓誌彙編》，上海：上海古籍出版社，1992年，第203頁。

俱以詞藻見稱,席豫後徙家河南。[①]　席豫孫席咎、席夔,席夔于唐貞元十年(794)進士及第,貞元十二年(796)宏詞及第,與韓愈、白居易、元積、劉禹錫等交游,頗有詩作唱和往來。[②]

南北朝安定席法友和席固,適逢亂世而與時際會南來附魏,席法友一支則憑藉與之一同歸魏者,結成錯綜複雜的姻婭關係,進而形成了互相攀援的官場關係網,遂夯實家族發展之良好社會基礎。席固一支于北朝仍以武將爲主,至隋唐而能順應科舉入仕,重視文學教育,子弟文才出衆,遂能躋身政壇,仕途漸盛。

三、結　語

當正史給我們留下了西魏文帝元寶炬的乙弗后堅貞不渝、悼后善妒跋扈的記憶,墓誌却展開了一位西魏文帝嬪席暉華的坎坷際遇。席暉華年十四入嬪魏宮,經西魏北周至隋初而壽終,她親歷了三朝更替,目睹了其子拓跋儒受趙貴謀反案牽連遭誅、其婿宇文覺爲權臣宇文護奪權被戮的宮廷政變,與政治婚姻中的三女身不由己地捲入更迭變遷中。席暉華的父輩身居要職,而同出安定席氏的席法友和席固亦憑藉聯姻關係和家族文化,形成了各自不同的政治發展走向。

【作者簡介】王治,男,1977 年生,西北政法大學教師,主要從事文獻整理與研究。傅清音,女,1981 年生,西安碑林博物館副研究館員,主要從事石刻文獻整理與研究。

---

① 劉昫《舊唐書》卷一九〇中《席豫傳》,北京:中華書局,1975 年,第 5035—5036 頁;歐陽修、宋祁《新唐書》卷一二八《席豫傳》,北京:中華書局,1975 年,第 4467—4468 頁。

② 李德輝《全唐文作者小傳正補》卷六三三《席夔》,沈陽:遼海出版社,2011 年,第 725—726 頁。

新見兩方隋代弘農楊氏墓誌叢識[*]

周曉薇

弘農楊氏，號爲漢唐著姓，關中首望，族大系長，枝繁葉茂，累世貴顯，盛名不絶，而就其對于中古政治社會之影響而言，則或以楊隋御宇、統合九州更使得楊氏一門攀龍附鳳而造極輝煌。又若以當今研討中古楊氏世家之基本史料而言，出土墓誌文獻已然是不容忽視的一大門類，譬如大略統計所見北朝墓誌中的楊氏墓誌迄今有 60 餘種，而隋代墓誌中的楊氏墓誌竟已逾 50 種之多，幾與北朝楊氏墓誌略等，[①]并且接近存世隋代墓誌總數的十八分之一，以此尤可見證隋代楊氏家族之興盛與社會地位之顯赫以及對于政治影響之深巨，亦可緣此認知隋代楊氏墓誌史料之于楊隋史事與弘農楊氏家族史之研究尤爲豐富而重要。惟近年所見新出之隋代弘農楊氏墓誌，復有十餘種未見刊布討論且可資補充疏釋者，茲撿取兩種束爲一叢，并略作識讀，以爲隋代弘農楊氏研究增廣新素材。

一、開皇七年（587）《楊文志墓誌》

《楊文志墓誌》出土于陝西華陰（圖一），誌石今藏河南新安縣千唐誌齋博物館。誌文 25 行，滿行 27 字，正書，有方界格。誌石長寬均 40.5 厘米。著録見于《隋代墓誌銘彙考》"存目〇一〇"，[②]圖文新近披露于《千唐誌齋碑銘全集》。[③] 又緣《千唐誌齋碑銘全集》録文未施標點，故謄録并句讀誌文如下：

---

　* 本文爲 2020 年全國高等院校古籍整理工作委員會直接資助項目"新見隋代墓誌銘疏證續集"（項目編號：2051）及 2021 年國家社會科學基金一般項目"新出隋代墓誌銘搜補與研究"（項目編號：21BZS008）階段性成果。

　① 統計數據采自拙著《隋代墓誌銘彙考》《貞石可憑：新見隋代墓誌銘疏證》以及王連龍《南北朝墓誌集成》與齊運通主編《北朝墓誌全集》（即將出版）等著述。
　② 王其禕、周曉薇《隋代墓誌銘彙考》，北京：綫裝書局，2007 年，第 6 册，第 94 頁。
　③ 陳振濂、陳花容《千唐誌齋碑銘全集》，北京：朝華出版社，2022 年，第 1 册，第 26—27 頁。

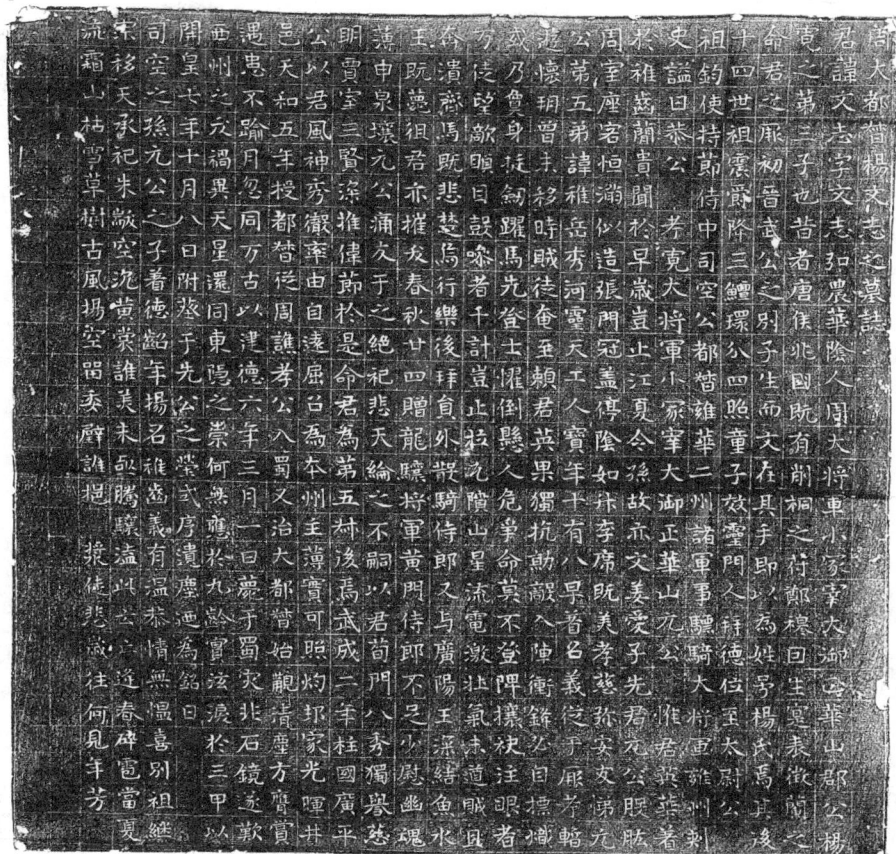

圖一　楊文志墓誌

周大都督楊文志之墓誌

　　君諱文志，字文志，弘農華陰人，周大將軍、小冢宰、大御正、華山郡公楊寬之第三子也。昔者唐侯兆國，既有削桐之符；鄭穆因生，寔表徵蘭之命。君之厥初，晉武公之別子，生而文在其手，即以爲姓，号楊氏焉。其後十四世祖震，爵降三鱔，環分四照，童子效靈，門人拜德，位至太尉公。祖鈞，使持節、侍中、司空公、都督雍華二州諸軍事、驃騎大將軍、雍州刺史，謚曰恭公。考寬，大將軍、小冢宰、大御正、華山元公。惟君英華著于稚齒，簡貴聞于早歲，豈止江夏令孫，故亦文姜愛子。先君元公，股肱周室。座客恒滿，似造張門；冠蓋停陰，如升李席。既美孝慈，彌安友悌。元公第五弟諱稚，岳秀河靈，天工人寶，年十有八，早著名義，從于厥考，暫游懷朔，曾未移時，賊徒奄至，賴君英果，獨抗劬敵，入陣衝鋒，必自標熾。或乃奮身挺劍，躍馬先登，士懼倒懸，人危争命,莫不登陣攘袂,注眼者万徒;望敵瞋目,鼓噪者千計。豈止拉瓦隤山,星流電激,壯氣未遒,賊且奔潰,齊馬既悲,楚烏行樂,後拜員外散騎侍郎。又与廣陽王深結魚水,王既薨徂,君亦摧天,春秋廿四,贈龍驤將軍、黄門侍郎,不足少慰幽魂,薄申泉壤。元公痛友于之絕祀,悲天綸之不嗣,以君荀門八秀,獨譽慈明;賈室三賢,深推偉節,于是命君爲第五叔後焉。武成二年,柱國、廣平公以君風神秀徹,率由自遠,屈召爲本州主簿,實可照灼邦家,光暉井邑。天和五年,授都督,從周譙孝公入蜀,又治大都督。始覿清塵,方膺賞遇,患不踰月,忽同万古,以建德六年三月一日薨于蜀。灾非石鏡,遂嘆西州之夭;禍异天星,還同東隱之崇。何無應于九齡,實法淚于三甲,以開皇七年十月八日附葬于先公之塋,式序遺塵,迺爲銘曰:

司空之孫,元公之子。著德齠年,揚名稚齒。義有温恭,情無愠喜。別祖継宗,移天承祀。朱黻空沉,黄裳誰美? 未亟騰驤,溘此云亡。逢春碎雹,當夏流霜。山枯雪草,樹古風揚。空留委璧,誰把□漿。徒悲歲往,何見年芳。

曉薇案:係出弘農楊氏越公房的楊鈞與楊寬父子,《魏書》卷五八、《周書》卷二二、《北史》卷四一皆有傳。而楊寬第五弟楊稚與其子楊文志,則俱不見載于史籍。墓誌記楊稚行事甚詳,又知楊文志乃是被過繼于其叔楊稚焉。

出土隋墓誌所見爲楊寬子孫者還有:仁壽四年(604)楊寬子《楊文愻墓誌》、仁壽四年(604)楊寬子《楊紀(文憲)墓誌》、大業九年(613)楊寬子《楊矩(文懿)墓誌》、大業九年(613)楊寬子《楊文思墓誌》、仁壽四年(604)楊寬孫、楊紀子《楊孝偡墓誌》。[①] 今可再補楊寬第三子楊文志,至若再比較推斷墓誌所見楊寬五子之年序,則知楊文思生于大統八年(542),楊矩生于西魏大統十五年(549),楊紀生于西魏廢帝元年(552),楊文愻生于西魏廢帝二年(553),而楊文志墓誌竟未記其享齡,只言其卒于北周建德六年(577),故以其爲楊寬第三子推之,當長于楊紀而次于楊矩。不過,誌文又載"武成二年,柱國、廣平公以君風神秀徹,率由自遠,屈召爲本州主簿",若楊文志生年小于楊矩,那麽其武成二年(560)受召本州主簿時的年齡最多也只有十一歲,似亦令人生惑,或楊寬尚有子嗣而猶未發見,懸疑待考。

① 上舉五種墓誌分別見載于王其禕、周曉薇《隋代墓誌銘彙考》,第 3 册,第 96 頁;第 3 册,第 106 頁;第 4 册,第 328 頁;第 4 册,第 331 頁;第 3 册,第 101 頁。有關楊文愻、楊紀、楊文思、楊孝偡及其房分世系之考述,以及對于北朝與隋代弘農楊氏墓誌之學術研究,主要成果可參詳:王慶衛、王煊《隋代華陰楊氏考述——以墓誌銘爲中心》,《碑林集刊》第 11 輯,西安:陝西人民美術出版社,2005 年,第 243—270 頁;王慶衛、王煊《隋代弘農楊氏續考——以墓誌銘爲中心》,《碑林集刊》第 12 輯,西安:陝西人民美術出版社,2007 年,第 199—222 頁;周偉洲《楊文思墓誌與北朝民族及民族關係》,《西北民族論叢》第 14 輯,北京:社會科學文獻出版社,2016 年,第 38—52 頁。孝偡,《新唐書·宰相世系表》與《古今姓氏書辨證》皆作"孝湛"。

誌云楊文志"與廣陽王深結魚水。王既薨徂，君亦摧夭，春秋廿四"，此廣陽王者，當即元淵，亦即元深，據《魏書》《北史》相關紀傳，可知元淵在孝昌二年(526)平定六鎮起義時爲葛榮所殺，則楊稚亦卒于是年。

北周武成二年(560)之"柱國廣平公"，檢《周書·梁睿傳》，知睿父梁禦嘗于西魏大統間進爵廣平郡公，後"子睿襲爵。天和中，拜開府儀同三司。以禦佐命有功，進蔣國公"，①則武成二年(560)召楊文志爲本州主簿之"柱國廣平公"者，蓋即梁睿。

北周天和五年之譙孝公，即宇文泰第八子譙國公宇文儉，武成元年(559)封譙國公，建德三年(574)進爵譙王，建德七年(578)卒，諡忠孝，《周書》卷一三、《北史》卷五八有傳，其墓誌亦已出土，②皆可參詳。宇文儉本傳記其"天和中，拜大將軍，尋遷柱國，出爲益州總管"，③適與墓誌所記楊文志"天和五年，授都督，從周譙孝公入蜀，又治大都督"相印證。

楊文志建德六年(577)卒于蜀地，至開皇七年(587)始歸葬"先公之塋"，其間綿歷十一年之久。楊文志的葬所，墓誌只言"附葬于先公之塋"，先公者，華山元公楊寬也，然楊寬墓誌未見出土，推及《楊文愻墓誌》"歸窆于華州華陰縣東原舊塋"，④《楊紀墓誌》"遷窆于華州華陰縣留名鄉歸政里之東原"，⑤《楊孝偡墓誌》"窆于華州華陰縣東原留名鄉歸政里"，⑥《楊矩墓誌》"遷葬于華陰縣留名鄉歸政里之東原"，⑦華陰東原爲弘農楊氏越公房之大塋所在，則《楊文志墓誌》所謂的"先公之塋"，當即華陰東原舊塋，彼時的具體鄉里即華陰縣留名鄉歸政里。

墓誌行文以空一格形式避家諱，而銘文中"誰挹"下所空一格乃是闕漏一字。

二、大業八年(612)《楊善暨妻王氏墓誌》

《楊善暨妻王氏墓誌》出土于陝西華陰(圖二)，誌石今存民間。誌文 20 行，滿行 20字。正書，有方界格。誌石拓本長寬均 33 厘米。《楊善暨妻王氏墓誌》拓本流傳不廣，坊肆間亦少見，大約較早在 2008 年上海博古齋拍賣有限公司夏季藝術品拍賣會古籍善本專場有此墓誌整紙朱拓本披露；此外，復見 2012 年 2 月北京收藏家協會金石碑帖研究會主

①　令狐德棻等《周書》卷一七《梁睿傳》，北京：中華書局，1971 年，第 280 頁。
②　陝西省考古研究院《北周宇文儉墓清理發掘簡報》，《考古與文物》第 3 期，2001 年 5 月，第 27—40 頁。
③　令狐德棻等《周書》卷一三《宇文儉傳》，第 204 頁。
④　王其褘、周曉薇《隋代墓誌銘彙考》，第 3 冊，第 96 頁。
⑤　王其褘、周曉薇《隋代墓誌銘彙考》，第 3 冊，第 106 頁。
⑥　王其褘、周曉薇《隋代墓誌銘彙考》，第 3 冊，第 101 頁。
⑦　王其褘、周曉薇《隋代墓誌銘彙考》，第 4 冊，第 328 頁。

辦的歷代碑刻名品善本舊拓展覽目録中亦有此墓誌整紙拓本展陳；2012 年 9 月 15 日的嘉德四季第三十一期古籍善本拍賣會上則又有此墓誌朱拓剪裱本拍品，提要云"與董美人墓誌抗肩，爲出土第一紙"，惟最終以四千至六千元的估價流拍。而本文所據録文者，乃爲陝西省社會科學院古籍整理研究所收藏之拓本。

圖二　楊善暨妻王氏墓誌

誌文如下：

隋大將軍故楊君墓誌

君諱善，字良遠，弘農華陰人也，漢故荆州刺史、太尉公震十五世之孫。三或既除，四公世襲，一人有慶，九族賴焉。曾祖紹，四州刺史、汝陰侯。祖鳳，河南尹。父悦，字敬歡，汝陽王長史。侠河分竹，潤及鄰邦。君承兹餘烈，加以威廉，惟孝惟誠，允文允武。以勳授大將軍，鍾離公以君冠冕弈世，出爲番牧，乃除使持節都州諸軍事都州刺史。在職清直，民吏稱之。改授金紫光禄大夫。方搏逸羽，奄挫迴飈。以大業六年六月十六日薨于里舍，春秋八十。夫人太原王氏，扶風太守和之女也。何忽風樹相催，儵忽俄傾，年六十有七，遘疾薨于家寢。嗣子長寬，左親侍。鍾離公以大業八年三月五日乃遷改先葬，用占高顯，空于華陰縣之通靈鄉。水帶鍾流，澄連鑪岫。泉室儻開，須知君子。乃銘圓石，用表芳猷。

叔虞啓唐，叔嚮遷楊。濬源寔遠，景祚攸長。世承清白，家傳吉祥。昊天有命，率土來王。其宗蒙祉，其友克昌。尔惟膺慶，是稱君子。令德可崇，徽容具美。方戾青冥，遽歸蒿里。厥子誠孝，文武兼施。爰遷舊槨，更肇新碑。畫荒飛影，銅魚拂池。霜含隴 月 ，風繞松枝。攸攸万古，斯人在斯。

曉薇案：楊善與其曾祖紹、祖鳳、父悦、子長寬及夫人王氏父王和，史傳均無載記。誌文所謂"鍾離公"者，史亦無考。誌云"曾祖紹，四州刺史、汝陰侯"，案《北史》卷六八與《周書》卷二九均有《楊紹傳》，然據《周書》楊紹本傳，則其曾任燕州刺史、衡州刺史，"孝閔帝踐阼，進位大將軍。保定二年，卒，贈成文等八州刺史。謚曰信"。① 《北史》本傳亦曰："周孝閔帝踐阼，進爵儻城郡公，位大將軍。卒，贈成、文等八州刺史。謚曰信。"② 則正史有傳之楊紹與此楊善曾祖之楊紹在職官爵位上頗有差異，顯非同一人。又史籍所見"汝陰侯"，僅有"始光初，以密皇后親，賜爵汝陰侯"的孔伯恭一人。③ 誌云"父悦，字敬歡，汝陽王長史"，"汝陽王"當即北魏永安二年(529)封爵而薨于東魏興和元年(539)的元暹。④

葬地"華陰縣之通靈鄉"爲華陰弘農楊氏族塋，《楊君妻吳女英墓誌》《楊文愻墓誌》《楊孝偗墓誌》《楊紀墓誌》《楊矩墓誌》⑤相關記載可知，華陰東原爲弘農楊氏越公房之大塋所在。而楊善葬于"通靈鄉"，楊寬子嗣皆葬于"留名鄉"，以此推之，則楊善一族或當出越公房之旁支，故其族塋并不與華陰東原楊氏越公房之大塋在同一鄉里焉。

【作者簡介】周曉薇，女，1957 年生，陝西師範大學歷史文化學院教授、博士生導師，主要從事中國古代歷史文獻與中古碑刻文獻及隋唐史研究。

---

① 令狐德棻等《周書》卷二九《楊紹傳》，第 501 頁。
② 李延壽《北史》卷六八《楊紹傳》，北京：中華書局，1974 年，第 2369 頁。
③ 魏收《魏書》卷五一《孔伯恭傳》，北京：中華書局，1974 年，第 1140 頁。
④ 魏收《魏書》卷一〇《孝莊紀》，第 263 頁；卷一二《孝静紀》，第 303 頁。
⑤ 以上五方墓誌見王其禕、周曉薇《隋代墓誌銘彙考》，第 1 冊，第 281—283 頁；第 3 冊，第 96、101、106 頁；第 4冊，第 328 頁。

武周《袁公瑜墓誌》及相關史事考[*]

延　鈫

　　《袁公瑜墓誌》,題爲《大周故相州刺史袁府君墓誌銘并序》,由武周名臣狄仁杰書撰。原石縱 70 厘米,橫 74 厘米,藏于河南洛陽千唐誌齋,^①拓片及誌文爲陳長安《隋唐五代墓誌彙編·洛陽卷》、^②趙文成《新出唐墓誌百種》^③等收錄。袁公瑜在太宗朝入仕,因擔任大理寺丞知名,是永徽、顯慶年間"廢王立武"事件的主要參與者之一,與李義府、許敬宗等人同屬武則天陣營。但因兩《唐書》不爲其立傳,史籍載述瑣碎,本人墓誌爲主的石刻文獻成爲瞭解袁公瑜家族、個人事迹的重要史料證據。已有魯才全《跋武周袁公瑜墓誌》^④就誌文内容簡要介紹,何磊《袁公瑜、袁承嘉父子墓誌銘點注》^⑤爲誌文句讀、點注。職此,筆者擬在已有研究基礎上,從家族、仕宦兩方面入手,通過對家族世系的梳理,勾陳其發展脉絡,并以袁公瑜仕宦爲綫索,考索背後歷史事件,豐富已有研究之細節。希以袁公瑜及其家族之若干訊息的揭橥,對初唐江左僑姓士族及當時政治風氣、士人心態有所燭照。不足之處,敬請諸方家批評指正。

　　現爲方便討論,將墓誌文移錄于此:

大周故相州刺史袁府君墓誌銘并序(袁公瑜及妻孟氏)

　　河北道安撫大使狄仁杰撰書

　　　　君諱公瑜,字公瑜,陳郡扶樂人也。嬀滿受封,始爲列國;濤塗得姓,實建我家。汝墳化三老之風,漢室推五公之貴,布在惇史,今可略焉。曾祖虯,魏車騎大將軍、行

---

　　* 本文爲國家社會科學基金重大項目"新出土墓誌與隋唐家族文學文獻整理與研究"(項目編號:21&ZD270)及中央高校基本科研業務費專項資金資助(項目編號:2022KJXTB04)階段性成果,陝西師範大學中國語言文學學科科教協同育人科研項目(2022KJXTB04)。

　　① 河南省文物研究所、河南省洛陽地區文管所《千唐誌齋藏誌》,北京:文物出版社,1984 年,第 481 頁。
　　② 陳長安《隋唐五代墓誌彙編·洛陽卷》,天津:天津古籍出版社,1991 年,第 7 册,第 186 頁。
　　③ 趙文成《新出唐墓誌百種》,杭州:西泠印社出版社,2010 年,第 70 頁。
　　④ 魯才全《跋武周袁公瑜墓誌》,《魏晋南北朝隋唐史資料》第八輯,1986 年 12 月,第 36 頁。
　　⑤ 何磊《袁公瑜、袁承嘉父子墓誌銘點注》,《西南古籍研究(2006 年)》,2007 年 10 月,第 396—406 頁。

臺大都督、汝陽郡開國公。祖欽，周昌城太守、汝陽郡開國公。父弘，唐雍州萬年縣令、舒州刺史。天錫純嘏，世篤忠貞。累仁積德，傳龜襲紫。汝穎之士，以爲美談。君體國懿姿，承家昭范，含章踐軌，貫理達微。少有大節，以射獵爲事。嘗遇父老謂之曰：童子有奇表，必佐帝王。年十有五，乃志于學，談近古事，若指諸掌。年十九，調補唐文德皇后挽郎，授晉州司士。郡有事每命君奏焉。君音儀閑雅，聲動左右。唐文武皇帝嘆曰：朕求通事舍人久矣，今乃得之。時以寺獄未清，因授君大理司直。俄而烏夷逆命，鑾駕東征，特授君并州晉陽縣令，尋遷大理寺丞。宰劇有聲，恤刑無訟，人賴厥訓，朝廷嘉焉。遷都官員外郎，歷兵部、都官二員外，尋拜兵部郎中。張燈匪懈，題柱增榮。總文武之司，得神仙之望。今上倪天伊始，潛德未飛。君早明沙麓之祥，預辯春陵之氣。奉若天命，首建尊名。故得保乂王家，入參邦政。俄以君爲中書舍人，又遷西臺舍人。徐邈以儒宗見重，劉超以忠慎推名。喻此聲芳，未足連類。遷司刑少常伯。君素多鯁直，志不苟容。猜禍之徒，乘門而起，成是貝錦，敗我良田。尋出君爲代州長史，又除西州長史。驥足遲迴，殊非得地；雁門奇舛，空負明時。俄轉庭州刺史。無何，遷安西副都護。君威雄素屬，信義久孚。走月氏，降日逐，柳中罷柝，蔥右無塵，雖鄭吉班超，不之加也。惜乎！忠而獲謗，信以見疑，盜言孔甘，文致□□。永隆歲，遂流君于振州。久之遇赦。將歸田里，而權臣舞法，陰風有司。又徙居白州。竄迹狼荒，投身魑魅。炎沙毒影，窮海迷天。憂能傷人，命不可續。享年七十三，垂拱元年七月廿五日寢疾，終于白州。嗚呼哀哉。永昌歲，始還鄧州，權殯石溪里。虞翻之吊，但見青蠅；王業之喪，猶隨白虎。如意初，有制追贈君相州刺史。恩加异代，澤漏窮泉，可謂生榮死哀，歿而不朽。前夫人孟氏，隋車騎將軍陟之孫，唐曹州刺史政之女。玉林皆寶，銀艾相暉，地積膏腴，世多賢淑。夫人秉閨房之秀，導芣苡之風。母訓重于紗帷，婦德光于綾障。老萊之養，未極斑衣；張胤之哀，空留畫扇。享年卅五，永徽六年十月五日，終于京第。嗚呼哀哉。即以久視元年十月廿八日，合葬于洛陽縣之北邙山。地卜書生，塋依烈士。楊公返葬，空餘大鳥之悲；魏主迴軒，當有隻雞之酹。孤子殿中省丞奉宸大夫、内供奉忠臣等，淚窮墳栢，哀結楷書，式撰遺風，丕揚億載。其銘曰：

峨峨碩德，惟岳生焉，顯顯英望，允邦基焉。服事臺閣，厥功茂焉，典司樞要，其業光焉。積毀銷骨，老西垂焉，微文獲戾，投南海焉。虞翻播棄，死交趾焉，溫序魂魄，還故鄉焉。遭逢明運，帝念嘉焉，追贈幽壤，朝恩博焉。北郭占墓，啓滕銘焉，西階祔葬，從周禮焉。樹之松檟，神道寧焉，刊彼金石，休聲邈焉。[1]

① 吳鋼《全唐文補遺》第一輯，西安：三秦出版社，1994年，第80—81頁。

一、袁公瑜家世

《元和姓纂》"袁氏"條下,記載:"(京兆)狀云渙之後。唐舒州刺史處弘,生公瑜、公玘。玘生暉,中書舍人。公瑜,刑部侍郎,生忠臣、仲將。忠臣,左羽林將軍、潁州刺史。公瑜孫守一,監察御史。"①

現除《袁公瑜墓誌》外,家族另出土袁公瑜弟《袁公瑤墓誌》、袁公瑜子《袁承嘉墓誌》《袁延祚墓誌》以及袁公瑜弟袁公玘孫女《韋君妻袁瓊芬墓誌》,將其中描述家族世系的部分摘録于下,連綴整合,可訂補《元和姓纂》相關内容,以探查、厘清袁公瑜家族發展脉絡:

1.《大周故相州刺史袁府君墓誌銘并序》:"君諱公瑜,字公瑜,陳郡扶樂人也。……曾祖虯,魏車騎大將軍行臺大都督汝陽郡開國公。祖欽,周昌城太守、汝陽郡開國公。父弘,唐雍州萬年縣令、舒州刺史。……孤子殿中省丞奉宸大夫、内供奉忠臣等,淚窮墳栢,哀結楹書。"

2.《大周故中大夫行司禮寺恭陵署令袁府君墓誌銘并序》:"公諱公瑤,字公瑤,陳郡扶樂人也。……會當塗之覲,條分脉散。有郎中令姿性仁勇,業奮群倫。勛顯魏册,明祀勿絕。公所宗焉。曾祖虯,魏車騎大將軍、行臺大都督、汝陽郡開國男。祖欽,周昌城太守、汝陽郡開國男。父處弘,唐大理寺正、雍州萬年縣令、舒州諸軍事、舒州刺史、柱國。……俾命侄孫梁國參軍守一,抽豪迹德,茹恤成文。"②

3.《大周故朝散郎行鄧州司法參軍事袁府君墓誌銘并序》:"公諱承嘉,字承嘉,扶樂人也。……在魏則曜□馳譽,居晋則彦伯飛聲。爰逮聖朝,衣冠烏弈,焕諸圖諜,可略而言。曾祖欽,周伏波將軍、昌城太守、汝陽郡開國公。……祖處弘,唐大理寺正、雍州萬年縣令、舒州諸軍事舒州刺史。……父公瑜,唐中書舍人、刑部侍郎、安西副都護,皇朝贈相州刺史。"③

4.《唐故朝議郎守梓州長史陳郡袁府君墓誌銘并序》:"日維洪源□烈也。因生以嬀姓,胙土而陳氏。振振公族,九系彌茂。……自魏郎中令渙,英風爽韵,籍甚無辜犬,彌十世誕元遜,以始平郡丞仕于秦,生龍,後魏散騎侍郎,生高祖虯,汝陽縣伯,生曾祖欽,周伏波將軍,正平昌城二郡守,汝陽縣子。丕嗣于皇祖裕,字處弘,大理正,萬年縣令,舒州刺史。……考諱公瑜,以中書舍人,安西都護,贈相州刺史。……公名延祚,字延祚,安西府

① 林寶撰,岑仲勉校箋《元和姓纂》卷四"袁姓",北京:中華書局,1994年,第441頁。
② 吳鋼《全唐文補遺》千唐誌齋新藏專輯,西安:三秦出版社,2006年,第85—87頁。
③ 吳鋼《全唐文補遺》第二輯,西安:三秦出版社,1995年,第371—372頁。

君第五子也。"①

5.《大唐故京兆韋氏故妻袁夫人墓誌銘》:"女諱瓊芬,字瓊芬,陳郡扶樂人也。源流浩發,世緒崇蔓,積德累仁,略可稱矣。曾祖處弘,舒州刺史。祖公玘,涼州都督府法曹。懿業重光,嘉聲昭衍。父暉,兗州都督。"②

墓誌顯示,袁公瑜家族追認祖先爲袁氏陳郡陽夏支袁涣。袁涣,三國時期于曹魏出任沛郡南部都尉、諫議大夫、郎中令。③《袁公瑶墓誌》云:"有郎中令姿性仁勇,業奮群倫。勛顯魏册,明祀勿絕。公所宗焉。"指袁涣。《袁延祚墓誌》:"自魏郎中令涣,英風爽韵。"無疑亦爲袁涣。這與《元和姓纂》記"狀云涣之後"相符。

《袁承嘉墓誌》:"在魏則曜□馳譽,居晋則彦伯飛聲。"前半句缺字爲"卿",袁涣字曜卿。後半句與之對仗,史載東晋袁宏,字彦伯,故袁涣之後,袁公瑜家族祖先世系衍至袁涣四世孫袁宏。史載袁宏"有逸才,文章絕美",著《後漢紀》,作《東征賦》《北征賦》等,袁宏有三子超子、成子、明子。④ 另《南史·袁廓之傳》言:"字思度,宏之曾孫也。父景儁。"⑤以此可與袁公瑜家族墓誌譜系對照,《袁延祚墓誌》云其五代祖袁元遜爲袁涣以下"彌十世",即袁元遜或爲袁涣九世孫、袁宏四世孫。然袁廓之爲袁宏曾孫,其生活于南朝宋齊兩代(420—502)。袁元遜晚于袁廓之兩世,墓誌載其仕于十六國時期秦(未知前秦還是西秦),早于袁廓之生活之時代。且袁公瑜家族其他墓誌也未明確袁涣至袁元遜,尤其是袁宏至袁元遜世系,故懷疑袁公瑜家族或有攀附袁氏前代名人袁涣、袁宏之嫌。

按《袁延祚墓誌》記載:"元遜,以始平郡丞仕于秦。"史載:"曹魏置始平縣,屬扶風,晋分立始平郡,後魏復爲縣,屬扶風,隋屬京兆。"⑥唐代沿襲隋制。所以袁公瑜一族有可能自袁元遜起就定居雍州,即隋唐以後的京兆地區,至家族入唐第一代,即袁公瑜父親袁裕輩,已歷經五代,故《元和姓纂》將其郡望系于京兆。

袁元遜以下,北魏袁龍、袁虬,到北周袁欽,在家族墓誌文本中有所對應,雖然史書皆無載,但應爲可靠祖先世系,由此可將《元和姓纂》所記袁公瑜父親袁處弘基礎上再往前推四代。

北魏袁龍,職官散騎侍郎。散騎侍郎,初設于曹魏時期,《三國志·魏書·杜恕傳》引

① 趙文成《新出唐墓誌百種》,第126頁。
② 毛陽光、余扶危《洛陽流散唐代墓誌彙編》,北京:國家圖書館出版社,2016年,第114頁。
③ 陳壽撰,裴松之注《三國志》卷一一,北京:中華書局,1982年,第333—336頁。
④ 房玄齡《晋書》卷九二,北京:中華書局,1974年,第2391頁。
⑤ 李延壽《南史》卷二六,北京:中華書局,第708—709頁。
⑥ 司馬光撰,胡三省音注《資治通鑑》卷第一九五,北京:中華書局,1956年,第6141頁。

《魏略》曰:"散騎皆以高才英儒充其選。"①北魏時期散騎官仍相當崇貴,爲皇族與高門士族壟斷,與黃門侍郎并稱"黃散清華"。② 可見袁龍在北魏朝廷中地位尊崇,其家族在當時也有一定聲望。

袁龍生袁虯,《袁公瑜墓誌》叙,"曾祖虯,魏車騎大將軍行臺大都督汝陽郡開國公",又"祖欽,周昌城太守汝陽郡開國公。父弘,唐雍州萬年縣令舒州刺史"。行臺是北魏時期中央尚書臺的派出機構,北魏後期,成爲地方軍事行動的重要指揮機構,一般以州、道來規定其活動範圍,都督爲行臺最高職官。③ 昌城,《後漢書》記屬右北平郡,後入信都郡,在今河北省豐南市西北。④ 由此證袁公瑜曾祖袁虯、祖父袁欽都曾是鎮戍、治理一方的長官,且有爵位世襲。

袁公瑜父親,史書記其名爲袁處弘,袁公瑤、袁承嘉、袁瓊芬墓誌均稱處弘。《袁延祚墓誌》記:"丕嗣于皇祖裕,字處弘。"可見史書所記爲袁父字,袁父名爲袁裕,《袁公瑜墓誌》稱袁弘可能爲脱字漏刻。袁裕終官舒州刺史,舒州⑤隸屬淮南道,爲今日安徽安慶。又案《袁公瑤墓誌》:"父處弘,唐大理寺正、雍州萬年縣令、舒州諸軍事、舒州刺史、柱國。"知袁裕早年歷大理寺正、京畿縣令,曾授勛"上柱國"。

史載袁裕以下公瑜、公玘兩子,今出土《袁公瑤墓誌》可證明袁公瑜至少兄弟三人。袁公瑤墓誌載其青州司公參軍起家,尋轉唐州桐柏縣令、滑州衛南縣令、杭州錢塘縣令、尚方監丞,終官太中大夫行司禮寺恭陵署令。袁公玘案《袁瓊芬墓誌》載,終官涼州都督府法曹,補《姓纂》不書之缺。

按史籍述袁公瑜兩子忠臣、仲將,而其墓誌又云:"孤子殿中省丞奉宸大夫内供奉忠臣等。"出土《袁承嘉墓誌》《袁延祚墓誌》均爲其子嗣,其中袁延祚墓誌言爲袁公瑜第五子。由上推測袁忠臣應爲袁公瑜同正妻孟氏所出嫡子,其餘皆爲庶子。史載袁忠臣歷左羽林將軍終官潁州刺史,墓誌載殿中省丞奉宸大夫内供奉可補其仕歷。

袁公玘子袁暉,《姓纂》記終官中書舍人,《袁瓊芬墓誌》即由袁暉撰寫于開元十八年(730)前後,署兖州都督,可補其仕歷。

袁公瑜孫袁守一,《朝野僉載》記其于玄宗朝軼事一則:"道士羅公遠,幼時不慧,入梁

　　① 陳壽撰,裴松之注《三國志》卷一六,北京:中華書局,1982年,第506頁。
　　② 閻步克《察舉制度變遷史稿》,北京:中國人民大學出版社,2009年,第107頁。
　　③ 關于北魏行臺制度研究,可參見張鶴泉《北魏後期行臺僚佐考略》,《社會科學戰線》第6期,2007年11月,第122—129頁;《北魏後期的"道"考略》,《古代文明》第1期,2008年1月,第41—54頁;《論北魏後期的征討行臺》,《軍事歷史研究》第2期,2019年3月,第43—55頁。
　　④ 王先謙《後漢書集解》,上海:商務印書館,1959年,第3881頁。
　　⑤ 李吉甫撰,賀次君點校《元和郡縣圖誌》逸文卷二,北京:中華書局,1983年,第1078頁。

山數年,忽有异見,言事皆中,敕追入京。先天中,皇太子設齋。……侍御史袁守一將食器數枚,就羅公遠看年命,奴擎衣襆在門外,不覺須臾在公遠衣箱中。諸人大驚,莫知其然。"①《姓纂》書袁守一官歷監察御史,應是承繼于此史料。現出土《袁公瑤墓誌》久視元年(700)前後由袁守一撰書,署梁國參軍,可補其早年仕歷。

整理簡記袁公瑜家族世系如下圖:

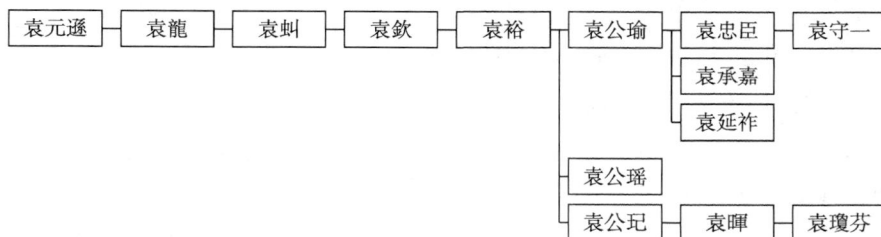

袁元遜 → 袁龍 → 袁虯 → 袁欽 → 袁裕 → 袁公瑜 → 袁忠臣 → 袁守一
袁承嘉
袁延祚
袁公瑤
袁公㠡 → 袁暉 → 袁瓊芬

綜上稽考,袁公瑜家族望出陳郡陽夏,雖以三國袁渙、東晉袁宏爲宗,但無實據,恐爲中古士族常見攀附著望顯支的情況。袁公瑜家族至遲于袁元遜時入北仕秦,并以始平郡即後世京兆爲居住地,故《姓纂》以京兆爲家族本貫。袁公瑜高祖袁龍、曾祖袁虯仕北魏,祖袁欽仕隋,直至袁裕仕唐,累世官宦,且袁虯、袁欽、袁裕三代勋爵。陳郡袁氏屬于江左僑姓士族,在中古北方政權中的地位和作用不及關隴、山東士族,但袁公瑜家族憑藉文化優勢以及個人努力,在朝代遷轉中保持了較好的發展態勢,良好的政治資本積累也成爲了袁公瑜輩及其子弟門蔭入仕的基礎。

二、袁公瑜宦迹及相關史實考

袁公瑜事迹散見于兩《唐書》《册府元龜》《資治通鑑》等傳世史料,相關撰述集中在永徽、顯慶前後所任大理丞、西臺舍人等職,除此以外的履歷概未提及。因此,完整鋪叙袁公瑜仕途起承轉合的個人墓誌起到了補史之闕的作用,尤其關于袁公瑜早年仕宦爬升期及中晚年數次被貶經歷的描述,對于瞭解袁公瑜及其相關政治歷史事件具有顯著意義。

墓誌云:"年十九,調補唐文德皇后挽郎。"史料載:"(貞觀十年)冬十一月庚寅,葬文德皇后于昭陵。"②劉琴麗考證部分挽郎需要經歷守選方可授官。③ 袁公瑜挽郎後,有無守選墓誌未明言,僅述"授晉州司士"。

① 張鷟撰,趙守儼點校《朝野僉載》卷三,北京:中華書局,1979年,第67頁。
② 劉昫等《舊唐書》卷三《太宗本紀》,北京:中華書局,1975年,第76頁。
③ 劉琴麗《再論唐代的齋郎與挽郎》,《江漢論壇》第9期,2005年9月,第91—93頁。

墓誌云："郡有事每命君奏焉。君音儀閑雅，聲動左右。唐文武皇帝嘆曰：'朕求通事舍人久矣，今乃得之。'"袁公瑜呈奏朝廷，儀態雅正、音色渾厚醇雅，因而被唐太宗賞識，認爲其有通事舍人之能。通事舍人，專掌呈奏案章，傳達詔命之責。袁公瑜能得到太宗如此評價，也應與其挽郎資格出身有關。國葬儀仗中"挽郎執紼"承擔烘托皇家儀式莊嚴震撼氛圍的任務，實質上是儀仗中最重要的門面裝點之一。① 因此曾被遴選爲挽郎的袁公瑜，在外形、儀態上必然有着優于一般士子的條件，正適合通事舍人這類宣化王言的工作。

但袁公瑜未真正上任通事舍人，誌文云："時以寺獄未清，因授君大理司直。"唐大理寺置司直六人，掌出使推覆。② 此處不明確袁公瑜返京出任大理司直的時間，根據其前後仕宦綫索，結合史籍，可推測所言"寺獄未清"，很可能指貞觀十七年前後因儲位之爭而産生的一系列宮廷案件。

武德九年（626）八月李世民登基，同年李承乾作爲長孫皇后所出嫡長子被立爲太子。貞觀十年後，太宗産生易儲想法，魏王李泰同爲長孫皇后所出，"太宗特所寵異"。③ 因此李承乾與李泰漸生嫌隙，私下各樹朋黨，已成劍拔弩張之勢。不料貞觀十七年（643）三月丙辰，齊州都督、齊王李祐謀反案④先插一足，由于李承乾黨派中紀幹承基私通李祐，所以作爲李祐黨人被捕後，李承乾意欲"縱兵入西宮"之事也遭敗露，并因此廢爲庶人。然而魏王泰也没能順利成爲儲君，降爵東萊郡王，太宗下詔："承乾懼其凌奪，泰亦日增猜阻，爭結朝士，競引凶人。……朕志存公道，義在無偏，彰厥巨釁，兩從廢黜。"⑤史載太子、魏王黨人"漢王元昌、吏部尚書侯君集并坐與連謀，伏誅"，⑥杜荷"與太子承乾謀反，坐斬"，⑦杜正倫"流配驩州"⑧等，可推測袁公瑜遷轉至大理司直，應是爲儘快處理相關案件，平息鬥爭。

貞觀十九年太宗發動東征高句麗，誌文描述"俄而鳥夷逆命，鑾駕東征"，袁公瑜被"特授"并州晉陽縣令。東征結束後，袁公瑜"尋遷大理寺丞"，唐大理寺"丞六人，從六品上"⑨"判尚書六曹所統百官及諸州之務，刑部丞掌押獄，每一丞斷事，五丞同押，若有異見，則各

① 吳麗娛《助葬必執紼——唐代挽郎一角》，《首都師範大學學報（社會科學版）》第 2 期，2014 年 4 月，第 1—7 頁。
② 李林甫等撰，陳仲夫點校《唐六典》卷一八，北京：中華書局，1992 年，第 502 頁。
③ 吳兢撰，謝保成集校《貞觀政要集校》卷二，北京：中華書局，2009 年，第 135 頁。
④ 相關研究可參王偉《新見〈大周故魏州昌樂縣令韋君（杰）墓誌銘并序〉考論——以貞觀十七年齊王李祐謀反案爲中心》，《新疆大學學報（哲學·人文社會科學版）》第 2 期，2021 年 3 月，第 98—103 頁。
⑤ 劉昫等《舊唐書》卷七六，第 2656 頁。
⑥ 劉昫等《舊唐書》卷三，第 55 頁。
⑦ 劉昫等《舊唐書》卷六六，第 2469 頁。
⑧ 劉昫等《舊唐書》卷七〇，第 2543 頁。
⑨ 李林甫等撰，陳仲夫點校《唐六典》卷一八，第 502 頁。

言不同之狀也".① 相比較此前的大理司直,品級和權力都有所提升。在職期間,袁公瑜憑藉出色的個人才能,獲得了一定聲望,誌文云,"宰劇有聲,恤刑無訟,人賴厥訓,朝廷嘉焉"。因此再受擢拔,并由員外郎逐步升遷至郎官,墓誌言:"歷兵部、都官員外郎,尋拜兵部郎中。"其中兵部員外郎屬兵部,都官員外郎隸刑部,專務京都司法刑事案件,《唐六典》注:"掌中都官不法事,因以名官。"②袁公瑜于兵部、刑部接連遷轉後,至遲于高宗永徽年間正式拜授兵部郎中。"唐代的高層官員,除了極少數例外,幾乎都曾在他們壯年時(約四十到五十歲之間)出任過郎官,由此纔爬升到高層。唐代士人如果沒有充當過郎官,那通常也意味着他們的仕途不够坦順,或一生都只浮沉在下層文官階層當中。"③故墓誌云:"張燈匪懈,題柱增榮。總文武之司,得神仙之望。"可證六部郎中對于士子發展之重大意義。

墓誌云:"今上倪天伊始,潛德未飛。君早明沙麓之祥,預辯春陵之氣。奉若天命,首建尊名。故得保乂王家,入參邦政。"此處引用《詩經·大明》:"大邦有子,倪天之妹。"④ "倪天"即天上仙子,代指武則天,"潛德未飛"説明武則天尚未封後之時,袁公瑜就已經是武則天的忠實擁躉。

關于袁公瑜爲何自覺站隊武則天,史籍、墓誌都未有明確説法,推測其中原因可能包括家族背景及自身發展等多種因素。首先,如前文論述,袁公瑜家族雖十六國時期就已入北,且有較長時間于京兆地區的居住史,但從家族身份認同的角度出發,其仍與南朝袁氏共以陳郡爲郡望,或存在同江左僑姓士族交往、抱團的傾向,而有別于傳統的關隴士族。陳寅恪曾以地域劃分高宗朝廷因"廢王立武"事件而分化出的兩個支持和反對武后的派別,并總結"此事非僅宫闈後妃之争,實爲政治上、社會上關隴集團與山東集團決勝負之一大關鍵"。⑤ 儘管陳先生以地域爲標準的劃分在面對黨争的整體事件方面略顯片面,但在部分個案研究中,依然具有其合理性。其次,袁公瑜或許基于自身的發展考慮,決定同相對新興的武后團體合作,從而達成仕宦的進一步升遷。出身關隴舊族的長孫無忌因輔佐高宗登基有功,在永徽初期有着極大的話事權,并因此不斷提拔自己的親朋好友,或者是同一派系的官僚,而這種獨斷專行、任人唯親勢必阻塞了不少朝中官員的仕晋之路。"從這個角度看,關于擁立武曌的鬥争可以看成是那些已掌權的、要保持政治現狀以維護既得

---

① 李林甫等撰,陳仲夫點校《唐六典》卷一八,第 503 頁。
② 李林甫等撰,陳仲夫點校《唐六典》卷六,第 192 頁。
③ 賴瑞和《唐代中層文官》,北京:中華書局,2011 年,第 130 頁。
④ 毛亨撰,鄭玄箋,陸德明音義,孔祥軍點校《毛詩傳箋》卷一六,北京:中華書局,2018 年,第 536 頁。
⑤ 陳寅恪《金明館叢稿初編》,上海:上海古籍出版社,1980 年,第 243 頁。

利益的人與那些把擁立武曌當作自己升遷手段的人之間的鬥争。"①

　　袁公瑜是"廢王立武"宫廷鬥争事件的深度參與者,史載:"則天伺王后所不敬者,傾心結之。所得賞賜,悉以分布。罔誣王后與母求厭勝之術。高宗遂有意廢之。……義府然其計,遂代德儉宿直,叩頭上表,請立武昭儀。高宗大悦,召見與語,賜寶珠一斗,詔復舊官。德儉,許敬宗之甥也,瘦而多智,時人號曰智囊。義府于是與敬宗及御史大夫崔義玄、中丞袁公瑜等,觀時變而布腹心矣。"②此處稱袁公瑜爲御史中丞,但墓誌中未顯示袁公瑜曾出任此官職,因此考慮袁公瑜身爲郎官時或兼御史中丞。③

　　永徽六年(655)冬十月,高宗廢王皇后爲庶人,册立昭儀武氏爲皇后。此後不久,袁公瑜被提拔爲中書舍人。誌云:"俄以君爲中書舍人,又遷西臺舍人。"史籍載顯慶二年(657)一則史料:"(裴行儉)六遷長安令。時高宗將廢皇后王氏而立武昭儀,行儉以爲國家憂患必從此始,與太尉長孫無忌、尚書左僕射褚遂良私議其事,大理袁公瑜于昭儀母榮國夫人譖之,由是左授西州都督府長史。"④此處袁公瑜官職與墓誌所記不符,且褚遂良永徽六年十一月就被貶潭州都督,史籍述"時高宗將廢皇后王氏而立武昭儀",説明武則天尚未封后,以《袁公瑜墓誌》可證此條史料時間記載存疑。史籍又載顯慶四年袁公瑜曾在許敬宗的授意下前往長孫無忌貶所逼其自縊,"許敬宗又遣中書舍人袁公瑜等詣黔州,再鞫無忌反狀,至則逼無忌自縊"⑤。長孫無忌一直被視爲武則天篡權路上的最大障礙之一,袁公瑜同其黨羽的一系列策應配合,爲武后掃除心腹之患,可證其在黨派内部扮演着重要角色。

　　墓誌叙,"又遷西臺舍人","龍朔二年,改(中書)省爲西臺",⑥故袁公瑜龍朔二年(662)依然身居中書舍人之職,只是隨制改稱爲西臺舍人。此一時期,史籍亦載述其事迹一則:

　　　　左相許圉師之子奉輦直長自然,游獵犯人田,田主怒,自然以鳴鏑射之。圉師杖自然一百而不以聞。田主詣司憲訟之,司憲大夫楊德裔不爲治。西臺舍人袁公瑜遣人易姓名上封事告之,上曰:"圉師爲宰相,侵陵百姓,匿而不言,豈非作威作福!"圉師謝曰:"臣備位樞軸,以直道事陛下,不能悉允衆心,故爲人所攻訐。至于作威福者,或

①　(英)崔瑞德編《劍橋中國隋唐史》,北京:中國社會科學出版社,1990年,第249頁。
②　劉肅《大唐新語》卷一二,北京:中華書局,1984年,第180頁。
③　賴瑞和《唐代中層文官》,北京:中華書局,2011年,第63頁。
④　劉昫等《舊唐書》卷八四,第2801頁。
⑤　劉昫等《舊唐書》卷六五,第2456頁。
⑥　李林甫等撰,陳仲夫點校《唐六典》卷九,第272頁。

手握强兵,或身居重鎮;臣以文吏,奉事聖明,惟知閉門自守,何敢作威福!"上怒曰:"汝恨無兵邪!"許敬宗曰:"人臣如此,罪不容誅。"遽令引出。詔特免官。①

許圉師兩《唐書》有傳,"(許)紹少子圉師,有器幹,博涉藝文,舉進士。……龍朔中爲左相……爲李義府所擠"。②《通鑑》史料提及司憲大夫楊德裔爲許圉師黨人,故有意包庇。許敬宗"龍朔二年,從新令改爲右相",藉機向同僚落井下石,恐與許圉師不協。袁公瑜此處改名遣人告發,也未必出于公道,應是同許敬宗、李義府等朋黨的再次合謀,以此見袁公瑜同許、李二人合作、交往之深。

西臺舍人後,墓誌言袁公瑜"遷司刑少常伯。君素多鯁直,志不苟容。猜禍之徒,乘閑而起,成是貝錦,敗我良田"。司刑少常伯,即刑部侍郎,"龍朔二年(二月四日甲子),改易官號,因敕司刑太常伯源直心、少常伯李敬玄、司刑大夫李文禮等重定格式",③正四品下。④ 袁公瑜由中書舍人升至刑部侍郎,"掌天下刑法、徒隸句覆、關禁政令",至此前途一片光明。但無奈朝政風雲變幻,如誌文所言袁公瑜慘遭誣構,難逃貶遷。

關于袁公瑜何時由司刑少常伯,"尋出代州長史,又除西州長史",魯才全判斷上元元年(674)九月,高宗給長孫無忌平反昭雪之後,袁公瑜因爲曾執行了處死長孫無忌的行動而被外貶。劉子凡參敦煌 P.2754 文書"安西判集"所言史實及判文(5)行文"公瑜奉符之後",考定麟德元年(664)十一月以前袁公瑜已經在西州都督府長史任上。⑤ 也就是説袁公瑜龍朔二年尚在西臺舍人任上,至麟德元年十一月不過兩年時間就由司刑少常伯外放爲代州長史,又貶至西州長史。劉子凡推測袁公瑜被貶原因可能與龍朔三年三月李義府免官,流放嶲州有關。結合前考許圉師案,袁、李二人關係密切,極有可能作爲朋黨遭受牽連。

誌言:"俄轉庭州刺史。無何,遷安西副都護。君威雄素屬,信義久孚,走月氏,降日逐,柳中罷柝,葱右無塵,雖鄭吉班超,不之加也。惜乎忠而獲謗,信以見疑,盜言孔甘,文致□□。"西州長史後,袁公瑜多年來輾轉爲庭州刺史、安西副都護,李方考其任西州都督府長史最晚到儀鳳二年(677)以前。⑥ 郁賢皓推測其調露以前在任庭州刺史。⑦ 誌云:"永

---

① 司馬光撰,胡三省注《資治通鑑》卷二〇一,北京:中華書局,1956 年,第 6331—6332 頁。
② 劉昫等《舊唐書》卷五九,第 2329—2330 頁。
③ 劉昫等《舊唐書》卷五〇,第 2142 頁。
④ 李林甫等撰,陳仲夫點校《唐六典》卷六,第 179 頁。
⑤ 劉子凡《法藏敦煌 P.2754 文書爲西州都督府長史袁公瑜判集考》,《敦煌研究》第 5 期,2015 年 10 月,第 72—80 頁。
⑥ 李方《唐西州官吏編年考證》,北京:中國人民大學出版社,2010 年,第 31—32 頁。
⑦ 郁賢皓《唐刺史考全編》,合肥:安徽大學出版社,2000 年,第 527—528 頁。

隆歲，遂流君于振州。久之遇赦。將歸田里，而權臣舞法，陰風有司。又徙居白州。"永隆年間，袁公瑜徹底流配至振州，即今海南省三亞市。後袁公瑜遇大赦，但又因朝中政治因素，未能返鄉，遂徙至白州，今廣西博白縣，"至京師六千一百七十五里"。①

袁公瑜垂拱元年（685）逝于白州，誌文言："如意初，有制追贈君相州刺史。"史載："如意元年，則天以義府與許敬宗、御史大夫崔義玄、中書舍人王德儉、大理正侯善業、大理丞袁公瑜等六人，在永徽中有翊贊之功，追贈義府揚州大都督、義玄益州大都督、德儉魏州刺史、公瑜江州刺史。"②此次追授爲武則天天授元年（690）改國號大周之後三年，制敕所贈之人皆爲永徽"廢王立武"事件功臣、同黨。此處稱袁公瑜爲大理丞，按墓誌知永徽年間袁公瑜已升任爲兵部郎中，且史述江州刺史也不準確。

綜上，以袁公瑜貞觀十年擔任挽郎起始，到麟德元年前後由司刑少常伯貶官代州長史，約二十八年，共遷轉九次，除由大理司直特授晉陽縣令外，其餘均爲提拔，可證前期仕途發展相對平順。袁公瑜擔任大理丞後，曾遷任員外郎、郎中等重要中層職務，但史籍同一時期史料多以大理丞職位冠名，可見部分史筆叙述存在模式化、符號化情況。麟德元年袁公瑜約四十七歲，其七十三歲壽終，所以約有二十六年時間徘徊于西北與南方邊地，未能復官。以史料所涉前期因袁公瑜揭發被貶官員，如裴行儉、許圉師等，均在袁公瑜被貶期間陸續入朝并擢升。裴行儉儀鳳四年平定西突厥，以功拜禮部尚書，兼檢校右衛大將軍。許圉師上元中遷户部尚書，儀鳳四年卒，贈幽州都督，陪葬恭陵。這種派系鬥爭的反轉或許成爲了影響袁公瑜後半生磨難的原因之一。

三、餘　論

《袁公瑜墓誌》撰書者爲武周名臣狄仁杰，③時署河北道安撫大使。按《資治通鑑》載："（聖曆元年）十月癸卯，以狄仁杰爲河北道安撫大使。"④而武后聖曆二年（699）二月，幸嵩山，過緱氏時立《升仙太子碑》，碑陰狄仁杰署銀青光禄大夫上柱國汝陽縣開國男。⑤可證此時狄仁杰已卸任河北道安撫大使，并入相。以此推測其撰誌時間應在聖曆元年十月至二年二月間。狄仁杰在行文中并未明確撰書的原因和契機，但根據袁公瑜及其家族其他

① 劉昫等《舊唐書》卷四一，第 1745 頁。
② 劉昫等《舊唐書》卷八二，第 2770 頁。
③ 劉昫等《舊唐書》卷八九，第 2888—2889 頁。
④ 司馬光撰，胡三省注《資治通鑑》卷第二〇六，第 6331—6332 頁。
⑤ 孫英剛《流動的政治景觀——升仙太子碑與武周及中宗朝的洛陽政局》，《人文雜誌》第 5 期，2019 年 5 月，第 101—108 頁。

墓誌所述,在袁公瑜孤子袁忠臣的主持下,其家族于久視元年十月廿十八日舉行了重要的集體遷葬儀式,已知此次被遷葬的成員包括袁公瑜及其妻子孟氏,還有袁公瑜弟弟袁公瑤、兒子袁承嘉。在如意元年袁公瑜被以翊贊功臣平反後,他的子孫希望用重遷墓葬來懷念已故親人并重振家族的體面與榮光,因此向身居高位的狄仁杰請托撰書。墓誌與史書中不載狄仁杰與袁公瑜的交往事迹,但以兩人宦迹對參,狄仁杰儀鳳中擔任大理丞後正式進入中央政治視野,而前考袁公瑜麟德年間就已貶至西北,所以兩人很有可能并無直接交集。狄仁杰願意爲袁公瑜撰書可能來自他與袁公瑜同爲武則天的擁護者,并都擁有豐富且較爲成功的司法監察工作經歷。墓誌中狄仁杰對于袁公瑜受人誣陷并慘遭流放多年,身死异鄉的經歷報以深切同情。這可能與他也曾受來俊臣、武承嗣等構陷入獄,并貶至彭澤的經歷相關,狄仁杰希望藉此表達政治鬥爭的複雜與無情也未可知。誌文盛贊袁氏,"君體國懿姿,承家昭范,含章踐軌,貫理達微"。與史籍所載袁氏形象,有較大出入。考慮到武后因干政、篡權等行爲爲史官不齒,故袁公瑜作爲武后黨人也難免被污名化。史籍中的袁公瑜形象很有可能是個人能力、品格都被矮化後的結果。而墓誌的撰寫與代表官方立場的史書相對,由于其更多面向家族與個人,因此包含了濃重的主觀情感。兩類文本比照,見出不同立場史料表述的自足性與多樣性。

【作者簡介】延馭,女,1995 年生,陝西師範大學文學院中國古代文學專業博士生,主要從事唐宋文學與石刻文獻研究。

武周《羅餘慶墓誌》所涉史事考[*]

鮑丹瓊

　　《洛陽流散唐代墓誌彙編續集》收録一方武周時期的《羅餘慶墓誌》，^①誌主羅餘慶是秦府元勳功臣羅君副之子，凌煙閣二十四功臣之一、刑部尚書張亮之婿。羅餘慶曾祖皓、祖曠、父君副均不見于史籍記載，其中，羅君副有墓誌出土，^②并爲研究秦府集團者所注意，^③現羅餘慶墓誌的刊布不僅可完善我們對其家族的認識，且對揭示秦府集團中那些"功不甚顯"的功臣及其子弟在唐初的發展狀況有所助益。

　　張亮在唐初山東豪杰系統中"地位甚高，或亦徐世勣之亞"^④，貞觀十七年（643）八月，以刑部尚書，參預朝政^⑤；貞觀十九年（645）東征大軍分三路伐高麗，除太宗親統一軍外，另兩路分別由李勣與張亮統領，前者直指遼東，後者徑取平壤^⑥，可見張亮深受太宗信任。然貞觀二十年（646）三月，以謀反罪被誅，籍没家口後，這位太宗朝宰相及其家族便在歷史長河中遽然退場。幸而，羅餘慶墓誌中提及的夫人張氏，便是張亮之女，所涉信息對張亮

　　* 本文爲 2021 年國家社科基金重大招標項目"新出土墓誌與隋唐家族文學文獻整理與研究"（項目編號：21&ZD270）及 2022 年陝西省社會科學基金項目"央地關係視野下唐代江南西道職官演變研究"（項目編號：2022G010）階段性成果。

　　① 毛陽光主編《洛陽流散唐代墓誌彙編續集》〇四一《大周故尚乘奉御羅府君（餘慶）墓誌銘》，北京：國家圖書館出版社，2018 年，第 84—85 頁。《羅餘慶墓誌》中其父名諱漫漶不清，編者認爲"據洛陽早年出土、現藏中國國家博物館的《大唐故左驍衛將軍上柱國安山縣侯羅君副墓誌銘》，羅君副祖羅皓，父羅曠，羅君副仕至左驍衛將軍、上柱國、安山縣侯，謚岡公。與前録墓誌内容一致，則羅餘慶父即羅君副"，可從。

　　② 《羅君副墓誌》誌石收藏于國家博物館，墓誌録文見周紹良主編《唐代墓誌彙編》，上海：上海古籍出版社，1992 年，第 46 頁；吳鋼主編《全唐文補遺》第四輯，西安：三秦出版社，1997 年，第 297—298 頁。若無特殊説明，文中引用的墓誌以後者爲準，不再出注。

　　③ 如杜文玉《從唐初官制看李世民奪位的基本條件》，《渭南師專學報（社會科學版）》第 6 期，1998 年 11 月，第 8—15 頁；（日）山下將司《玄武門の變と李世民配下の山東集団：房玄齢と齐济地方》，《東洋學報》第 85 卷第 2 號，2003 年 9 月，第 173—203 頁；曹印雙《從秦府集團成員仕進狀況看區域文化合流》，《中國歷史地理論叢》第 1 期，2006 年 1 月，第 34—41 頁。

　　④ 陳寅恪《論隋末唐初所謂"山東豪杰"》，《金明館叢稿初編》，北京：生活·讀書·新知三聯書店，2015 年，第 253 頁。

　　⑤ 司馬光《資治通鑑》卷一九七"貞觀十七年八月"條，北京：中華書局，1956 年，第 6203 頁。

　　⑥ 歐陽修、宋祁《新唐書》卷二二〇《高麗傳》，北京：中華書局，1975 年，第 6189 頁。

謀反案的相關問題有彌補之用。故筆者不揣譾陋，試作考釋，不當之處，祈請方家批評指正。爲後文叙述方便，移録誌文如下。

大周故尚乘奉御羅府君墓誌銘并序

　　□諱餘慶，字休徵，襄陽人。八代祖裔，徙居齊州，因而家焉，今爲齊州人也。原夫承乾祚構，東郡開天子之都；錫氏疏封，南荆列諸侯之國。將軍懿範，雅重于譙周；庶子高名，見推于葛亮。文禽天授，夢寐而挺雄才；□鬼人謀，談□而居列郡。英靈靡絶，故可略而言焉。曾祖皓，周青齊二州太守、隨御史大夫。竹符宣政，長蹈四履之郊；柏署申威，高視九卿之右。祖曠，唐同州朝邑縣令、□部侍郎，贈户部尚書。琴哥嘯傲，績茂于一同；省闥優游，榮終于八座。考□□，唐驃騎將軍、東宫率、左驍衛將軍，除左衛大將軍、上柱國、安山縣開國侯，食邑一千七百户，謚曰岡公。兆契風雲，功參締構。寇詢潛計，贊成光武之基；紀瞻陰謀，式定元皇之業。紳河礪岳，開國承家，盛列銘乎□□，□□著□竹泉。惟公半千命代，咸一挺生。長江導正則之才，崧岳播申侯之氣。高門必復，仲宣實王公之孫；盛德□孤，玄成則丞相之子。起家左千牛，陳王府法曹。□園侍宴，明月朗其清才；南國陪游，雄風□其健筆。遷太子門大夫，又除東宫率府長史。聞笙鶴籥，侍衮龍樓。得鄭驛之朋游，偶商山之賓客。尋而改授汝州司馬。冀州心腹，唯聞審配之風；海沂股肱，實賴王祥之化。英□元著，考罷攸歸。恩制嘉之，又除尚乘奉御。捨彼題輿，奉兹秋駕。昇榮近侍，濯翼清流。舉滿天閨，聲芬國典。三鑪降祉，方擢彩于星階；二豎延灾，遽頽峰于日觀。以儀鳳四年十月廿四日遘疾終于汝州梁縣之莊第也，春秋五十有七。夫人清河張氏，即刑部尚書、郇國公亮之第二女也。稟訓□宫，凝規婦德。玉臺初鑒，言歸温嶠之家；寶劍先沉，終合延平之水。以龍朔三年正月七日寢疾終于館舍，春秋三十有三。粤以大周天授元年歲次庚寅十月甲□□十七日□申合葬于北邙之山，入大將軍之塋域，禮也。第二子承嗣，游擊將軍、豫州□陸府果毅，次子承緒等，并棘心茹痛，樂貌纏哀。懼遷陵谷，式紀泉臺。其詞曰：

　　弱水誕靈，高陽踐極。代司北裔，支公南國。珪巘皇皇，子孫翼翼。楚竹標俊，庭蘭表德。其一。代襲卿相，家傳文武。翊戴吾王，光顯爾祖。功垂竹帛，名振區寓。誕□賢才，應兹良輔。其二。顯允君子，義方是教。資父事君，出忠入孝。跌宕文□，優游名教。神氣自若，風情不撓。其三。琴樽宿昔，風月平生。□堂尚在，高臺遽傾。□階愴友，陔屺哀悼，薤哥易□，□駕不停。千秋兮萬古，松柏兮青青。

　　天授元年十月十一日于永昌縣樂成坊羅嗣第鐫

一、誌主家世

關于羅氏郡望,《羅君副墓誌》云:"齊州歷城人也。"而《羅餘慶墓誌》"襄陽人。八代祖裔,徙居齊州,因而家焉,今爲齊州人也"的記載則透露出其家族從襄陽遷居齊州的經歷。又據《羅餘慶墓誌》,其卒于儀鳳四年(679),享年五十七歲,則生于武德六年(623),以二十餘年一代計,推知其八代祖羅裔徙居齊州大致發生在東晋、十六國對峙末期或劉宋、北魏對峙初期。而這一段時期,青齊地區因被南北政權交替統治,人口遷徙頻繁,社會狀况比較複雜,僅憑墓誌的簡單記述,無法確知羅氏家族的遷徙緣由,只能知道襄陽乃羅氏祖籍,自羅裔以後,世居齊州,故以齊州歷城爲新貫。到唐代,齊州已成羅氏首望,據《元和姓纂》,"羅氏有齊郡、襄陽、河東三族",[①]除羅君副家族外,史籍所見唐初名將羅士信亦爲齊州歷城人。此外,羅氏尚有蜀郡、豫章二望,以及胡人叱羅氏改稱之羅氏與西域羅氏。[②]

羅裔之後的幾代世系缺載,羅餘慶的四代祖羅和爲周中散大夫、冠軍將軍、濟南太守。曾祖羅皓,爲齊亭山縣令。亭山縣,"本漢〔東〕平陵縣地,宋于此置衛國縣,屬頓邱郡。隋開皇六年,改爲亭山縣,屬齊〔州〕,縣東南有亭山,因以爲名"。[③]亭山在北齊時仍名"衛國",開皇六年改名,唐朝因之,故墓誌中的"亭山縣令"是以隋唐縣名呼之。羅皓在北周時已升至青、齊二州太守,入隋爲御史大夫。

對于羅曠的官職,兩方墓誌記載不一。葬于貞觀十一年(637)的《羅君副墓誌》載:"父曠,本州主簿、朝散大夫。"而刻于天授元年(690)的《羅餘慶墓誌》則謂:"祖曠,唐同州朝邑縣令、□部侍郎,贈户部尚書。"羅曠所任的齊州主簿可能是他在隋朝的官職,入唐則爲同州朝邑縣令。同州,隋稱馮翊郡,"武德元年,改爲同州,領馮翊、下邽、蒲城、朝邑、澄城、白水、郃陽、韓城八縣"。[④]朝邑縣(今陝西大荔)"地當關中之門户,又是蒲津關的後盾,還是經略山東的前沿陣地",[⑤]戰略位置非常重要。武德二年(619),李世民出鎮同州長春宮(位于朝邑縣),[⑥]以之爲陣地,經略山東,廣納人才。羅曠擔任同州朝邑縣令説明其家族在歸附李唐後,成爲李世民招撫山東豪杰的重要助力。《羅餘慶墓誌》中還記載了曾祖羅

---

①　林寶撰,岑仲勉校記《元和姓纂》卷五"羅氏"條,北京:中華書局,1994年,第569頁。

②　王騰《隋唐五代西域羅氏流寓中國與敦煌羅氏家族研究》,鄭炳林主編《敦煌歸義軍史專題研究三編》,蘭州:甘肅文化出版社,2005年,第634—692頁。

③　李吉甫撰,賀次君點校《元和郡縣圖誌》,北京:中華書局,1983年,第278頁。

④　劉昫等《舊唐書》卷三八《地理志一》,北京:中華書局,1975年,第1400頁。

⑤　陳鵬《李世民出鎮長春宮與秦府集團發展》,《唐史論叢》第二十六輯,西安:三秦出版社,2018年,第70頁。

⑥　陳鵬《李世民出鎮長春宮與秦府集團發展》,《唐史論叢》第二十六輯,第72頁。

曠的贈官"户部尚書",而"□部侍郎"一職可能也是贈官,①唐初對元勳先祖有過封贈,②應是發生在羅君副去世後,故不爲其墓誌所載。

隋末唐初之雄豪起于青、齊、徐、兗之地者頗多,③李唐建國功臣及李世民秦府集團中山東豪杰衆多,誌主之父羅君副正是其中一員。對于羅君副歸降李唐的經過,日本學者山下將司根據同爲齊州歷城人的秦叔寶、羅士信的歸降經歷,推測爲"張須陀→李密→王世充→李世民"。④ 但從羅君副"義旗肇建,挺身降款,授上開府,尋爲長槍馬軍副總管"之詞來看,他的情況與秦、羅二人不同,應該是在李淵建義旗于太原後不久便行歸附。所謂"義旗肇建"一般指的是李淵晋陽起兵初期,武德元年建唐前。如《樊方墓誌》云:"屬隋季分崩,四海交喪,義旗肇建,蒸溺救焚。……武德元年,授開府儀同三司……"⑤樊方子樊興碑銘透露了更詳細的時間節點:"父方……義旗肇建,乃授朝請大夫,隨班例也。尋破西河,授通議大夫。又平霍邑……既而克定京城……"⑥查驗史書,李淵于大業十三年(617)五月甲子起兵;六月,派遣李建成、李世民攻取西河;八月,平定霍邑;十一月,攻陷長安。次年五月,即皇帝位,改元武德。可見,羅君副應當歸附較早,且在加入義軍後,隨軍參預了一些戰役,惜墓誌并未詳細叙述,僅以"竭力戎行,剪摧凶寇,授上柱國"概括。

"又轉授秦王府驃騎將軍,又轉秦王府左一統軍、左四府右車騎將軍,封安山縣子,尋進封安山縣侯,食邑七百户。"唐初制度,秦王李世民與齊王李元吉各領左右六護軍府及左右親軍府、帳内府分掌親勳衛及外軍。⑦ 李世民秦府集團中的衆多成員便是在此制度下被網羅至麾下,⑧從羅君副擔任的職務來看,是比較重要的武職僚佐,與其職務相當的秦王府左三統軍程知節、右三統軍秦叔寶、右四統軍田留安等,無不南征北戰、名留青史。唐初將星雲集、大放异彩,然而,非但史籍未有隻言片語涉及羅君副在李唐殲滅群雄過程中有何貢獻,其墓誌亦只以"竭力戎行,剪摧凶寇"一筆帶過,并未具體叙述任何戰役,由此推測,羅君副本身的軍事才能或許并不出衆,但因其家族在青齊地方有一定勢力,又歸降較早,對于招徠山東豪杰有一定助益,從而得到李世民的信任與倚重。

---

① 若羅曠在唐時已位列六部侍郎,不應籍籍無名,甚至在其子羅君副的墓誌中都不見記録。

② 聶溦萌《唐初元勳的家族歷程——以〈李藥王墓誌〉與李靖家族爲中心》,《唐研究》第十七卷,北京:北京大學出版社,2011年,第188—195頁。

③ 陳寅恪《論隋末唐初所謂"山東豪杰"》,第256頁。

④ 山下將司《玄武門の変と李世民配下の山東集団:房玄齢と斉済地方》,第182頁。

⑤ 李慧、曹發展注考《咸陽碑刻》,西安:三秦出版社,2003年,第395頁。

⑥ 李慧、曹發展注考《咸陽碑刻》,第397頁。

⑦ 谷霽光《府兵制度考釋》,上海:上海人民出版社,1962年,第131頁。

⑧ 具體人員可參李君《從潛邸幕僚到貞觀重臣——李世民功臣集團研究》第一章《秦王府幕僚考》第三節《秦王府武職僚佐》,西北大學碩士學位論文,2015年5月,第19—30頁。

　　羅君副遷太子左監門副率在李世民玄武門之變成功而被立爲太子後,其本人墓誌并未明確記載參與政變事,但作爲秦府較爲重要的武職僚佐,應當有所與謀。羅餘慶墓誌述其父功業云:"考……兆契風雲,功參締構。寇詢潛計,贊成光武之基;紀瞻陰謀,式定元皇之業。"與羅君副墓誌中"善運籌策"的説法相符,可見其出力多在于出謀劃策,而非衝鋒陷陣方面。職是之故,羅君副在李世民即位後,不斷獲得升遷,"授左勛衛四府中郎將,又轉右衛右翊衛一府中郎將。……以公志力昭果,幹局沉濟,誠表歲寒,效宣禦侮,授壯武將軍,守左驍衛將軍,尋便即正"。《羅餘慶墓誌》還記載了其父"左衛大將軍"之職,又云羅餘慶夫妻"入大將軍之塋域",而羅君副本人墓誌則不載此職,説明是卒後追贈的。

　　關于羅君副的食邑,兩方墓誌分別記載爲"七百户"和"一千七百户",通過與其他功臣的勛績以及所獲得的食邑比較,當以羅君副本人墓誌爲準,即七百户。[1] 羅君副于貞觀十一年(637)七月八日遘疾終于洛陽,八月十九日,敕安山縣開國侯、贈謚岡公。[2]

　　羅餘慶妻"清河張氏,即刑部尚書、鄖國公亮之第二女也"。兩《唐書》有張亮傳,[3]《舊唐書》云:"張亮,鄭州滎陽人也。素寒賤,以農爲業",《新唐書》亦説是鄭州滎陽人,起畎畝,可知張亮本是山東寒素,所謂"清河張氏"顯係攀附。羅君副與張亮同爲山東豪杰,婚姻觀念相近,在李唐建國以及李世民奪位過程中又屬同一陣營,故結成兒女姻親。

　　羅餘慶有子數人,可能長子早亡,墓誌只提及"第二子承嗣,游擊將軍、豫州□陸府果毅,次子承緒等"。

二、誌主仕宦

　　羅餘慶以門蔭入仕,"起家左千牛,陳王府法曹"。唐制,"凡千牛備身左右及太子千牛備身,皆取三品已上職事官子孫,四品清官子,儀容端正,武藝可稱者充",[4]羅君副終官從三品的左驍衛將軍,符合蔭子的標準。"起家"在表示"入仕爲官"的意思時,與"釋褐"大致同義,即指首次擔任官職。但其本義指的是入仕的資格,也就是"出身"。[5] 在唐初,由高官子弟充任的千牛地位較高,仕途發展前景良好。羅餘慶即以"左千牛"的出身,取得入仕

---

　　① 與羅君副相當爵位,食邑一般在幾百户,如杜君綽,"□城縣開國侯,食邑四百户";鄭仁泰,"授游擊將軍,賜爵歸政縣侯、邑七百户,別食綿州實封二百户",分別見張沛編著《昭陵碑石》,西安:三秦出版社,1993年,第153、155頁。

　　② 《大唐故左驍衛將軍上柱國安山縣侯羅君副墓誌銘》中有"又以八月十九日,敕謚開國侯岡公第"一句,校注云:"此句顯爲誌文成書後所加,字迹亦與原文迥异。"《全唐文補遺》第四輯,第298頁。

　　③ 劉昫等《舊唐書》卷六九《張亮傳》,第2514—2516頁;歐陽修、宋祁《新唐書》卷九四《張亮傳》,第3828—3829頁。

　　④ 劉昫等《舊唐書》卷四三《職官志二》,第1833頁。

　　⑤ 黃正建《唐代的"起家"與"釋褐"》,《中國史研究》2015年第1期,第198—200頁。

資格,"釋褐"陳王府法曹。

初唐獲封"陳王"者,有高祖李淵第十六子李元慶和高宗長子李忠。李元慶武德八年(625)十一月由漢王改封陳王,貞觀十年(636)正月又改道王;①李忠于貞觀二十年秋八月甲子,由皇孫封陳王,至高宗永徽三年(652)七月丁巳被立爲皇太子。② 即便是李元慶爲陳王的下限貞觀十年,羅餘慶也纔十三歲,而獲得千牛的出身後,還需要經考核、銓選纔能入仕,所以羅餘慶釋褐的陳王府法曹只能是李忠的陳王府。未冠任何職名的"參軍",是最低層的一種參軍,也是士人釋褐最常任的一種官;而冠以職名的參軍(在府爲曹,在州爲司),唐人稱之爲"判司",一般是士人的第二任或第三任官。③ 羅餘慶釋褐正七品上的陳王府法曹參軍,作爲釋褐官起點已經很高了。一般來講,釋褐爲親王府或州府判司的,的確不太常見,但在唐初功臣子弟中却形成了一種基本規律。如龐卿惲之子龐同本以左千牛起家,授紀王府户曹參軍事;錢九隴子錢仁昉以太宗挽郎起家,釋褐韓王府騎曹參軍事等。樊波、張彦通過對唐初低級功臣子弟仕宦的比較考察,認爲其"以門蔭入仕,多以挽郎、千牛起家,釋褐第一任官職多爲親王府參軍",④羅餘慶的情况亦符合這一規律。

隨着李忠被立爲太子,羅餘慶成爲東宫屬官,遷"太子門大夫,又除東宫率府長史"。據《唐六典》記載,東宫置宫門局:

> 宫門局:宫門郎二人,從六品下。漢太子太傅屬官有太子門大夫。後漢置二人,秩六百石,職比郎將。魏因之。晋太子門大夫局准公車令,班同中舍人;主通遠近牋表,宫門禁防。宋品第六,秩六百石,從駕在詹事後。齊、梁、陳因之,皆置一人。北齊門大夫坊置門大夫、主簿各一人,門大夫從六品上,并統伶官西凉二部、伶官清商二部。隋曰宫門局,置大夫二人,從六品上。煬帝改爲宫門監,皇朝復爲宫門大夫。龍朔二年改爲宫門郎,職比城門郎。丞二人,正八品下。皇朝置。⑤

可知在龍朔二年(662)前,宫門郎稱爲宫門大夫,也即墓誌所言的"太子門大夫",或稱"東宫門大夫"。據貞觀九年(635)《東宫門大夫長孫(府君)家慶墓誌》,誌主長孫家慶是長孫安世之子、長孫無忌與長孫皇后的堂侄,武德五年(622)時"奉教直中山府侍讀文館",即擔任時爲中山郡王的李承乾的侍讀,在唐太宗即位,李承乾被立爲太子後,特蒙授東宫門大

---

① 劉昫等《舊唐書》卷一《高祖紀》,第15頁;《舊唐書》卷三《太宗紀下》,第46頁。
② 劉昫等《舊唐書》卷三《太宗紀下》,第59頁;《舊唐書》卷四《高宗紀上》,第70頁。
③ 賴瑞和《唐代基層文官》第四章《參軍與判司》,北京:中華書局,2008年,第159頁。
④ 樊波、張彦《唐初低級功臣子弟仕途走向——以新見〈錢仁昉墓誌〉爲中心》,《唐都學刊》第6期,2010年11月,第37頁。
⑤ 李林甫等撰,陳仲夫點校《唐六典》卷二六《太子三師三少詹事府左右春坊内官》,北京:中華書局,1992年,第669頁。

夫，“上參顧問之榮，下當管籥之寄”。① 這固然有長孫家慶與李承乾是再堂兄弟的關係，但掌内外宫門管籥之事的宫門大夫與太子具有較爲親密的關係也是毋庸置疑的。

“尋而改授汝州司馬”，汝州屬河南道，十望州之一，是護衛東都的屏障。② 司馬與別駕、長史通謂之“上佐”，品位頗崇，甚至可在親王爲都督、刺史或者長官缺人的情況下代知府務。③ 墓誌僅記羅餘慶五任歷官，“汝州司馬”之職似在東宫僚佐後，實則不然。太子李忠爲無子的王皇后與關隴集團所擁立，但隨着武則天在永徽六年（655）十一月一日被册立爲皇后，李忠無疑成爲了其絆脚石。顯慶元年（656）春正月辛未，廢皇太子忠爲梁王，立武後所出代王李弘爲皇太子，“忠既廢，官屬皆懼罪亡匿，無敢見者”。④ 東宫屬官懼罪避禍如此，羅餘慶當難以在短期内改授從五品下的汝州司馬。墓誌緊接着又説：“英□元著，考罷攸歸。恩制嘉之，又除尚乘奉御。”所謂“考罷攸歸”是指對汝州司馬任期（一般三四年）的考課，羅餘慶顯然政績不錯，故受到嘉獎，除尚乘奉御。這是羅餘慶最後一任官職，加之其遭疾卒于汝州梁縣莊第，則很可能除授尚乘奉御後尚未赴京履職便過世了。那麽，以其卒年的儀鳳四年（679）往前推，任汝州司馬的時間也不會太早。換言之，羅餘慶自東宫屬官到汝州司馬之間應該有一段爲時不短的記載“空白”，很可能是受廢太子李忠影響而沉迹下僚。

羅餘慶終官尚乘奉御，據黄正建研究，殿中省六尚長官在唐代特別是唐前期是一種清選官，除了部分具有專業技術或能力者，另外很大一部分常被授與皇親、親信或功臣名臣子弟。⑤ 正如墓誌所言，尚乘奉御“昇榮近侍，濯翼清流”，是能够近距離接觸皇帝的清選之職，往往也是用來優待功臣子第的美職，如元勛功臣杜如晦子杜構、杜荷，鄭仁泰子鄭玄果等都曾以功臣子授六尚長官。但與他們的年少得意不同，羅餘慶獲得此職時已是晚年，作爲功臣之子的羅餘慶在起家、釋褐上基本和其他功臣子弟相似，但因受太子李忠被廢影響，之後歷官寥寥，繼東宫僚佐後似有十餘年的仕宦“空白”。

① 吴鋼主編《全唐文補遺》第一輯，西安：三秦出版社，1994 年，第 479 頁。
② 翁俊雄《唐代的州縣等級制度》，《北京師範學院學報（社會科學版）》第 1 期，1991 年 3 月，第 10 頁。
③ 嚴耕望《唐代府州上佐與録事參軍》，《嚴耕望史學論文選集》，北京：中華書局，2006 年，第 529—547 頁；《唐代州府僚佐考》，《嚴耕望史學論文集》，上海：上海古籍出版社，2009 年，第 339—395 頁。
④ 司馬光《資治通鑑》卷二〇〇“高宗顯慶元年正月”條，第 6296 頁。
⑤ 黄正建《唐六尚長官考》，《魏晋南北朝隋唐史資料》第二十一輯，武漢：武漢大學文科學報編輯部，2004 年，第 223—245 頁；《唐六尚長官考補——兼論李令問、井真成墓誌》，《隋唐遼宋金元史論叢》第二輯，北京：社會科學文獻出版社，2012 年，第 35—53 頁。

三、張亮謀反案相關問題

（一）不坐許嫁之女

前面講到羅餘慶娶張亮第二女，張氏龍朔三年（663）卒，春秋三十三，可知生于貞觀五年（631）。貞觀二十年，發生張亮謀逆案，《舊唐書》記其經過曰：

> 有方術人程公穎者，（張）亮親信之。初在相州，陰召公穎，謂曰："相州形勝之地，人言不出數年有王者起，公以爲何如？"公穎知其有异志，因言亮卧似龍形，必當大貴。又有公孫常者，頗擅文辭，自言有黄白之術，尤與亮善。亮謂曰："吾嘗聞圖讖'有弓長之君當别都'，雖有此言，實不願聞之。"常又言亮名應圖籙，亮大悦。二十年，有陝人常德玄告其事，并言亮有義兒五百人。太宗遣法官按之，公穎及常證其罪。亮曰："此二人畏死見誣耳。"又自陳佐命之舊，冀有寬貸。太宗謂侍臣曰："亮有義兒五百，畜養此輩，將何爲也？正欲反耳。"命百僚議其獄，多言亮當誅，唯將作少匠李道裕言亮反形未具，明其無罪。太宗既盛怒，竟斬于市，籍没其家。[1]

張亮以謀反罪伏誅，[2]謀反謂謀危社稷，爲"十惡"之首，《唐律疏議》規定："諸謀反及大逆者，皆斬；父子年十六以上皆絞，十五以下及母女、妻妾、子妻妾亦同。祖孫、兄弟、姊妹若部曲、資財、田宅并没官，男夫年八十及篤疾、婦人年六十及廢疾者并免：餘條婦人應緣坐者，準此。伯叔父，兄弟之子皆流三千里，不限籍之同异。"[3]據《舊唐書》卷一八七《王義方傳》："坐與刑部尚書張亮交通，貶爲儋州吉安丞。……貞觀二十三年，改授洹水丞。時張亮兄子皎，配流在崖州，來依義方而卒，臨終托以妻子及致屍還鄉。"[4]此處張亮侄子張皎配流崖州就屬于"兄弟之子流三千里"。唐初流刑分三等，即流二千里、二千五百里、三千里，謂"三流"。崖州距長安七千多里，道里上自然已經遠超三千，但在這作爲定罪科刑之用，表明流刑之最。實際上，自貞觀十四年（640）改三等流刑爲"不以里數，量配邊惡之州"以來，

---

① 劉昫等《舊唐書》卷六九《張亮傳》，第 2516 頁。
② 劉昫等《舊唐書》卷三《太宗紀下》："（貞觀二十年三月）己丑，刑部尚書、郇國公張亮謀反，誅。"第 58 頁。
③ 劉俊文《唐律疏議箋解》卷一七《賊盜·謀反大逆》，北京：中華書局，1996 年，第 1237 頁。
④ 劉昫等《舊唐書》卷一八七《王義方傳》，第 4874 頁。

流人主要配送"邊惡之州",其中,又以地處邊陲、蠻荒艱險的嶺南道爲唐代流人最集中的地方。① 此外,從王義方坐與張亮交通就自京官被外貶到配流之地儋州,亦足見牽連之深廣。

這就牽扯到一個問題——張亮第二女因何未被緣坐没官? 自魏晋以來,"在室之女,從父母之誅;既適之婦,從夫家之罰",②女性緣坐責任經歷了由父宗到夫宗的調整,且在西晋解結之女坐父罪被殺後,女子不從父家之坐的時間點提前到訂婚階段。③ 唐律因襲,據《唐律疏議》"緣坐非同居"條:"若女許嫁已定,歸其夫。出養、入道及娉妻未成者,不追坐。"④貞觀二十年,張氏十五歲,而羅餘慶二十三歲,這是符合唐代女性初婚年齡的。⑤ 可能的解釋是,張亮謀反案發生時,其第二女已出適或者"許嫁"羅餘慶,故避免了連坐。前已言,羅餘慶作爲廢太子李忠僚佐仕途受阻,而其父早在貞觀十一年就已亡故,蔭庇日薄,岳父張亮又在貞觀二十年謀反被殺,這就不難理解羅餘慶何以仕途平平了。

(二) 天授元年合葬事

羅餘慶儀鳳四年終于汝州梁縣,其妻張氏更是早在龍朔三年就終于"館舍",而合葬則在"大周天授元年歲次庚寅十月甲□□十七日□申"。這是個非常值得關注的時間點,是年九月,武則天革唐命,改國號爲周,大赦天下,改元"天授",成爲史無前例的女皇帝。在武周王朝新建立的次月就于天子脚下⑥鎸刻了此方墓誌,顯然不是巧合,墓誌在提及張氏時非但不避諱其父張亮,反而特意强調謀逆案發前的官爵——"刑部尚書、鄆國公",透露出當時可能已追復張亮的官爵。雖然唐太宗在殺張亮後心生悔意,⑦但終太宗之世并没有對其平反或者寬宥。之後,高宗即位,大赦天下,然謀反大逆、妖言惑衆等罪,往往不在

---

① 陳俊强《唐代的流刑——法律虛與實的一個考察》,《興大歷史學報》第18期,2007年6月,第63—84頁。

② 王溥《唐會要》卷三九《議刑輕重》,北京:中華書局,1955年,第715頁。

③ 景風華《宗族與從屬:魏晋南北朝時期緣坐範圍的重構》,《南京大學法律評論》2015年秋季卷,北京:法律出版社,2015年,第116—121頁。

④ 劉俊文《唐律疏議箋解》卷一七《賊盜·緣坐非同居》,第1247頁。

⑤ 萬軍杰《唐代女性的初婚年齡》,《華夏考古》第2期,2014年6月,第106—113頁。

⑥ 墓誌云:"天授元年十月十一日于永昌縣樂成坊羅嗣第鎸。"武周以洛陽爲神都,辛德勇《隋唐兩京從考》下篇《東都》"若干坊之通假别稱"條考證:"樂成坊别作樂城、岳城。"元《河南誌》卷一載安遠坊'即唐樂成坊之地',《唐兩京城坊考》脱漏樂成坊未載,高敏《〈唐兩京城坊考〉東都部分質疑》一文已據元《河南誌》補之,《千唐誌齋藏誌》第二六一號《唐故處士廣平穆君(碩)墓誌》載碩夫人車氏,'以總章二年,卒于樂成里之第',可更進一步證其説。"西安:三秦出版社,2006年,第150頁。"羅嗣"疑爲羅餘慶第二子"羅承嗣",或有漏字。

⑦ 常德玄告張亮後,"命百官議其獄,皆言亮反,當誅。獨將作少匠李道裕言:'亮反形未具,罪不當死。'……歲餘,刑部侍郎缺,上命執政妙擇其人,擬數人,皆不稱旨,既而曰:'朕得其人矣。往者李道裕議張亮獄云「反形未具」,此言當矣,朕雖不從,至今悔之。'遂以道裕爲刑部侍郎"。《資治通鑑》卷一九八"貞觀二十年三月"條,第6235—6236頁。

赦例。① 不過，從相關史料中可發現對案件波及者的緣坐追究似乎有所放鬆。《舊唐書·王義方傳》載：

> 貞觀二十三年，改授洹水丞。時張亮兄子皎，配流在崖州，來依（王）義方而卒，臨終托以妻子及致屍還鄉。義方與皎妻自誓于海神，使奴負柩，令皎妻抱其赤子，乘義方之馬，身獨步從而還。先之原武葬皎，告祭張亮，送皎妻子歸其家而往洹水。②

首先，王義方先前坐與張亮交通，被貶官嶺南道儋州吉安丞，而到貞觀二十三年時，已改授河北道魏州洹水丞；其次，配流崖州的張皎"來依義方而卒"，《新唐書》記載此事爲"皎自朱崖還，依義方。將死，誘妻子，願以尸歸葬，義方許之"，説明張皎在死前已被放還，很可能是遇貞觀二十三年六月高宗登基大赦的緣故，陳俊強認爲"放還流配人的恩詔，多見于新君登基之時，似乎含有昭雪先朝政治受難者的意味"。③

太宗末年發生多起誅殺元勛功臣的事件，後世學者以"劉洎、張亮、李君羨無罪見殺"④作爲太宗晚年"德益衰而志彌怠"的論據。最早試圖平反的是劉洎案，顯慶元年（656），當初誣陷劉洎的褚遂良被貶失勢，劉洎子劉弘業在李義府的支持下訴冤，但這在高宗朝是難以實現的，孟憲實指出"唐高宗不想給劉洎平反，主要不是司法考慮，而是從維護唐太宗形象出發"。⑤ 最終在武則天臨朝稱制的文明元年（684），劉洎子再次訴冤，"詔令復其官爵"。⑥ 查驗史書，未見有張亮家屬訴冤或者朝廷追復張亮官爵的記載，但羅餘慶墓誌中對張氏家世的叙述又毫不掩飾，墓誌鐫刻、羅餘慶夫婦合葬的天授元年十月距離張氏離世已二十七年，羅餘慶去世也過去了十一年，羅氏夫婦何以在十數年後方合祔、遷葬？又爲何選在武周建立的次月？

毛陽光在研究李君羨墓誌時指出"這一時期由于政局變化而引起的訴冤平反之事屢見不鮮"，這方墓誌的發現也爲我們理解張亮案提供了綫索。⑦ 李君羨案發生在貞觀二十

①　沈家本撰，鄧經元、駢宇騫點校《歷代刑法考》赦八《赦例二》，北京：中華書局，1985年，第696—721頁。相關研究可參陳俊強《皇權的另一面——北朝隋唐恩赦制度研究》，北京：北京大學出版社，2007年。

②　劉昫等《舊唐書》卷一八七《王義方傳》，第4874頁。

③　陳俊強《唐代的流刑——法律虛與實的一個考察》，《興大歷史學報》第18期，2007年6月，第78頁。

④　胡寅著，劉依平校點《讀史管見》卷一八《唐紀》"二十二年"條，長沙：岳麓書社，2011年，第652頁。

⑤　孟憲實《李君羨案件及其歷史闡釋》，《北京大學學報（哲學社會科學版）》第4期，2011年7月，第120頁。這篇文章對發生于貞觀二十二年的李君羨案進行了深度闡釋，文中也涉及了貞觀末年的幾起誅殺元勛功臣事件，可參看。

⑥　劉昫等《舊唐書》卷七四《劉洎傳》，第2612頁。另見《新唐書》卷九九《劉洎傳》："文明初，詔復官爵。"第3919頁。

⑦　毛陽光《功臣的生前與身後——新見〈武周李君羨墓誌〉考證》，《清華大學學報（哲學社會科學版）》第1期，2023年1月，第200—224頁。

二年,也就是張亮案之後兩年,罪名是與妖人交通以及謀不軌,李君羨本人被處死,并"籍没其家"。兩起案件從罪名到結果都非常相似。對李君羨案的平反史書上有明確記載,"天授二年,其家屬詣闕稱冤,則天乃追復其官爵,以禮改葬"。① 現在根據其墓誌可知,恢復了李君羨左驍衛大將軍、太州刺史、武昌郡公的官爵,并在武周聖曆三年(700)由其子李義元遷葬于神都洛陽。

如果我們將這幾起平反案串聯起來看,就知道天授元年十月羅餘慶與張氏的遷葬事出有因。前面説過,張亮案發生後不久,就有李道裕謂其"反形未具",太宗本人亦有追悔之言,但未有平反之舉。高宗出于維護太宗形象的考慮,自然也不可能承認先帝用刑不當、濫殺無辜。但武周革命之際,武則天却很可能有昭雪先朝冤案以邀買人心之舉。六年前(文明元年)的劉洎平反案與一年後(天授二年)的李君羨平反案正説明了這點。所不同的是,在劉洎與李君羨案中,均見家屬訴冤,前者是劉洎之子,後者未載具體是誰,但根據李君羨墓誌知道他尚有子嗣存世,故訴冤的"家屬"很可能就是以其子李義元爲主的親屬。而根據史書記載,張亮雖有一子張顗,但恐怕已坐父罪被殺,②侄子張皎也在被流放後去世。張氏是張亮第二女,説明其至少還有一位女兒,因資料闕如,不知何人。所以,羅餘慶與張氏之子,也就是羅承嗣兄弟實際上是我們目前所能見到的與張亮血緣關係最近的人。他們的行爲在一定程度上能够反映出朝廷的態度。墓誌撰刻的天授元年十月,若外祖張亮仍是朝廷蓋棺定論的謀逆罪人,時爲"游擊將軍、豫州□陸府果毅"的羅承嗣及其兄弟怎敢"頂風作案",堂而皇之地稱母張氏是"刑部尚書、郇國公"之女? 毋寧説,墓誌對張亮官職的書寫以及遷葬神都洛陽事件本身就是武周追復張亮官爵的反映。這其中或許有羅承嗣兄弟乘着新朝建立的東風,審時度勢,爲外家洗刷污名,爲自己消弭不利政治影響所做的努力。期待有更多新資料的發現,讓我們可以還原歷史真相。至此,羅氏夫妻正式合葬于洛陽北邙山,"入大將軍之塋域",即依父羅君副而葬。

結　語

自李淵太原起義到李世民玄武門政變,學界對唐朝崛興的關注熱度不减,對元勛功臣的研究亦推陳出新,除傳統史料的記載外,新碑誌的刊布爲相關研究的展開提供了更爲寬廣的視角以及更加細節的呈現。以上經過對羅餘慶及其父羅君副墓誌的考釋,并結合相

---

① 劉昫等《舊唐書》卷六九《李君羨傳》,第 2525 頁。
② 《舊唐書·張亮傳》記爲"亮子顗",《新唐書·張亮傳》記爲"亮前婦子慎微",應是同一人,曾因張亮收養義子慎幾之事屢次勸諫,年齡應該不會太小。貞觀二十年張亮謀反案發,父子年十六以上皆絞,張顗恐難逃此禍。

關文獻，得到幾點認識：

一、誌主之父羅君副出自"山東豪杰"系統，其家族三代爲青齊地方長官，在太原義旗肇建時便歸附李唐，投入李世民麾下。

二、羅君副作爲較早加入李世民帳下的山東豪杰，一直在其身側擔任武將，應當參預了玄武門之變，可能功績不顯，故不見于史傳。

三、羅餘慶出身于元勛功臣之家，其起家、釋褐基本與其他功臣子弟相似，本前景良好，但廢太子李忠東宮僚佐的經歷對其仕途産生了不利影響，導致之後歷官寥寥。

四、從墓誌對羅餘慶夫人張氏家世的叙述來看，在墓誌鎸刻的天授元年十月，張亮或已追復官爵，這可能與武周革命、爲貞觀末年的幾起誅殺元勛功臣案件平反有關。

【作者簡介】鮑丹瓊，女，1989年生，陝西師範大學歷史文化學院《唐史論叢》編輯，主要從事唐代政治文化史研究。

2016—2020 年刊布陝西出土唐代墓誌要録(中)

党　斌

319. 韋虛心墓誌：天寶元年(742)正月十五日。誌題"大唐故工部尚書東都留守上柱國南皮縣開國子贈揚州大都督韋公墓誌銘并序"。蓋文篆書 3 行,滿行 3 字。誌文楷書 47 行,滿行 48 字。崔宗之撰,韋少華書,謝伏運刻。2004 年出土于陝西省西安市長安區西北大學長安校區工地,現藏陝西省考古研究院。《長安高陽原新出土隋唐墓誌》著録。

320. 陳懷哲墓誌：天寶元年(742)四月二十三日。誌題"唐故龍興觀觀主陳法師墓誌銘并序"。蓋文篆書 4 行,滿行 4 字。誌文楷書 21 行,滿行 23 字。出土于陝西省西安市長安區。《秦晋豫新出墓誌蒐佚三編》著録。

321. 柳正勖妻崔氏墓誌：天寶元年(742)四月二十八日。誌題"唐故慶王府文學柳府君夫人崔氏墓誌銘并序"。誌文楷書 27 行,滿行 26 字。韓法撰。2013 年出土于陝西省銅川市耀州區。《秦晋豫新出墓誌蒐佚三編》著録。該書著録出土地爲"耀州市",有誤,當爲銅川市耀州區。

322. 李君妻鄭氏墓誌：天寶元年(742)七月七日。誌題"大唐故絳州萬泉縣令李君夫人鄭氏墓誌銘并序"。蓋文篆書 3 行,滿行 3 字。誌文楷書 21 行,滿行 22 字。出土于陝西省西安市。《秦晋豫新出墓誌蒐佚三編》著録。

323. 李延喜墓誌：天寶元年(742)七月七日。誌題"大唐故陳州司兵李公墓誌銘并序"。蓋文篆書 3 行,滿行 3 字。誌文楷書 23 行,滿行 24 字。出土于陝西省西安市。《西南大學新藏墓誌集釋》著録。

324. 韋鵬墓誌：天寶元年(742)十一月十九日。誌題"大唐故朝散大夫守延安郡都督府司馬韋府君墓誌銘并序"。蓋文篆書 4 行,滿行 4 字。誌文楷書 29 行,滿行 29 字。席豫撰,席巽書。2004 年出土于陝西省西安市長安區西北大學長安校區工地,現藏陝西省

本文爲國家社科基金項目"陝西新出唐代墓誌整理與研究(2007—2020)"(項目號:20XZS010)階段性成果。

考古研究院。《長安高陽原新出土隋唐墓誌》著録。

325. 元庭珍墓誌：天寶元年(742)十一月二十九日。誌題"大唐故魯郡金鄉縣丞元府君墓誌銘并序"。蓋文篆書 3 行,滿行 3 字。誌文楷書 20 行,滿行 20 字。出土于陝西省西安市。《西南大學新藏墓誌集釋》著録。

326. 李齊俗妻韋氏墓誌：天寶二年(743)正月二十日。誌題"儀王府録事參軍李齊俗故夫人墓誌銘并序"。蓋文篆書 3 行,滿行 3 字。誌文楷書 23 行,滿行 24 字。出土于陝西省西安市長安區。《秦晋豫新出墓誌蒐佚三編》著録。

327. 韋咸夫人劉氏墓誌：天寶三載(744)六月二十九日。誌題"大唐河東縣令韋君故夫人新寧縣君劉氏墓誌銘并序"。蓋文楷書 3 行,滿行 3 字。誌文楷書 20 行,滿行 20 字。韋述撰,韋幹書。出土于陝西省西安市長安區。《西安新獲墓誌集萃》著録。

328. 王元謙墓誌：天寶三載(744)八月十二日。誌題"唐故尚輦奉御贈安定郡太守王府君墓誌銘并序"。誌文行書 26 行,滿行 25 字。王綱撰。出土于陝西省西安市郊區。《西南大學新藏墓誌集釋》著録。

329. 韋通理墓誌：天寶三載(744)十一月十三日。誌題"大唐故朝請大夫扶風郡扶風縣令韋公墓誌銘并序"。蓋文篆書 3 行,滿行 3 字。誌文楷書 28 行,滿行 28 字。劉浚撰。2004 年出土于陝西省西安市長安區西北大學長安校區工地,現藏陝西省考古研究院。《長安高陽原新出土隋唐墓誌》著録。

330. 李簡墓誌：天寶四載(745)二月二十一日。誌題"唐故宣德郎□普安郡臨津縣尉趙郡李府君墓誌銘并序"。蓋文篆書 3 行,滿行 3 字。誌文楷書 19 行,滿行 19 字。晋溥撰。出土于陝西省西安市。《秦晋豫新出墓誌蒐佚三編》著録。

331. 于定娘墓誌：天寶四載(745)五月二十七日。誌題"大唐于氏女墓誌銘并序"。蓋文楷書 3 行,滿行 3 字。誌文楷書 23 行,滿行 23 字。2002 年出土于陝西省西安市長安區紫薇田園都市小區工地,現藏陝西省考古研究院。《長安高陽原新出土隋唐墓誌》著録。

332. 蘇彦伯墓誌：天寶四載(745)八月十七日。誌題"大唐故中大夫守光禄卿駙馬都尉上柱國蘇公墓誌銘序"。蓋文篆書 3 行,滿行 3 字。誌文楷書 26 行,滿行 26 字。出土于陝西省西安市。《秦晋豫新出墓誌蒐佚三編》著録。

333. 王君墓誌：天寶四載(745)八月十七日。誌題"大唐故廬江郡司倉參軍王府(下闕)"。蓋文篆書 3 行,滿行 3 字。誌文楷書 21 行,滿行 21 字。出土于陝西省西安市長安區。《西安新獲墓誌集萃》著録。

334. 張都護墓誌：天寶四載(745)八月十七日。誌題"大唐故張都護墓誌"。誌文楷書 24 行,滿行 24 字。出土于陝西省西安市郊區。《西南大學新藏墓誌集釋》著録。

335. 楊滑墓誌：天寶四載(745)十月二十五日。誌題"唐故朝請大夫澧陽郡別駕楊府君墓誌銘并序"。誌文楷書 27 行，滿行 27 字。楊子西撰。出土于陝西省西安市。《秦晋豫新出墓誌蒐佚三編》著録。

336. 楊曉墓誌：天寶五載(746)四月二十七日。誌題"大唐故宣德郎行左内率府長史楊府君墓誌銘并序"。蓋文篆書 3 行，滿行 3 字。誌文楷書 24 行，滿行 24 字。楊軾撰。出土于陝西省西安市。《秦晋豫新出墓誌蒐佚三編》著録。

337. 柳國子墓誌：天寶五載(746)十一月十三日。誌題"大唐故河内郡景福府別將柳府君墓誌并序"。蓋文篆書 3 行，滿行 3 字。誌文楷書 21 行，滿行 21 字。2013 年出土于陝西省銅州市耀州區。《秦晋豫新出墓誌蒐佚三編》著録。

338. 獨孤大隱墓誌：天寶六載(747)二月三日。誌題"唐故内侍省掖庭監作獨孤府君墓誌銘并序"。蓋文篆書 3 行，滿行 3 字。誌文楷書 20 行，滿行 20 字。出土于陝西省西安市長安區。《秦晋豫新出墓誌蒐佚三編》著録。

339. 辛翹墓誌：天寶六載(747)二月三日。誌題"大唐故淄川郡濟陽縣主簿辛公墓誌文并序"。誌文楷書 21 行，滿行 20 字。辛臨撰并書。出土于陝西省西安市長安區。《秦晋豫新出墓誌蒐佚三編》著録。

340. 元大謙夫人羅婉順墓誌：天寶六載(747)二月三日。誌題"大唐故朝議郎行絳州龍門縣令上護軍元府君夫人羅氏墓誌銘并序"。蓋文篆書 4 行，滿行 4 字。誌文楷書 27 行，滿行 28 字。李璀撰，顏真卿書。2020 年出土于陝西省咸陽市，現藏陝西省考古研究院。

341. 韋戀墓誌：天寶六載(747)五月二十一日。誌題"大唐故朝請大夫平陽郡洪洞縣令韋府君墓誌銘并序"。誌文楷書 29 行，滿行 27 字。蕭旐撰。出土于陝西省西安市長安區。《秦晋豫新出墓誌蒐佚三編》著録。

342. 韓敬嶠夫人王氏墓誌：天寶六載(747)七月二十八日。誌題"右武衛郎將韓公夫人渤海郡王氏墓誌銘并叙"。蓋文楷書 3 行，滿行 3 字。誌文楷書 20 行，滿行 21 字。上官經野撰。2004 年出土于陝西省西安市長安區陝西師範大學長安校區工地，現藏陝西省考古研究院。《長安高陽原新出土隋唐墓誌》著録。

343. 鄭君夫人崔從明墓誌：天寶七載(748)正月二十五日。誌題"唐前穎王府典籤滎陽鄭公夫人博陵崔氏墓誌銘并序"。蓋文楷書 3 行，滿行 3 字。誌文楷書 18 行，滿行 18 字。夏侯鎰撰，房瑝書。2004 年出土于陝西省西安市長安區西北大學長安校區工地，現藏陝西省考古研究院。《長安高陽原新出土隋唐墓誌》著録。

344. 程愨墓誌：天寶七載(748)三月二日。誌題"大唐故馮翊郡韓城縣丞程公墓誌銘并序"。蓋文篆書 3 行,滿行 3 字。誌文楷書 22 行,滿行 23 字。出土于陝西省西安市。《秦晉豫新出墓誌蒐佚三編》著録。

345. 薛崇允妻李氏墓誌:天寶七載(748)五月二十七日。誌題"唐故左衛中郎薛公夫人成紀縣君李氏墓誌銘并序"。蓋文篆書 3 行,滿行 3 字。誌文楷書 26 行,滿行 26 字。任瑗撰,田敭庭書。出土于陝西省西安市。《秦晉豫新出墓誌蒐佚三編》著録。

346. 王守忠墓誌:天寶七載(748)十月十二日。誌題"唐故左龍武軍將□□柱國太原王府君墓誌銘并序"。誌文楷書 23 行,字數不等。盧液撰,王演書。出土于陝西省西安市。《西南大學新藏墓誌集釋》著録。

347. 韓休夫人柳氏墓誌:天寶七年(748)十一月四日。誌題"唐故相韓公夫人河東郡夫人柳氏墓誌文"。蓋文篆書 4 行,滿行 4 字。誌文楷書 26 行,滿行 27 字。趙冬曦撰。2014 年出土于陝西省西安市長安區大兆街道郭新莊村,現藏陝西歷史博物館。《陝西歷史博物館藏墓誌萃編》《陝西省考古研究院新入藏墓誌》著録。

348. 桓執珪墓誌:天寶七載(748)十二月六日。誌題"大唐故義陽郡長史譙郡桓府君墓誌銘并序"。蓋文篆書 3 行,滿行 3 字。誌文行書 26 行,滿行字數不等。郄邕撰。2004 年出土于陝西省西安市長安區西北大學長安校區工地,現藏陝西省考古研究院。《長安高陽原新出土隋唐墓誌》著録。

349. 源君妻盧氏墓誌:天寶八載(749)七月十四日。誌題"大唐太常寺奉禮郎源君妻盧氏墓誌銘并序"。蓋文楷書 3 行,滿行 3 字。誌文楷書 16 行,滿行 18 字。出土于陝西省西安市長安區。《西安新獲墓誌集萃》著録。

350. 楊真一墓誌:天寶八載(749)八月十日。誌題"唐故淑妃玉真觀女道士楊尊師墓誌銘并序"。蓋文篆書 3 行,滿行 3 字。誌文楷書 27 行,滿行 27 字。楊黯、楊顥、楊黙撰書。出土于陝西省西安市長安區。《秦晉豫新出墓誌蒐佚三編》著録。

351. 段君妻獨孤氏墓誌:天寶九載(750)七月二十八日。誌題"大唐故吏部常選段君夫人獨孤氏墓誌銘并序"。誌文楷書 21 行,滿行 21 字。胡詡撰。出土于陝西省西安市長安區。《秦晉豫新出墓誌蒐佚三編》著録。

352. 王氏命婦墓誌:天寶九載(750)八月二十八日。誌題"大唐故内命婦贈五品王氏墓誌并序"。誌文楷書 14 行,滿行 14 字。出土地不詳,現藏陝西省考古研究院。《陝西省考古研究院新入藏墓誌》著録。

353. 李春卿墓誌:天寶九載(750)十一月十一日。誌題"大唐故馮翊郡朝邑縣主簿李公墓誌銘并序"。誌文楷書 25 行,滿行 25 字。尹國均撰。出土于陝西省西安市長安區。《秦晉豫新出墓誌蒐佚三編》著録。

354. 皇甫悦墓誌:天寶十載(751)十月二十日。誌題"唐故扶風郡雍縣尉皇甫府君墓誌銘并序"。誌文楷書 20 行,滿行 21 字。2003 年出土于陝西省西安市長安區陝西師範大學學長安校區工地,現藏陝西省考古研究院。《長安高陽原新出土隋唐墓誌》著録。

355. 樊行淹夫人孫四娘墓誌:天寶十載(751)十月二十四日。誌題"唐故夫人吴郡孫氏墓誌"。蓋文篆書 3 行,滿行 3 字。誌文楷書 19 行,滿行 20 字。出土于陝西省西安市郊區。《西南大學新藏墓誌集釋》著録。

356. 崔景祥墓誌:天寶十載(751)十一月五日。誌題"大唐故朝議郎通事舍人上騎都尉博陵崔府君夫人墓誌銘并序"。蓋文篆書 4 行,滿行 4 字。誌文楷書 28 行,滿行 28 字。田南鷗撰。出土于陝西省西安市長安區。《秦晋豫新出墓誌蒐佚三編》著録。

357. 李謙墓誌:天寶十載(752)十二月十一日。誌題"大唐故右清道率府石井府右果毅都尉隴西李府君墓誌銘并序"。蓋文篆書 3 行,滿行 3 字。誌文楷書 27 行,滿行 27 字。出土于陝西省西安市。《秦晋豫新出墓誌蒐佚三編》著録。

358. 李承宗墓誌:天寶十一載(752)五月十四日。誌題"唐故昭武校尉前行右武衛絳郡延光府別將柱國李君墓誌銘并叙"。蓋文楷書 3 行,滿行 3 字。誌文楷書 17 行,滿行 18 字。2002 年出土于陝西省西安市長安區陝西師範大學長安校區工地,現藏陝西省考古研究院。《長安高陽原新出土隋唐墓誌》著録。該書誌題釋作"絳郡延安府",有誤,當爲"絳郡延光府"。

359. 鄭君夫人韋婢娘墓誌:天寶十一載(752)五月二十四日。誌題"唐弘農郡全節府別將榮陽鄭公故夫人京兆韋氏墓誌銘并叙"。蓋文篆書 3 行,滿行 3 字。誌文楷書 18 行,滿行 18 字。李行正撰,房瑝書。2004 年出土于陝西省西安市長安區西北大學長安校區工地,現藏陝西省考古研究院。《長安高陽原新出土隋唐墓誌》著録。

360. 唐同賓墓誌:天寶十一載(752)七月二十八日。誌題"大唐故定遠將軍京兆慈門府折衝唐府君墓誌銘并序"。蓋文篆書 3 行,滿行 3 字。誌文楷書 26 行,滿行 27 字。出土于陝西省西安市長安區。《秦晋豫新出墓誌蒐佚三編》著録。

361. 裴愻墓誌:天寶十二載(753)二月十二日。誌題"唐故廬陵郡太守上柱國裴府君墓誌銘并序"。蓋文楷書 3 行,滿行 3 字。誌文楷書 23 行,滿行 23 字。出土于陝西省西安市長安區,2009 年入藏陝西歷史博物館。《陝西歷史博物館藏墓誌萃編》著録。

362. 朝議郎夫人墓誌:天寶十二載(753)二月二十二日。誌題"大唐朝議郎行太常(下闕)"。誌文楷書 15 行,滿行 16 字。出土于陝西省西安市長安區。《西安新獲墓誌集萃》著録。

363. 張仲暉墓誌:天寶十二載(753)八月十六日。誌題"大唐故朝議郎行河南府士曹參軍敦煌張公墓誌銘并序"。誌文楷書 34 行,滿行 38 字。敬括撰。出土于陝西省咸陽市涇陽縣。《秦晋豫新出墓誌蒐佚三編》著録。

364. 茹全墓誌:天寶十三載(754)八月十日。誌題"大唐故文部常選雁門郡茹府君墓誌銘并序"。蓋綫刻四神圖案,無文字。誌文楷書 29 行,滿行 29 字。梁利用撰。出土于陝西省西安市。《秦晋豫新出墓誌蒐佚三編》著録。

365. 韋涵墓誌:天寶十三載(754)十一月二十九日。誌題"唐故馮翊郡司户參軍韋公墓誌銘并序"。誌文楷書 23 行,滿行 25 字。出土地不詳,現藏陝西省考古研究院。《陝西省考古研究院新入藏墓誌》著録。

366. 康太和墓誌:天寶十四載(755)二月十二日。誌題"大唐故左羽林軍大將軍康府君墓誌銘并序"。蓋文篆書 3 行,滿行 3 字。誌文楷書 30 行,滿行 29 字。出土地不詳,現藏陝西省考古研究院。《陝西省考古研究院新入藏墓誌》著録。

367. 崔連城墓誌:天寶十四載(755)八月三日。誌題"大唐故殿中丞崔府君墓誌銘并序"。誌文楷書 27 行,滿行 28 字。李履濟撰。出土于陝西省西安市長安區。《秦晋豫新出墓誌蒐佚三編》著録。

368. 韓逍遥第四女墓誌:天寶十四載(755)十一月五日。誌題"大唐雲麾將軍左羽林軍大將軍故夫人韓氏墓誌銘并序"。蓋文楷書 3 行,滿行 3 字。誌文楷書 20 行,滿行 23 字。史惟良撰并書。出土地不詳,現藏陝西省考古研究院。《陝西省考古研究院新入藏墓誌》著録。

369. 韓損之墓誌:天寶十四載(756)十二月二十九日。誌題"大唐故朝議郎行陝郡平陸縣丞昌黎韓府君墓誌銘并序"。誌文楷書 26 行,滿行 27 字。劉孟卿撰。出土于陝西省西安市。《秦晋豫新出墓誌蒐佚三編》著録。

370. 柳亡宮墓誌:天寶年間。誌題"亡宮八品柳誌銘并序"。蓋文第 3 行,滿行 3 字,第 1 行爲篆書,後 2 行爲楷書。誌文楷書 12 行,滿行 13 字。出土于陝西省西安市長安區,2008 年入藏陝西歷史博物館。《陝西歷史博物館藏墓誌萃編》著録。

371. 姚承詛墓誌:聖武二年(757)八月十四日。誌題"故司農寺主簿姚府君墓誌銘并序"。蓋文篆書 3 行,滿行 3 字。誌文楷書 25 行,滿行 26 字。出土于陝西省西安市長安區,現藏西安博物院。《西安新獲墓誌集萃》著録。

372. 韓敬嶠墓誌:聖武二年(757)八月二十六日。誌題"大燕故右威衛翊府中郎將韓府君墓誌銘并序"。蓋文篆書 3 行,滿行 3 字。誌文楷書 16 行,滿行 16 字。魏季武撰。2004 年出土于陝西省西安市長安區陝西師範大學長安校區工地,現藏陝西省考古研究院。《長安高陽原新出土隋唐墓誌》著録。

373. 王積薪墓誌:至德二年(758)十一月二十八日。誌題"唐故壽王府長史王公墓誌銘并序"。蓋文篆書3行,滿行3字。誌文楷書29行,滿行29字。韋寧撰,史□書,李景順刻字,王瑀題額。2012年出土于陝西省西安市長安區。《秦晋豫新出墓誌蒐佚三編》著録。

374. 章令信墓誌:乾元元年(758)十月十日。蓋文篆書3行,滿行3字。1980年出土于陝西省西安市灞橋區紡織城街道西北國棉四廠工地,現藏陝西省考古研究院。《陝西省考古研究院新入藏墓誌》著録。墓誌曾發表于《考古與文物》1981年第2期。

375. 法振律師蕭智宏墓誌:乾元元年(758)十一月十六日。誌題"大唐大薦福寺主臨壇大德法振律師墓誌銘并序"。蓋文篆書3行,滿行3字。誌文楷書27行,滿行27字。蕭昕撰。出土于陝西省西安市。《西南大學新藏墓誌集釋》著録。

376. 米彥威墓誌:天寶元年至乾元元年(758)。誌文朱書楷書4行,滿行9字。2004年出土于陝西省銅川市新區華陽小區,現藏銅川市考古研究所。《銅川碑刻》著録。

377. 韓湜墓誌:乾元二年(759)二月十二日。誌題"唐故亳州真源縣韓公墓誌銘并序"。蓋文篆書3行,滿行3字。誌文楷書27行,滿行28字。權寅獻撰。出土于陝西省西安市長安區。《秦晋豫新出墓誌蒐佚三編》著録。

378. 李志忠墓誌:乾元二年(759)四月二十五日。誌題"左金吾衛大將軍隴西李公墓誌并序"。蓋文篆書3行,滿行3字。誌文楷書22行,滿行22字。張驥撰,沙門貞迅書。2003年出土于陝西省西安市長安區紫薇田園都市小區工地,現藏陝西省考古研究院。《長安高陽原新出土隋唐墓誌》著録。

379. 李檡行墓誌:乾元三年(760)四月六日。誌題"唐故舒州司馬李府君墓誌銘并序"。誌文楷書17行,滿行17字。出土于陝西省西安市長安區。《秦晋豫新出墓誌蒐佚三編》著録。

380. 馮和璧墓誌:乾元三年(760)五月十三日。誌題"唐故昭武校尉守右金吾衛絳州周陽府折衝都尉右羽林軍上下賞紫金魚袋上柱國馮公墓誌銘并序"。誌文楷書22行,滿行24字。2002年出土于陝西省西安市長安區紫薇田園都市小區工地,現藏陝西省考古研究院。《長安高陽原新出土隋唐墓誌》著録。

381. 韋虛受墓誌:寶應元年(762)十一月二十七日。誌題"唐故銀青光禄大夫衛尉卿上柱國扶風縣開國伯韋公墓誌銘并序"。蓋文篆書3行,滿行3字。誌文楷書34行,滿行34字。于翼撰。2003年出土于陝西省西安市長安區西北大學長安校區工地,現藏陝西省考古研究院。《長安高陽原新出土隋唐墓誌》著録。

382. 向公妻李氏墓誌:寶應二年(763)十月四日。誌題"□□□□□□金吾衛將軍試太常卿上柱國衛國公向公故夫人趙國夫人李氏墓誌銘并序"。誌文楷書 28 行,滿行 28 字。裴士淹撰,焦昇書。出土于陝西省西安市長安區。《秦晋豫新出墓誌蒐佚三編》著録。

383. 郭幼賢墓誌:永泰二年(766)七月八日。誌題"唐故銀青光禄大夫衛尉卿單于副都護上柱國郭公墓誌銘并序"。蓋文篆書 3 行,滿行 3 字。誌文楷書 27 行,滿行 27 字。孫宿撰,王孜書。出土于陝西省西安市。《西南大學新藏墓誌集釋》著録。

384. 牛惟彦墓誌:大曆三年(768)七月十四日。誌題"唐故開府儀同三司試太常卿上柱國隴西郡開國公牛府君墓誌銘并序"。誌文楷書 33 行,滿行 34 字。牛聳撰。2013 年出土于陝西省西安市長安區。《秦晋豫新出墓誌蒐佚三編》著録。

385. 康孝義墓誌:大曆四年(769)二月十八日。誌題"唐故内供奉游擊將軍守晋州平陽府別將賜緋魚袋上柱國康府君墓誌銘并序"。蓋文篆書 3 行,滿行 3 字。誌文楷書 18 行,滿行 20 字。1991 年出土于陝西省西安市三橋鎮簡家村,1994 年入藏陝西歷史博物館。《陝西歷史博物館藏墓誌萃編》著録。

386. 王珽墓誌:大曆五年(770)十一月二十六日。誌題"大唐故朝散大夫守丹州別駕上柱國太原王府君墓誌銘并序"。蓋文篆書 3 行,滿行 3 字。誌文楷書 25 行,滿行 25 字。2002 年出土于陝西省西安市長安區陝西師範大學長安校區工地,現藏陝西省考古研究院。《長安高陽原新出土隋唐墓誌》著録。

387. 馬彰墓誌:大曆六年(771)二月十四日。誌題"大唐故銀青光禄大夫行華州別駕上柱國贈絳州刺史馬府君墓誌銘并序"。蓋文楷書 3 行,滿行 3 字。誌文楷書 29 行,滿行 29 字。陳復撰。1988 年出土于陝西省西安市灞橋區洪慶鎮向陽公司工地,現藏陝西省考古研究院。《陝西省考古研究院新入藏墓誌》著録。

388. 郭嘉延墓誌:大曆七年(772)正月三日。誌題"大唐故太原郡郭公墓誌銘并序"。蓋文篆書 3 行,滿行 3 字。誌文楷書 17 行,滿行 18 字。王發撰并書。2004 年出土于陝西省西安市雁塔區曲江池村,2004 年入藏陝西歷史博物館。《陝西歷史博物館藏墓誌萃編》著録。

389. 李仲珪墓誌:大曆七年(772)七月六日。誌題"唐故太原府兵曹參軍李府君墓誌"。蓋文篆書 3 行,滿行 3 字。誌文楷書 22 行,滿行 22 字。出土于陝西省西安市長安區。《西安新獲墓誌集萃》著録。

390. 劉兼金墓誌:大曆七年(772)七月二十三日。誌題"大唐故通直郎試大理司直兼監察御史廣平劉府君誌銘并序"。誌文楷書 17 行,滿行 17 字。劉從一撰。出土于陝西省西安市長安區。《秦晋豫新出墓誌蒐佚三編》著録。

391. 蕭遇夫人盧氏墓誌:大曆八年(773)十一月十三日。誌題"唐太原府司禄參軍蕭遇故夫人范陽盧氏墓誌銘并序”。蓋文篆書 3 行,滿行 3 字。誌文楷書 20 行,滿行 20 字。蕭恒撰。出土于陝西省西安市。《西南大學新藏墓誌集釋》著録。

392.任氏墓誌:大曆九年(774)六月十八日。誌題“大唐故樂安郡太君贈貝國太夫人墓誌銘并序”。蓋文篆書 4 行,滿行 3 字。誌文楷書 26 行,滿行 27 字。韓雲卿撰。2004 年出土于陝西省西安市長安區西北大學長安校區工地,現藏陝西省考古研究院。《長安高陽原新出土隋唐墓誌》著録。

393.元殆庶墓誌:大曆十年(775)十月十三日。誌題“大唐故通川郡永穆縣丞河南元君墓誌銘并序”。蓋文篆書 3 行,滿行 3 字。誌文楷書 24 行,滿行 24 字。出土于陝西省西安市長安區。《秦晉豫新出墓誌蒐佚三編》著録。

394.梁公妻邢氏墓誌:大曆十年(775)十月二十五日。誌題“唐朝散大夫太子中允梁公夫人故河間縣君邢氏墓誌銘并序”。蓋文篆書 3 行,滿行 3 字。誌文楷書 23 行,滿行 22 字。蓋陰續刻 9 行,滿行 10 字。出土于陝西省西安市長安區。《秦晉豫新出墓誌蒐佚三編》著録。

395.李邈墓誌:大曆十年(776)十二月二十六日。誌題“唐故贈昭靖太子誌銘并序”。蓋文篆書 3 行,滿行 3 字。誌文楷書 31 行,滿行 31 字。楊綰撰,張彦之書。出土于陝西省西安市。《秦晉豫新出墓誌蒐佚三編》著録。

396.李元琮墓誌:大曆十一年(777)十二月二十六日。誌題“大唐故寶應功臣開府儀同三司右龍武軍將軍知軍事上柱國涼國公李公墓誌銘并序”。蓋文篆書 5 行,滿行 5 字。誌文隸書 31 行,滿行 35 字。趙遷撰,袁齊明書并篆。出土于陝西省西安市長安區,現藏西安博物院。《西安新獲墓誌集萃》著録。

397.源邈墓誌:大曆十二年(777)五月四日。蓋文楷書 3 行,滿行 3 字。誌文楷書 20 行,滿行 20 字。2002 年出土于陝西省西安市雁塔區曲江街道西安理工大學曲江校區工地,現藏陝西省考古研究院。《陝西省考古研究院新入藏墓誌》著録。

398.元載墓誌:大曆十二年(777)閏十月二日。誌題“唐故中書侍郎平章事潁川郡公元府君墓誌銘并序”。誌文楷書 28 行,滿行 28 字。李紓撰,陰冬曦書。出土于陝西省西安市長安區。《秦晉豫新出墓誌蒐佚三編》著録。

399.楊綰墓誌:大曆十二年(777)十月七日。誌題“大唐故中書侍郎同平章事贈司徒楊府君墓誌”。蓋文篆書 5 行,滿行 3 字。誌文楷書 25 行,滿行 26 字。韋肇撰,衛密書。出土于陝西省西安市長安區。《秦晉豫新出墓誌蒐佚三編》著録。

400.斑使君妻杜氏墓誌:大曆十三年(778)正月二日。誌題“唐虁州斑使君故夫人杜氏墓誌銘并序”。蓋文篆書 3 行,滿行 3 字。誌文楷書 20 行,滿行 21 字。張伉撰,斑遇書。出土于陝西省西安市長安區。《秦晋豫新出墓誌蒐佚三編》著録。

401. 劉鎬澄墓誌：大曆十三年(778)五月。誌題"故朝議郎掖庭局宫教博士彭城劉府君墓誌銘并序"。誌文楷書 32 行，滿行 33 字。2002 年出土于陝西省西安市未央區棗園村，2002 年入藏陝西歷史博物館。《陝西歷史博物館藏墓誌萃編》著録。

402. 徐君夫人王氏墓誌：大曆十三年(778)十一月三十日。誌題"故邠王府參軍徐府君夫人王氏墓誌銘并序"。蓋文篆書 3 行，滿行 3 字。誌文楷書 20 行，滿行 20 字。李儋撰并書。2003 年出土于陝西省西安市長安區紫薇田園都市小區工地，現藏陝西省考古研究院。《長安高陽原新出土隋唐墓誌》著録。

403. 馮希悦墓誌：建中元年(780)二月十四日。誌題"唐故忠武軍守左金吾衛大將軍員外置同正員兼試光禄卿賜紫金魚袋上柱國扶風縣開國男右龍武軍宿衛馮府君墓誌銘并序"。蓋文楷書 2 行，滿行 3 字。誌文楷書 16 行，滿行字數不等。2003 年出土于陝西省西安市長安區紫薇田園都市小區工地，現藏陝西省考古研究院。《長安高陽原新出土隋唐墓誌》著録。

404. 馬向墓誌：建中二年(781)正月十三日。誌題"唐故朝議郎絳州龍門縣令扶風馬府君墓銘并序"。蓋文篆書 3 行，滿行 3 字。誌文楷書 21 行，滿行 21 字。魏信陵撰。1988 年出土于陝西省西安市灞橋區洪慶鎮向陽公司工地，現藏陝西省考古研究院。《陝西省考古研究院新入藏墓誌》著録。

405. 李卓然墓誌：建中二年(781)七月十日。誌題"唐故尚書水部郎中兼侍御史李公墓誌文并序"。蓋文篆書 3 行，滿行 3 字。誌文楷書 25 行，滿行 24 字。崔從質撰。出土于陝西省西安市長安區。《秦晋豫新出墓誌蒐佚三編》著録。

406. 安文光夫人康氏墓誌：建中三年(782)四月二十日。誌題"唐故中散大夫河州別駕安公夫人康氏墓誌銘并序"。蓋文篆書 3 行，滿行 3 字。誌文楷書 21 行，滿行 21 字。1991 年出土于陝西省西安市三橋鎮簡家村，1994 年入藏陝西歷史博物館。《陝西歷史博物館藏墓誌萃編》著録。

407. 裴嬰夫人崔氏墓誌：建中四年(783)八月十六日。蓋文隸書 4 行，滿行 4 字。誌文楷書 23 行，滿行 26 字。吴通玄撰，吴通微書。出土于陝西省西安市，現藏西安博物院。《西安新獲墓誌集萃》《西南大學新藏墓誌集釋》著録。

408. 盧君夫人李氏墓誌：貞元元年(785)四月二十一日。誌題"盧氏李夫人墓誌銘并序"。蓋文篆書 3 行，首末各 3 字，中間 4 字。誌文楷書 25 行，滿行 19 字。李文楷撰。出土于陝西省西安市郊區。《西南大學新藏墓誌集釋》著録。

409. 劉君妻徐氏墓誌：貞元元年(785)五月二日。蓋文篆書 3 行，滿行 3 字。誌文楷書 19 行，滿行 21 字。出土于陝西省西安市長安區。《西安新獲墓誌集萃》著錄。

410. 王行恭墓誌：貞元三年（787）七月二十一日。誌題“故太原王氏墓誌銘并序”。誌文楷書 24 行，滿行 23 字。出土于陝西省銅川市新區，現藏大唐西市博物館。《銅川碑刻》著錄。

411. 王遇墓誌：貞元三年（787）八月四日。誌題“大唐故秘書監贈揚州大都督王府君墓誌銘并序”。蓋文篆書 3 行，滿行 3 字。誌文楷書 25 行，滿行 25 字。劉斌撰，盛準書并篆蓋，趙詵刻。出土于陝西省西安市長安區。《秦晋豫新出墓誌蒐佚三編》著錄。

412. 凉國夫人李氏墓誌：貞元三年（787）八月二十三日。誌題“大唐故凉國夫人隴西李氏墓誌銘”。誌文楷書 9 行，滿行 16 字。出土于陝西省西安市長安區。《秦晋豫新出墓誌蒐佚三編》著錄。

413. 賀魯子琦暨妻啜剌氏墓誌：貞元四年（788）八月九日。誌題“唐朔方軍征馬使兼節度副使特進少府監賀魯公故夫人咸寧郡啜剌氏墓誌銘并序”。誌文楷書 24 行，滿行 24 字。賀魯忠孝書。出土于陝西省西安市三橋鎮簡家村，2001 年入藏陝西歷史博物館。《陝西歷史博物館藏墓誌萃編》著錄。

414. 暢庭詵墓誌：貞元六年（790）六月二十六日。誌題“唐故游擊將軍上柱國京兆甘泉府折衝暢公墓誌銘并序”。誌文楷書 20 行，滿行 26 字。曇銓撰并書。出土于陝西省西安市，現藏西安博物院。《西安新獲墓誌集萃》著錄。

415. 韋涵夫人孫氏合祔墓誌：貞元六年（790）十月二十九日。誌題“唐故朝議郎行同州司户參軍韋府君夫人樂安孫氏合祔墓誌銘并序”。蓋文篆書 4 行，滿行 3 字。誌文楷書 24 行，滿行 25 字。韋顯述。出土地不詳，現藏陝西省考古研究院。《陝西省考古研究院新入藏墓誌》著錄。

416. 長孫晛墓誌：貞元七年（791）四月十日。誌題“大唐故成都府士曹參軍河南長孫府君墓誌銘并序”。蓋文篆書 4 行，滿行 4 字。誌文楷書 25 行，滿行 26 字。韋諷撰。出土于陝西省西安市長安區。《秦晋豫新出墓誌蒐佚三編》著錄。

417. 韋士伋夫人崔氏墓誌：貞元七年（791）九月十五日。誌題“大唐守辰州刺史韋公故夫人博陵崔氏墓誌文并序”。誌文楷書 19 行，滿行 20 字。韋士伋撰。出土地不詳，現藏陝西省考古研究院。《陝西省考古研究院新入藏墓誌》著錄。

418. 李公夫人張氏墓誌：貞元九年（793）六月十四日。誌題“唐楚州寶應縣丞李公夫人張氏墓誌銘并序”。蓋文篆書 3 行，滿行 3 字。誌文楷書 16 行，滿行 18 字。出土地不詳，現藏陝西省考古研究院。《陝西省考古研究院新入藏墓誌》著錄。

419. 王崇俊墓誌：貞元九年（793）。誌題“唐故鄜坊節度都營田使兼后軍兵馬使軍前討擊使同節度副使雲麾將軍試鴻臚卿兼試殿中監太原縣開國子食五百户上柱國王府君墓誌銘并序”。蓋文篆書 3 行，滿行 3 字。誌文楷書 22 行，滿行 31 字。徐釗撰。20 世紀 80 代年出土于陝西省銅川市宜君縣偏橋鄉彭村，現藏宜君縣博物館。《銅川碑刻》著録。

420. 韋縱先妣李氏墓誌：貞元十年（794）二月十七日。誌題“有唐大理寺評事韋縱先妣李夫人墓誌銘并序”。蓋文篆書 3 行，滿行 2 字。誌文楷書 22 行，滿行 24 字。韋行矩撰。出土地不詳，現藏陝西省考古研究院。《陝西省考古研究院新入藏墓誌》著録。

421. 李楹嘉夫人張氏墓誌：貞元十年（794）七月二十六日。誌題“唐宗室婦清河張夫人墓誌銘并序”。蓋文楷書 3 行，滿行 3 字。誌文楷書 13 行，滿行字數不等。邊叔實撰。2002 年出土于陝西省西安市長安區紫薇田園都市小區工地，現藏陝西省考古研究院。《長安高陽原新出土隋唐墓誌》著録。

422. 葛啜王子墓誌：貞元十一年（795）六月七日。誌題“故回鶻葛啜王子守左領軍衛將軍墓誌并序”。蓋文篆書 3 行，滿行 3 字。誌文楷書 16 行，滿行 18 字。左邊回鶻文字 17 行。崔述撰。出土于陝西省西安市長安區。《秦晋豫新出墓誌蒐佚三編》著録。

423. 韋都寳墓誌：貞元十一年（796）十二月二十二日。誌題“唐故通議大夫檢校祠部員外郎兼太常博士上柱國扶風縣開國男京兆韋公墓誌銘并序”。誌文楷書 34 行，滿行 35 字。許志綸撰。出土地不詳，現藏陝西省考古研究院。《陝西省考古研究院新入藏墓誌》著録。

424. 鮑才墓誌：貞元十二年（796）五月六日。誌題“鮑府君墓誌并叙”。蓋文篆書 3 行，滿行 3 字。誌文楷書 21 行，滿行 20 字。權澧撰。出土于陝西省西安市長安區。《秦晋豫新出墓誌蒐佚三編》著録。

425. 裴嬰墓誌：貞元十二年（796）十月二十七日。誌題“唐故閬州刺史上柱國襲絳郡開國公裴府君墓誌銘并序”。蓋文篆書 3 行，滿行 3 字。誌文楷書 25 行，滿行 25 字。裴通撰。出土于陝西省西安市。《西南大學新藏墓誌集釋》著録。

426. 王温墓誌：貞元十三年（797）二月十四日。誌題“唐故處士太原王公墓誌銘并序”。蓋文篆書 3 行，滿行 3 字。誌文行楷 20 行，滿行 20 字。楊從周撰。出土地不詳。《秦晋豫新出墓誌蒐佚三編》著録。

427. 左横墓誌：貞元十三年（797）二月二十六日。誌題“唐故元從朝請大夫試將作少監兼資州別駕上柱國宣城縣開國男左府君墓誌銘并序”。蓋文篆書 3 行，滿行 3 字。誌文楷書 22 行，滿行 24 字。趙淳撰。出土地不詳，現藏陝西省考古研究院。《陝西省考古研究院新入藏墓誌》著録。

428. 蕭遇墓誌：貞元十三年（797）八月十九日。誌題“唐故朝散大夫守太僕少卿上柱國襲彭城縣開國男蘭陵蕭公墓誌銘并序”。蓋文隸書 3 行,滿行 3 字。誌文楷書 30 行,滿行 31 字。齊抗撰。出土于陝西省西安市。《西南大學新藏墓誌集釋》著録。

429. 王先奉墓誌:貞元十三年(797)十月二十一日。誌題“大唐寶應功臣雲麾將軍守左金吾衛大將軍上柱國開國男食邑三百户故王府君墓誌銘并序”。誌文楷書 16 行,滿行 17 字。出土于陝西省西安市長安區。《秦晋豫新出墓誌蒐佚三編》著録。

430. 氾君夫人張氏墓誌:貞元十四年(798)閏五月十一日。誌題“唐故蜀州别駕氾府君夫人清河郡張氏墓誌銘并序”。誌文楷書 23 行,滿行 23 字。王博達撰,劉宗甫書。出土于陝西省西安市。《西南大學新藏墓誌集釋》著録。

431. 楊銶墓誌:貞元十四年(798)十一月四日。誌題“唐故檢校秘書少監兼蘇州别駕弘農楊公墓誌銘并序”。蓋文篆書 3 行,滿行 3 字。誌文楷書 25 行,滿行 26 字。張式撰,史鎬書。出土于陝西省西安市長安區。《秦晋豫新出墓誌蒐佚三編》著録。

432. 索義忠夫人張氏墓誌:貞元十四年(798)十一月九日。誌題“唐故燉煌郡索府君夫人清河郡張氏墓誌銘并序”。誌文楷書 15 行,滿行 15 字。索戈仙書。出土地不詳,現藏陝西省考古研究院。《陝西省考古研究院新入藏墓誌》著録。

433. 韋信卿夫人裴氏墓誌:貞元十四年(798)十一月十五日。誌題“亡嫂河東裴氏墓誌銘并序”。誌文楷書 25 行,滿行 25 字。韋宗卿撰,韋信卿書。出土于陝西省西安市。《西南大學新藏墓誌集釋》著録。

434. 李緒墓誌:貞元十四年(799)十二月二十一日。誌題“唐故通議大夫太子司議郎李公墓誌銘并序”。誌文楷書 26 行,滿行 26 字。李應撰,李縱書。出土于陝西省西安市長安區。《秦晋豫新出墓誌蒐佚三編》著録。

435. 趙計墓誌:貞元十五年(799)二月二十二日。誌題“唐故朝議大夫守殿中監上柱國天水趙公墓誌銘并序”。誌文楷書 26 行,滿行 26 字。王顔撰,李方古書,盧元卿題額。出土于陝西省西安市長安區。《秦晋豫新出墓誌蒐佚三編》著録。

436. 苗氏墓誌:貞元十五年(799)八月一日。誌題“亡妻上黨苗氏墓誌銘并序”。蓋文篆書 3 行,滿行 4 字。誌文楷書 30 行,滿行 30 字。柳立撰。出土于陝西省西安市長安區。《秦晋豫新出墓誌蒐佚三編》著録。

437. 韓曄妻盧媛墓誌:貞元十五年(799)十月十五日。誌題“唐三原縣尉韓曄妻范陽盧氏墓誌銘并序”。誌文楷書 27 行,滿行 27 字。韓曄序,韓章銘,鄭叔度書。出土于陝西省西安市。《西南大學新藏墓誌集釋》著録。

438. 吕秀實墓誌:貞元十五年(799)十月十五日。誌題“唐故朝議郎行内侍省内府局令上柱國吕公墓誌銘并序”。蓋文篆書 3 行,滿行 3 字。誌文楷書 28 行,滿行 26 字。

2018 年出土于陝西省西安市新城區,現藏西安市文物保護考古研究院。《考古與文物》2020 年第 4 期著録。

439. 焦子昂墓誌:貞元十五年(799)十月二十七日。誌題"唐故内飛龍副大使元從散大夫守内侍省内□□□□□□魚袋贈内侍廣平郡焦公墓誌銘并序"。誌文楷書 28 行,滿行 33 字。張璿撰。出土于陝西省西安市長安區。《秦晋豫新出墓誌蒐佚三編》著録。

440. 奚陟墓誌:貞元十五年(800)十二月二十八日。誌題"唐故朝議郎守尚書吏部侍郎柱國賜緋魚袋贈禮部尚書譙郡奚公墓誌銘并叙"。誌文楷書 32 行,滿行 33 字。陳京撰,張誼書,張元亮篆蓋。出土于陝西省西安市長安區。《秦晋豫新出墓誌蒐佚三編》著録。

441. 孟涉墓誌:貞元十六年(800)十月。誌題"大唐贈揚府大都督孟府君墓誌銘并序"。蓋文篆書 4 行,滿行 4 字。誌文楷書 36 行,滿行 35 字。杜幼直撰,顏續書。2006 年出土于陝西省西安市長安區陝西師範大學長安校區工地,現藏陝西省考古研究院。《長安高陽原新出土隋唐墓誌》著録。

442. 侯良佐夫人李氏墓誌:貞元十六年(800)十一月十五日。誌題"唐故太中大夫光州別駕上谷郡侯府君夫人隴西李氏祔葬墓誌銘并序"。蓋文楷書 3 行,滿行 3 字。誌文楷書 23 行,滿行字數不等。于僚師撰。2003 年出土于陝西省西安市長安區紫薇田園都市小區工地,現藏陝西省考古研究院。《長安高陽原新出土隋唐墓誌》著録。

443. 李包墓誌:貞元十七年(801)閏正月二十一日。誌題"唐故冠軍大將軍左武衛大將軍兼御史大夫和政郡王贈使持節汾州諸軍事汾州刺史趙郡李公墓誌銘并序"。蓋文篆書 4 行,滿行 4 字。誌文楷書 36 行,滿行 35 字。馮鈞撰。2007 年出土于陝西省西安市長安區陝西師範大學長安校區工地,現藏陝西省考古研究院。《長安高陽原新出土隋唐墓誌》著録。

444. 韋娩墓誌:貞元十七年(801)二月十七日。誌題"亡妻京兆韋氏墓誌銘并序"。誌文楷書 24 行,滿行 25 字。李塤撰。出土于陝西省西安市長安區。《秦晋豫新出墓誌蒐佚三編》著録。

445. 楊鉷妻裴氏墓誌:貞元十七年(801)七月三十日。誌題"唐楊府君夫人河東裴氏祔葬墓銘"。誌文楷書 14 行,滿行 14 字。辛秘撰。出土于陝西省西安市長安區。《秦晋豫新出墓誌蒐佚三編》著録。

446. 裴正墓誌:貞元十七年(801)十一月十四日。誌題"唐故朝散大夫檢校太僕少卿兼慈州刺史賜紫金魚袋河東裴公墓誌銘并序"。蓋文篆書 3 行,滿行 3 字。誌文行書 28

行,滿行 29 字。裴次元撰。出土于陝西省西安市。《西南大學新藏墓誌集釋》著録。

447. 邊君暨夫人王氏墓誌:貞元十九年(803)五月十六日。誌題"邊氏太原郡夫人神道墓誌銘并序"。誌文楷書 28 行,滿行 27 字。出土于陝西省西安市長安區。《西安新獲墓誌集萃》著録。

448. 沈權墓誌:貞元二十年(804)六月十八日。誌題"唐故夔州別駕沈君墓誌銘并序"。蓋文篆書 3 行,滿行 3 字。誌文楷書 25 行,滿行 25 字。沈渭撰。出土于陝西省西安市長安區。《秦晋豫新出墓誌蒐佚三編》著録。

449. 韋君夫人徐氏墓誌:貞元二十年(804)十一月一日。誌題"唐故大理寺丞韋府君夫人徐氏墓誌銘并序"。蓋文楷書 3 行,滿行 3 字。誌文楷書 20 行,滿行 20 字。趙儇撰。1989 年出土于陝西省西安市長安縣韋曲北原,現藏陝西省考古研究院。《陝西省考古研究院新入藏墓誌》著録。

450. 韋士文墓誌:貞元二十一年(805)七月六日。誌題"大唐故朝議郎前秘書少監京兆韋公墓誌文并序"。誌文楷書 18 行,滿行字數不等。韋士佽撰。出土地不詳,現藏陝西省考古研究院。《陝西省考古研究院新入藏墓誌》著録。

451. 宋洞陽墓誌:永貞元年(805)十一月五日。誌題"大唐故徵士廣平宋君墓誌銘并序"。誌文行書 19 行,滿行 22 字。出土于陝西省西安市長安區。《西安新獲墓誌集萃》著録。

452. 王贊墓誌:元和元年(806)十月十一日。誌題"大唐故潤州參軍琅琊王府君墓誌銘并序"。行字數未詳。邊撰述并書。出土于陝西省銅川市耀州區。《銅川碑刻》著録。

453. 馮唐渭妻馬氏墓誌:元和元年(806)十一月十三日。誌題"唐朝議郎行陝州大都督府户曹參軍上柱國馮唐渭妻故扶風馬氏銘并序"。誌文楷書 27 行,滿行 27 字。馮敦穆撰并書。1988 年出土于陝西省西安市灞橋區紡織城街道西北國棉五廠工地,現藏陝西省考古研究院。《陝西省考古研究院新入藏墓誌》著録。

454. 曹秀蘭墓誌:元和二年(807)二月十□日。誌題"唐故夏州部落大首領曹府君墓誌銘并序"。蓋文篆書 3 行,滿行 3 字。誌文楷書 22 行,滿行 23 字。楊正友撰。出土于陝西省銅川市耀州區。《秦晋豫新出墓誌蒐佚三編》著録。

455. 杜湑墓誌:元和二年(807)二月十四日。誌題"唐故京兆杜府君墓誌銘并序"。蓋文篆書 3 行,滿行 3 字。誌文楷書 21 行,滿行 21 字。杜省躬撰。出土于陝西省西安市長安區。《秦晋豫新出墓誌蒐佚三編》著録。

456. 楊守義墓誌:元和二年(807)二月二十六日。誌題"大唐故台州長史弘農楊君墓誌銘"。誌文朱書楷書 5 行,滿行 16 字。2010 年出土于陝西省咸陽市渭城區咸陽國際機場二期擴建工程工地,現藏陝西省考古研究院。《陝西省考古研究院新入藏墓誌》著録。

457. 元份墓誌:元和三年(808)十一月六日。誌題"唐故襲三恪嗣韓國公食邑三千户元公墓誌銘并序"。蓋文篆書 3 行,滿行 3 字。誌文楷書 24 行,滿行 24 字。崔埴撰。2004 年出土于陝西省西安市雁塔區曲江池村,2004 年入藏陝西歷史博物館。《陝西歷史博物館藏墓誌萃編》著録。

458. 田君妻斑氏墓誌:元和三年(808)十一月十八日。誌題"唐故京兆華原縣主簿田府君夫人扶風斑氏墓誌銘并序"。蓋文篆書 3 行,滿行 3 字。誌文楷書 23 行,滿行 25 字。斑贄撰,斑遇書。出土于陝西省西安市長安區。《秦晉豫新出墓誌蒐佚三編》著録。

459. 馮少連妻馬氏墓誌:元和四年(809)五月二十一日。誌題"唐將仕郎前守饒州餘干縣尉馮少連妻故扶風馬氏夫人墓誌銘并序"。誌文楷書 23 行,滿行 23 字。馮敦穆撰并書。1988 年出土于陝西省西安市灞橋區紡織城街道西北國棉五廠工地,現藏陝西省考古研究院。《陝西省考古研究院新入藏墓誌》著録。

460. 田濟墓誌:元和四年(809)七月五日。誌題"唐故唐州長史知州事兼侍御史賜緋魚袋攝山南東道節度營田副使田府君墓誌銘并序"。蓋文篆書 3 行,滿行 3 字。誌文楷書 28 行,滿行 29 字。李宗回撰。出土于陝西省西安市長安區。《秦晉豫新出墓誌蒐佚三編》著録。

461. 張公妻裴氏墓誌:元和五年(810)七月十一日。誌題"尚書祠部郎中南陽張公夫人河東裴氏墓誌銘并序"。誌文楷書 20 行,滿行 20 字。張元夫撰。出土于陝西省西安市長安區。《秦晉豫新出墓誌蒐佚三編》著録。

462. 高仙墓誌:元和五年(810)十一月九日。誌題"唐故通議大夫奉天元從定難功臣左監門衛率府率賜紫金魚袋上柱國渤海郡高府君墓誌銘并序"。蓋文楷書 3 行,滿行 3 字。誌文楷書 29 行,滿行 27 字。李康撰,李仲舉書。出土于陝西省西安市長安區,2006 年入藏陝西歷史博物館。《陝西歷史博物館藏墓誌萃編》著録。

463. 趙素墓誌:元和六年(811)八月二十二日。誌題"有唐試大理評事攝臨晉縣令趙府君墓誌"。誌文楷書 23 行,滿行 26 字。李行簡撰。出土于陝西省西安市長安區。《秦晉豫新出墓誌蒐佚三編》著録。

464. 王杲墓誌:元和六年(811)十月二十三日。誌題"唐故檢校工部尚書游擊將軍左千牛衛大將軍太原綫開國男食邑三百户太原王府君墓誌銘并序"。誌文楷書 29 行,滿行 30 字。王叔驥撰并書。出土于陝西省西安市長安區。《秦晉豫新出墓誌蒐佚三編》著録。

465. 蕭君夫人張氏墓誌:元和七年(812)正月二十四日。蓋文楷書 3 行,滿行 3 字。誌文楷書 20 行,滿行 20 字。蕭瀚述。1996 年出土于陝西省西安市長安縣韋曲鎮西兆余村,1996年入藏陝西歷史博物館。《陝西歷史博物館藏墓誌萃編》著録。

466. 韋汶夫人劉氏墓誌：元和七年(812)七月十七日。誌題"唐故夫人彭城劉氏墓誌銘并序"。蓋文篆書3行,滿行3字。誌文楷書21行,滿行21字。韋汶撰。1989年出土于陝西省西安市灞橋區紡織城街道西北國棉五廠工地,現藏陝西省考古研究院。《陝西省考古研究院新入藏墓誌》著録。

467. 劉氏墓誌：元和八年(813)三月十七日。誌題"唐故扶風縣□□□□□"。誌文楷書19行,滿行20字。□從政撰并書。出土于陝西省西安市長安區。《秦晉豫新出墓誌蒐佚三編》著録。

468. 王伉墓誌：元和八年(813)十月三十日。誌題"大唐故驃騎大將軍行右衛上將軍致仕兼御史大夫上柱國瑯琊郡王食□□□□户贈陝州大都督王公墓誌銘并序"。蓋文篆書3行,滿行3字。誌文楷書35行,滿行40字。劉從周撰。1987年出土于陝西省西安市雁塔區長延堡鄉浄水廠工地,現藏陝西省考古研究院。《陝西省考古研究院新入藏墓誌》著録。

469. 張茂宣墓誌：元和八年(813)十月三十日。誌題"唐故銀青光禄大夫檢校户部尚書兼光禄卿上柱國上谷郡開國公贈陝州大都督上谷張府君墓誌銘并叙"。誌文楷書31行,滿行31字。竇克良撰,陳審書。出土于陝西省西安市長安區。《秦晉豫新出墓誌蒐佚三編》著録。

470. 李潮墓誌：元和九年(814)正月十三日。誌題"唐故隴西郡李府君墓誌銘并序"。蓋文篆書3行,滿行3字。誌文楷書22行,滿行21字。法穎撰。出土地不詳,現藏陝西省考古研究院。《陝西省考古研究院新入藏墓誌》著録。

471. 劉君夫人裴氏墓誌：元和九年(814)正月二十五日。誌題"大唐故懷州司馬劉夫人裴氏墓表并序"。蓋文篆書3行,滿行3字。誌文楷書21行,滿行21字。李復禮撰。出土于陝西省西安市。《西南大學新藏墓誌集釋》《秦晉豫新出墓誌蒐佚三編》著録。《秦晉豫新出墓誌蒐佚三編》撰文者釋作"李厦禮",有誤。

472. 郭謙及夫人李氏合祔墓誌：元和九年(814)七月十六日。誌題"唐故將仕郎前守汾州靈石縣尉郭府君及夫人隴西郡李氏合祔墓誌銘并序"。蓋文篆書3行,滿行3字。誌文楷書24行,滿行24字。顧璠撰。出土地不詳,現藏陝西省考古研究院。《陝西省考古研究院新入藏墓誌》著録。

473. 崔君暨夫人魏氏合祔墓誌：元和九年(814)十一月十一日。誌題"唐故太原府壽陽縣尉崔府君及夫人鉅鹿魏氏合祔墓誌銘并序"。蓋文篆書4行,滿行3字。誌文楷書23行,滿行23字。崔立之撰。出土于陝西省西安市。《西南大學新藏墓誌集釋》著録。

474. 韋都賓夫人李氏墓誌:元和九年(815)十一月廿九日。誌題"唐故通議大夫尚書祠部員外郎兼太常博士上柱國扶風縣開國男京兆韋公夫人隴西郡君李氏墓誌銘并叙"。蓋文篆書3行,滿行3字。誌文楷書31行,滿行32字。錢徽撰,韋致退書。出土地不詳,現藏陝西省考古研究院。《陝西省考古研究院新入藏墓誌》著録。

475. 黎信智墓誌:元和十年(815)四月二十日。誌題"唐故儒林郎守内侍省奚官局令賜緋魚袋黎君墓誌銘并序"。誌文楷書18行,滿行18字。杜方古撰。出土于陝西省西安市,2009年入藏陝西歷史博物館。《陝西歷史博物館藏墓誌萃編》著録。

476. 令狐定妻于氏墓誌:元和十一年(816)十月十七日。誌題"亡妻東海于氏墓誌"。誌文楷書18行,滿行21字。令狐定撰。出土于陝西省西安市。《秦晋豫新出墓誌蒐佚三編》著録。

477. 班贊墓誌:元和十一年(816)十一月二十三日。誌題"唐故京兆萬年縣丞班府君墓銘并序"。蓋文篆書3行,滿行3字。誌文楷書24行,滿行24字。宇文佶撰,寇茂元書。出土于陝西省西安市長安區。《秦晋豫新出墓誌蒐佚三編》著録。

478. 郭夫人墓誌:元和十二年(817)正月二十五日。誌題"唐故太原郡夫人郭氏墓誌銘并序"。誌文楷書25行,滿行26字。陳審撰并書。出土于陝西省西安市長安區。《秦晋豫新出墓誌蒐佚三編》著録。

479. 張明俊墓誌:元和十二年(817)二月十九日。誌題"唐故右神策軍正將奉天定難功臣銀青光禄大夫檢校太子詹事上柱國清河郡張府君墓誌銘并序"。蓋文篆書3行,滿行3字。誌文行書21行,滿行23字。張洎撰。出土地不詳,現藏陝西省考古研究院。《陝西省考古研究院新入藏墓誌》著録。

480. 韋公夫人高氏墓誌:元和十二年(817)三月二十五日。誌題"大唐前監察韋公故高氏墓誌銘并序"。蓋文楷書3行,滿行3字。誌文行書23行,滿行24字。韋廙撰。出土地不詳,現藏陝西省考古研究院。《陝西省考古研究院新入藏墓誌》著録。

481. 許震墓誌:元和十二年(817)七月十日。誌題"唐故右神策軍馬軍正將朝請大夫試左衛長史潁川許公墓誌銘并序"。誌文楷書20行,滿行22字。王壽撰。出土于陝西省西安市長安區。《秦晋豫新出墓誌蒐佚三編》著録。

482. 崔頲夫人鄭氏墓誌:元和十二年(817)十月五日。誌題"唐太子賓客博陵崔公夫人博陵郡君榮陽鄭氏之誌并序"。蓋文楷書5行,滿行4字。誌文楷書27行,滿行27字。鄭敬撰。出土于陝西省西安市長安區,現藏西安博物院。《西安新獲墓誌集萃》著録。

483. 崔頲墓誌:元和十二年(817)十月五日。誌題"唐故正議大夫守左散騎常侍致仕上柱國博陵縣開國伯食邑七百户賜紫金魚袋贈越州都督崔公墓誌銘并叙"。蓋文楷書4

行,滿行 5 字。誌文楷書 39 行,滿行 38 字。薛存慶撰。出土于陝西省西安市長安區,現藏西安博物院。《西安新獲墓誌集萃》《西南大學新藏墓誌集釋》著録。

484. 馮元倞墓誌:元和十二年(818)十二月五日。誌題"唐故宗正寺德明興聖廟令馮府君墓誌銘并序"。蓋文楷書 3 行,滿行 3 字。誌文行書 28 行,滿行 26 字。馮少連撰,獨孤鋬書,宋悦刻。出土地不詳,現藏陝西省考古研究院。《陝西省考古研究院新入藏墓誌》著録。

485. 周諲墓誌:元和十三年(818)正月。誌題"唐故江陵府功曹汝南周君墓誌銘并序"。誌文楷書 20 行,滿行 14 字。李紹宗撰。出土地不詳,現藏陝西省考古研究院。《陝西省考古研究院新入藏墓誌》著録。

486. 韋楚相夫人崔氏墓誌:元和十三年(818)十一月二十二日。誌題"崔氏夫人墓誌銘并序"。蓋文篆書 3 行,滿行 3 字。誌文楷書 23 行,滿行 24 字。崔權中撰。出土于陝西省西安市長安區。《西安新獲墓誌集萃》著録。

487. 張興妻路洪墓誌:元和十四年(819)四月二十六日。誌題"唐故朝議郎行鳳翔府倉曹參軍上柱國張興妻路氏墓誌銘并序"。蓋文篆書 3 行,滿行 3 字。誌文楷書 26 行,滿行 27 字。出土于陝西省西安市長安區。《秦晉豫新出墓誌蒐佚三編》著録。

488. 郭錡墓誌:元和十四年(819)五月二十五日。誌題"唐故太府少卿上護軍賜緋魚袋太原郭公墓誌銘并序"。蓋文篆書 3 行,滿行 3 字。誌文楷書 32 行,滿行 33 字。李虞仲撰。出土于陝西省西安市長安區。《秦晉豫新出墓誌蒐佚三編》著録。

489. 趙晉墓誌:元和十四年(819)十一月十日。誌題"唐故右龍武軍散將天水趙府君墓誌銘并序"。誌文楷書 26 行,滿行 27 字。趙弘濟撰并書。出土于陝西省西安市。《西南大學新藏墓誌集釋》著録。

490. 韋鋏墓誌:元和十五年(820)閏正月二十九日。誌題"唐故江陵府司録參軍韋府君墓誌銘并序"。誌文楷書 24 行,滿行 25 字。柳澗撰。出土地不詳,現藏陝西省考古研究院。《陝西省考古研究院新入藏墓誌》著録。

491. 張回墓誌:元和十五年(820)七月九日。誌題"大唐故朝散大夫守衛尉少卿賜緋魚袋范陽張公墓誌銘并序"。誌文楷書 31 行,滿行 30 字。班肅撰,張龔書,柳房題諱。出土于陝西省西安市長安區。《西安新獲墓誌集萃》著録。

492. 鄭侑墓誌:元和十五年(820)十月十一日。誌題"唐故泗州漣水縣丞滎陽鄭君神道銘并序"。蓋文篆書 3 行,滿行 3 字。誌文楷書 29 行,滿行 30 字。鄭蕳撰,宋肅刻。2002 年出土于陝西省西安市長安區紫薇田園都市小區工地,現藏陝西省考古研究院。《長安高陽原新出土隋唐墓誌》著録。

493. 韋訪墓誌:元和年間。誌題"韋氏殤子墓誌銘并序"。誌文楷書 14 行,滿行字數不等。出土地不詳,現藏陝西省考古研究院。《陝西省考古研究院新入藏墓誌》著録。

494. 裴卅四娘墓誌:長慶元年(821)正月十一日。誌題"故裴卅四娘墓誌銘"。蓋文篆書 3 行,滿行 3 字。誌文楷書 15 行,滿行 17 字。出土于陝西省西安市。《秦晋豫新出墓誌蒐佚三編》著録。

495. 李奴墓誌:長慶元年(821)二月十七日。誌題"唐故鹽山縣主權窆墓誌"。蓋文楷書 3 行,滿行 3 字。誌文楷書 20 行,滿行 20 字。賈竦撰。出土于陝西省西安市長安區,現藏西安博物院。《西安新獲墓誌集萃》著録。

496. 竇淑墓誌:開元九年(721)八月二十一日。誌題"□□□□國夫人墓誌銘并序"。蓋文篆書 4 行,滿行 3 字。誌文楷書 38 行,滿行 37 字。張俳書。1988 年出土于陝西省咸陽市渭城區咸陽國際機場工地,現藏陝西省考古研究院。《陝西省考古研究院新入藏墓誌》著録。

497. 王遂墓誌:長慶二年(822)十月二十二日。誌題"大唐故左神策軍華原鎮馬步都虞侯儒林郎司農寺丞上柱國王府君墓誌銘并序"。蓋文篆書 3 行,滿行 3 字。誌文楷書 23 行,滿行 27 字。出土于陝西省銅川市新區,現藏大唐西市博物館。《銅川碑刻》著録。

498. 杜式方墓誌:長慶二年(822)十一月四日。誌題"唐故正議大夫使持節都督桂州諸軍事守桂州刺史監御史中丞充桂州本管都防禦觀察處置等使上柱國南陽縣開國男食邑三百户賜紫金魚袋贈禮部尚書京兆杜公墓銘"。蓋文隸書 3 行,滿行 4 字。誌文楷書 31 行,滿行 38 字。李宗閔撰,王无悔書。出土于陝西省西安市。《西南大學新藏墓誌集釋573》著録。

499. 韋楚相墓誌:長慶三年(823)八月二日。誌題"唐故前鄉貢進士韋君墓誌文并序"。誌文楷書 25 行,滿行 27 字。杜師義撰。出土于陝西省西安市長安區。《西安新獲墓誌集萃》著録。

500. 崔鵠墓誌:長慶四年(824)四月六日。誌題"大唐鄉貢進士清河崔君墓誌銘并序"。誌文楷書 20 行,滿行 21 字。出土于陝西省西安市長安區。《秦晋豫新出墓誌蒐佚三編》著録。

501. 韋庠墓誌:長慶四年(824)七月十四日。誌題"唐故正議大夫守通王傅上柱國京兆韋公墓誌銘并序"。蓋文篆書 3 行,滿行 3 字。誌文楷書 27 行,滿行 31 字。談峰撰,李貞素書。出土于陝西省西安市長安區。《秦晋豫新出墓誌蒐佚三編》著録。

502. 周諲夫人高氏墓誌:寶曆元年(825)三月十日。誌題"故江陵府功曹周府君諲夫人墓誌銘并序"。誌文楷書 18 行,滿行 15 字。李潯撰。出土地不詳,現藏陝西省考古研究院。《陝西省考古研究院新入藏墓誌》著録。

503. 鄭何墓誌:寶曆元年(825)四月十二日。誌題"□□故銀青光禄大夫檢校左散騎常侍兼少府(下闕)墓誌銘并序"。誌文楷書 27 行,滿行字數不等。敬玄撰,徐郜書。出土于陝西省西安市長安區,1999 年入藏陝西歷史博物館。《陝西歷史博物館藏墓誌萃編》著録。

504. 班繇墓誌:寶曆元年(825)五月十七日。誌題"唐故國子監太學博士班府君墓誌銘并序"。蓋文篆書 3 行,滿行 3 字。誌文楷書 33 行,滿行 33 字。班士式撰,李鵬書。2001 年出土于陝西省西安市長安區,現藏陝西省考古研究院。《長安高陽原新出土隋唐墓誌》著録。

505. 韋師素夫人盧氏墓誌:寶曆元年(825)五月十七日。誌題"唐京兆韋君故夫人范陽盧氏墓誌銘并序"。蓋文楷書 3 行,滿行 3 字。誌文楷書 25 行,滿行 25 字。韋同恕撰。出土于陝西省西安市長安區。《西安新獲墓誌集萃》著録。

506. 韓國信墓誌:寶曆元年(825)八月二日。誌題"唐故内侍省内給事韓府君墓誌"。蓋文篆書 3 行,滿行 3 字。誌文行書 21 行,滿行 21 字。出土于陝西省西安市,2009 年入藏陝西歷史博物館。《陝西歷史博物館藏墓誌萃編》著録。

507. 鄭侑夫人王氏墓誌:寶曆二年(826)正月十七日。誌題"唐故泗州漣水縣丞鄭府君夫人王氏墓誌銘并序"。蓋文楷書 3 行,滿行 3 字。誌文楷書 22 行,滿行 23 字。段宣業撰并書。2002 年出土于陝西省西安市長安區紫薇田園都市小區工地,現藏陝西省考古研究院。《長安高陽原新出土隋唐墓誌》著録。

508. 沈中庸夫人喬素墓誌:寶曆二年(825)五月二十三日。誌題"大唐朝議郎行鴻臚寺主簿吳興沈中庸故夫人梁都喬氏墓誌銘并序"。蓋文篆書 3 行,滿行 3 字。誌文行書 19 行,滿行 25 字。沈中庸撰并書。1992 年出土于陝西省西安市長安縣韋曲鎮 7067 工地,現藏陝西省考古研究院。《陝西省考古研究院新入藏墓誌》著録。

509. 陳嗣通夫人王氏墓誌:寶曆二年(825)七月一日。誌題"大唐故陳公夫人墓誌銘并序"。蓋文行書 3 行,滿行 3 字。誌文行書 20 行,滿行 20 字。喬玄貞撰。出土地不詳,現藏陝西省考古研究院。《陝西省考古研究院新入藏墓誌》著録。

510. 第五儉曁夫人衛氏墓誌:寶曆二年(826)八月二十五日。誌題"唐故弘農郡第五府君河東郡衛氏墓誌銘并序"。誌文楷書 22 行,滿行 23 字。出土于陝西省西安市。《西南大學新藏墓誌集釋》著録。

511. 韋塵妻裴氏墓誌:寶曆二年(826)十月九日。誌題"唐京兆府奉天縣尉京兆韋君夫人河東裴氏墓誌銘并序"。蓋文篆書 3 行,滿行 3 字。誌文楷書 28 行,滿行 28 字。裴潾撰。出土于陝西省西安市長安區。《秦晋豫新出墓誌蒐佚三編》著録。

512. 馮元倞夫人獨孤婉墓誌:寶曆二年(826)十月二十七日。誌題"唐故德明廟令長樂馮府君夫人河南獨孤氏墓誌銘并序"。蓋文楷書 3 行,滿行 3 字。誌文楷書 29 行,滿行 29 字。盧匡撰,馮叶書。出土地不詳,現藏陝西省考古研究院。《陝西省考古研究院新入藏墓誌》著録。

513. 鄭逈墓誌:寶曆三年(827)二月五日。誌題"唐故中大夫行尚書虞部郎中上柱國賜緋魚袋滎陽鄭君墓誌銘并叙"。誌文楷書 34 行,滿行 35 字。出土于陝西省西安市長安區。《秦晋豫新出墓誌蒐佚三編》著録。

【作者簡介】党斌,男,1981 年生,歷史學博士,陝西省社會科學院古籍整理研究所研究員,主要從事碑刻文獻整理與研究。

宋代庶子"迎母侍歸"芻議

——以《折維忠妾李夫人墓誌銘》爲中心 *

黄澤凡

　　《宋故福清縣太君李夫人墓誌銘并序》①（以下簡稱《李夫人墓誌》），蓋佚，碑正方形，邊長 0.7 米，厚 0.15 米，誌文楷書 32 行，滿行 32 字。碑身右側題有"宋故福清縣太君李夫人墓誌銘并序"。青石質。1965 年出土于榆林市府谷縣府谷鎮付（傅）家村，現藏于榆林市文物保護所，《榆林碑石》有著録。墓主是府守、崇信軍節度使折惟忠之妾，西作坊使、解州防禦使、贈左金吾衛上將軍折繼祖之生母李夫人，楊大榮撰文，張天成書丹并篆蓋。該墓誌詳細記載了北宋生子妾室李夫人的波折一生，少時，謹恪作婢，升侍妾後生子；中年，遭放歸母家，外嫁他姓；老年，得親子奉迎，榮歸折氏，是宋代官宦家庭中生子妾室的一個典型代表。② 所謂迎侍母歸，專指庶子迎歸并侍奉生母的歷史現象。

　　本文以《李夫人墓誌》爲主要研究資料，一方面基于對墓誌文本考訂，進而梳理李夫人的婚姻狀況、人際關係、生育情況等，另一方面則從折繼祖迎母侍歸、爲母請封入手，分析宋代庶出兒子的孝道實踐及其現實意義。

---

　　* 本文爲陝西省社科基金項目"宋初陝西黄河流域物資轉輸機制研究"（項目號：2021G012）階段性成果。

　　① 戴應新《陝西府谷縣出土北宋〈李夫人墓誌〉》，《文物》第 1 期，1978 年 12 月，第 90—92 頁。戴應新《折氏家族考略》，西安：三秦出版社，1989 年，第 95—98 頁。李裕民《折氏家族研究》，《陝西師範大學學報（哲學社會科學版）》第 2 期，1998 年 6 月，第 55—68 頁。陝西古籍整理辦公室編《榆林碑石》，西安：三秦出版社，2003 年，第 258 頁。有拓片，僅録文，其中"維"誤作"惟"。高建國《鮮卑族裔府州折氏研究》，内蒙古大學博士學位論文，2014 年，第 110—112 頁。党斌《民族·盟約·邊界·戰争：陝西出土宋代墓誌輯釋》，北京：社會科學文獻出版社，2021 年，第 155—157 頁，誤稱作爲"妻"。

　　② 柏文莉《宋元墓誌中的"妾"在家庭中的意義及其歷史變化》，《東吴歷史學報》第 12 期，2004 年 12 月，第 95—128 頁。王闊《尷尬與矛盾：宋代妾的地位和形象研究——以宋代士大夫視野爲中心》，河北大學碩士學位論文，2011 年 6 月。

一、《李夫人墓誌》録文及釋讀

《李夫人墓誌》墓誌全文如下：

宋故福清縣太君李夫人墓誌銘并序

從事郎守府州觀察推官楊大榮撰

曾孫婿東頭供奉官權麟州橫陽堡兵馬監押張天成書并篆蓋。

夫人姓李氏，世居開封，系出仕族。年十三，從府守崇信軍節度使折公諱惟忠爲箕帚之助。熙寧五年閏七月初四日，終于正寢，享年七十有四。以政和元年十月二日，葬于府州府谷縣將相鄉崇勛裏小柏塢之原。夫人秀外慧中，不妄笑語，心無妒忌，宜其家人。時崇信母梁國太夫人性簡嚴，少許可，治内有法，舉族畏之。崇信嫡夫人劉氏晨昏定省，不敢輒詣，必先遣夫人入伺顏色，乃前，梁國數謂崇信及嫡夫人曰：斯人純厚謹恪，它日可委以事，宜善待之。由是特不以家姬遇。年二十二，生西作坊使、解州防禦使、贈左金吾衛上將軍繼祖，是爲崇信之季子。後崇信寢疾，議盡出侍姬。厥父聞之，來自京師。夫人願留侍甚堅，厥父謂曰："吾與汝母俱老，汝弟尚幼，須汝歸，庶幾苟活。"夫人意未决，崇信聞之側然，語夫人曰："爾雖持心近義，然不顧爾親，非孝也。"遂厚贈以資其行。景祐初，崇信薨，長子文思使、恩州刺史繼宣，次子宫苑使、果州團練使、贈太尉繼閔相繼領州事。皇祐二年，太尉薨，朝廷擢金吾承襲。金吾既貴，念夫人自與父歸，音塵杜絶，命親友詢訪。久之，聞夫人適蘇州豪族田氏，已有三十八年，體力康强，子孫成列。金吾遣侄持書于田氏，懇請夫人以歸，越水陸五千里，安輿而來。金吾偕夫人慕容氏，歌鐘燕樂，日奉甘旨。複刻章聞上，願納現任遥刺一官以丐封邑。仁宗皇帝嘉之，特封福清縣太君，時以爲榮。熙寧四年，金吾以疾捐館。孫男三人：孟曰克儀，文恩副使，蚤死；仲曰克禧，皇城使、環慶路準備將領可久，皇城使、前麟府兵馬都監，上柱國；季曰克淨，左侍禁，蚤死。曾孫男七人：可致，皇城使，河北第十一將；可褒，供備庫副使，麟州通津堡兵馬都監；可與，東頭供奉官、河東第一將部將；可規，右班殿直、真定府元氏縣尉；可攻、可矜蚤亡。元孫男九人，五人以陰從仕，餘尚幼。孫女六人，曾孫女四人，皆適仕族。政和元年，侄曾孫四方館使、榮州團練使、知府州可大，將葬其父武安太尉、母和議夫人，盡舉族人二百餘喪葬之。克禧白府守，願別卜地以葬夫人，府守許焉。嗚呼！其亡也，不祔崇信之兆者，不敢亂嫡庶之分；其葬也，不厝諸姬之域者，蓋以盡子孫之孝。禮以義起，于是爲稱。克禧論次行究，請銘于余，義不敢辭，乃爲銘曰：

　　於嗟夫人，緯有淑德。少從折公，陰相內職。祇事女君，分無僭忒。宜其家人，見稱梁國。實生金吾，蕃垣西北，□彩承顏，歌鐘鼎食。封邑之榮，恩禮殊特。身後之心，子孫蕃息。孝盡送終，异其兆域。刻銘納幽，以傳罔□。

定羌堡崔海刻

墓誌正文起首表明李夫人死于"熙寧四年（1071）閏七月初四日"，葬于"政和元年（1111）十月二日"，則此方墓誌製作完成時間在二者之間，且大概率更靠近後者。

誌中諸人，所涉及誌文在戴應新《折氏家族考略》（以下簡稱"戴書"）、高建國《鮮卑族裔府州折氏研究》（以下簡稱"高文"）有集中收録、考證。府守崇信軍節度使折公（即折惟忠[約 982—1033]，字蓋臣，文中皆以"崇信"代稱，李夫人的丈夫）、梁國太夫人（折禦卿繼妻、折惟忠生母、李夫人婆母，有《折禦卿墓誌（殘）》（戴書見第 105 頁，高文見第 109 頁）傳世）、嫡夫人劉氏（折惟忠正妻，李夫人主母）、繼祖（折繼祖，李夫人親子，文中皆以"金吾"代稱）、繼宣（折惟忠長子）、繼閔（折惟忠次子，有《折繼閔神道碑》[戴書見第 55—74 頁，高文見第 113 頁—117 頁]傳世）、慕容夫人（折繼祖正妻，李夫人兒媳，有《慕容夫人墓誌銘》[高文見第 118—120 頁]傳世），其餘如（折）克儀、（折）克禧（[1057—1115]，折繼祖次子，有《折克禧墓誌》[高文見 139—142 頁]傳世）、（折）克淨、（折）可致、（折）可褒、（折）可與、（折）可規、（折）可攻、（折）可矜、（折）克大（李夫人伭曾孫）等人，皆爲折氏家族的主要家庭成員。

戴應新、高建國、党斌等人對相關人物生平事迹、仕宦履歷等分析雖有牴牾，偶有疏漏，但總體而言考證嚴密，故而本文不在詳述。再結合李裕民《折氏家族研究》一文，以李夫人爲中心，就其與家庭成員的關係及生育子孫情況繪製下圖：

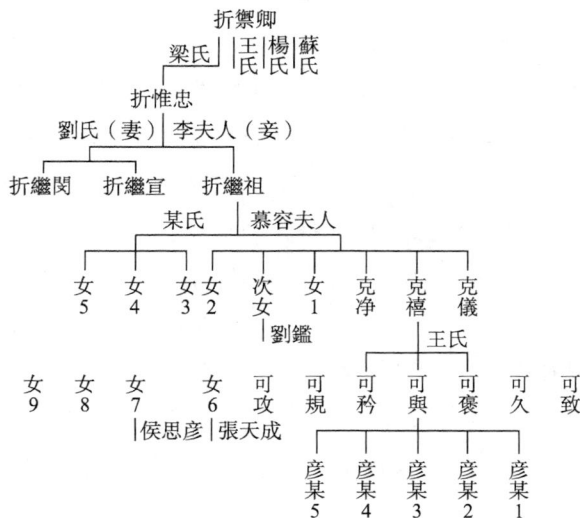

其一,折繼祖的婚姻狀況,據《李夫人墓誌銘》載,其生有子三人,"孟曰克儀,文恩副使,蚤死。仲曰克禧,皇城使,前麟府兵馬都監,上柱國。季曰克净,左侍禁,蚤死",女六人,即文中"孫女六人"。而《慕容夫人墓誌銘》載:"夫人□子,男長曰克儀、次曰克僖(禧),次曰克静,皆殿直。女□□,次適借職劉鑑,長與□(疑爲季)在室。"折繼祖與慕容夫人生子三人是一致的,但女兒數量不一致,且如高文推斷,則慕容夫人生有三女,另外三女疑爲折繼祖與他人所生。又慕容夫人卒于治平三年(1049),折繼祖卒于熙寧四年(1071),而李夫人卒于熙寧五年(1072),如此,表中女3、女4、女5,當爲折繼祖與其他人所生。從而證明折繼祖除慕容氏外,必然尚有其他妻妾。

其二,女8、女9,可致、可久、可規、可攻等六人生父、生母不詳。據《折克禧墓誌》載:"公娶王氏……生男三人,可褒,故任武略郎,河東第九將;可與,故任武德大夫,雲中府路第一將;可矜,故任承節郎。女二人,長適敦武郎張天成,次適武翼郎侯思彥。"李夫人曾孫中,除折克禧三子兩女(可與、可褒、可矜,女6、女7)外,其餘四子二女(女8、女9)的父母皆不得考。高文(見112頁)依據七個曾孫年紀、官職的大小的推斷折可致、折可久爲克儀之子,折可規、折可攻爲折克净之子似有不妥。另外,宣和二年(1120),折可致爲武功大夫、果州團練使,後擔任河東第十三將。[①]

其三,彥某1、彥某2、彥某3、彥某4、彥某5等人父親的身份。朱弁《上朱昭等忠義奏疏》載:"可與兄可求,建炎初言其事,已行恤典,而官其子若兄弟共五人,忠輔不預焉,士論磋惜之。"[②]由此可推斷上述五人可能全部或部分爲折可與之子。

二、《李夫人墓誌》的文本分析

《李夫人墓誌》首段述誌主行實,次段述誌主子孫基本情況,最後銘文。按照其活動場域及社會身份的變化,李夫人一生可分爲三個階段:一是由婢升妾,她以府守折維中姬妾的身份在府州生活,其間生下了對自己一生影響重大的折繼祖,即後來的府州府守。二是放妾歸"田",她以蘇州豪族田氏人的身份生活了三十八年,其間身體强健,子孫成列。三是迎母侍歸,她以府守折繼祖生母的身份在府州渡過了餘生。值得注意的是,李夫人三次身份的轉變皆與府州折氏有着密切關係且都是被動的,這與她本人妾氏身份有着莫大的

---

　　① 民國《府谷鄉土誌》卷一二《藝文誌·宋故修武郎知麟州建寧寨兼本地分巡檢及漢藩私市張公(括)墓誌銘并序》。

　　② 程敏政《新安文縣誌》,合肥:黃山書社,2004年,第148頁。又脱脱《宋史·張忠輔傳》載:"可與兄可求建炎中言于朝,官可與子五人忠輔不預焉,士論磋惜之。"北京:中華書局,1977年,第13209頁。

關係。

（一）“去妾留子”：生子妾氏的困窘

在李夫人人生的第一階段中，以十三歲爲界，她從家婢升爲衆姬中的一員。儘管其十三歲之前是究竟折家的家婢，還是劉氏從劉家帶過來的暫不可考，但至少十三歲時，她是折家的家婢且主要負責折惟忠和劉氏的日常生活，另外從“必先遣夫人入伺顔色乃前”，由此可推斷出她與主母劉氏關係不會太差。考慮到“所謂妻妾和睦共處是妻大度和妾敬慎的表象”，①誌文中稱李夫人“純厚謹恪”是比較符合事實的。

梁國太夫人對李夫人的評價是“它日可委以事，宜善待之”，實則是爲説明兩個問題：一是李夫人品行高潔沉穩，是對李夫人本人的稱贊；二是她從婢子升爲姬是得到了梁國太夫人的首肯，這使得她與折惟忠的感情頗有點“父母之命”的意味。

李夫人在二十二歲生下折惟忠第三子折繼祖，屬其唯一的庶子，似乎應當母以子貴。但事實上李夫人的人生很快迎來了第一次轉折，折惟忠生病，“議盡出侍姬”。其父聽後特地從開封趕來，以“吾與汝母俱老，汝弟尚幼，須汝歸，庶幾苟活”爲理由逼迫李夫人歸家。當然，這樣的説辭是爲李夫人離開折家尋找到了一個道德制高點——“孝”。但男主人因病、年老等原因放妾是當時司空見慣的現象，即使是生子的侍妾也很難避免。如，韓正彦之妾、韓詔（字穆之）生母艾氏，在生産穆之三年後，“歸父母家”。② 甚至妾不被主母接納時，即使懷着孩子，自己不願意離去，依舊會陷入“强遣之”③的困境。

李夫人遭遇放歸母家，又有“厚贈以資其行”，不久再嫁田氏，與包括折繼祖在内的折氏家族斷了聯繫。

（二）“封邑之榮”：妾室身份的實質性突破

李夫人在田氏生兒育女，日子過的應該平淡。直到她的親生兒子折繼祖長大成家并任知府州事之後，尋母并迎歸折氏，隨即向朝廷請求封贈，李夫人便以妾室身份獲得官身，封福清縣太君，母以子貴。

---

① 趙振華《北宋官妾的生活狀態與特質——以出土墓誌爲中心》，《湖南科技學院學報》第 10 期，2012 年 10 月，第 26—32 頁。

② 北京圖書館金石組《北京圖書館藏中國歷代石刻拓本彙編》，鄭州：中州古籍出版社，1989 年，第 40 册，第 137 頁。

③ 洪邁《夷堅志》卷一〇《朱天錫》，北京：中華書局，1981 年，第 1640 頁。

複刻章聞上,願納現任遥刺一官以丐封邑。仁宗皇帝嘉之,特封福清縣太君,時以爲榮。

這其實涉及宋代封贈制度,所謂封贈制度,"是中國古代賞賜官爵的一項制度,朝廷以官員的職位、級別等爲依據,賜予其家族成員名譽上的官、爵或其他名號"。[①] 宋天禧元年(1017)規定:"凡庶子五品已上官皆封嫡母,無嫡母即封所生母。子有五品已上官,若嫡母在,所生之母不得爲太妃已下,無者聽之。"[②]這是宋代首次允許庶子爲所生母請封。且要求請封所生母的前提有二,一是庶子獲得五品以上官,二是無嫡母。另外,"故事群臣父在者,不得以恩封妾母"。[③] 折繼祖當時擔任府州知州,其嫡母劉夫人已逝,父親崇信亦故,故而李夫人符合請封的基本條件。

誌文中"願納現任遥刺一官以丐封邑"又點明這是一起封贈中的回授制度。所謂回授,指官員將自身或親屬所得皇帝恩裳申請轉授給他人的一項制度,[④]其類型有軍功型、典禮型、文教型、磨勘轉官及其他。涉及回授流程,第一步立功遷轉,折繼祖具有"現任遥刺一官"。第二步申請回授,誌文中"願納現任遥刺一官以丐封邑"就表明這是折繼祖申請回授。第三步,審查核驗,誌文中"特封"一詞表明經過查驗,可能此次叙封與官方規定有出入。此外,尚有寫制詞、發告身、上謝表等步驟,此處并未體現。回授的結果是李夫人獲得了福清縣太君的封號,成爲了外命婦一員,獲得了一定的政治地位。

(三)"別卜地以葬":妾室身後的寂寂無名

政和元年(1111),四方館使、榮州團練使知府州折可大組織了折氏家族的再一次較大規模的遷葬,遷葬範圍涉及折可大父武安太尉、母和議夫人在内的 200 多名族人。李夫人逝世于熙寧五年(1072),距此時近 40 年,在此期間她的棺木很有可能被權寄他處。而此時,是要最終確定李夫人的歸宿。作爲李夫人親孫子折克禧請求將其"別卜地以葬",并指出"其亡也,不祔崇信之兆者,不敢亂嫡庶之分;其葬也,不厝諸姬之域者,蓋以盡子孫之孝"。對李夫人來説,雖不能與折惟忠合葬,但至少不用落入"諸姬之域"。《孫公談圃》卷

① 孫健《宋代封贈制度考論》,《中國史研究》第 2 期,2011 年 5 月,第 117—127 頁。關于宋代封贈制度,見楊恒平《宋代叙封制度考述》,《史林》第 2 期,2009 年 4 月,第 94—99 頁。

② 松輯《宋會要輯稿》職官四一,上海:上海古籍出版社,2012 年,第 3217 頁。

③ 李心傳《建炎以來繫年要録》卷一八〇,紹興二十八年十二月甲寅條,第 3468 頁。

④ 寧歐陽《宋代回授制度研究》,河南大學碩士學位論文,2019 年 6 月。此外,《"優待"抑或"限制"——宋代回授制度述略》(《宋史研究論叢》第二十七輯,2020 年,第 132—147 頁)對宋代回授制度研究討論。

下載，王青五歲的時候，所生母“死于江行，父遽焚于水濱，即解舟而去，後求骨已亡矣，無一日不恨”。[①] 相較于死無葬身之地，妾室李夫人的別卜地而葬是非常不錯結局。另外，值得注意的是她最後葬在了折家，與生活了三十八年的蘇州田氏徹底没了聯繫。而文中提到她在田氏也生育有子女，與這些子女，李夫人的被動選擇似乎缺少慈愛。

宋代妾室死後葬俗，分兩種情况，一是“未廟見而死，則以妾禮葬之”，大概率進入“諸姬之域”；二是“歸葬于婦氏之黨”，[②]而誌文中提到的生育妾室“別卜地以葬”的規定，出現較晚。宋英宗治平三年（1066），密州觀察使、同知大宗正司事趙宗旦在任職期間居所生母喪，“始請別擇地以葬，歲時奠祀，後著爲法”。[③] 這是宗室子弟爲所生母請求“別擇地以葬”的開端，庶出文武官員大概可以援引此例，由此可知折克禧的做法基本合法，是在封建嫡庶禮法和孝道之間尋求的一種平衡。

雖然李夫人能“別卜地而葬”，但其本人信息却消失在了家族墓誌文本書寫中。現存與其關係最密切的兩方墓誌，一是兒媳《慕容夫人墓誌銘》誌文稱贊慕容夫人載“夫人始嬪，時團練君方爲右侍禁，上有伯□伯母治家嚴毅，夫人恭執婦道，雞鳴而起，以幽閒之德，和娣姒以柔順之道，睦□族□得，中外百口曾無閑言；閨門之内□□□□”。通篇記載慕容夫人生前婦道的誌文中，提到了娣姒、親族，除此之外，還專門記載了她爲折繼祖寡居母家姐姐請封一事，却唯獨不提侍奉婆婆一事，要知道侍奉公婆、孝順長輩可是傳統女性的重要品格。這與《李夫人墓誌》“金吾偕夫人慕容氏，歌鐘燕樂，日奉甘旨”中描繪的一副歡迎母歸、母慈子孝的温馨場面相去甚遠。

事實上，庶出生母與作爲正室的兒媳婦還有極端的例子，陳世儒正妻、時任樞密副使吕公著的親外甥女李氏，“惡世儒所生母，欲其死。諭群婢曰：‘博士一日持喪，則汝輩欲留者多與金，欲去者厚遣之。’語多類此，終不明言使之殺也”。[④] 兒媳殺母，這固然是長期普遍存在婆媳矛盾的一種極端，但很可能也與陳世儒生母的妾氏身份有着一定的關聯。

二是次孫《折可禧墓誌銘》，撰者在追述折克禧的世系時，載：“曾祖永安軍節度使、檢校太師、贈尚書令、追封燕國公，諱禦卿，妣梁國太夫人梁氏。祖簡州團練使、知府州、贈崇信軍節度使，諱惟忠，妣彭城郡君劉氏。”這段文字中涉及兩人的生母問題，一是折惟忠的生母梁國太夫人，她是折禦卿的繼妻，屬正室，明載；二是折繼祖的生母福清縣郡李夫人，屬妾，隱而不載。如此以來，作爲妾室的李夫人在兒媳、孫子的墓誌銘書寫中徹底消失了。

① 劉延世撰，趙維國整理《孫公談圃》卷下，《全宋筆記》（第二編），鄭州：大象出版社，2006 年，第一册，第 163 頁。

② 黎靖德編《朱子語類》卷八五《禮二·儀禮》，北京：中華書局，1986 年，第 2197 頁。

③ 李燾《續資治通鑑長編》卷二〇八，英宗治平三年條，北京：中華書局，1995 年，第 5048 頁。

④ 鄒浩《道鄉集》卷三九《撰行狀故觀文殿大學士蘇公（頌）行狀》，文淵閣《四庫全書》本。

三、迎侍母歸:"孝"的實踐與現實意義

與明清相比,宋代在法律、社會風氣等方面對婦女再嫁問題相對優容。因此,再嫁婦女與前夫所生兒子長大成人後,把再嫁的親生母親接回家中奉養基本能維持母慈子孝的家庭氛圍。而對于庶子而言,其尋找生母、迎歸奉養都遭遇着較大困境。史籍中關于庶子迎歸生母現象的記載并不少見,具列如下:

人物	故事	史料來源
王冒	君生才數歲,孝感流落于外,乃鞠于公。母遂寧郡夫人劉氏,愛育彌甚。及遂寧既喪,君始知之,諮諏裏閈,逮走南北,求訪垂二十年,日夕懷慕,竟得于乾寧軍民舍間,君子以謂孝感。逮君登朝,由是加封焉。	齊運通《洛陽新獲七朝墓誌》北京:中華書局,2012年,第386頁。
朱壽昌	其所生母三歲捨去,長大刺血寫經,誓畢生尋訪。凡五十年乃得之,奉養三年而母亡,壽昌至毀焉。	蘇軾《東坡志林》卷二,《四庫全書》本。
趙令峮	襁褓喪父,所生母劉氏適人,侯及冠始知之。……元祐三年得迎其母入宮,晨昏定省,竭力致養乃有生意,寢食始自安,宗族稱孝。	范祖禹《范太史集》卷四九《右監門衛大將軍贈博州防禦使博平侯墓誌銘》。
劉珸	其庶母王氏既生珸而出外。珸事嫡母任氏,三十年不懈。嫡母死,尋訪王氏,了不可得。遂棄官,布衣蔬食,跣足走天下訪之,輾轉數歲。……于是迎母同居。	王銍撰,朱杰人點校:《默記》卷中,中華書局,1981年,第29—31頁。
趙世采	所生母李氏,公未勝衣被出,轉徙失其所歸。高夫人(嫡母)喪畢,公勤惻哀疚,形于瘠瘵,訪求得之,封長壽縣太君,歿贈安康郡太君。	范祖禹《范太史集》卷五二《吉州刺史本州島防禦使贈崇信軍節度使譙國公墓誌銘》。
周彥霶	公幼聰穎,後母俞氏撫之均已出。故公雖壯長,不知復有所生母。……紹聖四年,公以進士解褐,調開封府鄢陵尉。還里中,霍公具以告。公聞知感慕誓見母乃出仕。……父某贈朝散大夫,繼母俞氏贈宜人,所生母贈孺人。	葛勝仲《丹陽集》卷一三《奉議郎致仕周公墓誌銘》。
惠利民	閏五月五日,右從事郎惠利民狀:"伏念利民幼而多難,纔及三歲,所生母趙氏爲舅氏奪志它適。……于紹興二十三年遂得蹤迹,複獲侍養,母子如初。"	徐松輯《宋會要輯稿》儀制一〇,第2023頁。
韓韶	所生母艾氏,生穆之,三歲乃去,歸父母家。後二十年,穆之既仕,知母在外,刻志求訪。一日,遇于京師,遂迎之官,孝養十餘年。	北京圖書館金石組《北京圖書館藏中國歷代石刻拓本彙編》,鄭州:中州古籍出版社,1989年,第40冊,第137頁。

表格中有張氏王冒、劉氏趙令峮、劉氏朱壽昌、王氏劉珸、李氏趙世采、杭氏周彥霶、趙氏惠利民、艾氏韓韶等八組母子,再加上前文提及陳象古母子、李夫人折繼祖母子共10

組。他們的經歷相似，一是就身份而言，十位母親都是官妾，皆非正妻，其中趙令峈的生母劉氏、趙世采的生母李氏都是宗室成員的妾室。二是就母子分離而言，一方面基本都是在兒子年幼時就分開，以"數歲""襁褓""三歲"等記載，另一方面都是被動分離，或"襁褓喪父"，或"爲舅父奪他志"，或"遭夫放歸"。這與當時她們的妾室身份有着直接關聯。三是就尋生母這一行爲的發生而言，或是在嫡母去世之後，如王冒知其生母是在嫡母遂寧郡夫人去世之後，劉琄是在嫡母任氏喪後；或是在自己長大建功立業之後，如周彦霈，據載他的侄子周彬所言："吾叔性淳至，不知所生杭氏在外也，可須其登第語之。"因此，他直到紹聖四年（1098）以進士解褐，調開封府鄢陵尉，還里中，纔知道其生母杭氏流落在外。就尋母過程而言，大都非常艱辛，耗時長，困難多，如劉琄，他在尋母過程中被他人冒認。其中朱壽昌更是"棄官尋母"。就結果而言，大多數人都尋得生母，迎母同居，甚至爲母請封。僅周彦霈例外，苦尋數十年後，僅尋得一座荒冢，最後"慟絕，即易棺衾護歸"。

綜上所述，首先，母子生離發生在孩子尚小不記事的時候，究其原因，一方面生子妾室不容于妻室乃至家族，另一方面家族爲了更好地教育或控制庶子。其次，庶子長大之後只有在嫡母去世或有所成就時，纔可能知道生母的相關信息，而後苦尋生母也是絕大部分人的選擇。在此期間，其生母們改嫁、再嫁等也是常態。最後，迎母同居、爲母請封是庶子們行孝的重要行爲。這一行爲背後的因素可概括爲以下四種：

第一，庶子迎侍母歸并非在宋代纔開始出現，其實質是對前人行孝行爲的繼承。如南朝時，庾道湣尚在襁褓之中時，其生母就流漂至交州，而本人并不知曉。等他長大知道以後，特意向朝廷請求擔任廣州綏寧府佐，以便去交州尋母，"經年日夜悲泣"，終于尋到母親。唐德宗時，杜羔，洹水（今河北魏縣大磨鄉杜棗林村）人，杜佑之孫，其生母"經亂不知所之。會堂兄兼爲判官，嘗鞫獄于私第，有老婦辯對，見羔出入。竊語人曰：'此少年狀貌類吾夫。'訊之，乃羔母也。自此迎侍而歸"。[①]

第二，庶子迎侍母歸現象頻繁發生得益于宋代孝治天下治國理念推行。宋太祖立國伊始，就確立了"以孝治天下"的傳統，至南宋亡國，一直都非常重視孝道，更是依靠"家庭、家族、社會等各個階層的力量，通過法律、教育、制度等多種途徑，實行全方位、各階層的孝道教化，培養出了一大批孝子順民，形成了孝親敬老的社會風氣"。[②] 紹興二十六年（1156），宋高宗在回復宗室成員趙善學以磨勘轉官陳乞回封祖母李氏時，特命制詞："朕以天下爲慈寧養，猶爲未足，凡子之孝于親者，每樂聞之。況近在吾宗乎？"[③]作爲最高統治

①　彭大翼撰，張幼學增訂《山堂肆考》卷九三《迎侍母歸》，上海：上海古籍出版社，1992年。

②　劉益《〈二十四孝圖〉對宋代孝子形象的構建與意義》，華中科技大學碩士學位論文，2017年。

③　徐松輯《宋會要輯稿》職官六一，上海：上海古籍出版社，2012年，第4706頁。

者,他直接表達了以孝治國的決心和對孝親行爲的讚賞。

　　此外,宋代的皇帝中宋仁宗、宋哲宗、宋徽宗、宋高宗等人皆以庶子身份繼位,其本人面臨着如何平衡禮法上的嫡母與事實上的(所)生母矛盾,另外還有過繼的宋英宗、宋孝宗等,他們也面臨着如何對待禮法上的母親與事實上的(本)生母的問題,他們或許更能設身處地地理解并解決庶出、過繼官員們所面臨的"孝"所生母這一現實問題。

　　第三,爲母請封作爲迎侍母歸的補充,集中反映的是宋代所生母封贈制度,後者是宋代庶子實行孝道的制度保障之一。所謂所生母封贈制度,即五品以上文武官員在嫡繼母、父親皆已請封之後可以爲自己的生母請封的封贈制度。作爲庶出官員而言,自身獲得政治地位是首要,其次是爲包括父親、嫡繼母等在内的核心家族贏得榮耀,最後也是最難的是如何爲所生母爭取一定的地位以實現孝道。哲宗元祐二年(1087),詔:"凡父及嫡繼母在不得封贈所生母,雖亡而未有官封者不得獨乞封贈所生母,若父及嫡妻亡所生母未有邑封者,亦不得獨乞封贈妻,從吏部請也。"①一定條件下允許庶子爲所生母請封,一方面維護了家族的嫡庶秩序,另一方面充分顧全了母子人倫。就封贈制度而言,"所謂孝,只存在于受封者私門之内,作爲完成君臣關係的一個附屬而已"。② 因此,從這個角度上説,所生母封贈制度是制度設計者在嫡庶、母子、家國三者之間尋找的平衡點。

　　第四,迎侍母歸作爲士大夫的庶子踐行孝道的最基本途徑,是對宋人對婦女再嫁問題寬容態度的直接反映。兩宋時期,婦女再嫁的現象非常普遍。③ 光禄寺丞陳象古所生母董氏迫于飢寒,改嫁孫氏,後在陳的請求下,回歸陳家。④ 迎侍母歸作爲一種孝行,爲孝子本人可以贏得很多讚賞,前文所列王冒等人皆或多或少有所提及。再如江端友,他本是布衣,無出身,"隱居京城東郊,素有高行,士大夫多稱道之"。後來少宰吳敏在聽了吳升詳講述其"迎養所生母之孝",特意向朝廷建議"加官使,以風四方"。⑤ 後江被奉聖旨賜同進士出身,與補承務郎。此處,江端友迎養所生母這一行爲主觀上是行孝,客觀上也爲自己贏得了一定的政治利益、經濟待遇。此外,這與當時的福報觀念也密切相關。如《默記》中認爲劉琦"仕遇神宗、累膺繁劇,爲時名臣。子二:何、勃皆登科。其家光顯貴盛,亦天之報也"。⑥ 此處將劉琦及後嗣的功成名就與其"迎侍母歸"這一孝行聯繫,可見當時的孝道

　　① 李燾《續資治通鑑長編》卷四〇五,哲宗元祐二年九月乙丑條,北京:中華書局,1995 年,第 9871 頁。
　　② 孫健《宋代封贈制度考論》,《中國史研究》第 2 期,2011 年 5 月,第 117—127 頁。《宋代封贈制度對家庭倫理和家内秩序的構建》,《北京師範大學學報(社會科學版)》第 1 期,2017 年 1 月,第 136—143 頁。
　　③ 劉濤《宋代婦女再嫁研究》,遼寧大學碩士學位論文,2017 年 5 月,第 1 頁。
　　④ 徐松輯《宋會要輯稿》職官四一,上海:上海古籍出版社,2012 年,第 3217 頁。
　　⑤ 汪藻撰,王智勇箋注《靖康要録箋注》卷四,成都:四川大學出版社,2008 年。
　　⑥ 王銍《默記》卷中,北京:中華書局,1981 年,第 31 頁。

觀念。

李夫人作爲折惟忠的妾室、折繼祖的生母,其坎坷一生在宋代生子妾室這一群體中具有代表性,得封福清縣太君、"别卜地以葬"是其一生輝煌的寫照。"迎侍母歸"雖是折繼祖的個人行爲,但在我國古代既非首例,在兩宋更不是孤例。這是宋代孝治天下的必然結果,是宋代士大夫們踐行孝道的重要實踐方式之一,也得益于當時對婦女改嫁的寬容社會風氣。同時,客觀上也可以爲士大夫帶來社會認同感甚至是制度上的福利。

【作者簡介】黄澤凡,女,1991年生,陝西省社會科學院古籍研究所助理研究員,主要從事宋史與陝西碑刻文獻整理研究。

周至碑刻述介[*]

王志勇

　　周至縣,原名盩厔,南依秦嶺,北臨渭水。唐李吉甫《元和郡縣圖誌》云:"山曲曰盩,水曲曰厔。"[①]是縣因山環水復而得名,1964 年改爲周至。周至早在《漢書》中已有記載,建縣至今已兩千餘年,文化底蘊深厚,境内有相傳老子著授《道德經》的樓觀臺,也因此被稱爲道教祖庭,更是道教文化的重要發祥地之一。還有隋代因安置佛舍利而興建的仙游寺法王塔,白居易任周至縣尉時,創作了唐詩名篇《長恨歌》。

一、周至現存碑刻概述

　　關中地區碑刻資源十分豐富,周至縣地處關中西部,現存民國以前碑刻的數量,其重要者,據當地文物管理所調查統計約 300 種(包括少數殘碑、金屬器物、建築物構件),經粗略統計,其中北魏 1 種、隋 1 種、唐 8 種、宋 13 種、元 25 種、明 46 種、清 153 種、民國 15 種、時代不詳 39 種,總數 301 種。其種類從形制上來看,囊括摩崖、造像題記、碑碣、墓誌等主要類型。據内容來看,主要有造像題記、墓誌銘(含神道碑、墓碑、行狀、塔銘)、記事碑(如寺觀碑記等)、經文碑(含經幢)、牌匾(如石牌樓匾額、門楣等)、圖像碑(含地圖、建築圖、人物像等)、詩文碑、節孝碑(含苦節碑)、懿行碑、功德碑(含捐資題名碑)、文書碑(如敕諭碑、派單文書、律令文書、鄉規民約等)、口號碑、界碑等。以上諸類中,記事碑大概 110 餘種,墓誌 40 餘種,占半數左右。

　　周至碑刻最鮮明的特色是道教、佛教碑刻數量多,所占比例高,而樓觀臺道教相關碑刻更是自成系統。樓觀臺,又稱説經臺,位于城東南十五公里的終南山北麓,有"天下第一

---

　*　本文爲陝西省社會科學基金項目"周至碑刻整理研究"(項目編號:2019GJ002)階段性成果。

　①　李吉甫撰,賀次君點校《元和郡縣圖誌》,北京:中華書局,1983 年,第 31 頁。

福地”之稱，自周代開始歷朝都曾在此建廟立觀，在古代主要以宗聖宮和説經臺爲建築核心。這裏關于道教的歷代碑碣和器物數量衆多，著名的有《大唐宗聖觀記》《大唐尹尊師碑》《老君顯見碑》《玄元靈應頌》《蘇軾樓觀題記》《薛紹彭書大中題樓觀南樓詩刻石》《薛紹彭書王工部題樓觀詩刻石》《篆書道德經碑》《楷書道德經碑》《樓觀先師傳碑》等。其中《大唐宗聖觀記》原刻于唐武德九年（626），歐陽詢撰序并書，元代又重新洗刻，《雍川金石記》稱其爲“唐隸之佳者”，①碑記概述樓觀歷史，更有重要史料價值。兩種《道德經》碑爲元刻，存《道德經》异文及古體，可用于校勘。《樓觀先師傳碑》記述自一代祖師尹喜至元代李志柔共 35 位樓觀各派先師生平、事迹，是研究樓觀道教歷史的重要文獻。樓觀臺道教碑刻約 90 種，王忠信編有《樓觀臺道教碑石》一書，②對其進行了系統整理。

　　仙游寺建于隋代，位于城南十七公里黑水峪口，現存有隋代佛塔。現有歷代碑刻十餘通，如《重修仙游寺記》《仙游寺小記》《守真和尚塔銘》《清守貞和尚墓塔銘》，記載仙游寺歷史及名僧生平、事迹，對瞭解仙游寺歷史及人物有重要價值。《舍利塔下銘》記載了隋仁壽元年（601）建塔安放舍利原委，背面的《仙游寺舍利塔銘》又記述了唐開元十三年（725）重出舍利修繕佛塔的經過。除樓觀臺、仙游寺留存碑刻之外，還有《通仙萬壽宮碑》，記載元代通玄子張志真參拜全真教祖庭、謁見王重陽，并開荒建觀的經過，及“通仙觀”得名之由來。竹峪鎮丹陽觀所存的《大元重修丹陽觀記》《大清重建丹陽觀記》《丹陽觀主持墓誌銘》三種碑誌，對瞭解丹陽觀的歷史有重要價值。此外，周至境内東林寺、暖泉寺、觀音廟、玉皇廟、觀音廟等均有碑刻遺存，是記録民間信仰流傳、演變的重要文獻。

二、周至碑刻的價值

　　碑刻是歷史文化的重要載體，碑刻文獻具有重要的文獻學價值、歷史學價值、文學價值、藝術學價值和宗教學價值，并且一種碑刻文獻所具有的價值往往是多元的。

（一）文獻學價值

　　碑刻文獻的文獻學價值，體現在其内容可以與傳世文獻進行比勘，能糾正傳世文獻的一些錯誤，或予以補充。前文提到樓觀臺的兩種《道德經》碑，存《道德經》异文及古體，可

---

①　朱楓、李錫齡輯《雍州金石記》，《石刻史料新編》第一輯，第 23 册，第 17132 頁。
②　王忠信編《樓觀臺道教碑石》，西安：三秦出版社，1995 年。

用于校勘,這已經被學界注意到并加以利用,如朱謙之《老子校釋》等。①

仁壽元年(601)《舍利塔下銘》云:"願太祖武元皇帝、明元皇后、皇帝、皇后、皇太子、諸王子孫等……永離苦空,同升妙果。"這裏的"明元皇后"與《隋書》記載有异,《隋書》卷一云:"乙丑,追尊皇考爲武元皇帝,廟號太祖,皇妣爲元明皇后。"②其他史書如《北史》亦作"元明皇后",而陝西耀縣神德寺仁壽四年(604)舍利函亦作"明元皇后",同時期的其他州(如鄧州)的舍利塔銘也有作"元明皇后"者,孰是孰非,需進一步考證。

尚村鎮西岩坊村五柳祠内的《淵明詩寄陶監使君秀老弟》詩碑,舊題"淵明詩寄碑",刊刻了楊奐的五律四首并序,與傳世楊奐《還山遺稿》所收相關内容有數處文字差异。經比對分析可知,詩碑内容比較原始,凡不同之處均以詩碑爲是,而《還山遺稿》顯然是經過了後人增删改動過的。然而一些相關詩選、詩集都以傳世本爲準,應該是未見此碑的緣故。以上幾例便是周至碑刻文獻學價值的具體體現。

(二) 歷史學價值

周至碑刻的歷史學價值,可以分幾個方面分别闡述。首先,碑刻文獻有關歷史人物的記載甚多。王三聘爲周至名儒,明嘉靖十四年進士,著有《五經集録》《小學集注》《性理字訓》等多種著作,又主持編修《周至縣誌》,是周至乃至關中地區的重要歷史人物。現存《明進士奉政大夫四川檢察司僉事兩曲王公墓誌銘》,記載了王三聘之家世、生平、歷官等,雖然殘缺過甚,但仍保留一些重要信息。又,《皇清誥封中憲大夫晋贈通議大夫鷺洲府君路公墓誌銘》對另一重要人物路德的生平、歷官、事迹記載甚詳,且保存完好,是爲重要文獻。此外尚有唐至清各代人物墓誌、墓碑多種,是研究地方歷史、人物的重要資料。

其次,碑刻文獻中有一部分涉及當時一些歷史事件,還有一些記録廟宇、宫觀、殿堂、池臺及其他基礎設施的建立、修繕原委及經過,如《重建龍泉寺記》《重修東林寺記》《重建玄帝祠碑記》《重修東岳廟記》《重修白馬橋記》《大清重建丹陽觀記》《重修文廟碑記》等等。值得指出的是,同治十一年(1872)《王氏宗祠財產碑》記載:"蘭梅塬始名文義村,後名蘭梅塬,至今二十餘載矣。"據此可推知蘭梅塬之稱始于道光晚期,是十分重要的地方史文獻。

再次,碑刻文獻中有一些反映歷代戰爭的史料。如《董蘭芳墓誌銘》記載了董氏祖先董蘭芳抗擊清軍、與李自成義軍交往事迹。1927年刻立的《馮玉祥宣傳口號碑》,署名爲

---

① 朱謙之《老子校釋》,北京:中華書局,1984年。

② 魏徵等《隋書》,北京:中華書局,2019年,第一册,第14頁。

馮玉祥；1940年所立《抗戰陣亡將士忠魂碑》，乃時任周至縣長孫維善所書。這兩通碑是北伐戰争、抗日戰争時期的珍貴歷史實物。

　　另外，碑刻中的一些綫圖也十分重要，如《終南山古樓觀宗聖宫之圖》刻繪了元代重修後宗聖宫全貌，碑陰刻《繫牛柏圖》。《天井渠碑記》記文下方，刻天井渠全圖。這些對復原古建築和瞭解古代水利工程都十分有幫助。

（三）文學價值

　　白居易《送王十八歸山寄題仙游寺》曾云："林間暖酒燒紅葉，石上題詩掃緑苔。"[1]周至碑刻的文學價值，體現在所保存的大量詩詞題刻中，詩詞或爲名家之作，或係時任官員所題，或見于傳世文集，或僅見于石刻，皆可咏可玩。如蘇軾《上清詞》殘碑，係蘇軾嘉祐八年(1063)游上清太平宫時所賦，元祐二年(1087)由薛紹彭請蘇軾手書并刻石，同時刻有蘇轍的《和上清詞》。《薛紹彭書大中題樓觀南樓詩刻石》《薛紹彭書王工部題樓觀詩刻石》二石，同刻于元祐元年(1086)三月，有"大中"《題樓觀南樓》一首，"王工部"詩二首，其中"王工部"詩中"水石自含仙氣爽，煙雲常許世人游"二句堪稱佳句。此外，另有《上善池碑》碑陰刻有明代康海題五言詩一首，嘉慶二十三年(1818)縣令蓋方泌所作的《游仙游寺擬古二十四韵》，道光五年(1825)黄藴錦所題《五言雜咏詩碑》。再如尹振麟《咏瓜道人詩刻石》、鶴洲《樓觀題咏刻石》、秦聚奎《樓觀題咏刻石》《白雲塔題詩》等，各時代、各體裁詩作數量頗多。

（四）藝術價值

　　藝術價值，主要體現于書法與造像、繪畫等方面。例如《大唐宗聖觀記》是歐陽詢僅存的隸書碑帖，被國家文物局認定爲第一批重點保護的"書法藝術名碑"。上文提及的《上清詞》及《和上清詞》，乃蘇軾行書佳作，以至于來此求拓之人絡繹不絶，道人不勝其煩，竟然將原碑斷爲五塊。《楷書道德經碑》其一碑陰刻有米芾"第一山"三大字，《石墨鎸華》謂"縱逸飛動，殊有一夫當關之勢"。《大唐尹尊師碑》碑陰刻有南宋吳琚書"天下第一福地"六大字，極工。元趙孟頫隸書"上善池"三大字，爲趙氏極少數流傳下來的隸書真迹之一。周至現存造像有兩處，北魏《八雲塔地宫造像》，保存比較完整，人物形象清晰可辨。明正

---

[1]　白居易撰，顧學劼校點《白居易集》，北京：中華書局，1979年，第一册，第273頁。

德《東林寺經幢》存有造像六尊，殘缺比較嚴重。兩處造像數量上雖然不多，但也是古代造型藝術的具體體現。繪畫方面，仙游寺現存一方畫碑，原置于法王塔基座，據蘇軾判斷乃吳道子所畫，内容爲二人演樂，雖不能確認爲吳道子之作，但畫作飄逸生動，有唐畫遺風。另，約元代中期的《二仙圖刻石》，刻有"鐘離處士"與"吕先生"全身像，綫條流暢，細節豐富，造型生動。從以上數例可以看出，周至碑刻的藝術價值也是十分巨大的。

　　前文已述，周至碑刻的特色是佛、道文獻數量衆多，這對研究宗教史、宗教人物、宗教文獻都有重要的參考價值，在此不再過多介紹。總之，周至碑刻的價值是多方面的，有必要進行綜合整理，以便于進一步開發利用。

三、整理出版《周至碑刻》的重要意義

　　對石刻文獻進行收集著録的著作，自宋代開始陸續出現，如宋歐陽修《集古録》，宋趙明誠《金石録》，明趙崡《石墨鐫華》，清孫星衍、刑澍《寰宇訪碑録》，清王昶《金石萃編》等，所收碑刻文獻不限于一時一地。關于陝西碑刻專門著録書，較早的有宋田概《京兆金石録》、清畢沅《關中金石記》、清朱楓《雍州金石記》、清毛鳳枝《關中金石文字存逸考》《關中石刻文字新編》等。近些年有武樹善《陝西金石誌》，故宮博物院、陝西省古籍整理辦公室《新中國出土墓誌·陝西》(壹、貳、叁)，余華青、張廷皓《陝西碑石精華》，吳敏霞《陝西碑刻文獻萃編》等，但所選範圍大，難免要做一些篩選，致使一些重要的碑刻資料遺漏。

　　近些年來，陝西省古籍整理辦公室組織編纂了《高陵碑石》《昭陵碑石》《華山碑石》《漢中碑石》《安康碑石》《潼關碑石》《榆林碑石》《澄城碑石》《樓觀臺道教碑石》《咸陽碑刻》《長安碑刻》《藥王山碑刻》《銅川碑刻》《白水碑刻》等地方碑刻文獻著録專集，比較全面地彙集了各地的碑刻文獻，是非常好的補充和完善。

　　除了樓觀臺地區已有《樓觀臺道教碑石》出版之外，周至現藏碑刻文獻尚未進行全面系統地整理，故此我們擬推出《周至碑刻》。整理工作主要有：對碑刻的存藏、出土信息進行搜集整理，對碑刻實物進行測量、拓印，對碑刻具體情況進行説明（主要包括刊刻時間、碑刻形制數據、行款、保存狀態、現存藏地等），據拓片進行釋文，參考相關史誌記載對碑刻内容進行考證。

　　對碑刻資料進行彙集、整理，是保護碑刻重要手段。全面搜集整理周至碑刻，經過科學地調查走訪，可以發現更多的流散碑刻資料，能够將一些已殘損的碑刻通過圖像、文字存檔的方式保護起來，也爲相關文物保護部門的工作提供綫索，具有重大的現實意義。

　　周至碑刻所蘊含的豐富史料，可以爲周至地方乃至陝西的古代政治、經濟、軍事、地理、宗教、民俗等方面的研究提供文獻支撐,對于古代史、古文字、古漢語、古代文學等學科的研究,也具有重要的參考價值。

　　本次整理,全面彙集了周至歷史流傳及新近發現的碑刻材料,對于揭示地方文化底蘊,傳承地方文化傳統,展示地方文化自信,提升地方文化知名度等方面,都將起到一定的作用。

　　【作者簡介】王志勇,男,陝西省社會科學院古籍整理研究所助理研究員。

"門徑之門徑，目録之目録"

——《目録學講義》的知識性、理論性與實用性

戴啓飛

目録學一直以來被認爲是涉足文史的"門徑之學"，如王鳴盛《十七史商榷》認爲"目録之學，學中第一緊要事。必從此問途，方能得其門而入"①"凡讀書最切要者目録之學，目録明方可讀書，不明終是亂讀"，②余嘉錫《目録學發微》也認爲"治學之士，無不先窺目録以爲津逮，較其他學術，尤爲重要""目録之學爲讀書引導之資，凡承學之士，皆不可不涉其藩籬"，③均可概見目録學之于傳統文史學科的引領作用和重要地位。然而，目録學又是門檻較高的"專門之學"，即便是著名目録學者來新夏，年輕時亦曾抱怨《書目答問》很不好讀，④而如今許多文史專業的學生，則更是將目録學視爲畏途，大多淺嘗輒止、難覓真詮，使得"門徑之學"無法發揮原本應有的入門功能和指導作用。有鑒于此，學界急需優秀教材以滿足目録學通識教育的需要。

近代以來，隨着學科精細化和專題化發展，目録學逐漸有機融入現代學科體系，高品質的目録學教材和專著接續涌現，黄永年將其大致分爲"目録學史研究"與"治學書目舉要"兩種類型：⑤

1. 目録學史類，側重知識性和理論性。如姚名達《中國目録學史》、余嘉錫《目録學發微》、王重民《中國目録學史論叢》等，主要介紹目録學基本知識和理論、梳理學科發展史，這類專著可稱爲"理論門徑"，旨在"把歷朝官私書目的編制及其優缺點等詳詳細細地寫出來"。

---

① 王鳴盛《十七史商榷》卷一，上海：上海古籍出版社，2016年，第1頁。
② 王鳴盛《十七史商榷》卷七，第68頁。
③ 余嘉錫《目録學發微·古書通例》，北京：中華書局，2007年，第7、22頁。
④ 來新夏《〈書目答問匯補〉叙》："季豫師要求我們準備《書目答問補正》作讀物……當時，我幼稚地以爲由此就可以進窺古典目録學的堂奧。孰知展卷一讀，只是一連串鱗次櫛比的書名，彼此毫無關聯，讀之又枯燥乏味，昏昏欲睡，但還是硬着頭皮通讀一遍。"(《中國典籍與文化》第2期，2008年6月，第122頁)
⑤ 黄永年《古文獻學講義》，上海：中西書局，2014年，第4頁。

2. 治學書目類，側重實用性和指導性。如民國時期的《國學書目提要》《梁任公胡適之先生審定國學書目》，現當代的《經部要籍概述》《史部要籍概述》《子部要籍概述》《古詩文要籍叙録》等，主要列舉文史科研實踐中可能接觸或利用的重要典籍，這類專著可稱爲"治學目録"，旨在"講古人的著作流傳至今有多少名目品種……還要把此書的内容提要寫出來讓大家知道"。

事實上，對目録學的學習，不僅是要瞭解目録學科之歷史，更要熟悉掌握并運用古今目録之要籍，纔能達到傳統所謂"即類求書，因書究學"①的效果，黄永年對此總結道："目録學不僅要講古籍的'目'，還要介紹古籍的内容，即給古籍作'録'，具體就是講此書是什麼時代什麼背景下誰撰寫的，有哪些主要内容，寫了想起什麼作用，今天應如何加以利用。"②這就對目録學專著的内容和功能提出了新的要求。

郝潤華教授、周日蓉博士新著《目録學講義》（下稱"《講義》"）將講述目録學史和介紹目録要籍相結合，以兼顧知識性、理論性與實用性爲目標，是目録學教材編寫工作的全新嘗試，由于其對"理論門徑""治學目録"均有側重和用力，故可以稱爲是"門徑之門徑""目録之目録"。

《講義》由七章及附録組成，按照章節主題，可以分爲三個部分：

1. 引論、第一章"目録的産生和發展"、第二章"傳統圖書分類法及其演變"、第三章"目録的内容、體制和類型"、第七章"目録的功用"合爲上編，主要梳理介紹目録的基本概念與學科的發展歷史和研究情況。

2. 第四章"綜合目録"、第五章"專科目録"、第六章"特種目録"合爲下編，主要介紹歷代官私目録、經史子集目録、現代工具書等書目類著作的内容特點和使用方法，并詳細條舉各門類中的名著要籍，一一撰寫提要解題。

3. 附録，包括目録學原典文選、著者目録學論文選及目録學要籍書目。

全書結構清晰嚴密、内容豐富詳實，顯現出"博觀約取，洗練暢達""鈎玄提要，詳授知見""擷秀薦新，應時改定"三大特點，筆者不揣鄙陋，謹以目録學入門讀者的視角略叙一二。

一、博觀約取，洗練暢達

《講義》的第一個特點，是參考衆家經典著述，行文高度凝煉要約。論述并總結學科的

---

① 章學誠撰，王重民通解《校讎通義通解》卷一《互著第三》，上海：上海古籍出版社，1987 年，第 15 頁。
② 黄永年《古文獻學講義》，第 6 頁。

方法和理論，是學科教學的重要環節，就目録學而言，首要任務便是對歷代目録流變史、目録學學科史及目録學基本概念的梳理和介紹。《講義》所列出的主要參考書目包括汪辟疆《目録學研究》、余嘉錫《目録學發微》、王重民《中國目録學史論叢》、來新夏《古典目録學淺説》、周少川《古籍目録學》等前輩著述，①另外從各章節具體持論及引書注釋來看，還廣泛吸收藉鑒了姚名達《中國目録學史》、程千帆《校讎廣義・目録編》、昌彼得《中國目録學》、黃永年《古文獻學四講》等學術成果，力求保證知識内容的嚴謹性和規範性，也體現出對前人經典著述的熟稔和尊重。

在廣泛參考總結前人著述的同時，《講義》亦注重對複雜材料的適度剪裁，博采衆長、博觀約取，可謂之"舉一綱而萬目張"。如在第一章、第二章的主體框架部分，《講義》將目録的發展和演變劃分爲先秦時期、漢至隋朝八代時期、唐宋時期、元明清時期四段，將傳統目録學分類法劃分爲"六分法到四分法""四分法的確立及其嬗變""四分法形成以後的其他分類法"三段，基本繼承自姚名達《中國目録學史》、王重民《中國目録學史論叢》的分期方法，但在具體論述過程中，又能做到因事制宜，在繼承中有所創新。如漢代至隋代存在大量已經亡佚的帳目式官修書目，若窮舉遍收則勢必增冗行文，影響宏觀上的理解和把握，《講義》大膽采用串講法和縮略法，對南朝歷次秘書監書目并不詳細論述，而是主要側重于勾勒出八代目録演變的總體趨勢，②與昌彼得等家分條撮要的論述方法迥然不同。

安排詳略的另一種方法，可謂之"解一卷而衆篇明"，即在衆多例證中優先列舉最具特色的數種。如在"四分法以後的其他分類法"一節，《講義》僅詳細介紹李淑《邯鄲書目》、鄭樵《通志・藝文略》和孫星衍《孫氏祠堂書目》三種目録，這是因爲它們極其具有代表性：1. 李淑《邯鄲書目》是《隋志》以後首個打破四部分類法的私家書目，姚名達論述道："有唐……完全爲'四部'之世界，直至宋仁宗皇祐元年，吾人始知河南李淑撰有《邯鄲書目》十卷，又號《圖書十志》，經史子集四部分類至五十七，其不恪遵《隋志》可知。"2. 鄭樵《通志・藝文略》則是首部通史史志，嘗試細分二、三級子目門類，并通過編目傳遞學術思想，共分爲十二大類、一百五十五個小類、二百八十四個子目，姚名達贊譽道："對于四部四十類成法，徹底破壞；對于小類節目之分析，不憚苛細：其膽量之巨，識見之宏，實曠古一人。"③3. 孫星衍《孫氏祠堂書目》則是在《四庫全書總目》盛行之際的特立獨行者，即姚名達所謂"《四庫總目》之外尚有不守規矩之目録"。④ 正如《講義》在小結中所指出的，儘管

---

① 郝潤華、周日蓉《目録學講義》，西安：西北大學出版社，2021 年，第 8 頁。
② 郝潤華、周日蓉《目録學講義》，第 11—12 頁。
③ 姚名達《中國目録學史》，第 86—87 頁。
④ 姚名達《中國目録學史》，第 106 頁。

以上三種書目的分類方法未得到廣泛接受和應用，但仍然客觀反映出圖書種類的更新、學術潮流的升降，以及古代學者對目録分類法的積極探索，①顯然能够代表"《隋志》以後闖出'四部'牢籠之十幾種分類法"，②并各自彰顯其理論特色與學術價值。

另外，《講義》還注重整體行文的流暢性，有利于降低初學者的閲讀難度，可謂要言不煩、洗練暢達。如第二章"四部分類法形成以後的内部調整"一節，闡述從"雜家"到"雜類"的嬗變時，首先援引《漢書·藝文志》的《諸子略·雜家序》對"雜家"的記載，指明"雜家"最早是先秦時期的博采諸家言論的學術流派，隨後分段闡述"雜家"逐漸轉變爲内容龐雜、涵蓋廣泛的"雜類"的具體過程：1.《隋書·經籍志》子部雜家主要包括了"諸子之屬""雜考、雜説、雜品、雜纂之屬""類事之屬""釋家之屬"等四類著作，其中後三類爲《漢志》雜家所無，反映出雜家作爲學術流派的消亡與目録專著對駁雜書籍歸屬的嘗試和探索，"是雜家類的第一大變化"；2.《遂初堂書目》將法、名、墨、縱横諸家并入雜家類，"是雜家類的第二大變化"；3.《四庫全書總目》主張"雜之義廣，無所不包"，又收入各種考據筆記、玩好賞鑒之書，最終定型爲雜學、雜考、雜説、雜品、雜纂、雜編六個子目，標誌着先秦諸子的消亡與私家撰述的興盛，子部内部完成了從"雜家"到"雜類"的嬗變與調適。③在論述過程中，《講義》先臚列原典文本，再充分融彙吸收顧實《漢書藝文志講疏》、姚振宗《隋書經籍志考證》等專書研究的學術觀點，既完整展現出了相關的重要文獻與主要論據，又使得論述邏輯層次分明、條理清晰。

二、鈎玄提要，詳授知見

《講義》的第二個特點，是書目解題提供綫索，文獻資料契合實用。對于文史專業的學生來説，要想多方搜求相關文獻材料，儘可能做到"竭澤而漁"，就需要掌握一定的知識儲備和檢索方法。楊琳《古典文獻及其利用》指出："遇到疑難問題，知道在哪裏能找到有關的文獻資料，這是解決問題的先決條件。所以我們要通過學習，掌握中國古代有哪些類型的重要文獻，學會怎樣高效地找到所需的信息資料，即獲得'哪裏找'及'如何找'的知識和技能。"④然而，古今中外文獻資料卷帙浩繁，雖有綜合書目與專科書目加以統攝彙編，但由于種種原因，許多優秀的工具書長期備受冷落，并未得到充分宣傳和利用。隨着工具書

①　姚名達《中國目録學史》，第 43 頁。
②　姚名達《中國目録學史》，第 86 頁。
③　郝潤華、周曰蓉《目録學講義》，第 31—32 頁。
④　楊琳《古典文獻及其利用（第五版）》，北京：北京大學出版社，2021 年，第 1 頁。

的數量和品類不斷豐富，學界也越來越需要工具書專用的索引和指南，亦即"工具書的工具書"。

"目録之目録"，是工具書索引和指南的重要形式之一，趙國璋等《文史工具書概述》介紹道："工具書指南是'工具書的工具書'，其作用是爲讀者指點有哪些工具書，介紹其内容特點，説明讀者熟悉和利用工具書。……以'書目之書目'出現最早。清末周星詒撰《書目考》，通録歷代書目，并加解題。"①不過，周星詒《書目考》出現較晚，且可能最終未能編成，真正起到發軔作用的，應當追溯到歷代書志中的目録類，如《隋書·經籍志》最早設立"史部簿録類"，後世《舊唐書·經籍志》《新唐書·藝文志》《崇文總目》《通志·藝文略》《郡齋讀書志》《四庫全書總目》等重要書目亦均設有"目録類"，可見對目録類書籍進行著録歷來爲目録學家所重視。② 近現代以來，周貞亮、李之鼎編《書目舉要》，陳鐘凡編《書目舉要補》，邵瑞彭、閻樹善編《書目長編》，均是對編纂書目目録的有益嘗試，今人嚴佐之《近三百年古籍目録舉要》、來新夏《清代目録提要》爲書目撰寫解題，更是開啓書目目録的新局面。③

在"目録之目録"方興未艾的學術背景下，郝教授與侯富芳編成《二十世紀以來中國古籍目録提要》，堪稱書目目録專著的典範之作，其著前言部分亦專門闡發了"目録之目録"的積極意義："書目越來越多，它本身也需要目録，以便讀者查檢。將前人編定的各種目録按一定的方法編纂起來，就成了'目録之目録'。……可快速尋找到自己所需的各類古籍圖書與文獻資料。"④《講義》下編即在前著基礎上提煉而成，并且在目録分類、著録體例和要籍名目等方面更加注重初學者的實際使用。

目録分類方面，《講義》主要參考姚名達《中國目録學史》、程千帆《校讎廣義·目録編》、來新夏《歷代書目叢刊目録》等著作，分爲綜合目録、專科目録、特種目録三大類，具體涵蓋公藏、史志、私家、域外漢籍、經部、史部、子部、集部、叢書、推薦書、辨僞、版本、個人群體著述等十三個專題。其中，"域外漢籍目録"部分與郝教授近年主持國家社科重大課題"日本天理圖書館藏漢籍調查編目、珍本複製與整理研究"密切相關，所列書目及所撰提要頗見心得。"推薦書目録"部分亦富特色，該類目録最早始自敦煌殘卷 P. 2721 號《唐末士子讀書目》，作爲蒙學讀物在元明清時期民間具有廣泛影響，如龍啓瑞《經籍舉要》、張之洞

---

① 趙國璋、王長恭、江慶柏《文史工具書概述》，南京：江蘇鳳凰教育出版社，2016 年，第 57 頁。

② 鄧建《從正史"目録之目録"管窺古代目録學的發展流變》，《圖書館學刊》總第 31 期，2009 年 10 月，第 81—83 頁。

③ 郝潤華、侯富芳《二十世紀以來中國古籍目録提要》，上海：華東師範大學出版社，2012 年，第 1 頁。

④ 郝潤華、侯富芳《二十世紀以來中國古籍目録提要》，第 1—5 頁。

《書目答問》等均屬此類，①發揮了切實指導初學者閲讀、查找文獻的功用。

著録體例方面，《講義》首先在各專題内細分小類，每小類的"概述"部分總叙部類源流，"舉要"部分逐書列出條目、結撰提要，依次説明著者、卷帙、編纂背景、文本性質、文獻價值、使用方法等重要信息，即余嘉錫所謂"有小序解題之書目"。② 如以"史志目録·正史藝文志"的"《明史·藝文志》"條爲例，《講義》首載編纂者爲張廷玉、史料來源爲黄虞稷《明史藝文志稿》，次述該志的編纂過程、分類情況和體例特徵，最後説明利用該文獻時的注意事項。其中，《講義》重點指出，明史館館臣删去了黄虞稷原稿中各類後附有的宋遼金元四朝著述，只保留了明人著作，總纂官王鴻緒又二度删去"無卷帙氏里可考""書不甚著"兩類作品，導致《明史·藝文志》著録内容極不完備，所以讀者要想全面考察明人著述，還需查閲王圻《續文獻通考·經籍考》、黄虞稷《千頃堂書目》、崔建英《明别集版本志》等文獻，整體論述思慮周詳、邏輯嚴密，并且有裨實用。不惟如此，頁下注釋部分還記述了學界對《千頃堂書目》《明史藝文志稿》關係問題的争議：王重民認爲《書目》是《志稿》的初稿，周中孚認爲《書目》是《志稿》的修訂本，井上進認爲《書目》是後人根據《志稿》改名增訂而成，衆説之中，《講義》最終選擇采信最後一種，③既有綜述又有按斷，極大便利讀者對經典學術問題的認知和思考。

要籍名目方面，《講義》注重結合撰者自身研究背景，如郝教授比較熟悉史志目録、宋代私家目録及四庫相關目録，周博士比較熟悉明清及近代以來私家書目，所以《郡齋讀書志》《直齋書録解題》《四庫全書總目》及民國書目等條目的提要都撰寫得頗爲詳細。另如第五章"專科目録"經學書目録、史學書目録、子部書目録、文學書目録等四部目録，則注重遴選出初學者優先應知應讀的書目，以期達到循序漸進的教育效果。

三、擷秀薦新，應時改定

《講義》的第三個特點，是文獻資料、學術觀點的及時更新。正如楊琳《古典文獻及其利用》所指出的，"資料新穎、内容準確"是工具書的重要價值所在，④學界新出論述不斷推進研究深度，信息傳播日益快捷便利，工具書作爲傳統的資源獲取渠道，自然需要搜集、著録最爲及時的書訊資料，融彙、吸收最爲前沿的學術成果，在《講義》的上編和下編中，都可

---

① 郝潤華、周日蓉《目録學講義》，第 191—195 頁。
② 余嘉錫《目録學發微·古書通例》，第 8 頁。
③ 郝潤華、周日蓉《目録學講義》，第 95—96 頁。
④ 楊琳《古典文獻及其利用(第五版)》，第 1—2 頁。

以看到撰者對整合新近書訊、前沿成果的努力和追求。

首先，《講義》注意介紹新概念和吸收新觀點，使知識結構更加完整嚴謹，即所謂"應時改定"。如在"目録的解題"一節，《講義》指出目録形制除傳統"叙録體、傳録體、輯録體"三種外，還應增加以王應麟《玉海·藝文》爲代表的"輯考體"，該目録類型的特徵是"以大量匯輯各類文獻中的相關記載爲基礎，同時又融入作者自己的考訂和簡介"，頁下注釋則補充道："'輯考體'爲南京大學武秀成教授在研究生教學中所提出的新概念，詳見《陳振孫評傳》第 384 頁注釋①。"①覆按可知，"輯考體"在南京大學邊頻碩士論文《〈玉海·藝文〉研究》第二章《輯考體：目録學史上之新體裁》有專門論述，②又可參見武秀成《〈玉海·藝文〉校證》前言，③則説明"輯考體"的提法已具備一定學術影響力，目録學教材確實應予介紹。又如"史志目録"的"《隋書·經籍志》"條，按照王重民的經典觀點，《隋書·經籍志》所依據底本爲柳顧言《隋大業正御書目録》，反映的是隋末的國家藏書情況，但據張固也研究發現，魏徵不但利用唐宮廷藏書進行對勘，還根據《七録》在圖書下注有"梁有今亡"等内容，可知《隋書·經籍志》又能反映梁代及唐初的國家藏書情況，④較王重民的觀點更加深入準確，新出的目録學教材確實應予以吸收。

其次，《講義》注意綜述焦點議題和時代分歧。如"公藏目録"的"《文淵閣書目》"條，學界長期認爲傳世本《文淵閣書目》注文"完全、殘缺、闕"是明初楊士奇所撰，但《講義》頁下注釋對此進行了補充，張升《明清宮廷藏書研究》（2015）據《寶文堂書目》所載《文淵閣新查書目》認爲是嘉靖間閣臣清點館藏時的標注，劉仁《〈文淵閣書目〉版本系統考論》（2019）則認爲注文反映的是萬曆三十三年張萱編《内閣藏書目録》前夕的館藏情況，⑤各家觀點清晰直觀，既提示出問題的重要性，又顧及到分歧的時代性。又如"私家藏書目録"一節，關于清代私家書目的具體數目，根據《販書偶記》《販書偶記續編》著録有一百五十五種，根據來新夏《清代目録提要》（1997）統計有三百八十餘部，而根據侯印國《清代稀見私家藏書目録研究》（2020），僅存世者即有近千種之多，⑥《講義》據學界最新成果更正清代私家書目的具體數目，反映出學界對具體問題螺旋上升、逐漸精確的認識過程。

再次，《講義》注意著録新近權威原典整理本和研究專著，保證内容時效的新鮮度，即所謂"擷秀薦新"。如"《四庫全書總目》"條，列有國家圖書館出版社殿本影印本（2019）及

① 郝潤華、周日蓉《目録學講義》，第 54—55 頁。
② 郝潤華、武秀成《晁公武陳振孫評傳》，南京：南京大學出版社，2006 年，第 384 頁。
③ 王應麟撰，武秀成、趙庶洋校證《〈玉海·藝文〉校證（修訂本）》，南京：鳳凰出版社，2017 年，第 12—36 頁。
④ 郝潤華、周日蓉《目録學講義》，第 92—94 頁。
⑤ 郝潤華、周日蓉《目録學講義》，第 68—69 頁。
⑥ 郝潤華、周日蓉《目録學講義》，第 107 頁。

王勇《四庫提要叢訂》(2018)、李堅懷《四庫提要小傳斠補》(2020)等;又如附錄三"目錄學重要著作"著錄有曹金發《輯錄體目錄史論》(2012)、陳樂素《宋史藝文志考證》(2014)、劉薔《天禄琳琅知見書録》(2016)、劉兆祐《〈宋史‧藝文志〉史部著錄暨未收宋代著述考》(2021)等,均是新近幾年的重要專著,其他現有工具書尚未登載。

四、結　語

綜上所述,隨着傳統目錄學融入現代學科體系,目錄學教材也應與時俱進,不僅要提供目錄學學科的基本知識和發展歷史,更要介紹古今目錄型工具書的概況和用法,纔能兼顧教材的知識性、理論性與實用性。

《講義》上編梳理并介紹歷代目錄流變史、目錄學學科史及目錄學基本概念,可稱爲"門徑之門徑";下編分爲綜合目錄、專科目錄、特種目錄三大類及十三個專題,總叙部類源流,逐書結撰提要,注重提供綫索、契合實用,强調文獻資料、學術觀點的及時更新,可稱爲"目錄之目錄"。全書整體體現出"博觀約取,洗練暢達""鈎玄提要,詳授知見""擷秀薦新,應時改定"三大特點,對于專業學者和普通學生都具有重要參考作用。

當然,《講義》也存在一些不足。現今文獻資料更新迭代的速度極快,學術細分領域也在不斷增多,僅靠學者個人往往無法全面掌握所有情報,所以目錄舉要難免會疏漏部分比較重要的書目,比如"經學書目錄"小學類可介紹高小方《中國語言文字學史料學》(2005)、陳東輝《漢語史史料學》(2013),"版本目錄"版本圖錄可補入陳先行《古籍善本》(2020)等等。在整體框架方面,第七章"目錄的功用"似可合并到第三章"目錄的内容、體制與類型"内,或安排到相鄰位置,以增進上編章節間的邏輯關係,這些都有待日後酌情修訂。

郝教授長期深耕目錄學領域,爲高校學生講授"目錄學與工具書""目錄版本學"等課程二十餘年,編有《甘肅文獻總目提要》《二十世紀以來中國古籍目錄提要》等書目專著,撰有《〈清人文集別錄〉與20世紀以來清人別集目錄的編撰》《20世紀80年代以來唐宋詩文集目錄的編撰》等學術論文;周博士師從郝潤華、嚴佐之兩位教授,亦從事目錄學研究多年。以撰述的學術背景而言,由郝潤華教授、周日蓉博士合著的《目錄學講義》一書,無疑是建立在充分的學術實踐、豐富的教學經驗的基礎之上的重要成果。

正如郝教授在《講義》後記中所言,從《二十世紀以來中國古籍目錄提要》到《目錄學講義》,從目錄編纂實踐到方法與理論的論述總結,這部教材綜合反映出郝教授對教學成果的記録以及對學術價值的追求。不過,這部教材既然同時又具有文史工具書的屬性,便不可避免地將在未來不斷增補修訂，以保證內容的及時性和實用性，衷心希望這部教材能够對學界有所幫助，殷切期待郝教授、周博士能够再臻新境。

【作者簡介】戴啓飛，男，1997 年生，武漢大學文學院中國古典文獻學博士研究生。

中華書局點校本《三國志》《晉書》 點校獻疑四則

華迪威

　　中華書局點校本二十四史歷來被視爲文史研究的權威版本,爲學術界提供了極大便利,但因條件所限,千慮一失,難免存在一定疏漏。本文就中華書局點校本《三國志》《晉書》中出現的一些問題,略爲拾遺而商榷之,還望方家指正。

　　1.《三國志·魏書·楊阜傳》載:"及劉備取漢中以逼下辯,太祖以武都孤遠,欲移之,恐吏民戀土。阜威信素著,前後徙民、氏,使居京兆、扶風、天水界者萬餘户,徙郡小槐里,百姓襁負而隨之。"①此時劉備攻取漢中,兵鋒直抵下辯,曹操認爲武都偏僻且孤立無援,試圖將當地民衆内徙,以免人城兩空,又恐當地吏民安土重遷,于是只能讓威信遠播的楊阜負責相關事宜,最終完成了此次内徙,武都人口被轉移到關中、天水一帶的曹魏完全控制區。值得一提的是,《楊阜傳》作"前後徙民、氏",似乎普通民衆與氏族民衆截然兩分,但依據原文,這些人被統稱爲吏民、百姓,并不存在鮮明的民族區分,且用"民"字與少數民族的族稱各自代表一民族的情況也找不到其他史料支撐,因而頗疑此處當作"前後徙氏民",且氏、民二字間不因點斷。

　　按,武都本就是氏人族居之地,如《三國志·魏書·武帝紀》"三月,公西征張魯,至陳倉,將自武都入氏;氏人塞道,先遣張合、朱靈等攻破之",②可見此地爲氏人完全控制。《三國志·東夷傳》裴注引《魏略·西戎傳》載"氏人有王,所從來久矣。自漢開益州,置武都郡,排其種人,分竄山谷間,或在福禄,或在汧、隴左右",③説明武都本就是爲安置氏人而設。《文帝紀》有"武都氏王楊僕率種人内附,居漢陽郡",④《三國志·馬超傳》裴注引

---

　　① 陳壽撰,裴松之注《三國志》卷二五《楊阜傳》,北京:中華書局,1982 年,第 704 頁。
　　② 陳壽撰,裴松之注《三國志》卷一《武帝紀》,第 45 頁。
　　③ 陳壽撰,裴松之注《三國志》卷三〇《東夷傳》,第 858 頁。
　　④ 陳壽撰,裴松之注《三國志》卷二《文帝紀》,第 60 頁。

《典略》曰："超遂從武都逃入氐中,轉奔往蜀",①可知武都是氐族控制區之門户,也是與漢人區相接壤的存在。《後主傳》作"徙武都氐王苻健及氐民四百余户于廣都",②將氐人內徙以便于控制是曹魏和蜀漢都曾采取的措施,《後主傳》此處已有"氐民四百餘户"之記載,可以作爲筆者猜測的一個證據。

　　而更有力的證據見于《張既傳》:

　　　　太祖將拔漢中守,恐劉備北取武都氐以逼關中,問既。既曰:"可勸使北出就穀以避賊,前至者厚其寵賞,則先者知利,後必慕之。"太祖從其策,乃自到漢中引出諸軍,令既之武都,徙氐五萬餘落出居扶風、天水界。③

　　此與《楊阜傳》所載爲同一事,"徙氐五萬餘落"說明被遷徙的對象完全是氐民。"氐民"一詞較爲常見,除却上文《後主傳》之例,《魏書·世祖紀》有"招誘武都、陰平五部氐民",④《魏書·皮豹子傳》有"義隆以文德爲武都王,給兵二千人守葭蘆城,招誘氐羌,于是武都、陰平五部氐民叛應文德"⑤等,可見到了北魏時,武都地區依然主要由氐民所控制。

　　綜上,《楊阜傳》原文當作"阜威信素著,前後徙氐民,使居京兆、扶風、天水界者萬餘户","民氐"二字蓋是前後顛倒而誤作也。

　　2.《三國志·諸葛亮傳》裴注引《魏略》載:

　　　　亮在荊州,以建安初與潁川石廣元、徐元直、汝南孟公威等俱游學,三人務于精熟,而亮獨觀其大略。每晨夜從容,常抱膝長嘯,而謂三人曰:"卿三人仕進可至刺史郡守也。"三人問其所至,亮但笑而不言。後公威思鄉里,欲北歸,亮謂之曰:"中國饒士大夫,遨游何必故鄉邪!"⑥

　　或有人認爲這是諸葛亮勸阻孟公威不要去中原求取功名。然此句并不直接涉及仕宦,認爲孟有意去中原謀取功名是對材料本身的過度解釋,這段內容只是說孟公威與諸葛亮等一起在荊州游學,因爲思念家鄉而想要北歸故里。在士人群體中,游學是一種風尚,

---

① 陳壽撰,裴松之注《三國志》卷三六《馬超傳》,第 946 頁。
② 陳壽撰,裴松之注《三國志》卷三三《後主傳》,第 897 頁。
③ 陳壽撰,裴松之注《三國志》卷一五《張既傳》,第 472—473 頁。
④ 魏收《魏書》卷四《世祖紀》,北京:中華書局,1974 年,第 102 頁。
⑤ 魏收《魏書》卷五一《皮豹子傳》,第 1130 頁。
⑥ 陳壽撰,裴松之注《三國志》卷三五《諸葛亮傳》,第 911—912 頁。

如鄭玄便"自游學,十餘年乃歸鄉里",①長期的游學給士人帶來豐富的人生閱歷和知識經驗,這樣的學習方式爲衆人所推崇。除此之外,在中原游學也更容易結識達官顯貴及各類名士,便于拓展人際圈,提高知名度,即便出于仕途考慮,中原也是比故鄉更廣闊的空間。諸葛亮勸阻孟公威,只是希望他不必拘泥貪戀在自己的家鄉,因爲中原機會更多,過早就把自己束縛到家鄉這個固定的環境裏是不利于其未來發展的,所以諸葛亮這句話應當點作"中國饒士大夫遨游,何必故鄉邪!"《册府元龜·韜略》作"中國饒,士大夫遨游,何必故里邪?"②但饒字後實不應點斷。黄宗羲《諸碩庵六十壽序》曰:"是時余學南中,饒士大夫遨游,與之上下其議論。鄉邑之中,未嘗有相應和者。"③黄宗羲認爲在南中這樣的大地方,有很多人一起游學,大家共同討論學習,共同進步,而在自己本鄉里之中則少有能討論共同話題的人,難以提升學識,黄氏此語也正包含諸葛亮所要表達的含義。

故而《魏略》此句,確因點作:"中國饒士大夫遨游,何必故鄉邪!"《册府元龜》之點校也當據此改正。

3.《三國志·龐統傳》載:"諸葛亮亦言之于先主,先主見與善譚,大器之,以爲治中從事。"④此言諸葛亮引見龐統于先主前,先主見了龐統,并與之交談得很好,因而見面和"與善談"爲有先後次序的兩件事,點作"諸葛亮亦言之于先主,先主見,與善譚,大器之,以爲治中從事。"更佳,中華書局標點本《資治通鑑》作"備見統,與善譚",⑤也在"與善譚"前點斷,是也。中華書局點校本《三國志》此處當據改。

4.《晋書·楊濟傳》載:"濟,字文通……與兄珧深慮盛滿,乃與諸甥李斌等共切諫。駿斥出王佑爲河東太守,建立皇儲,皆濟謀也。"⑥楊濟爲楊駿之弟,因其兄權勢過盛而深感不安,于是與楊珧、李斌共同直言進諫。中華書局點校本在"共切諫"之後點斷,然此處明顯文氣未盡,且下文"駿斥出王佑爲河東太守"句與上文衆人切諫事毫無關聯,不知楊駿此處之"斥出"從何而來,頗疑"斥出"當從上句。

除此之外,楊駿與王佑關係密切,其子王崎本傳曰:"父佑,以才智稱,爲楊駿腹心。駿之排汝南王亮,退衛瓘,皆佑之謀也。位至北軍中候。"⑦直言其父爲楊駿之心腹。王佑在楊駿擴大個人權威的過程中起到了巨大作用,晋武帝崩後更是憑藉其典禁兵之權力幫助

① 范曄撰,李賢等注《後漢書》卷三五《鄭玄傳》,北京:中華書局,1965 年,第 1207 頁。
② 王欽若等編纂,周勛初等校訂《册府元龜》卷八三六,南京:鳳凰出版社,2006 年,第 9714 頁。
③ 黄宗羲著,陳乃乾編《黄梨洲文集》,北京:中華書局,2009 年,第 504 頁。
④ 陳壽撰,裴松之注《三國志》卷三七《龐統傳》,第 954 頁。
⑤ 司馬光撰,胡三省注《資治通鑑》卷六六,北京:中華書局,1956 年,第 2104 頁。
⑥ 房玄齡等《晋書》卷四〇《楊濟傳》,北京:中華書局,1974 年,第 1181 頁。
⑦ 房玄齡等《晋書》卷七五《王崎傳》,第 1974 頁。

楊駿把控形勢,楊駿無理由突然暴怒將其逐出而外任,這也與上下文毫無關係,史籍更是絶無王佑爲河東太守之記載,事實上王佑出現在此處本就顯得隔閡,因而此處之記載當存在一定錯誤。

值得關注的是,《册府元龜·外戚部六·畏慎》引此事作:"與兄珧深懼盛滿,乃與諸甥李斌等共切諫兄駿,斥出王佐,爲河東太守。建立皇儲,皆濟謀也。"[①]《册府元龜》將"王佑"寫作"王佐","建立皇儲"之前并爲一句。仔細思忖之下,我們不得不認爲《册府元龜》的引文是更貼合《晋書》原文的:王佑不在此處出現,實際情況是楊駿對其家人的勸諫十分排斥,將楊濟從皇帝身邊趕走,結合楊濟本傳"累遷太子太傅"[②]的仕宦經歷,可知其負責教育督導太子,自然屬于"王佐"序列,而此時得罪其兄楊駿,因而失去王佐身份,被貶出外任爲河東太守,而"建立皇儲,皆濟謀也"實爲下段之開端,因而《晋書》之點校當依《册府元龜》更之爲:

> 與兄珧深懼盛滿,乃與諸甥李斌等共切諫駿,斥出王佐,爲河東太守。
> 建立皇儲,皆濟謀也。

或是"佐""佑"形近而致誤,也或是因爲後人過于熟悉王佑之姓名,而將此處之"佐"誤作爲"佑"了,而《册府元龜》所據《晋書》之版本尚未出現這樣的錯誤,爲我們還原歷史事實提供了重要依據。

【作者簡介】華迪威,男,1997 年生,清華大學人文學院歷史系 2022 級博士生,主要從事秦漢魏晋南北朝史、歷史文獻學研究。

---

① 王欽若等編纂,周勛初等校訂《册府元龜》卷三〇五,第 3451 頁。
② 房玄齡等《晋書》卷四〇《楊濟傳》,第 1181 頁。

點校本《類編皇朝大事記講義・類編皇朝中興大事記講義》訂誤[*]

劉　坤

　　吕中《類編皇朝大事記講義》(以下簡稱《大事記講義》)和《類編皇朝中興大事記講義》(以下簡稱《中興大事記講義》)是南宋理宗時編成的兩部重要史籍。2014 年,上海人民出版社出版了整理本《類編皇朝大事記講義・類編皇朝中興大事記講義》,但該本依然存在一些疏誤,汪聖鐸對此已發表《〈類編皇朝大事記講義・類編皇朝中興大事記講義〉點校商榷》,今在汪先生基礎上,對點校問題略作訂誤。另外,二書中的一些記載存在史實上的問題,尚未引起前人注意,本文也一并進行考察。^①　最後,文末會探討《類編皇朝大事記講義》和《類編皇朝中興大事記講義》的史料來源和成書時間。^②　爲便于讀者查考,每條注明卷、頁數,采用版本爲上海人民出版社 2014 年版點校本。

1. 縣尉置于建隆三年

　　《大事記講義》卷二,49 頁:"(建隆)二年,從趙普之請,復置縣尉。"^③(四庫本同,197 頁)

　　* 本文爲國家社科基金後期資助項目"王安石新法體制與北宋晚期政局研究"(項目編號:21FZSB053)階段性成果。
　　① 本文所引《類編皇朝大事記講義》和《類編皇朝中興大事記講義》除 2014 年版點校本外,分別爲文淵閣四庫全書本《類編皇朝大事記講義》(以下簡稱四庫本)和臺圖藏《類編皇朝中興大事記講義》八卷本(以下簡稱八卷本),以下爲簡便計僅在正文中括注頁碼。
　　② 黄慧嫻《吕中與〈皇朝大事記講義〉新探》(吕中撰,張其凡、白曉霞整理《類編皇朝大事記講義・類編皇朝中興大事記講義》附録)將《類編皇朝大事記講義》和《類編皇朝中興大事記講義》兩書合而論之,認爲其成書上限應爲宋理宗端平元年(1234),下限應爲淳祐七年(1247)劉實甫撰序之時。李光生《〈皇朝大事記〉書名及版本考論》(《蘭州學刊》第 3 輯,2020 年 3 月,第 56—65 頁)在成書時間上的判斷與之一致。對此,筆者認同張其凡、白曉霞的觀點(《南宋史籍〈中興大事記講義〉的發現及其價值》,《文獻》第 3 期,2013 年 5 月,第 141—148 頁),即《大事記講義》和《中興大事記講義》爲兩部不同著作,故文末分别論證二書各自成書時間。楊光《宋末元初部分中興兩朝史著文本源流關係考——兼論南宋高孝兩朝歷史知識在宋元之際的傳播》(《史語所集刊》第九十三本第三分册,2022 年 9 月,第 595—641 頁)已對《中興大事記講義》的史料來源進行了討論,即認爲《中興綱目》的文字,構成了《中興大事記講義》中高孝兩朝"大事記"的主體内容。但關于此二書史源問題,仍有繼續探討的餘地。
　　③ 吕中撰,張其凡、白曉霞整理《類編皇朝大事記講義》卷二,上海:上海人民出版社,2014 年,第 49 頁。

按：南宋李燾《續資治通鑑長編》（以下簡稱《長編》）卷三：建隆三年十二月癸巳，"每縣復置縣尉一員，在主簿之下，俸祿與主簿同"。① 南宋陳均《皇朝編年綱目備要》（以下簡稱《綱目備要》）卷一：建隆三年十二月，"復置縣尉……從趙普之請也"。② 《宋史》卷一《太祖本紀》：建隆三年，"十二月丙戌，詔縣置尉一員，理盜訟，置弓手，視縣戶爲差"。③ 同見《宋會要輯稿》（以下簡稱《宋會要》）職官四八之六十、《宋大詔令集》卷一六〇等載。④ 綜上可知，宋初縣尉復置于建隆三年（962）十二月，而非二年。

2. 姚内斌任慶州刺史

《大事記講義》卷二，55 頁："建隆二年十二月，以姚内斌爲慶州刺史。"⑤（四庫本同，202 頁）

按：北宋曾鞏《隆平集》卷一六《姚内斌傳》："姚内斌，平州人……世宗以爲汝州刺史，乾德中改命慶州……"⑥但考《長編》卷三：建隆三年十二月甲辰，"上以西鄙羌戎屢爲寇鈔，選授虢州刺史姚内贇（斌）爲慶州刺史"。⑦《綱目備要》卷一：建隆三年十二月，"以姚内斌爲慶州刺史"。⑧同見《宋史全文》卷一等載。⑨ 然《綱目備要》和《宋史全文》所載本自《長編》，故實爲一説。總之，應出校説明。

3. 趙普獨相十年左右

《大事記講義》卷二，57 頁："趙普獨相十二年，沉毅果斷，以天下爲己任。"⑩（四庫本作"二十"，誤，204 頁）

按：趙普自乾德二年（964）正月庚寅拜相，至開寶六年（973）八月甲辰罷相，歷九年六個月左右。南宋徐自明《宋宰輔編年錄》（以下簡稱《編年錄》）卷一：開寶六年，"八月甲辰，趙普罷相……惟趙韓王以開國舊臣，且相十年，故以使相罷，蓋异恩也"。⑪ 葉夢得《石林

---

① 李燾《續資治通鑑長編》卷三，建隆三年十二月癸巳，北京：中華書局，2004 年，第 76 頁。

②⑧　陳均撰，許沛藻、金圓、顧吉辰、孫菊園等點校《皇朝編年綱目備要》卷一，北京：中華書局，2007 年，第 12 頁。

③ 脱脱，《宋史》卷一《太祖本紀》，北京：中華書局，1985 年，第 13 頁。

④ 徐松輯，劉琳、刁忠民、舒大剛等點校《宋會要輯稿》職官四八之六十，上海：上海古籍出版社，2014 年，第 4354 頁。佚名撰、司義祖整理《宋大詔令集》卷一六〇，北京：中華書局，1962 年，第 604 頁。

⑤ 吕中撰，張其凡、白曉霞整理《類編皇朝大事記講義》卷二，第 55 頁。

⑥ 曾鞏撰，王瑞來校證《隆平集校證》卷一六《姚内斌傳》，北京：中華書局，2012 年，第 481 頁。

⑦ 李燾《續資治通鑑長編》卷三，建隆三年十二月甲辰，第 77 頁。

⑨ 佚名撰，汪聖鐸點校《宋史全文》卷一，北京：中華書局，2016 年，第 28 頁。

⑩ 吕中撰，張其凡、白曉霞整理《類編皇朝大事記講義》卷二，第 57 頁。

⑪ 徐自明撰，王瑞來校補《宋宰輔編年錄校補》卷一，北京：中華書局，2012 年，第 21 頁。

燕語》卷六：“韓王（趙普）獨相十年，後以權太盛，恩遇稍替。”①因此，趙普獨相近十年。

4. 司寇、參軍應删去頓號

《大事記講義》卷二，59 頁：“開寶六年五月，以馮柄判御史臺。上留意聽斷……至是改用士人，以新及第人爲司寇、參軍。”②

按：司寇參軍是幕職官名，宋太祖開寶六年（973）改馬步院爲司寇院，始設司寇參軍。太平興國四年（979），改司寇參軍爲司理參軍。總之，此處“司寇、參軍”應删去頓號。

5. “崔彥遠”應作“崔彥進”

《大事記講義》卷三，71 頁：“乾德四年，責授忠武軍節度使王全斌、崔彥遠爲留後。”③（四庫本同，212 頁）

按：考《長編》卷八載：乾德五年正月甲寅，“置崇義軍于隨州，昭化軍于金州。以忠武軍節度使王全斌爲崇義留後，武信軍節度使、侍衛步軍都指揮使崔彥進爲昭化留後”。④《宋史》卷二《太祖本紀》載：乾德五年春正月“甲寅，王全斌等坐伐蜀黷貨殺降，全斌責崇義軍節度使，崔彥進責昭化軍節度使，王仁瞻責右衛大將軍”。⑤結合《長編》和《宋史》可知，崔彥遠應作崔彥進。崔彥進是五代宋初將領，《東都事略》和《宋史》均有傳。

6. “韓縝”應作“韓瀆”

《大事記講義》卷十，203 頁：“景祐三年五月，罷仲淹，禁越職言事……御史韓縝希宰相旨，請以仲淹朋黨榜朝堂，戒百官越職言事，上從之。”⑥（四庫本同，287 頁）

按：《綱目備要》卷十：景祐三年（1036）夏五月，“罷仲淹，禁越職言事……御史韓縝希宰相旨，請以仲淹朋黨榜朝堂，戒百官越職言事，從之。縝，億子也”。⑦韓縝是韓億之子，但韓縝慶曆二年（1042）進士及第後纔入仕。考《長編》卷一一八載：景祐三年五月丙戌，“侍御史韓瀆希夷簡意，請以仲淹朋黨牓朝堂，戒百官越職言事，從之”。⑧《隆平集》卷八

①　葉夢得撰，侯忠義點校《石林燕語》卷六，北京：中華書局，1984 年，第 89 頁。
②　吕中撰，張其凡、白曉霞整理《類編皇朝大事記講義》卷二，第 59 頁。
③　吕中撰，張其凡、白曉霞整理《類編皇朝大事記講義》卷三，第 71 頁。
④　李燾《續資治通鑑長編》卷八，乾德五年正月甲寅，第 187 頁。
⑤　脱脱《宋史》卷二《太祖本紀》，第 25 頁。
⑥　吕中撰，張其凡、白曉霞整理《類編皇朝大事記講義》卷一〇，第 203 頁。
⑦　陳均撰，許沛藻、金圓、顧吉辰、孫菊園等點校《皇朝編年綱目備要》卷一〇，第 218—219 頁。
⑧　李燾《續資治通鑑長編》卷一一八，景祐三年五月丙戌，第 2784 頁。

《范仲淹傳》：“殿中侍御史韓瀆希旨，請榜仲淹朋黨于朝。”①《宋史》卷三一四《范仲淹傳》：“殿中侍御史韓瀆希宰相旨，請書仲淹朋黨，揭之于朝。”②由《隆平集》和《長編》等記載可知，“韓縝”應爲“韓瀆”之誤。

7. 慶曆二年狀元是楊寘

《大事記講義》卷十，209 頁：“慶曆二年二月，親試舉人，賜楊寘以下四百餘人及第、出身，公卿相賀得人。後寘未沾禄卒。”③（四庫本作“楊寔”，291 頁）

按：南宋李埴《皇宋十朝綱要》（以下簡稱《十朝綱要》）載：“慶曆二年，取進士楊寘等四百三十五人。”④《綱目備要》卷一一：慶曆二年二月，“親試舉人。賜楊寘以下四百餘人及第、出身有差……公卿相賀爲得人，後竟未霑禄而卒”。⑤ 由《十朝綱要》和《綱目備要》可知，慶曆二年（1042）狀元是楊寘。同見《長編》卷一三五、《東都事略》卷六四《楊察傳》、《隆平集》卷一四《楊察傳》等載。⑥ 綜上可知，慶曆二年狀元應是楊寘。

8.《資治通鑑》成書于元豐七年

《大事記講義》卷一四，274 頁：“元豐元年，《資治通鑑》成，御制《通鑑》序。”⑦（四庫本同，335 頁）

按：《十朝綱要》卷十：元豐七年，“十二月戊辰，端明殿學士司馬光上《資治通鑑》”。⑧《綱目備要》卷二一：元豐七年，“十二月，《資治通鑑》成”。⑨ 另中華書局版《資治通鑑》中“御制《通鑑》序”後有司馬光自注云：“治平四年十月初開經筵，奉聖旨讀《資治通鑑》。其月九日，臣光初讀，而賜御制序，令候書成日寫入。”⑩換言之，宋神宗于治平四年（1067）時賜《通鑑》序，書成以後纔被司馬光寫進《通鑑》中。《綱目備要》卷一七：治平四年冬十月，“御制《資治通鑑》序”。⑪

① 曾鞏撰，王瑞來校證《隆平集校證》卷八《范仲淹傳》，第 252 頁。
② 脫脫《宋史》卷三一四《范仲淹傳》，第 10270 頁。
③ 呂中撰，張其凡、白曉霞整理《類編皇朝大事記講義》卷十，第 209 頁。
④ 李埴撰，燕永成校正《皇宋十朝綱要校正》，北京：中華書局，2013 年，第 165 頁。
⑤ 陳均撰，許沛藻、金圓、顧吉辰、孫菊園等點校《皇朝編年綱目備要》卷一一，第 248 頁。
⑥ 李燾《續資治通鑑長編》卷一三五，慶曆二年三月乙丑，第 3228 頁。王稱撰，孫言誠、崔國光點校《東都事略》卷六四《楊察傳》，濟南：齊魯書社，2000 年，第 524 頁。曾鞏撰，王瑞來校證《隆平集校證》卷一四《楊察傳》，第 424 頁。
⑦ 呂中撰，張其凡、白曉霞整理《類編皇朝大事記講義》卷一四，第 274 頁。
⑧ 李埴撰，燕永成校正《皇宋十朝綱要校正》卷十，第 311 頁。
⑨ 陳均撰，許沛藻、金圓、顧吉辰、孫菊園等點校《皇朝編年綱目備要》卷二一，第 512 頁。
⑩ 司馬光《資治通鑑》，北京：中華書局，2011 年，第 32 頁。
⑪ 陳均撰，許沛藻、金圓、顧吉辰、孫菊園等點校《皇朝編年綱目備要》卷一七，第 404 頁。

9. 洛陽耆英會在元豐五年

　　《大事記講義》卷一四,276 頁:"元豐六年十二月,文彥博致仕。時判河南府,與富弼等用白居易故事,就弼置酒想樂……號洛陽耆英會。司馬光年未及六十,以狄兼謩故事與焉。"①(四庫本作"熙寧六年三月,文彥博致仕……",336 頁)

　　按:《綱目備要》卷二一:元豐六年十一月,"文彥博致仕。時判河南府。彥博之在河南也,與富弼等用白居易故事,就弼第致酒想樂……謂之洛陽耆英會。司馬光年未及六十,以狄兼謩故事與焉"。② 但富弼卒于元豐六年(1083)閏六月。考北宋王辟之《澠水燕談録》卷四:"當元豐五年,文潞公留守西京,慕唐白樂天九老會,于是悉聚洛中士大夫賢而老自逸者,于韓公第置酒相樂,凡十二人。"③南宋邵伯温《邵氏聞見録》卷十:"元豐五年,文潞公以太尉留守西都,時富韓公以司徒致仕,潞公慕唐白樂天九老會,乃集洛中公卿大夫年德高者爲耆英會。以洛中風俗尚齒不尚官,就資勝院建大廈曰'耆英堂'……"④由此可知,洛陽耆英會應在元豐五年(1082)。

10. "河北"應爲"湖北"之誤

　　《大事記講義》卷一五,288 頁:"閏七月,命章惇察訪河北,議開梅山,蠻猺開通,迎得其地。"⑤(四庫本同,343 頁)

　　按:《大事記講義》同頁載:"自安石秉政,首用王韶,取熙河以斷西夏左臂,又欲取靈武斷遼人右臂,又用章惇以取湖北、夔峽之蠻,于是言者謂交趾可取。"⑥同頁所載,前後不一。考《長編》卷二三六:熙寧五年閏七月"庚戌,遣秘書丞、集賢校理、檢正中書户房公事章惇察訪荆湖北路農田、水利、常平等事。始議經制南北江……"⑦《十朝綱要》卷九:熙寧五年,"閏七月庚戌,遣中書檢正户房官章惇察訪荆湖北路,始經制南、北江"。⑧《綱目備要》卷一九:"閏月,命章惇察訪湖北,議開梅山。惇時爲中書檢正官,命察訪本路農田水利、常平等事,始議經制南、北江蠻。"⑨《宋史》卷一五《神宗本紀》:熙寧五年,"閏月庚戌,

---

①　吕中撰,張其凡、白曉霞整理《類編皇朝大事記講義》卷一四,第 276 頁。
②　陳均撰,許沛藻、金圓、顧吉辰、孫菊園等點校《皇朝編年綱目備要》卷二一,第 511 頁。
③　王辟之撰,吕友仁點校《澠水燕談録》卷四,北京:中華書局,1981 年,第 49 頁。
④　邵伯温撰,李劍雄、劉德權點校《邵氏聞見録》卷一〇,北京:中華書局,1983 年,第 104 頁。
⑤⑥　吕中撰,張其凡、白曉霞整理《類編皇朝大事記講義》卷一五,第 288 頁。
⑦　李燾撰《續資治通鑑長編》卷二三六,熙寧五年閏七月庚戌,第 5727 頁。
⑧　李壔撰,燕永成校正《皇宋十朝綱要校正》卷九,第 285 頁。
⑨　陳均撰,許沛藻、金圓、顧吉辰、孫菊園等點校《皇朝編年綱目備要》卷一九,第 455 頁。

遣中書檢正官章惇察訪荆湖北路"。① 同見《宋史》卷四七一《章惇傳》載。② 綜上,"河北"應爲"湖北"之誤。

11. 制置三司條例司設置于熙寧二年 提舉常平司始置于熙寧二年

《大事記講義》卷一六,298 頁:"熙寧三年,創制置三司條例司,議行新法……十一月,置提舉常平。"③(四庫本同,349 頁)

按:《十朝綱要》卷九:熙寧二年二月"甲子,陳升之、王安石制置三司條例"。④《綱目備要》卷一八:熙寧二年春二月,"創制置三司條例司,議行新法。命陳升之、王安石領其事"。⑤《宋史》卷一四《神宗本紀》:熙寧二年二月"甲子,陳升之、王安石創置三司條例,議行新法"。⑥ 總之,制置三司條例司應設置于熙寧二年(1069)二月。另宋代提舉常平司始置于熙寧二年,詳見于馬玉臣《宋代第一批提舉常平官派遣時間考》。⑦

12. 保甲法行于熙寧三年 户馬法行于元豐三年

《大事記講義》卷一六,300 頁:"熙寧五年,行保甲法。八年,行户馬法。"⑧(四庫本同,351 頁)

按:《長編》卷二一八:熙寧三年十二月乙丑,"中書言,司農寺定畿縣保甲條制……"⑨《十朝綱要》卷九:熙寧三年十二月"乙丑,以同管勾開封府界常平廣惠倉趙子幾定畿縣保甲法。其後遍行于諸路,蓋始于此"。⑩《綱目備要》卷一八:熙寧三年十二月,"立保甲法。初上問王安石以省用,安石對以減兵最急……至是,同管勾開封府界常平廣惠趙子幾逢安石意,請先舉保甲法于畿縣"。⑪《宋史》卷一四《神宗本紀》:熙寧三年十二月"乙丑,立保甲法"。⑫ 總之,保甲法應推行于宋神宗熙寧三年(1070)十二月。另保馬法推行于熙寧五

---

① 脱脱《宋史》卷一五《神宗本紀》,第 282 頁。
② 脱脱《宋史》卷四七一《章惇傳》,第 13710 頁。
③ 吕中撰,張其凡、白曉霞整理《類編皇朝大事記講義》卷一六,第 298 頁。
④ 李埴撰,燕永成校正《皇宋十朝綱要校正》卷九,第 278 頁。
⑤ 陳均撰,許沛藻、金圓、顧吉辰、孫菊園等點校《皇朝編年綱目備要》卷一八,第 415 頁。
⑥ 脱脱《宋史》卷一四《神宗本紀》,第 270 頁。
⑦ 馬玉臣《宋代第一批提舉常平官派遣時間考》,《一隅齋宋史文存》,北京:中國社會科學出版社,2021 年,第 101—105 頁。
⑧ 吕中撰,張其凡、白曉霞整理《類編皇朝大事記講義》卷一六,第 300 頁。
⑨ 李燾《續資治通鑑長編》卷二一八,熙寧三年十二月乙丑,第 5298 頁。
⑩ 李埴撰,燕永成校正《皇宋十朝綱要校正》卷九,第 283 頁。
⑪ 陳均撰,許沛藻、金圓、顧吉辰、孫菊園等點校《皇朝編年綱目備要》卷一八,第 437 頁。
⑫ 脱脱《宋史》卷一四《神宗本紀》,第 287 頁。

年(1072)五月,户馬法推行于元豐三年(1080)二月,詳見于陳振《論保馬法》。①

13. 祖無擇獄爆發于熙寧三年

《大事記講義》卷一七,300 頁:"熙寧五年七月,治秀州獄,貶祖無擇。"②(四庫本同,356 頁)

按:《長編》卷二一三:熙寧三年七月癸丑,"嘉祐中,無擇與王安石同知制誥,時詞臣許受潤筆物……安石以母憂去,無擇取爲本院公用,安石聞而惡之,以爲不廉。安石既當國,無擇遂得罪……"③《十朝綱要》卷九:熙寧三年七月"癸丑,祖無擇獄具,責散官"。④《綱目備要》卷一八:熙寧三年秋七月,"治秀州獄,貶祖無擇。無擇時以龍圖閣直學士守杭州,王安石以私怨諷監司誣其過,詔置獄于秀州……"⑤綜上,祖無擇獄應發生于熙寧三年(1070)七月。

14. 三省同取旨法

《大事記講義》卷一八,324 頁:"元祐元年,立三司同取旨法……"⑥(四庫本同,371 頁)

按:此處"三司"應分別指中書省、門下省、尚書省等三省。《長編》卷三五九:元豐八年九月乙巳,"詔三省合取旨事,及臺諫章奏,并同進擬,不專屬中書"。⑦《綱目備要》卷二二:元祐元年二月,"立三省同取旨法……"⑧吕中《大事記講義》卷一八:"元祐元年,立三省同取旨法。"⑨綜上可知,"三司"應爲"三省"之誤。

15. 文彦博爲平章軍國重事

《大事記講義》卷一八,332 頁:"(元祐元年)四月,文彦博平章軍國事,序宰臣之上。"⑩(四庫本同,371 頁)

按:宋代歷史上只有韓侂胄爲平章軍國事,吕公著爲同平章軍國事,而文彦博應爲平章軍國重事,疑脫漏了"重"字。考《東都事略》卷六七《文彦博傳》:"元祐初,司馬光拜相,

① 陳振《論保馬法》,《宋代社會政治論稿》,上海:上海人民出版社,2007 年,第 236—252 頁。
② 吕中撰,張其凡、白曉霞整理《類編皇朝大事記講義》卷一七,第 311 頁。
③ 李燾《續資治通鑑長編》卷二一三,熙寧三年七月癸丑,第 5186 頁。
④ 李埴撰,燕永成校正《皇宋十朝綱要校正》卷九,第 282 頁。
⑤ 李埴撰,燕永成校正《皇朝編年綱目備要》卷一八,第 433 頁。
⑥ 吕中撰,張其凡、白曉霞整理《類編皇朝大事記講義》卷一八,第 324 頁。
⑦ 李燾《續資治通鑑長編》卷三五九,元豐八年九月乙巳,第 8596 頁。
⑧ 陳均撰,許沛藻、金圓、顧吉辰、孫菊園等點校《皇朝編年綱目備要》卷二二,第 531 頁。
⑨⑩ 吕中撰,張其凡、白曉霞整理《類編皇朝大事記講義》卷一八,第 332 頁。

起彥博爲平章軍國重事。"①《十朝綱要》卷一二：元祐元年，"五月丁巳朔，呂公著拜右僕射兼中書侍郎，起太師致仕文彥博爲平章軍國重事"。②《綱目備要》卷二二：元祐元年夏四月，"文彥博平章軍國重事。序宰臣之上，一月兩赴經筵，六日一朝，因赴都堂議事"。③ 另可參見惠鵬飛《宋代平章軍國（重）事制度考述》。④ 總之，文彥博應爲平章軍國重事。

16. 种誼復洮州在元祐二年

《大事記講義》卷一九，339 頁："（元祐）三年，復洮州，擒鬼章致闕下。"⑤（四庫本同，375 頁）

按：种誼收復洮州，擒獲鬼章應在元祐二年（1087）。考《綱目備要》卷二二：元祐二年，"復洮州。西蕃大酋領鬼章，董氈別將也……一鼓破之，斬千七百級，奔溺者數千，遂擒鬼章及大酋領青宜結等九人。捷奏……"⑥《十朝綱要》卷一二：元祐二年八月"戊戌，岷州行營將种誼舉兵復洮州，執鬼章及大首領青宜結等九人"。⑦《宋史》卷一七《哲宗本紀》：元祐二年八月"丁未，岷州行營將种誼舉兵復洮州，執鬼章青宜結"。⑧ 兹不贅述。

17. 《王安石實錄》應爲《王安石日錄》之誤

《大事記講義》卷二〇，352 頁："紹聖元年，重修《神宗實錄》。曾布言請從《安石實錄》參照。"⑨（四庫本同，384 頁）

按：《綱目備要》卷二四：紹聖元年五月，"重修《神宗實錄》。翰林承旨、修國史曾布言：'奉詔重行修定《神宗實錄》，請取《王安石日錄》參照編修'"。⑩《宋史》卷一八《哲宗本紀》：紹聖元年五月"己酉，修國史曾布請以《王安石日錄》載之《神宗實錄》"。⑪ 綜上，《王安石實錄》應作《王安石日錄》。

---

① 王稱撰，孫言誠、崔國光點校《東都事略》卷六七《文彥博傳》，第 555 頁。
② 李埴撰，燕永成校正《皇宋十朝綱要校正》卷一二，第 339 頁。
③ 陳均撰，許沛藻、金圓、顧吉辰、孫菊園等點校《皇朝編年綱目備要》卷二二，第 536 頁。
④ 惠鵬飛《尊崇之"名"到專權之"實"：宋代平章軍國（重）事制度考述》，《河南大學學報（社會科學版）》第 2 期，2015 年 3 月，第 90—98 頁。
⑤ 呂中撰，張其凡、白曉霞整理《類編皇朝大事記講義》卷一九，第 339 頁。
⑥ 陳均撰，許沛藻、金圓、顧吉辰、孫菊園等點校《皇朝編年綱目備要》卷二二，第 547 頁。
⑦ 李埴撰，燕永成校正《皇宋十朝綱要校正》卷一二，第 343 頁。
⑧ 脫脫《宋史》卷一七《哲宗本紀》，第 325 頁。
⑨ 呂中撰，張其凡、白曉霞整理《類編皇朝大事記講義》卷二〇，第 352 頁。
⑩ 陳均撰，許沛藻、金圓、顧吉辰、孫菊園等點校《皇朝編年綱目備要》卷二四，第 586 頁。
⑪ 脫脫《宋史》卷一八《哲宗本紀》，第 340 頁。

18. 元符皇后立于元符二年

《大事記講義》卷二十,356 頁:"元符三年九月,立賢妃劉氏爲皇后。"①(四庫本同,387 頁)

按:劉氏被立爲皇后在元符二年(1099)九月。考《東都事略》卷一四《世家》:"元符二年,(劉氏)立爲皇后。"②《十朝綱要》卷一四:元符二年九月"丁未,立皇后劉氏"。③《綱目備要》卷二五:元符二年,"九月,立賢妃劉氏爲皇后"。④《宋史》卷一八《哲宗本紀》:元符二年九月"丁未,立賢妃劉氏爲皇后"。⑤ 兹不贅述。

19. 韓忠彦元符三年四月被拜爲右相

《大事記講義》卷二一,360 頁:"元符三年三月,以韓忠彦爲右僕射兼中書侍郎,李清臣門下侍郎。"⑥(四庫本同,389 頁)

按:《十朝綱要》卷一四:元符三年四月"甲辰,門下侍郎韓忠彦拜右僕射兼中書侍郎"。⑦《綱目備要》卷二五:元符三年夏四月,"以韓忠彦爲右僕射。兼中書侍郎,李清臣門下侍郎"。⑧《編年錄》卷一一:元符三年,"四月甲辰,韓忠彦右僕射。自門下侍郎授右正議大夫、右僕射兼中書侍郎"。⑨《宋史》卷一九《徽宗本紀》:元符三年夏四月"甲辰,以韓忠彦爲尚書右僕射兼中書侍郎,禮部尚書李清臣爲門下侍郎,翰林學士蔣之奇同知樞密院事"。⑩ 綜上,韓忠彦拜尚書右僕射兼中書侍郎在元符三年(1000)四月。

20. "望州"爲"湟州"之誤

《大事記講義》卷二一,364 頁:"二年,王厚、童貫合諸道兵十餘萬復望州。"⑪(四庫本同,392 頁)

按:宋代無"望州",當爲"湟州"之誤。考《綱目備要》卷二六:崇寧二年六月,"復湟州。

---

① 吕中撰,張其凡、白曉霞整理《類編皇朝大事記講義》卷二〇,第 356 頁。
② 王稱撰,孫言誠、崔國光點校《東都事略》卷一四《世家》,第 111 頁。
③ 李埴撰,燕永成校正《皇宋十朝綱要校正》卷一四,第 377 頁。
④ 陳均撰,許沛藻、金圓、顧吉辰、孫菊園等點校《皇朝編年綱目備要》卷二五,第 615 頁。
⑤ 脫脫《宋史》卷一八《哲宗本紀》,第 353 頁。
⑥ 吕中撰,張其凡、白曉霞整理《類編皇朝大事記講義》卷二一,第 360 頁。
⑦ 李埴撰,燕永成校正《皇宋十朝綱要校正》卷一四,第 379 頁。
⑧ 陳均撰,許沛藻、金圓、顧吉辰、孫菊園等點校《皇朝編年綱目備要》卷二五,第 625 頁。
⑨ 徐自明撰,王瑞來校補《宋宰輔編年錄校補》卷一一,第 662 頁。
⑩ 脫脫《宋史》卷一九《徽宗本紀》,第 359 頁。
⑪ 吕中撰,張其凡、白曉霞整理《類編皇朝大事記講義》卷二一,第 364 頁。

先是，王厚、童貫合諸道兵十餘萬、奏乞進兵……”①同見《皇宋通鑑長編紀事本末》卷一三九載。②

21、童貫大觀二年爲節度使

《大事記講義》卷二一，364 頁：“大觀四年，加童貫節度使。内侍建節始此。其後，梁師成等皆踵之。”③（四庫本同，392 頁）

按：《東都事略》卷一二一《童貫傳》：“俄爲熙河、蘭湟、秦鳳等路經略安撫制置使，累遷武康軍節度使、中太一宫使。出討溪哥臧征僕哥，復積石軍、洮州，以功徙鎮奉寧。時大觀二年也。”④《十朝綱要》卷一七：大觀二年正月，“童貫爲武康軍節度使、提舉龍德宫、熙河蘭湟秦鳳路宣撫使”。⑤《綱目備要》卷二七：大觀二年春正月，“加童貫節度，仍宣撫。武康節度，提舉龍德宫、熙河蘭湟秦鳳路宣撫使。内臣建節始此”。⑥《宋史》卷二十《徽宗本紀》：“大觀二年正月己未，加童貫節度使，仍宣撫。”⑦總之，童貫拜節度使應在大觀二年（1108）。

22. 童貫政和七年領樞密院事

《大事記講義》卷二一，364 頁：“四年，童貫領樞密院事。”⑧（四庫本同，392 頁）

按：《十朝綱要》卷一七：政和七年三月“乙未，童貫改權領樞密院事”。⑨《綱目備要》卷二八：政和七年，“春三月，以童貫權領樞密院事”。⑩《宋史》卷二一《徽宗本紀》：政和七年三月“乙未，以童貫權領樞密院”。⑪同見《宋史》卷二一二《宰輔表三》。

23. 崇寧二年收復湟州

《大事記講義》卷二二，375 頁：“（崇寧）三年，復湟州。”⑫（四庫本同，399 頁）

---

① 陳均撰，許沛藻、金圓、顧吉辰、孫菊園等點校《皇朝編年綱目備要》卷二六，第 673 頁。
② 楊仲良撰，李之亮校點《皇宋通鑑長編紀事本末》卷一三九，第 2327 頁。
③⑧ 吕中撰，張其凡、白曉霞整理《類編皇朝大事記講義》卷二一，第 364 頁。
④ 王稱撰，孫言誠、崔國光點校《東都事略》卷一二一《童貫傳》，第 1050 頁。
⑤ 李埴撰，燕永成校正《皇宋十朝綱要校正》卷一七，第 467 頁。
⑥ 陳均撰，許沛藻、金圓、顧吉辰、孫菊園等點校《皇朝編年綱目備要》卷二七，第 695 頁。
⑦ 脱脱《宋史》卷二〇《徽宗本紀》，第 380 頁。
⑨ 李埴撰，燕永成校正《皇宋十朝綱要校正》卷一七，第 493 頁。
⑩ 陳均撰，許沛藻、金圓、顧吉辰、孫菊園等點校《皇朝編年綱目備要》卷二八，第 717 頁。
⑪ 脱脱《宋史》卷二一《徽宗本紀》，第 397 頁。
⑫ 吕中撰，張其凡、白曉霞整理《類編皇朝大事記講義》卷二二，第 375 頁。

按:《十朝綱要》卷一六:崇寧二年六月"辛未,遂克湟州"。①《綱目備要》卷二六:崇寧二年六月,"復湟州"。②《宋史》卷一九《徽宗本紀》:崇寧二年六月,"復湟州"。③ 綜上可證,童貫、王厚收復湟州是在崇寧二年(1103)六月。

24. "高承年"應作"高永年"

《大事記講義》卷二二,375 頁:"(崇寧)四年,西羌夏人寇邊,高承年敗死。"④(四庫本同,399 頁)

按:《綱目備要》卷二七:崇寧四年,"西羌、夏人寇邊……永年易賊迎戰,遂大敗。永年賬下親兵,皆所招納蕃部熟户也,遂執永年以叛,爲多羅巴所殺"。⑤《宋史》卷三二八《王厚傳》:"崇寧初……三年……明年,羅撒復入寇,(高)永年戰死。"⑥總之,"高承年"應是"高永年"之誤。

25. "南北鹽"應作"東北鹽"

《中興大事記講義》卷二,460 頁:"置真州茶鹽司。時東北道梗,榷貨物鹽鈔、茶引不通……宗澤言:'自鄭僅建請建南北鹽,其產鹽州縣并行稅鹽法。王黼罷河北、京東稅鹽,意欲榷貨務入納數多,應副目前,遂爲東北害。臣考歲計之行,鈔鹽比之稅鹽,大段虧少……且安京東、河北兩路人心。'"⑦

按:"南北鹽"令人費解。結合上下文看,應作"東北鹽"爲是。考佚名《中興兩朝編年綱目》(以下簡稱《兩朝綱目》)卷一:建炎元年五月,"置真州茶鹽司……時知青州宗澤言:'自太府卿鄭僅建請東北鹽,其產鹽州縣并行稅鹽法……'"⑧由此可證,"南北鹽"應作"東北鹽"。另"臣考歲計之行,鈔鹽比之稅鹽"中"行"從下讀,故正確斷句應爲"臣考歲計之,行鈔鹽比之稅鹽"。

26. 曾謂爲轉運判官

《中興大事記講義》卷二,462 頁:"陷長安,經制判官傅亮降,帥臣唐重、副總管楊宗

① 李埴撰,燕永成校正《皇宋十朝綱要校正》卷一六,第 440 頁。
② 陳均撰,許沛藻、金圓、顧吉辰、孫菊園等點校《皇朝編年綱目備要》卷二六,第 673 頁。
③ 脱脱《宋史》卷一九《徽宗本紀》,第 367 頁。
④ 吕中撰,張其凡、白曉霞整理《類編皇朝大事記講義》卷二二,第 375 頁。
⑤ 陳均撰,許沛藻、金圓、顧吉辰、孫菊園等點校《皇朝編年綱目備要》卷二七,第 685 頁。
⑥ 脱脱《宋史》卷三二八《王厚傳》,第 10584 頁。
⑦ 吕中撰,張其凡、白曉霞整理《類編皇朝中興大事記講義》卷二,第 460 頁。
⑧ 佚名撰,燕永成點校《中興兩朝編年綱目》卷一,南京:鳳凰出版社,2018 年,第 7 頁。

閔、轉運副使桑景詢、通判曾謂,提刑郭忠孝皆死。"①(八卷本同,21 頁)

按:南宋李心傳《建炎以來繫年要錄》(以下簡稱《要錄》)卷一二:建炎二年春正月戊戌,"是日,婁宿陷長安……陝府西路轉運副使直秘閣桑景詢、判官曾謂……"②南宋杜大珪《名臣碑傳琬琰集》中卷三三《唐資政公重墓誌銘》:"方朝廷之訪雍帥也,岑既以公薦……永興通判曾謂爲陝西轉運判官,朝廷皆用之……公與曾謂死于雍。"③《宋史全文》卷一六:建炎二年春正月"戊戌,羅索陷長安,守臣京兆府路經略使唐重死之,陝府西路轉運副使桑景詢、判官曾謂……"④綜上可知,曾謂應爲轉運判官。

27. 陳亨伯爲經制使

《中興大事記講義》卷五,505 頁:"冬十月,復經制錢。先是,政和間,陳亨伯爲陝西轉運使,始議創經制錢。"⑤(八卷本同,53 頁)

按:《兩朝綱目》卷一:建炎二年十月,"復經制錢。先是,政和間,陳亨伯爲陝西轉運使,始議創經制錢"。⑥ 但考南宋李心傳《建炎以來朝野雜記》卷十一《經制使》:"經制使者,宣和間,陳亨伯資政始以大漕兼之。"⑦《綱目備要》卷二九:宣和四年,"秋七月,初收經制錢。去夏,命陳遘經制江、淮、荆、浙、福建七路諸司財計,置司杭州"。⑧《宋史》卷四四七《陳遘傳》:"宣和二年冬,方臘亂,詔以屬遘……加龍圖閣直學士,經制七路,治于杭。"⑨綜上所述,陳亨伯應爲經制使。

28. 張九成中紹興二年進士

《中興大事記講義》卷八,557 頁:"紹興三年春正月,上在紹興,如臨安。二月,親試舉人,賜張九成以下及第。"⑩(八卷本同,92 頁)

按:《要錄》卷五四:紹興二年五月"乙丑,進士及第張九成爲左宣教郎、簽書鎮東軍節

① 吕中撰,張其凡、白曉霞整理《類編皇朝中興大事記講義》卷二,第 462 頁。
② 李心傳撰,辛更儒點校《建炎以來繫年要錄》卷一二,上海:上海古籍出版社,2018 年,第 278 頁。
③ 杜大珪撰,顧宏義、蘇賢校證《名臣碑傳琬琰集校證》中卷三三《唐資政公重墓誌銘》,上海:上海古籍出版社,2021 年,第 1127 頁。
④ 佚名撰,汪聖鐸點校《宋史全文》卷一六,第 911 頁。
⑤ 吕中撰,張其凡、白曉霞整理《類編皇朝中興大事記講義》卷五,第 505 頁。
⑥ 佚名撰,燕永成點校《中興兩朝編年綱目》卷一,第 43 頁。
⑦ 李心傳撰,徐規點校《建炎以來朝野雜記》卷一一,北京:中華書局,2000 年,第 224 頁。
⑧ 陳均撰,許沛藻、金圓、顧吉辰、孫菊園等點校《皇朝編年綱目備要》卷二九,第 743 頁。
⑨ 脱脱《宋史》卷四四七《陳遘傳》,第 13181 頁。
⑩ 吕中撰,張其凡、白曉霞整理《類編皇朝中興大事記講義》卷八,第 557 頁。

度判官廳公事。九成,兩浙路類試爲第一,用升甲恩特遷之。"①《十朝綱要》載:"紹興二年,取進士張九成等二百五十九人。"②《兩朝綱目》卷四:紹興二年三月,"親試舉人。賜張九成以下二百五十餘人及第、出身有差"。③《宋史》卷二七《高宗本紀》:紹興二年四月"丙寅,賜禮部進士張九成以下二百五十九人及第、出身"。④《宋史》卷三七四《張九成傳》:"張九成字子韶,其先開封人,徙居錢塘。游京師,從楊時學……紹興二年,上將策進士,詔考官,直言者置高等。九成對策略曰……擢置首選。"⑤綜上可知,張九成中紹興二年(1132)進士。

29. 王旦謚文正

《中興大事記講義》卷一三,642 頁:"本朝二百年,謚忠獻纔三人,趙韓王、韓魏公、張魏公是也,謚文正者亦纔三人,王沂公、范汝南、司馬溫公是也,其品可知矣。"⑥

按:宋代歷史上謚號爲"文正"不止是王曾、范仲淹、司馬光,還有真宗朝宰相王旦。《東都事略》卷四十《王旦傳》:"薨,年六十一,贈太師、尚書令、魏國公,謚曰文正。"⑦

30. "天中節"應作"天申節"

《中興大事記講義》卷一四,655 頁:"二十一年,虜使賀天中節,求近淮、漢之地,指取將相近臣論事,約以八月至淮。"⑧

按:宋代無"天中節",當爲"天申節"之誤。考《兩朝綱目》卷一三:紹興三十一年五月,"虜使來……至是,遣其臣高景山、王全來賀天申節……全因導亮意,求淮、漢之地及指取將相近臣議事……當于八月至其國"。⑨ 同見《編年錄》卷一六載。⑩ 結合《兩朝綱目》和《編年錄》可知,"天中節"應是"天申節"之誤。

31. 元顏、鄭家奴應刪去頓號

《中興大事記講義》卷一四,661 頁:"李寶敗虜于膠西。虜兵圍海州,引去,寶引舟師

---

① 李心傳撰,辛更儒點校《建炎以來繫年要錄》卷五四,第 981 頁。
② 李埴撰,燕永成校正《皇宋十朝綱要校正》,第 599 頁。
③ 佚名撰,燕永成點校《中興兩朝編年綱目》卷四,第 151 頁。
④ 脱脱《宋史》卷二七《高宗本紀》,第 497 頁。
⑤ 脱脱《宋史》卷三七四《張九成傳》,第 11577—11578 頁。
⑥ 呂中撰,張其凡、白曉霞整理《類編皇朝中興大事記講義》卷一三,第 642 頁。
⑦ 王稱撰,孫言誠、崔國光點校《東都事略》卷四〇《王旦傳》,第 319 頁。
⑧ 呂中撰,張其凡、白曉霞整理《類編皇朝中興大事記講義》卷一四,第 655 頁。
⑨ 佚名撰,燕永成點校《中興兩朝編年綱目》卷一三,第 430 頁。
⑩ 徐自明撰,王瑞來校補《宋宰輔編年錄校補》卷一六,第 1139 頁。

至密之膠西……獲酋首元顔、鄭家奴等,斬之。"①

　　按:《兩朝綱目》卷一三:紹興三十一年十月,"李寶敗虜于膠西……時虜兵圍海州……寶與子公佐引舟師至密之膠西……獲酋首完顔鄭家奴等六人,斬之"。②《金史》卷八九《蘇保衡傳》載:"蘇保衡字宗尹……宋兵來襲,敗于海中,副統制(完顔)鄭家死之……"③綜合《兩朝綱目》和《金史》等記載可知,元顔衆家奴應就是完顔鄭家奴,故元顔、鄭家奴應删去頓號。

32. 孝、宣應删去頓號

　　《中興大事記講義》卷一六,688頁:"漢武帝承文帝富庶之後,竭天下之力,不能致匈奴之服。其後,五單于爭國,自相殘滅,而孝、宣兵革事力,不及武帝十之三四,足以臣匈奴矣。"④

　　按:"孝宣"應指漢宣帝劉詢,故孝、宣應删去頓號。

33. 龍大淵爲樞密副都承旨

　　《中興大事記講義》卷二十,738頁:"以龍大淵、曾覿知閣門事,大淵爲樞密承旨、覿帶御器械。"⑤(八卷本同,221頁)

　　按:《兩朝綱目》卷一四:隆興元年八月,"以龍大淵、曾覿知閣門事……以龍大淵爲樞密副都承旨、覿帶御器械"。⑥ 吕中《中興大事記講義》卷一九:"紹興三十二年六月,以龍大淵爲樞密副都承旨、曾覿爲帶御器械兼幹辦皇城司。"⑦《宋史》卷四七十《曾覿傳》載:"孝宗受禪,大淵自左武大夫除樞密副都承旨,而覿自武翼郎除帶御器械。"⑧綜上可證,龍大淵爲樞密副都承旨。

34. 仁宗、英宗《兩朝國史》當始修于熙寧十年

　　《中興大事記講義》卷二一,764頁:"仁宗、英宗《兩朝史》,熙寧十一年修,至元豐四年

---

①　吕中撰,張其凡、白曉霞整理《類編皇朝中興大事記講義》卷一四,第661頁。
②　佚名撰,燕永成點校《中興兩朝編年綱目》卷一三,第438頁。
③　脱脱《金史》卷八九《蘇保衡傳》,北京:中華書局,2019年,第1095—1096頁。
④　吕中撰,張其凡、白曉霞整理《類編皇朝中興大事記講義》卷一六,第688頁。
⑤　吕中撰,張其凡、白曉霞整理《類編皇朝中興大事記講義》卷二〇,第738頁。
⑥　佚名撰,燕永成點校《中興兩朝編年綱目》卷一四,第473頁。
⑦　吕中撰,張其凡、白曉霞整理《類編皇朝中興大事記講義》卷一九,第724頁。
⑧　脱脱《宋史》卷四七〇《曾覿傳》,第13688頁。

成……"①（八卷本同，239 頁）

　　按：熙寧只有十年，没有十一年。考《兩朝綱目》卷一五：乾道四年四月，"仁宗、英宗《兩朝史》，熙寧十年修，至元豐四年成，凡歷五年"。②《宋史》卷一五《神宗本紀》：熙寧十年，"五月戊午，詔修仁宗、英宗史"。③ 綜上，仁宗、英宗《兩朝國史》當始修于熙寧十年（1077）。

35. 王稱上《東都事略》在淳熙十三年

　　《中興大事記講義》卷二一，764 頁："（淳熙）十二年，王稱上《東都事略》。"④（八卷本同，239 頁）

　　按：《兩朝綱目》卷一五：乾道四年四月，"（淳熙）十二年，知龍州王稱上《東都事略》"。⑤ 但考李心傳《建炎以來朝野雜記》甲集卷四："（淳熙）十三年八月，又有知龍州王稱亦獻《東都事略》百三十卷于朝。"⑥南宋王應麟《玉海·藝文志》卷一二《正史》："淳熙十三年八月二十六日，知龍州王稱上《東都事略》百三十卷……"⑦《宋會要》崇儒五："（淳熙）十三年……八月二十六日，詔：'新知龍州王稱所進《東都事略》一百三十卷……'"⑧總之，王稱進呈《東都事略》在宋孝宗淳熙十三年（1186）。

36. 政和正官名始于政和二年

　　《中興大事記講義》卷二二，774 頁："觀政和三年官名之正，太宰、少宰之名初立也，而以何執中、蔡京爲之，則有忝于太宰、少宰之名矣。"⑨

　　按：《宋會要》職官一之三一：政和二年，"九月二十九日，詔以太師、太傅、太保爲三公，少師、少傅、少保爲三孤，以左輔、右弼，太宰、少宰易侍中、中書令、左右僕射之名。舊以太尉、司徒、司空爲三公及尚書置令，并罷"。⑩《宋史》卷一六一《職官志》：政和二年九月，"……至是，京始以三公任真相"。⑪ 由此可知，官名之正始于政和二年（1112）。

---

①④　吕中撰，張其凡、白曉霞整理《類編皇朝中興大事記講義》卷二一，第 764 頁。

②　佚名撰，燕永成點校《中興兩朝編年綱目》卷一五，第 511 頁。

③　脱脱《宋史》卷一五《神宗本紀》，第 293 頁。

⑤　佚名撰，燕永成點校《中興兩朝編年綱目》卷一五，第 512 頁。

⑥　李心傳撰，徐規點校《建炎以來朝野雜記》甲集卷四，第 113 頁。

⑦　王應麟撰，武秀成、趙庶洋校證《玉海·藝文志校證》卷一二，南京：鳳凰出版社，2017 年，第 573 頁。

⑧　徐松輯，劉琳、刁忠民、舒大剛等點校《宋會要輯稿》崇儒五，第 2858 頁。

⑨　吕中撰，張其凡、白曉霞整理《類編皇朝中興大事記講義》卷二二，第 774 頁。

⑩　徐松輯，劉琳、刁忠民、舒大剛等點校《宋會要輯稿》職官一之三一，第 1955 頁。

⑪　脱脱《宋史》卷一六一《職官志》，第 3772 頁。

37. 光宗有疾始于紹熙二年十一月

《中興大事記講義》卷二四,803 頁:"自紹熙二年冬十月,上始屬疾。"①(八卷本作"自紹熙二年冬,始屬疾",262 頁)

按:佚名《續編兩朝綱目備要》(以下簡稱《綱目備要》)卷二:紹熙二年,"冬十一月壬申,冬至郊,風雨大至。上震懼,始感疾雲。上不豫"。②《宋史全文》卷二八:紹熙二年,"冬十一月壬申,日南至,合祭天地于南郊,大赦天下。上之在齋宮也,聞貴妃黃氏薨,始得疑疾"。③《宋史》卷三六《光宗本紀》:紹熙二年十一月,"帝既聞貴妃薨,又值此變,震懼感疾,罷稱賀,肆赦不禦樓……"④綜上所述,光宗有疾始于紹熙二年十一月。

38. "紹熙四年"應作"紹熙五年"

《中興大事記講義》卷二五,811 頁:"紹熙四年秋八月,以諸路郡縣水旱,(宋寧宗)命三省條畫賑恤。"⑤

按:寧宗繼位是在紹熙五年(1194)七月。考《宋史》卷三七《寧宗本紀》:紹熙五年八月,"命三省賑恤諸路郡縣水旱"。⑥ 由此可知,寧宗命三省賑恤諸路郡縣水旱應在紹熙五年八月。另《中興大事記講義》卷二五《寧宗皇帝》中"舉廉黜貪""初政求言""百僚日對"等三條記事也誤係時于紹熙四年。⑦

39. "胡竑"應作"胡紘"

《中興大事記講義》卷二五,817 頁:"慶元二年八月,太常少卿胡竑請權住進擬偽學之黨,從之。"⑧

按:胡紘,《宋史》有傳。再考《綱目備要》卷四:慶元二年,"八月丙辰,胡紘請住進擬偽黨"。⑨《宋史全文》卷二九:慶元二年八月"丙辰,胡紘言:'比年偽學猖獗,圖為不

① 吕中撰,張其凡、白曉霞整理《類編皇朝中興大事記講義》卷二四,第 803 頁。
② 佚名撰,汝企和點校《續編兩朝綱目備要》卷二,北京:中華書局,1995 年,第 25 頁。
③ 佚名撰,汪聖鐸點校《宋史全文》卷二八,第 1964 頁。
④ 脱脱《宋史》卷三六《光宗本紀》,第 701 頁。
⑤ 吕中撰,張其凡、白曉霞整理《類編皇朝中興大事記講義》卷二五,第 811 頁。
⑥ 脱脱《宋史》卷三七《寧宗本紀》,第 716 頁。
⑦ 吕中撰,張其凡、白曉霞整理《類編皇朝中興大事記講義》卷二五,第 810—811 頁。
⑧ 吕中撰,張其凡、白曉霞整理《類編皇朝中興大事記講義》卷二五,第 817 頁。
⑨ 佚名撰,汝企和點校《續編兩朝綱目備要》卷四,第 72 頁。

軌……’”①《宋史》卷三七《寧宗本紀》：慶元二年八月“丙辰，以太常少卿胡紘請，權住進擬
僞學之黨”。② 綜上可證，“胡竑”應是“胡紘”之誤。

40. 吕公著爲同平章軍國事

《中興大事記講義》卷二六，832 頁：“國朝故事，如仁宗朝吕夷簡拜司空、平章軍國重
事，哲宗初文彦博以太師拜平章軍國重事，吕公著拜司空、平章軍國事……”③

按：宋代歷史上只有韓侂胄爲平章軍國事，吕公著爲同平章軍國事，故此處疑脱漏了
“同”字。考《東都事略》卷八八《吕公著傳》：“元祐三年，懇辭位，拜司空同平章軍國事。”④
《綱目備要》卷二二：元祐三年，“夏四月，以吕公著爲司空、同平章軍國事……”⑤《編年録》
卷九：元祐三年，“四月辛巳，右僕射吕公著加司空、同平章軍國事”。⑥《宋史》卷一七《哲
宗本紀》：元祐三年四月“辛巳，以吕公著爲司空、同平章軍國事……”⑦綜上可知，吕公著
應爲同平章軍國事。

41. 皇甫斌兼京西北路招撫副使

《中興大事記講義》卷二六，833 頁：“開禧二年夏四月，四川宣撫副使吴曦兼陝西、河
東路招撫使，鎮江都統郭倪兼山東、京東路招撫使，鄂州都統趙淳兼京西北路招撫使，江陵
副都統皇甫斌兼西北路招撫副使。”⑧（八卷本作“京西北路招撫副使”，278 頁）

按：皇甫斌應兼京西北路招撫副使，此處明顯脱漏“京”字。考《宋史》卷三八《寧宗本
紀》：開禧二年夏四月“乙亥，以郭倪兼山東、京東路招撫使，鄂州都統趙淳兼京西北路招撫
使，皇甫斌兼京西北路招撫副使”。⑨ 由此可證，皇甫斌兼京西北路招撫副使。

42. 皇甫斌爲江陵副都統

《中興大事記講義》卷二六，834 頁：“江陵都統皇甫斌攻唐州，大敗。”⑩（八卷本同，

① 佚名撰，汪聖鐸點校《宋史全文》卷二九，第 2010 頁。
② 脱脱《宋史》卷三七《寧宗本紀》，第 721 頁。
③ 吕中撰，張其凡、白曉霞整理《類編皇朝中興大事記講義》卷二六，第 832 頁。
④ 王稱撰，孫言誠、崔國光點校《東都事略》卷八八《吕公著傳》，第 749 頁。
⑤ 陳均撰，許沛藻、金圓、顧吉辰、孫菊園等點校《皇朝編年綱目備要》卷二二，第 549 頁。
⑥ 徐自明撰，王瑞來校補《宋宰輔編年録校補》卷九，第 573 頁。
⑦ 脱脱《宋史》卷一七《哲宗本紀》，第 326 頁。
⑧ 吕中撰，張其凡、白曉霞整理《類編皇朝中興大事記講義》卷二六，第 833 頁。
⑨ 脱脱《宋史》卷三八《寧宗本紀》，第 740 頁。
⑩ 吕中撰，張其凡、白曉霞整理《類編皇朝中興大事記講義》卷二六，第 834 頁。

278 頁)

按:《續宋中興編年資治通鑑》卷一三:開禧二年五月,"江陵都統皇甫斌引兵攻唐州,不克"。[1] 但本書同卷,306 頁:開禧二年四月,"……江陵副都統皇甫斌兼西北路招撫副使"。[2] 再結合《備要》卷九:"趙淳兼西北路招撫使,皇甫斌副之……斌以江陵副都統兼。"[3]疑"副"字脱漏,應出校説明。

餘　論

綜上所述,《類編皇朝大事記講義・類編皇朝中興大事記講義》中存在大量訛誤,現不一一贅述。本文所正之誤,一些可能是傳抄或四庫館臣删改之誤,一些則可能是因襲史源之誤。通過正文可知,《大事記講義》中部分訛誤與陳均《皇朝編年綱目備要》中的訛誤一致,《中興大事記講義》高孝兩朝部分訛誤則與佚名《中興兩朝編年綱目》中的訛誤雷同。通過進一步比勘可知《大事記講義》"大事記"部分主要取材于《綱目備要》,《中興大事記講義》高孝兩朝"大事記"部分主要取材于《兩朝綱目》。[4] 而《中興大事記講義》寧宗朝"大事記"部分應主要取材于《國史・寧宗本紀》,故與《宋史・寧宗本紀》屬同源異流關係,這一發現將有助于研究早已散佚的《國史・寧宗本紀》以及元修《宋史・寧宗本紀》的修撰問題。至于,《中興大事記講義》光宗朝"大事記"部分史源仍需進一步研究。另校勘《類編皇朝大事記講義・類編皇朝中興大事記講義》可以重點參考《綱目備要》《兩朝綱目》《宋史・寧宗本紀》等文獻。

又按陳均《皇朝編年綱目備要》一書大致成書于宋理宗紹定年間(1228—1233),而南宋文人劉實甫在淳祐七年(1247)爲《大事記講義》作序,故可推知該書應成書于 1234 年至1247 年之間。

淳祐二年(1242),高孝光寧《中興四朝帝紀》成。淳祐七年(1247),吕中中進士,授肇慶府教授,後又任國史實録院檢閲。因此,吕中能有機會接觸到《國史・寧宗本紀》。汪聖鐸考證得出史官吕中曾參與謀劃洪天錫彈劾董宋臣一事。[5] 檢《宋史・理宗本紀》可知,

①　劉時舉撰,王瑞來點校《續宋中興編年資治通鑑》卷一三,北京:中華書局,2014 年,第 307 頁。
②　劉時舉撰,王瑞來點校《續宋中興編年資治通鑑》卷一三,第 306 頁。
③　佚名撰,汝企和點校《續編兩朝綱目備要》卷九,第 161 頁。
④　楊光《宋末元初部分中興兩朝史著文本源流關係考——兼論南宋高孝兩朝歷史知識在宋元之際的傳播》,《史語所集刊》第九十三本第三分,2022 年 9 月,第 595—641 頁。
⑤　汪聖鐸《〈宋史全文〉插引史論文獻研究》,《宋代歷史文獻研究》,保定:河北大學出版社,2016 年,第 60 頁。

洪天錫彈劾一事發生于寶祐三年(1255)。① 换言之,吕中寶祐三年時尚在史館。李裕民指出:"(吕中)其知汀州應在景定元年八月至二年中。"②所以《中興大事記講義》很可能成書于 1255 年至 1260 年之間。

【作者簡介】劉坤,男,1995 年生,上海大學文學院中國古代史宋史方向碩士研究生,主要從事宋遼金史研究。

① 脱脱《宋史》卷四四《理宗本紀》,第 855 頁。
② 李裕民《宋人生卒行年考》,北京:中華書局,2010 年,第 116 頁。

《新出魏晋南北朝墓誌疏證》(修訂本)校考及補正

顧冰峰

羅新、葉煒合著的《新出魏晋南北朝墓誌疏證》[①](以下簡稱《疏證》)出版以來引起了學界的廣泛關注,此後以"墓誌疏證"爲題的著作和論文大量出現,足見其巨大的學術影響力。而圍繞此書展開的討論也已經有多篇論文發表,[②]其中以陸揚的《從墓誌的史料分析走向墓誌的史學分析——以〈新出魏晋南北朝墓誌疏證〉爲中心》一文的論述最爲深入和精到,文中全面分析、肯定了此書在墓誌研究方法和視角上的拓展之功,并討論了墓誌研究仍可進一步探索的方向。《疏證》一書的特點和貢獻,陸文已説得十分詳細而準確;同時,陸文也指出了書中的一些錯誤和不足之處。2016 年此書的修訂本出版,書中吸納了有關文章的意見,對一些釋文等內容做了訂正,并由簡體改爲繁體,使此書更臻完善。然而修訂本在墓誌釋文和疏證方面仍存在一些微瑕,筆者不揣淺陋,結合傳世文獻和新的出土材料,并參考較新的研究成果,對修訂本再提出一些考訂和補充意見,以求教于方家。

一、釋文核校與考辨

近年來,魏晋南北朝墓誌相關研究成果大量出現,如王連龍編撰的《南北朝墓誌集成》[③](以下簡稱《集成》)等,其中一些成果已經對《疏證》所包含的部分墓誌釋文進行了較

---

① 羅新、葉煒《新出魏晋南北朝墓誌疏證》,北京:中華書局,2005 年 3 月。
② 主要有:陸揚《從墓誌的史料分析走向墓誌的史學分析——以〈新出魏晋南北朝墓誌疏證〉爲中心》,《中華文史論叢》第 4 輯,上海:上海古籍出版社,2006 年 12 月,第 95—127 頁;江嵐《〈新出魏晋南北朝墓誌疏證〉錄文勘誤六則》,《四川職業技術學院學報》第 2 期,2007 年 5 月,第 48—49 頁;趙陽陽《〈新出魏晋南北朝墓誌疏證〉校讀札記》,《古典文獻研究》第 11 輯,南京:鳳凰出版社,2008 年 4 月,第 497—504 頁;趙陽陽《〈新出魏晋南北朝墓誌疏證〉隋前錄文補闕》,《古籍研究》2008 卷下,合肥:安徽大學出版社,2009 年 8 月,第 61—64 頁;梁春勝《〈新出魏晋南北朝墓誌疏證〉疏誤舉正》,《河北大學學報(哲學社會科學版)》第 3 期,2011 年 6 月,第 65—70 頁;裴蘭婷《隋代墓誌銘文點校獻疑——〈新出魏晋南北朝墓誌疏證〉校讀札記》,《傳奇·傳記文學選刊》第 3 期,2011 年 3 月,第 77—79 頁;等等。
③ 王連龍編撰《南北朝墓誌集成》,上海:上海人民出版社,2021 年 3 月。

爲準確的核校和考辨。所以,修訂本有誤而其他研究成果已校正的,除仍需進一步考辨者,本文一般不再指出。

1.《高琨墓誌》(71 頁)

釋文:魏故使持節都督冀嬴相幽平五州……冀州勃海郡條縣崇仁鄉孝義里使持節都督冀嬴相幽平……

按:前作"嬴",後作"嬴"。《疏證》所舉論文中的拓片圖版較模糊,兩字似都作"嬴"。北朝石刻中,"嬴"常寫作"嬴",高琨子高猛的墓誌(本書 97 頁)正寫作"嬴"。嬴州即瀛州,《魏書·地形誌二上》載:"瀛州,太和十一年分定州河間、高陽,冀州章武、浮陽置,治趙都軍城。"①

2.《侯掌墓誌》(100 頁)

釋文:壽丘祐緒……幾杖由之載蔚……

按:"祐",依字形釋文無誤,但此字實爲"拓"字訛變。拓緒,意爲"開拓先人的功業",如《梁書·武帝本紀上》:"故昌邑悖德,孝宣聿興,海西亂政,簡文升歷,并拓緒開基,紹隆寶命,理驗前經,事昭往策。"②即其例也。"幾杖",圖版爲"几杖",此處"几"指憑几、坐几,不可改寫作"幾"。

3.《趙猛墓誌》(102 頁,《集成》239—240 頁)

釋文:于時荆州偏垂,地岨關洛,以君德望具瞻,擢爲曰揚將軍

按:圖版見《三晋石刻大全·運城市永濟市卷》一書。③ "曰揚",《集成》已改釋爲"白楊";然"將軍"圖版爲"軍將",《集成》未改。"軍將"爲北魏前期軍隊官職,④《魏書》多見,如周觀曾爲軍將、北鎮軍將,尉撥曾爲千人軍將、凉州軍將,堯暄曾爲千人軍將,張赦提曾爲逐賊軍將、游徼軍將,等等。⑤ 本書《張略墓誌》(59 頁)亦記載誌主曾爲"千人軍將"。可知"軍將"前常冠以地名、軍隊性質等。此處"白楊"應爲地名,《魏書·地形誌下》記載陝州

---

① 魏收《魏書》卷一〇六上,點校本二十四史修訂本,北京:中華書局,2018 年,第 7 册,第 2706 頁。
② 姚思廉《梁書》卷一,北京:中華書局,1973 年,第 1 册,第 6 頁。
③ 董榕主編《三晋石刻大全·運城市永濟市卷》,太原:三晋出版社,2022 年,第 5—6 頁。
④ 可參考徐美莉《北魏軍鎮長官多種官稱的歷史語境考察》一文,《内蒙古社會科學(漢文版)》第 2 期,2011 年 7 月,第 63—67 頁。
⑤ 以上分别見《魏書》卷三〇(第 3 册,第 810 頁)、卷三〇(第 3 册,第 811 頁)、卷四二(第 3 册,第 1054 頁)及卷八九(第 6 册,第 2080—2081 頁)。

所領恒農郡崤縣有白楊谷，①崤縣正處關洛、荆州之間，與誌文"地岨關洛"的説法相符，所以墓誌中"白楊"所指應即白楊谷。②

4.《楊遁墓誌》(148 頁,《集成》443—444 頁)

釋文：效力□險

按：該墓誌較清晰的圖版見陸明君《北魏華陰楊氏墓誌及相關問題》一文。③ "□"，《集成》作"去"，圖版作モ，實爲"屯"，險難意；"險"，圖版爲"嶮"，《集成》已改，"嶮"同"險"。"屯險"即艱險意，文獻多見，《宋書·傅亮傳》云："初，亮見世路屯險，著論名曰《演慎》。"④即其例。

5.《趙征興墓誌》(173 頁)

釋文：世襲高跡……去珠復放

按：此墓誌清晰圖版載《書法》2001 年第 2 期。⑤ "跡"，圖版爲"蹤"，正與其後銘文同韵；"去珠復放"較費解，此處用後漢孟嘗典，從圖版殘留痕迹，并結合詞意、用韵來看，"放"似爲"旋"字。

6.《裴良墓誌》(193 頁,《集成》798—801 頁)

釋文：忽同華菱

按："華菱"二字，《集成》作"花蘤"，李學文《山西襄汾出土東魏天平二年裴良墓誌》一文録作"花蘤"。⑥ 應爲"花蘤"。"蘤"，爲多音字，其中一音 wěi，《康熙字典·申集上·艸部·蘤》引《唐韵》言："韋委切，音蔿。"⑦正與前後銘文同韵。"花蘤"文獻多見，如《史記·天官書》"諸此雲見，以五色合占。而澤搏密"語下，唐張守節《史記正義》引崔豹《古今注》云："黄帝與蚩尤戰于涿鹿之野，常有五色雲氣，金枝玉葉，止于帝上，有花蘤之象，故因作華蓋也。"⑧"花蘤"即花卉之意。

---

① 魏收《魏書》卷一〇六下，第 7 册，第 2875—2876 頁。
② 此條得中國社會科學院考古所趙超先生指點，特表示感謝！
③ 陸明君《北魏華陰楊氏墓誌及相關問題》，《中國書法》第 5 期，2002 年 5 月，第 52—58 頁。
④ 沈約《宋書》卷四三，北京：中華書局，1974 年，第 5 册，第 1338 頁。
⑤ 《北齊趙征興墓誌》，《書法》第 2 期，2001 年 2 月，第 61—70 頁。
⑥ 李學文《山西襄汾出土東魏天平二年裴良墓誌》，《文物》第 12 期，1990 年 12 月，第 86—90 頁。
⑦ 張玉書等編纂、漢語大詞典編纂處整理《康熙字典》(標點整理本)，上海：漢語大詞典出版社，2002 年，第 1040 頁。
⑧ 司馬遷撰，裴駰集解，司馬貞索隱，張守節正義《史記》卷二七，北京：中華書局，1959 年，第 4 册，第 1337—1338 頁。

7.《可朱渾孝裕墓誌》（216 頁）

釋文：爰命虎臣……思欲顧盼而平隴蜀……市朝遞變

按：此墓誌圖版見趙耀輝《北齊〈可朱渾孝裕墓誌〉簡説》一文。[①]　“命”，圖版作🔲，實爲“召”字；“盼”，圖版作🔲，實爲“盳”，即“盳”字，“顧盳”在此形容輕鬆而不費力氣；“遞”，圖版作🔲，實爲“遽”，于文意也更爲通暢。

8.《獨孤渾貞墓誌》（233 頁，《集成》867—868 頁）

釋文：除安康郡守，帶宣城戍主

按：“宣”，《集成》同，浙江大學“中國歷代墓誌數據庫”該墓誌作“直”。[②]《疏證》所舉圖版可辨，應爲“直”字。直城，《魏書·地形志下》記載屬東梁州金城郡所領縣，而安康郡同屬東梁州。[③]《魏書·淳于誕傳》載，孝昌三年（527），“朝議以梁州安康郡阻帶江山，要害之所，分置東梁州”，[④]據墓誌，獨孤渾貞于永安二年（529）後爲安康郡太守，并帶直城戍主。

9.《韓貴和墓誌》（332 頁）

釋文：石柱一□

按：“□”，《疏證》所舉論文圖版可辨，爲“雙”字。墓前石柱，皆成對相望。唐《封氏聞見記》載：“秦、漢以來，帝王陵前有石麒麟、石辟邪、石象、石馬之屬；人臣墓前有石羊、石虎、石人、石柱之屬；皆所以表飾墳壟，如生前之儀衛耳。”[⑤]由此可窺見隋唐時墓葬之風俗。

10.《羊烈墓誌》（373 頁）

釋文：晋□露亭侯□

按：羊烈九世祖爲西晋人羊琇，曾被封甘露亭侯，所以前“□”應爲“甘”字，後“□”應爲“琇”字，可補。

---

① 趙耀輝《北齊〈可朱渾孝裕墓誌〉簡説》，《青少年書法（青年版）》第 1 期，2015 年 1 月，第 37—47 頁。
② 題爲《北周獨孤渾貞墓誌》：http://csid.zju.edu.cn/tomb/stone/detail? id＝40288b955bd07752015bfb74a7ae02d6＆rubbingId＝40288b955bd07752015bfb74a7b802d7。
③ 魏收《魏書》卷一〇六下，第 7 册，第 2861—2862 頁。
④ 魏收《魏書》卷七一，第 5 册，第 1728 頁。
⑤ 封演撰，趙貞信校注《封氏聞見記校注》卷六，北京：中華書局，2005 年，第 58 頁。

11.《尉遲運妻賀拔毗沙墓誌》(457 頁)

釋文：弄抒秋機

按："抒"，《疏證》所舉出處圖版爲"杼"，意即織布的梭子，詞義通暢。

12.《楊氏妻高氏墓誌》(466 頁)

釋文：大隋故處士弘農華陰楊君高夫人墓誌

按：《疏證》所舉圖版"誌"後有"銘"字，應補。

13.《解盛墓誌》(468 頁)

釋文：□能常好……永宿□床

按：該墓誌更清晰的圖版見宋慧杰《由解盛夫妻合葬墓誌看隋朝歷史沿革》一文，[①]前"□"圖版模糊，但根據字迹應爲"安"字；後"□"圖版爲"沙"字。

14.《魏昇及妻牛玉墓誌》(473 頁)

釋文：葬于豫州河南縣澪淵鄉高村北……□存政直

按："澪淵鄉"，在其他隋代墓誌又作"零淵鄉"，如《董君妻衛美墓誌》《楊厲墓誌》等；[②]或"靈淵鄉"，如《張濬墓誌》《唐直墓誌》《唐世榮墓誌》等。[③]《疏證》所舉圖版清晰，"□"，圖版爲"庚"，通"賡"，爲"承續"意。

15.《李虎墓誌》(475 頁)

釋文：故知長河□地，……公乃童年□□，……立□弘慈……威□俱申

按：根據圖版，[④]"□地"，爲"帶地"；"童年□□"，爲"童年挺秀"；"立□"，爲"立行"；"威□"，爲"威儀"。

---

① 宋慧杰《由解盛夫妻合葬墓誌看隋朝歷史沿革》，《才智》第 10 期中旬刊，2010 年 10 月，第 164 頁。

② 分別見洛陽古代藝術館編《隋唐五代墓誌匯編·洛陽卷》，天津：天津古籍出版社，1991 年，第 1 册，第 153、161 頁。

③ 分別見洛陽古代藝術館編《隋唐五代墓誌匯編·洛陽卷》，第 1 册，第 166、169、171 頁。

④ 甘肅省文物局官方網站公布的省級保護單位中有李虎墓，簡介頁面有清晰圖片（疑爲原誌複製件照片），見《李虎墓》：http://wwj.gansu.gov.cn/wwj/c105528/201712/147b9ccff8d447baaead4020c1c936b0.shtml。

二、疏證指瑕與訂補

下面對修訂本墓誌疏證部分中有誤和不足之處提出筆者的一些訂補意見。

1.《溫嶠墓誌》(13 頁)

疏證：《晋書》卷六七《溫嶠傳》，不載其祖父姓名。

按：《晋書・溫嶠傳》雖不載其祖父姓名，然言其爲"司徒羨弟之子"。司徒羨即溫羨，卒後贈司徒，《晋書》卷四十四有傳，載溫羨祖溫恢，魏揚州刺史；父溫恭，濟南太守。即知溫嶠高祖爲溫恢，祖爲溫恭。

2.《元㑎墓誌》(68 頁)

疏證：元㑎死于北魏宣武帝永平四年(511)，時年二十七，則其生年當在孝文帝太和九年(485)。

按：此處有誤。墓誌言："維皇魏永平四年歲次大火二月丁卯朔十八日甲申，故輔國將軍、汲郡太守、陽平王元㑎，字曇朗，厥年廿有七，以去永平二年十二月廿四日，薨于郡庭，即殯郡之西序。"則永平四年是其下葬時間，而其卒年當是永平二年，即 509 年，據此，其生年當在太和七年(483)。

3.《高琨墓誌》(72—73 頁)

疏證：《北史》卷一三《后妃・孝文文昭皇后高氏傳》，稱高颺夫妻有"四子三女"。而卷八〇《外戚・高肇傳》，却列高肇有兄琨、偃、壽，有弟顯，分明是五子。也許因爲高壽死于歸魏之前，幼年而夭，不獲封贈，且未葬平城，故不得與四子之數。……《高肇傳》謂高琨子高猛爲高颺"嫡孫"，是知高琨決非側出。墓誌稱高琨"母汝南袁氏"，即高颺正妻爲袁氏。而《高肇傳》載北海王元祥等奏稱高颺之妻爲"蓋氏"，《北史》亦稱文昭皇后母爲蓋氏。核以高琨墓誌，蓋氏當作袁氏，"蓋""袁"二字形近致訛。

按：《北史・孝文文昭皇后高氏傳》載："父颺，母蓋氏，凡四男三女，皆生于東裔。孝文初，乃舉室西歸。"此中所言"四男"，與《高肇傳》記載兄弟五人矛盾。誌文疏證推測是"高壽死于歸魏之前，幼年而夭，不獲封贈，且未葬平城"，所以不在四子之列。然恐非如此。《北史》記載之矛盾原因應在于高肇兄弟五人實非一母所生。《北史》兩處記載高颺妻爲"蓋氏"，應是事實，恐非"袁"字訛誤所致（"蓋""袁"二字字形也并不相近）；而高琨墓誌所記母"袁氏"，圖版清晰可辨，也無錯誤。則《北史》記載與墓誌相結合，大概只能説明"五男三女"之中，四男及文昭皇后高照容爲蓋氏所生，另一男即高琨，爲袁氏所生。且據《高肇傳》記載，高琨爲長兄，其子高猛爲高颺"嫡孫"自不待言。由此可知，袁氏應爲高颺第一任妻子，蓋氏爲其後妻。《魏書•官氏志》載："神元皇帝時，餘部諸姓内入者。……蓋樓氏，後改爲蓋氏。"①又《孝文文昭皇后高氏傳》言四男三女"皆生于東裔"，則高颺後妻蓋氏，很可能就是蓋樓氏之裔，内入後改爲蓋氏。

4.《高猛妻元瑛墓誌》(114 頁)

釋文：哀□□□……

按："□□□"，《疏證》所舉《漢魏六朝碑刻校注》第 6 册圖版可見刮削痕迹，原有字，前兩字似爲"子元"。《魏書•高肇傳》附《高猛傳》載："猛，字豹兒。尚長樂公主，即世宗同母妹也。……公主無子。猛先在外有男，不敢令主知，臨終方言之，年幾三十矣。乃召爲喪主，尋卒，無後。"②《北史•高肇傳》記載大同。則所謂"哀子"應即高猛在外所生子，墓誌刮削其名，很可能是元氏宗室或高家不認可此外子的表現。

5.《狄湛墓誌》(168 頁)

疏證：狄湛歷官中有"原仇領民副都督"，"原仇"不詳所在。

按：原仇確實不見于《魏書•地形志》，但其地史籍記載清楚，《讀史方輿紀要•山西二》考證："盂縣，(太原)府東二百四十里。……春秋時仇猶國，後并于晋，趙獻子使盂丙爲盂大夫。哀四年齊國夏伐晋，取盂。戰國時爲趙之源仇城。漢置盂縣，屬太原郡。後漢及晋因之。後魏省入石艾縣。隋開皇十六年復分置原仇縣，屬遼州。大業初改曰盂縣，屬太原郡。"又："仇猶城，在(盂)縣治東北一里。韓非子曰：'智伯欲伐仇猶，道不通行，因鑄大鐘遺之，仇猶大悦，除道而納之，國遂亡。'其遺址尚存。《寰宇記》：'漢盂縣城在陽曲東北八十里，隋改置原仇縣于故仇猶城西南，即今治也。尋曰盂縣。'"③原仇應在今盂縣境内。

6.《韋彧妻柳敬憐墓誌》(226—227 頁)

(1) 釋文：亡長女伯英，適隴西辛粲，州主簿、别駕、北地太守、秦州刺史。

按：辛粲，《周書•樂遜傳》載："相府户曹柳敏、行臺郎中盧光、河東郡丞辛粲相繼舉

---

①　魏收《魏書》卷一一三，第 8 册，第 3267—3271 頁。
②　魏收《魏書》卷八三下，第 5 册，第 1980 頁。
③　顧祖禹撰，賀次君等點校《讀史方輿紀要》卷四〇，北京：中華書局，2005 年，第 4 册，第 1830 頁。

遜,稱有牧民之才。"①從年齡來看,《周書》辛粲大概與樂遜(499—581)同時且稍長;而墓誌所記辛粲,應與柳敬憐(477—549)長女年齡相仿,據此推斷,與《周書》辛粲也相符合。所以兩"辛粲"應爲一人。

（2）疏證:《北史》卷二六《韋閬傳》記韋彧子有韋彪、韋融,均見于韋彧夫妻墓誌,可是又説:"弟朏,字遵顯,少有志業。"韋朏不見于韋彧夫妻墓誌,當是《北史》之誤。

按:檢《北史》原文,其中所言"弟朏",是指韋彧之弟爲韋朏,非其子韋彪、韋融之弟。所以《北史》無誤。

7.《王士良妻董榮暉墓誌》(245 頁)

疏證:據《周書·王士良傳》的叙述,紇豆陵伊利歸附也當在 530 至 532 年之間,但此事實際發生在 534 年,《魏書》卷一一《出帝本紀》記是年"春正月壬辰,齊獻武王討費也頭于河西苦洟河,大破之,獲其帥紇豆陵伊利,遷其部落于内地"。而且紇豆陵伊利部是被打敗後内遷的,也與本傳所述之在王士良勸説下歸附有所不同。

按:此處説法不確。根據《周書·王士良傳》的記載,王士良被紇豆陵步藩所擒,當在尒朱榮死後、孝莊帝詔紇豆陵步藩襲秀容之時,即在武泰三年十二月(531 年 1 月)。《周書·文帝紀上》記載,太昌元年(532)"太祖(宇文泰)至州,伊利望風款附,而曹泥猶通使于齊神武(高歡)",②與《王士良傳》相參合,其中所謂"款附"及本傳所言"歸附"是指歸附于宇文泰;而《魏書·出帝本紀》記載的是高歡討伐紇豆陵伊利的事情。誌文疏證認爲的記述有所不同,其實是因爲二者所述并非同一件事情。本傳記載王士良"太昌初,進爵晋陽縣子,邑四百户",其原因就在于王氏勸説伊利歸附于宇文泰之功。

8.《封孝琰墓誌》(293 頁)

釋文:刺史魏襄城王,望冠右戚,……天保三年,丁憂去職。……丞相、博陵王,以母弟之貴,秉軸鄴中……南陽王友……

按:此段誌文内容疏證無考,試作補充如下:

（1）刺史魏襄城王,即元旭,《魏書·孝莊紀》載,永安二年(529)七月"己卯,以鎮東將軍、南青州刺史元旭爲襄城王",③又《城陽王傳》載:"旭,字顯和。莊帝時,封襄城郡王,邑

① 令狐德棻等《周書》卷四五,北京:中華書局,1971 年,第 3 册,第 814 頁。
② 令狐德棻等《周書》卷一,第 1 册,第 4 頁。
③ 魏收《魏書》卷一〇,第 1 册,第 311 頁。

一千户。武定末,位至大司馬。齊受禪,爵例降。"①

　　(2)《北齊書·封孝琰》本傳載"丁母憂,解任"而未紀年,結合墓誌可知封孝琰母在天保三年(552)去世。

　　(3) 博陵王,即高濟。《北齊書·文宣帝紀》載,天保元年(550)六月,"癸未,詔封諸弟……濟爲博陵王"。② 又《武成帝紀》載,太寧元年(561)冬十一月乙卯"以冀州刺史、博陵王濟爲太尉",③與墓誌所言"以母弟之貴,秉軸鄴中"相合。

　　(4) 南陽王,即高綽。《北齊書·武成帝紀》載,河清三年(564)"秋九月乙丑,封皇子綽爲南陽王"。④ 又《封孝琰傳》言:"天統三年,除并省吏部郎中、南陽王友,赴晉陽典機密。"⑤王友,即王府官員。《唐六典·諸王府公主邑司》"友一人,從五品下"條注:"後漢東平憲王爲驃騎將軍,辟杜撫以爲西曹掾,尋以爲師友。魏、晋諸王置友一人,宋、齊因之,品第六。進賢一梁冠,絳朝服。梁皇帝、皇子府友各一人,班第八,正六品,陳因之。後魏諸王友,從四品下。北齊皇子置友一人,第五品上。隋爲從五品下,皇朝因之。"⑥對其沿革記載詳細。《北齊書·孫靈暉傳》載:"天統中,敕令朝臣推舉可爲南陽王綽師者。"⑦而封孝琰在天統三年(567)除南陽王友,與此正相印合。

9.《韋孝寬墓誌》(298—299 頁)

　　(1) 釋文:次子無漏,永安縣開國侯。

　　按:《周書》《北史》都記載韋孝寬有六子,《新唐書》卷七四上《宰相世系表》記其六子爲"諶、總、壽、霽、津、静"。墓誌則記韋孝寬有七子,其中長子那罷早喪,韋諶以下五人正與《新唐書》記載相同,唯最後一子,墓誌作"無漏"。根據《唐韋弘諒墓誌》載,韋弘諒父韋静,爲隋相州洹水令、永安縣開國侯,⑧與《韋孝寬墓誌》中韋無漏所封爵位相同,則説明韋無漏即是韋静。且"無漏"爲佛家語,"指遠離煩惱垢染之清净法",⑨與"静"在内涵上相通,所以也可證韋無漏與韋静即爲一人,且很可能其名静字無漏。

　　(2) 疏證:檢《魏書》卷四五,有京兆杜陵人韋閬兄子韋真喜……此人從生活時代、名

---

①　魏收《魏書》卷一九下,第 2 册,第 585 頁。
②　李百藥《北齊書》卷四,北京:中華書局,1972 年,第 1 册,第 52 頁。
③　李百藥《北齊書》卷七,第 1 册,第 90 頁。
④　李百藥《北齊書》卷七,第 1 册,第 93 頁。
⑤　李百藥《北齊書》卷二一,第 1 册,第 308 頁。
⑥　李林甫等撰,陳仲夫點校《唐六典》卷二九,北京:中華書局,1992 年,第 729 頁。
⑦　李百藥撰《北齊書》卷四四,第 2 册,第 596 頁。
⑧　見李明、劉呆運、李舉綱主編《長安高陽原新出土隋唐墓誌》,北京:文物出版社,2016 年,第 58—59 頁。
⑨　任繼愈主編《佛教大辭典》,南京:江蘇古籍出版社,2002 年,第 218 頁。

字以及任職都和韋真憙極其相似,不排除二者爲同一人的可能。

按:此二者無疑爲一人。《新唐書·宰相世系四上·韋氏》記載很清楚,其中所言"逍遥公房出自閬弟子真嘉",①"嘉"應爲"憙"避諱改。②

10.《封子繪妻王楚英墓誌》（319 頁）

疏證:《魏書》只記了王瓊長子遵業,也提到"遵業兄弟"云云。看來王廣業是王遵業之弟,并且與王遵業一起死于河陰之難。

按:《魏書》雖對王廣業没有記載,但《北史·王慧龍傳》記載有王瓊四子:遵業、廣業、延業和季和,《新唐書·宰相世系二中·王氏》記載相同。另,《北史》載:"遵業弟廣業,性沉雅,涉歷書傳,位太尉祭酒,遷屬。卒于太中大夫,贈徐州刺史。"③可知,誌文所記"徐州刺史"爲贈官。

11.《王士良墓誌》（328—329 頁）

疏證:誌文"釋褐柱國大將軍潁川尒朱公參軍事"。據本傳,這是在北魏長廣王建明（530—531）初。因爲尒朱兆先後被封爲潁川郡公和潁川王,所以尒朱公是指尒朱兆。但本傳云"尒朱仲遠啓爲府參軍事",與墓誌有異。又本傳云王士良"與紇豆陵步藩交戰,軍敗,爲步藩所擒,遂居河右",而530年底與紇豆陵步藩交戰的正是尒朱兆部。因此,本傳稱"尒朱仲遠"誤,當依墓誌爲"尒朱兆"。

按:此處言誌文中尒朱公爲尒朱兆。據《周書》《北史》兩書《王士良傳》,王氏被啓爲參軍事之後,參與了尒朱集團與紇豆陵步藩的戰鬥,後被步藩所擒。而《魏書·尒朱兆傳》載:"及前廢帝立,授兆使持節、侍中、都督中外諸軍事、柱國大將軍、領軍將軍、領左右、并州刺史、兼録尚書事、大行臺。"④可知,尒朱兆授柱國大將軍是在前廢帝繼位後,即普泰元年（531）二月後,此時紇豆陵步藩已被殺。則王士良被啓爲參軍事時尒朱兆尚未授"柱國大將軍",墓誌應是以尒朱兆最終結銜相稱。

12.《李敬族墓誌》（353—354 頁）

釋文:尚書右僕射崔暹……太子洗馬河南陸開明

① 歐陽修、宋祁《新唐書》卷七四上,北京:中華書局,1975 年,第 10 册,第 3073 頁。
② 參黄樓《〈北史〉刻本諱"憙"爲"嘉"問題蠡測》一文,《許昌學院學報》第 6 期,2020 年 11 月,第 6—8 頁。
③ 李延壽《北史》卷三五,北京:中華書局,1974 年,第 4 册,第 1301 頁。
④ 魏收《魏書》卷七五,第 5 册,第 1800 頁。

疏證：據墓誌，此誌銘文的著者是"太子洗馬河南陸開明"。《新唐書》卷五八《藝文志二》注録有陸開明、宇文愷合著《東宮典記》七十七卷。

按：可作如下補充。崔暹，《北齊書》卷三〇、《北史》卷三二有傳，與李敬族同爲博陵安平人，漢崔寔之後，北齊天保八年（557）爲尚書右僕射。陸開明，即陸爽，字開明，魏郡臨漳人，《隋書》卷五八、《北史》卷二八有傳，爲陸俟之後，祖順宗，父概之，陸法言之父，開皇十一年（591）卒。

13.《宋忻及妻韋胡磨墓誌》（368—370 頁）

（1）釋文：三年奉敕令任元帥上柱國趙郡公行軍長史

按："三年"即開皇三年（583）。宋忻夫婦墓清理簡報指出此處"趙郡公"應指李安或陰壽。① 仔細考查史料，此趙郡公應爲陰壽。《北史·陰壽傳》載其"以功進位上柱國。尋拜幽州總管，封趙郡公"。② 而據《北史·李安傳》載，李安在北周時即被封趙郡公，至隋仁壽元年（601），纔與其弟李哲一同拜爲柱國，③然始終未被授"上柱國"。所以此處墓誌所言"趙郡公"應爲陰壽。

（2）疏證：綜合實際材料，北周置軍器監時間以《通典》説更爲合理，當在保定四年（564）。

按：這一點有相關史料可作補充。《隋書·李穆傳》載，李穆兄子李崇曾"隨宇文護伐齊，以功最，擢授儀同三司。尋除小司金大夫，治軍器監"。④ 宇文護伐齊在保定三年（563），此後不久李崇管理軍器監，如此亦可佐證《通典》記載更爲合理。

14.《裴子通墓誌》（383 頁）

疏證：元超襲封安定王時間不久就改封北平王，而裴子通墓誌仍稱安定王，很可能是因爲婚娶之時元超尚未改封。

按：此處説法不確。《魏書·肅宗紀》載，靈太后于延昌四年（515）九月乙巳"親覽萬機"，⑤又《胡國珍傳》載："靈太后臨朝，加侍中，封安定郡公。"⑥稍後，元超改封北平王。此

---

① 陝西省考古研究所隋唐研究室《陝西長安隋宋忻夫婦合葬墓清理簡報》，《考古與文物》第 1 期，1994 年 1 月，第 32—41 頁。

② 李延壽《北史》卷七三，北京：中華書局，1974 年，第 8 册，第 2534 頁。其中，"趙郡公"，《隋書》卷三九《陰壽傳》作"趙國公"，誤。陰壽墓誌已出土，即陰雲墓誌，正作"趙郡公"，誌文及圖版見楊宏毅《隋〈陰雲墓誌〉考》一文，載《碑林集刊》（十三），2008 年，第 239—247 頁。

③ 李延壽《北史》卷七五，第 8 册，第 2578 頁。

④ 魏徵等《隋書》卷三七，北京：中華書局，1973 年，第 4 册，第 1122 頁。

⑤ 魏收《魏書》卷九，第 1 册，第 266 頁。

⑥ 魏收《魏書》卷八三下，第 5 册，第 1981 頁。

時裴子通只有五六歲，尚未到婚娶的年齡。故誌文疏證説法有誤。墓誌稱元超爲安定王，則是河陰之變遇害後不久"復本封"，《魏書·孝莊紀》載，武泰元年（528）夏四月壬寅"以北平王超還復爲安定王"。① 裴子通墓誌記其妻爲"魏安定王超女"原因在此。

15.《趙齡墓誌》（387 頁）

疏證：墓誌稱趙齡"後任建忠將軍、左中郎將，于時西域茹茹，侵擾邊垂，奉詔與齊王征討"，并不是指柔然，而可能是指突厥或費也頭。

按：僅據墓誌，此處"齊王"應指高澄或高洋。陸揚在前引文章中否定了誌文疏證中的觀點，認爲："根據墓誌的記載，趙齡在戰争結束後不久就因功被授予鎮東將軍、幽州漁陽郡太守、漢陽縣開國公的職位和頭銜，并不久在天保九年（558）死于漁陽郡太守的任上。所以這次北齊和茹茹之間的大規模的戰争無疑就是天保五年北齊和柔然的對抗。"但在武定八年（550）時，高洋登基稱帝，建立齊國，改年號爲天保。若依陸文觀點，墓誌所言茹茹侵擾邊陲在天保五年，此時高洋早已稱帝，爲何仍稱"齊王"？ 故此處仍有疑問，待考。

16.《封孝琰妻崔婁訶墓誌》（438 頁）

釋文：祖習，并州刺史。父叔業，汲郡太守。……

長女僧兒，適同郡李明緒，父子貞，兗州刺史。

第二女阿尼，適安定梁孝讓，父子彦，儀同三司。

按：誌文疏證及其他相關研究對以上内容無考，補考如下。

（1）崔婁訶祖父崔習，《魏書》卷四九、《北史》卷三二《崔鑒傳》俱附有小傳。《魏書》較爲詳細，載："習，字貴禮，有世譽。歷司徒主簿、彭城王勰開府屬。遷幽州長史、博陵太守，吏民愛敬之。在郡九年，轉河東太守，卒于郡，年五十一。贈中山太守。孝昌三年，重贈後將軍、并州刺史。"并載："（崔習）長子世儒，字希業。……世儒第三弟叔業，武定中，南兗州別駕。"②可知崔婁訶祖父即爲此崔習；崔叔業爲崔習第三子，且曾任南兗州別駕一職。

（2）封孝琰爲渤海蓨人，所謂"同郡"，即指渤海郡。《魏書·李叔虎傳》載"李叔虎，渤海蓨人也"，附《李子貞傳》載："子貞，歷司空長史、武邑太守、司徒右長史、陽平太守。入爲吏部郎中。出爲驃騎將軍、兗州刺史。坐貪污賜死。"③另，《北齊書·宋游道傳》載："兗州刺史李子貞在州貪暴，游道案之。文襄以貞預建義勛，意將含忍。游道疑陳元康爲其内

---

① 魏收《魏書》卷十，第 1 册，第 305 頁。
② 魏收《魏書》卷四九，第 3 册，第 1218 頁。
③ 魏收《魏書》卷七二，第 1752—1754 頁。

助，密啓云：'子貞、元康交游，恐其别有請囑。'文襄怒，于尚書都堂集百僚，撲殺子貞。"①
從籍貫和結銜來看，長女夫家李明緒應爲此李子貞之子，據《魏書》，李子貞是李叔虎從子
李述子李象之子。

（3）梁孝讓父梁子彦，爲安定人。已出土墓誌有《梁子彦墓誌》，載："公諱子彦，字子
彦，安定天水人也。"且死後贈使持節、都督豫州諸軍事、儀同三司、大理卿、豫州刺史。②
墓誌所記梁子彦卒于武平二年（571），時年五十八，則其生年爲北魏延昌三年（514）。從籍
貫、贈官及年齡推斷，梁孝讓父應即爲此豫州刺史梁子彦。

17.《楊宏墓誌》（461 頁）

疏證：楊宏，隋文帝開皇十九年（599）卒，終年四十七歲，則其生年爲西魏廢帝二年
（553）。……但據楊濟墓誌，他死于魏後元年（554），在楊宏出生前九年，恐誌文有誤，
存疑。

按：此處有誤。根據誌文，楊宏生于西魏廢帝二年，即 553 年；楊濟（墓誌見本書 269
頁）卒于西魏恭帝元年，即 554 年，所以墓誌并没有問題。

18.《楊素妻鄭祁耶墓誌》（462 頁）

釋文：載育七子

按：《隋書·楊素傳》及《楊玄感傳》載有楊素子七人，分别爲楊玄感、楊玄縱、楊玄挺、
楊玄獎、楊萬碩、楊仁行（即楊民行）、楊積善。結合楊素妻鄭氏墓誌來看，此七子應同爲鄭
氏所生。

19.《董敬墓誌》（477 頁）

釋文：即以其年歲次丙辰四月乙酉朔一日乙酉

按：此處干支紀年有誤，"丙辰"應爲"丙寅"。

20.《秘丹墓誌》（480 頁）

疏證："秘"姓，不見于《元和姓纂》以及《通志·氏族略》，南北朝其他資料未見此姓。

按：此處説法不確。《元和姓纂》卷八有"祕"姓；③《通志二十略·氏族略第五》"去聲"

---

① 李百藥《北齊書》卷四七，第 2 册，第 655 頁。
② 王連龍編撰《南北朝墓誌集成》，上海：上海人民出版社，2021 年，第 805—806 頁。
③ 林寶撰，岑仲勉校記《元和姓纂》卷八，北京：中華書局，1994 年，第 1183 頁。

姓氏中之第三姓爲"祕"姓。① "祕",即"秘"。所以"秘"姓見于以上兩書。但誌文中,"南陽市掾,役使神靈"應指東漢方士費長房,"西蜀尚書,模楷朝廷"應指三國蜀漢名臣費禕,且"厬降錫馬"似乎又與三國蜀漢官員費詩有關。"秘"作爲姓氏,讀音爲 bì;"費"作爲姓氏,亦有讀 bì 一支。《資治通鑑》"天鳳元年三月""孔仁、趙博、費興等以敢擊大臣,故見信任"下注引《元和姓纂》云"費氏,亦音祕"②(此不見于今本《元和姓纂》)。所以可知,誌文在追溯秘氏先賢時,引費氏人物爲説,此或説明"秘丹"祖先可能原爲"費"氏,或誌文撰寫者因姓氏音同而追溯費氏人物以高尚其人。

21.《李世舉墓誌》(521 頁)

疏證:在《北史·李璵傳》中,記載了李璵幾個兒子的情況,分別是:李詮,字世良;李伯卿;李謐,字世安;李誦,字世業;李世韞。……其中盧氏之父"幽州刺史盧司空"究竟是誰,待考。

按:根據《北史》原文,"李伯卿"非李璵子,而是李詮子。又根據《魏書·盧玄傳》附《盧道虔傳》載:"天平初,征南將軍,轉都官尚書、本州大中正。出除驃騎將軍、幽州刺史,尋加衛大將軍,卒于官。贈都督幽瀛二州諸軍事、驃騎大將軍、尚書右僕射、司空公、瀛州刺史,謚曰恭文公。"③所以,誌文中"幽州刺史盧司空"應即盧道虔。另,范陽盧氏與隴西李氏多有聯姻,如李延寔妻爲盧淵之女,李瑾妻亦爲盧淵之女,盧淵之子盧道裕妻爲李延寔妹李令妃,④等等。

上文指出了《疏證》修訂本中仍然存在的一些問題,但并不能掩蓋此書在諸多方面的創建之功,所謂"瑕不掩瑜"。《疏證》在方法與角度上的研究實踐,值得我們深入學習藉鑒,相信這本書一定會給墓誌及中古史研究者帶來很多方面有益的啓發。

【作者簡介】顧冰峰,男,1988 年生,中國國家博物館館員(中級)。主要從事古代文學與文化、石刻文獻等研究。

---

① 鄭樵撰,王樹民點校《通志二十略》,北京:中華書局,1995 年,第 196 頁。
② 司馬光編撰,胡三省音注《資治通鑑》卷三七,北京:中華書局,1956 年,第 3 册,第 1201 頁。
③ 魏收《魏書》卷四七,第 3 册,第 1160 頁。
④ 見《魏書》卷四七《盧玄傳》、《北史》卷三○《盧玄傳》、《魏書》卷三九《李寶傳》、《北齊書》卷二九《李璵傳》及《魏故使持節假黄鉞侍中太師領司徒都督中外諸軍事彭城武宣王妃李氏墓誌銘》(見趙超《漢魏南北朝墓誌彙編》,天津:天津古籍出版社,2008 年,第 148 頁)等文獻。韓濤《北朝範陽盧氏家族婚姻考論》一文有詳細統計和研究,《南京曉莊學院學報》第 5 期,2012 年 9 月,第 32—40 頁。

《四庫全書總目》子部類書類提要獻疑 *

孫利政

　　《四庫全書總目》是中國古代集大成的目録學著作，一直備受學者關注，對其進行考辨校訂的專著、論文也層出不窮。1997 年中華書局出版了《欽定四庫全書總目》"整理本"，以清乾隆六十年(1795)武英殿刻本（簡稱殿本）爲底本，以清乾隆六十年浙江布政使謝啓昆等刻本（簡稱浙本）、清同治七年(1868)廣東書局重刊浙本（簡稱粤本）爲參校本，同時廣泛吸取前人校訂成果。2012 年上海古籍出版社出版了魏小虎《四庫全書總目彙訂》，以浙本爲底本，對校殿本，極力搜集 2011 年底前發表的考校成果，資料頗爲完備。然校書如掃塵，旋掃旋生，《總目》仍然存在不少問題。今以中華書局整理本《欽定四庫全書總目》爲底本，參校各種類型的四庫提要，以史源文獻的考察比勘爲重點，就子部類書類提要進行考校，凡排印之誤及前賢時修已訂正者從略，共校正各類訛誤三十二則。每條提要原文附整理本卷數、頁碼，以便按核。

1. 編珠二卷補遺二卷續編珠二卷

　　原目分天地、山川、居處、儀衛、音樂、器玩、珍寶、繒綵、酒膳、黍稷、菜蔬、果實、車馬、舟楫，所存者"音樂"以上五門而已。顧煬帝諱廣，故"廣川"改"長河"，"《廣雅》"改"《博雅》"。而此書"桂林水"條下引《廣州山川記》；"治雞水"條下引《廣州記》；"柏心桂"條下引伏滔《北征記》稱"廣陵縣城南門"。（卷 135，頁 1770）

　　按：器玩，文淵閣書前提要、《文溯閣四庫全書提要》、文津閣書前提要作"服玩"，乃係原文。"服玩"即"服飾器用玩好"義。清康熙三十七年(1698)清吟堂刻本《編珠》卷首《編珠原目》，"第三卷"下注"以下補遺"，①此卷首類即"服玩部"，其餘類目與提要所述全同。

---

　　* 本文爲江蘇高校哲學社會科學研究一般項目"《四庫全書總目》收録江蘇文人文獻考"（項目編號：2023SJYB2277）階段性成果。
　　① 杜公瞻、高士奇《編珠》卷首，《四庫提要著録叢書》，北京：北京出版社，2010 年，景印清康熙三十七年清吟堂刻本，子部第 174 册，第 6 頁。

文淵閣《四庫全書》本之《補遺》亦題"服玩部"。① 則提要改"服玩"作"器玩"，語義雖近，要非本書原目。

又按：柏心桂，文淵閣書前提要作"柏心柱"，是。《編珠·居處部》"柏心柱"條云："伏滔《北征記》曰：廣陵縣城南門得故柏柱三，皆柏心也。蓋吳王濞時門柱。"②此即提要所據，則"桂"爲"柱"之形誤甚明。

2. 藝文類聚一百卷

鶴之外又別出黃鶴，馬之外別出駒騄，如斯之類，皆不免叢脞少緒。（卷135，頁1771）

按：黃鶴，文津閣書前提要作"黃鵠"。有學者指《藝文類聚·鳥部》有"白鶴""黃鵠"，無"黃鶴"類。③ 竊疑提要"黃鶴"當作"白鶴"，因涉"黃鵠"而誤記。文津閣書前提要"黃鵠"乃係據其類目臆改，亦非提要原意。提要本義當指既有"鶴"類，白鶴亦鶴，緣何又立"白鶴"類，豈謂"白馬非馬"邪？考《四庫》本《藝文類聚·鳥部一》，題下雖列鳥、鳳、鸞、鴻、鶴、白鶴、黃鵠、玄鵠附、雉、鷓十類，④檢核本卷內容，則已將原本分立"鶴""白鶴"合爲"鶴"類，其下內容大致按時代重新編排，又改"黃鵠"作"鵠"，亦可證提要以"白鶴"不當別立的思想。是提要"黃鶴"爲"白鶴"之誤記無疑。然《藝文類聚》分"黃鵠"以與"玄鵠"相別，《四庫》本既將"黃鵠"改作"鵠"，又不與"玄鵠"歸并，則又一時疏漏。

3. 北堂書鈔一百六十卷

分八十卷，八百一類。《唐志》作一百七十三卷，晁公武《讀書志》因之。《中興書目》作一百六十卷，《宋史·藝文志》因之。今本卷帙與《中興書目》同。其地部至泥、沙、石而畢，度非完帙，豈原書在宋已有亡佚耶？王應麟《玉海》云："二館舊闕《書鈔》，惟趙安仁家有本。真宗命內侍取之，手詔褒美。"蓋已甚珍其書矣。此本爲明萬歷間常熟陳禹謨所校刻。（卷135，頁1771—1772）

按：八十卷，文淵閣書前提要、《文溯閣四庫全書提要》、文津閣書前提要、《四庫全書初次進呈存目》作"八十部"，是。《北堂書鈔》卷首陳禹謨《訂定北堂書鈔卷目》云：

---

① 杜公瞻、高士奇《編珠》卷三，上海：上海古籍出版社，1987年，景印《文淵閣四庫全書》，第887冊，第70頁。
② 杜公瞻、高士奇《編珠》卷二，《四庫提要著録叢書》，子部第174冊，第23頁（文淵閣《四庫全書》本《編珠》文同）。
③ 陳尚君、張金耀《四庫提要精讀》，上海：復旦大學出版社，2008年，第270頁。
④ 歐陽詢《藝文類聚》卷九〇，上海：上海古籍出版社，1987年，景印《文淵閣四庫全書》，第888冊，第813頁。

案《唐·經籍志》……紀《書鈔》凡一百七十三卷，署曰虞世南撰。《崇文目》與《志》同。又晁氏《志》曰："《北堂書鈔》一百七十三卷，世南仕隋爲秘書郎時鈔經史百家之事以備用，分八十部，八百一類。北堂者，省之後堂，世南鈔書之所也。"及案《中興書目》僅一百六十卷，適符今刻之數。豈諸志所載爲原書篇額，傳至趙宋已不免有亡篇耶？……王應麟曰："二館舊闕《書鈔》，惟趙安仁家有本。真宗命內侍取之，手詔褒美。"其見珍于往代可知也。①

以此參讀，提要大體據陳氏《訂定北堂書鈔卷目》删訂而成，唯"《宋史·藝文志》因之"和"其地部至泥、沙、石而畢，度非完帙，豈原書在宋已有亡佚耶"則據朱彝尊《大唐類要跋》（《曝書亭集》卷五二）而來。諸提要"分八十部，八百一類"即據陳禹謨引晁公武《郡齋讀書志》（所引《讀書志》原本同）。② 則《總目》提要臆改"部"作"卷"，非是。

4. 龍筋鳳髓判四卷

唐張鷟撰。鷟字文成，自號浮休子，深州陸梁人。甘露初登進士第。授襄陽尉，累官四門員外郎，終于龔州長史。事迹具莫休符《桂林風土記》。《唐書》附其孫張薦《傳》中。……原本附有注文，爲明劉允鵬所輯。……允鵬本名繼先，字敬虛，武定人。嘉靖辛卯舉人。嘗著有《續事類賦》，今未見傳本。惟此注附鷟之書，尚存于世云。（卷135，頁1772）

按：《文溯閣四庫全書提要》、文津閣書前提要叙張鷟生平作"鷟字文成，陸渾人，累官司門員外郎，終龔州長史。自號浮休子"，與《總目》提要异文有二：第一，張鷟籍貫一作"陸梁"，一作"陸渾"。考四庫底本莫休符《桂林風土記》"張鷟"條云："張鷟字文成，深川陸渾人也。"③唐代州府無名"深川"者，"深川"顯係"深州"之誤，故《總目》提要改之。《文溯閣四庫全書提要》、文津閣書前提要作"陸渾"當本之《風土記》。然考《舊唐書·地理志》，陸渾屬洛州，④非深州縣，而《總目》之"陸梁"亦非唐代縣名。考《舊唐書·張薦傳》："張薦字

---

① 虞世南《北堂書鈔》卷首，《四庫提要著錄叢書》，北京：北京出版社，2010年，景印明萬曆二十八年刻本，子部第35册，第13頁。
② 晁公武撰，孫猛校證《郡齋讀書志校證》卷一四，上海：上海古籍出版社，1990年，第648頁。
③ 莫休符《桂林風土記》，《四庫提要著錄叢書》，北京：北京出版社，2010年，景印清初鈔本，史部第113册，第60頁。按：文淵閣《四庫全書》本《桂林風土記》作"深州深澤人"，深澤屬定州，亦誤。然可知館臣已察其文有誤，未知實爲"陸澤"之誤。
④ 劉昫等《舊唐書》卷三八，北京：中華書局，1975年，第1423頁。

孝舉,深州陸澤人。祖鷟,字文成。"①《新唐書·張薦傳》同。②《元和郡縣誌》深州下轄正有"陸澤縣",③是"陸渾""陸梁"實皆爲"陸澤"之誤。

第二,《總目》提要"四門員外郎"當從《文溯閣四庫全書提要》、文津閣書前提要作"司門員外郎"。《桂林風土記》叙其仕履云:"特授襄樂尉,遷監察御史,司門員外。……數年,起爲虁州長史,卒,年七十三。"④此即提要所本。《舊唐書·張薦傳》稱張鷟"開元中,入爲司門員外郎卒",⑤《新唐書·張薦傳》稱張鷟"終司門員外郎",⑥無所謂"四門員外郎"之官。則《總目》提要"四"爲"司"之音誤明甚。又提要"甘露"爲"調露"之誤,"襄陽尉"爲"襄樂尉"之誤,前人已發。⑦

又按:劉繼先主纂嘉靖《武定州誌》二卷,又有《小隱三徑書》六卷傳世,前人已多考知。又其撰有《小隱書》(又稱《小隱書全帖》)一卷,流傳頗廣,影響較大,因書中自稱、題署爲"敬虛子""西村畸人敬虛子",世人多不曉此亦劉氏所作,⑧特附識于此。

5. 蒙求集注二卷

其書以《蒙求》原文冠于卷首,後以每二句爲一節,各爲之注。注雖稍嫌冗漫,而頗爲精核。如……"賈誼忌鵩"句,以《鵩賦》無"忌"字,則引孔臧《鴞賦》"賈生有識之士,忌前鵩焉"以明之。……凡其事未詳,而舊注所説莫知何據者,如……"何謙焚詞"之類,皆疑以傳疑,亦不失詳慎。(卷135,頁1775)

按:忌前鵩焉,當作"忌兹鵩鳥"。《蒙求集注》"賈誼忌鵩"條引孔臧《鴞賦》云:"昔賈生有識之士,忌兹鵩鳥。"⑨《孔叢子·連叢子》載《鴞賦》文同。⑩是提要"前""焉"爲"兹""鳥"二字形誤。

又按:焚詞,文淵閣書前提要、《文溯閣四庫全書提要》、文津閣書前提要作"焚祠",是。《蒙求集注》"何謙焚祠"條云:"《晋書》:'何謙字恭子,東海人。從謝玄征伐,驍果多權略。'舊注云:'謙不畏神祠,遇有靈廟,皆焚之。'"⑪則提要"詞"爲"祠"之誤字明甚。

————————

①⑤　劉昫等《舊唐書》卷一四九,第4023頁。
②　歐陽修、宋祁《新唐書》卷一六一,北京:中華書局,1975年,第4979頁。
③　李吉甫撰,賀次君點校《元和郡縣誌》卷一七,北京:中華書局,1983年,第487頁。
④　莫休符《桂林風土記》,《四庫提要著録叢書》,史部第113册,第60—61頁。
⑥　歐陽修、宋祁《新唐書》卷一六一,第4980頁。
⑦　魏小虎《四庫全書總目彙訂》卷一三五,上海:上海古籍出版社,2012年,第4211頁。
⑧　如《中國古籍總目》《中國古籍善本書目》《中國叢書綜録》等著録《小隱書》《小隱書全帖》,作者均題作"敬虛子"。
⑨　李瀚《蒙求集注》卷上,上海:上海古籍出版社,1987年,景印《文淵閣四庫全書》,第892册,第666頁。
⑩　傅亞庶校釋《孔叢子校釋》卷七,北京:中華書局,2011年,第450頁。
⑪　李瀚《蒙求集注》卷下,景印《文淵閣四庫全書》,第892册,第767頁。

6. 太平御覽一千卷

此本前有萬歷元年黄正色叙曰:"太平興國迄今幾六百載,宋世刻本俱已湮滅。近世雲間朱氏僅存者,亦殘缺過半。海内鈔本雖多,輾轉傳寫,訛舛益甚。吾錫士大夫有好文者,因閩省梓人,用活字校刻,始事于隆慶二年,至五年,纔印其十之一二,閩人散去。于是浙人倪炳伯文謀于郡邑二三大夫,協力鳩工,鋟諸梨棗。孫國子虞允一元力任校讎,忽于隆慶六年捐館,弗克終事。今復苦于舛訛,薛憲副應登有校得善本,藏諸家塾。其仲子名逢者,俾倪氏繕寫付梓。"(卷135,頁1776)

按:明萬歷元年(1573)倪炳等刻本《太平御覽》卷首黄正色序云:

> 先是,孫國子虞允一元博學能文,力任讎校,忽于隆慶六年捐館,弗克終事,令復苦于舛訛。乃吾同年薛憲副應登甲抗志理學,游心藝文,校得善本,藏諸家塾。其仲子庠生名逢者,善繼先志,邃意典籍,方進未止,出所藏本俾倪氏繕寫付刻。①

提要"今復苦于舛訛"之"今",當從序文作"令",承上文"海内鈔本雖多,輾轉傳寫,訛舛益甚"云云而言。《四庫》本《太平御覽》卷首黄序作"今",②已爲"令"之形誤。又提要"薛憲副應登有校得善本"之"有"字似是而非,細繹上下文,竊疑"有"當爲"甲"傳寫之誤。薛應登名甲,曾任江陰憲副。

7. 書叙指南二十卷

宋任廣撰。廣字德儉,浚儀人。今本《文獻通考》作任廣浚,蓋傳刻訛脱,以人、地名誤連爲一也。(卷135,頁1778)

按:任廣浚,當作"任浚"。"今本《文獻通考》"一句,文淵閣書前提要、《文溯閣四庫全書提要》、文津閣書前提要作"今本《文獻通考》作任浚者誤也"。今檢傳世諸本《文獻通考·經籍考》均作"任浚"(所引晁公武《郡齋讀書志》原本同),③無作"任廣浚"者。輯本《直齋書録解題》"《書叙指南》二十卷"條"任廣撰"下館臣亦注云:"案《文獻通考》作任浚。"④如此,下文"蓋傳刻訛脱,以人、地名誤連爲一也"亦成無根之語。則提要"任廣浚"

---

① 李昉等《太平御覽》卷首,明萬歷元年倪炳等刻本。
② 李昉等《太平御覽》卷首,上海:上海古籍出版社,1987年,景印《文淵閣四庫全書》,第893册,第2頁。
③ 晁公武撰,孫猛校證《郡齋讀書志校證》卷一四,第676頁。
④ 陳振孫撰,徐小蠻、顧美華點校《直齋書録解題》卷一四,上海:上海古籍出版社,2015年,第427頁。

之“廣”當涉上文“任廣”而衍。

8. 記纂淵海一百卷

宋潘自牧撰。……序又稱“中葉零替,蠹魚殘缺。戊寅冬,承乏畿南,公暇謬爲補注。剥落太甚者,屬别駕蔡公、司理顧公、學博吴君采輯諸書,補闕序次。”……以其卷首列名考之,“别駕蔡公”爲大名府通判蔡之奇,“司理顧公”爲推官顧爾行,“學博吴君”則有府學訓導吴騰龍、魏縣教諭吴嶙二人,不知誰指。……是補此書者爲文燦及蔡之奇等三人。(卷135,頁1783)

按:提要兩“蔡之奇”,俱當作“蔡呈奇”。《四庫》本《記纂淵海》卷首《刻記纂淵海名氏》:“(大名府)承德郎通判蜀郡蔡呈奇、金華王三錫、文林郎推官吴興顧爾行編次。”①所列蔡姓僅此一人,即提要所本。明萬曆七年(1579)王嘉賓等刻本卷首《刻記纂淵海名氏》同。蔡呈奇事迹,萬曆《嘉定州誌·人物誌》有傳。②

9. 山堂考索前集六十六卷後集六十五卷續集五十六卷別集二十五卷

《前集》第三十卷既主三年一祫,五年一禘,以爲宋制合古,《别集》第十四卷又專主顔達龍三年一禘,五年一祫之説。(卷135,頁1784)

按:“第三十卷”,當作“第三十二卷”。《山堂群書考索前集前集·禮門·禘祫》云:“唐《開元禮》雖有禘祫之制,而未必合古,此豈非諸生之過歟! 惟我宋朝三年一祫以孟夏,五年一禘以孟冬,其制已合于古,而又群臣之論,足以發明乎古人制禮之義,故其禮爲益全。”③此即提要所據,而卷三十無相關文字。明正德十三年(1518)劉洪慎獨書齋刻本同,則提要“第三十”下疑脱“二”字。

10. 翰苑新書前集七十卷後集上二十六卷後集下六卷別集十二卷續集四十二卷

《前集》皆爲書啓之用……《後集》止備表牋之用,一卷至十九卷以大典禮分目,而附以謝恩陳乞,二十卷至二十六卷則録宋代表箋之文。《後集下》一卷至五卷爲類姓,六卷則惟列發舉、詞科、入學三目,蓋補《前集》之遺。(卷135,頁1788)

按:“《後集》止備表牋之用”之“止”,文淵閣書前提要、《文溯閣四庫全書提要》作“上”,是。提要“《後集上》”與下文“《後集下》”相應,所叙卷數與題“《後集上》二十六卷”亦相合。

---

① 潘自牧《記纂淵海》卷首,上海:上海古籍出版社,1987年,景印《文淵閣四庫全書》,第930册,第6頁。

② 李采修、范醇敬纂《嘉定州誌》卷三,民國間鈔本。

③ 章如愚《群書考索·前集》卷三二,上海:上海古籍出版社,1987年,景印《文淵閣四庫全書》,第936册,第419頁。

提要"止"爲"上"之形誤明甚。

11. 排韵增廣事類氏族大全二十卷

今考中間所列朝代先後,多顛倒失次。……又如**韋思廉**、劉奉林諸人既别立仙之一目,而張果、姜識諸人亦以仙術顯名,乃仍混入人物之中,無所區别,體例亦殊疏舛。(卷136,頁1790)

按:韋思廉,當作"章思廉"。《四庫》本《氏族大全》無所謂"韋思廉",而章姓"仙道"條載:"章思廉得道,靈異之迹見于處州天慶觀,有章真人畫像,自贊云:'狂走兀坐,端立静眠。默而又默,顛而不顛。漏身走脱,且守三田。人以爲怪。'"①劉奉林事亦載劉姓"仙道"條。② 可證提要"韋"爲"章"字形誤。

12. 萬姓統譜一百二十六卷

《南史·王僧虔傳》稱司馬遷仿周譜以作年表,其體皆旁行斜上,是其制也。(卷136,頁1791)

按:提要"《南史·王僧虔傳》"文有誤。考此文《南史·王僧虔傳》無載,實見載于《南史·劉杳傳》:"王僧孺被使撰譜,訪杳血脉所因。杳云:'桓譚《新論》云:"太史《三代世表》旁行邪上,并效周譜。"以此而推,當起周代。'僧孺嘆曰:'可謂得所未聞。'"③《梁書·劉杳傳》同。④ 王僧孺乃譜學名家,《梁書》本傳載:"僧孺集《十八州譜》七百一十卷,《百家譜集》十五卷,《東南譜集抄》十卷。"⑤王僧虔(426—485)爲南北朝時劉宋、南齊大臣、書法家,與南朝梁王僧孺(465—522)年代相及,然與劉杳(487—538)無涉。杳傳中涉"王僧孺被使撰譜"事,故易誤記爲王僧孺傳文,又"王僧虔""王僧孺"姓名、時代均相近,提要蓋因此誤記,未檢核原書。又《總目·〈補後漢書年表〉提要》云"《梁書·王僧虔傳》稱其'旁行斜上,體仿周譜'",⑥《〈歷代紀事年表〉提要》云"考《南史·王僧虔傳》,稱太史公年表,旁行斜上,體仿周譜",⑦均屬誤記。《梁書》無王僧虔傳。

---

① 佚名《氏族大全》卷九,景印《文淵閣四庫全書》,上海:上海古籍出版社,1987年,第952册,第288頁。按:據元刻十卷本《氏族大全》,《四庫》本"人以爲怪"下脱"我得自然"四字。

② 佚名《氏族大全》卷一一,景印《文淵閣四庫全書》,第952册,第332頁。

③ 李延壽《南史》卷四九,北京:中華書局,1975年,第1223頁。

④ 姚思廉《梁書》卷五〇,北京:中華書局,1973年,第716頁。

⑤ 姚思廉《梁書》卷三三,第474頁。

⑥ 紀昀等《欽定四庫全書總目》卷四五,北京:中華書局,1997年,第621頁。

⑦ 紀昀等《欽定四庫全書總目》卷五〇,第697頁。

13. 經濟類編一百卷

明馮琦編。琦字琢庵,臨朐人。……事迹具《明史》本傳。是編爲琦手録之稿,粗分門類。琦没之後,其弟瑗與其門人周家棟、吳光儀稍爲排纂。且删其重複,定爲帝王……邊塞、刑罰、工虞……雜言二十三類,大致與《册府元龜》互相出入。(卷 136,頁 1791)

按:馮琦字"用韞","琢庵"爲其號。《明史·馮琦傳》:"馮琦字用韞,臨朐人。"①王錫爵《禮部尚書兼翰林院學士贈太子少保琢庵馮公墓誌銘》:"公諱琦,字用韞。"②查繼佐《罪惟録·馮琦傳》:"馮琦字用韞,號琢庵,山東臨朐人。"③李焕章《織水齋集·郡三大臣傳》:"馮尚書公琦字用韞,號琢庵,海内所稱宗伯先生。郡臨朐人。"④

又按:吳光儀,文淵閣書前提要、《文溯閣四庫全書提要》、文津閣書前提要作"吳光義",是。《經濟類編》卷端題"明北海馮琦纂,弟馮瑗、楚黃門人周家棟、淮南門人吳光義校",卷首有"淮南門人吳光義"序,并鈐"吳光義印",又《校刻姓氏》中亦載"淮南吳光義"之名。⑤又馮琦好友陸可教《陸學士先生遺稿》卷首《校刻姓氏》載"淮南吳光義"。⑥則提要"儀"爲"義"之誤字明甚。

又按:刑罰,文淵閣書前提要、《文溯閣四庫全書提要》、文津閣書前提要作"刑法",是。《四庫》本《經濟類編》卷七一至七三題"刑法",下分刑法、執法、斷獄、贖罪、訟罪、赦罪諸目,明萬曆刻本同(小目次序稍异),是提要"刑罰"當作"刑法"。

14. 圖書編一百二十七卷

明章潢撰。……其門人萬尚前序稱是編"肇于嘉靖壬戌,成于萬歷丁丑"。(卷 136,頁 1793)

按:萬尚前,《文溯閣四庫全書提要》作"萬尚烈",是。明萬曆刻本《圖書編》卷首新建門人萬尚烈序稱"編肇于嘉靖壬戌,成于萬曆丁丑",⑦即提要所據。卷首又有萬尚烈《章

① 張廷玉等《明史》卷二一六,北京:中華書局,1974 年,第 5702 頁。

② 王錫爵《王文肅公文集》卷一○,《四庫禁燬書叢刊》,北京:北京出版社,1997 年,景印明萬曆王時敏刻本,集部第 7 册,第 259 頁。

③ 查繼佐《罪惟録·列傳》卷一○下,杭州:浙江古籍出版社,1986 年,第 2117 頁。

④ 李焕章《織水齋集》,《四庫全書存目叢書》,濟南:齊魯書社,1997 年,景印清乾隆間鈔本,集部 208 册,第704 頁。

⑤ 馮琦編《經濟類編》,《四庫提要著録叢書》,北京:北京出版社,2010 年,景印明萬曆三十二年周家棟等刻本,子部第 86 册,第 9、11、20 頁。

⑥ 陸可教《陸學士先生遺稿》,《四庫禁燬書叢刊》,北京:北京出版社,1997 年,影印明萬曆刻本,集部第 160 册,第 289 頁。

⑦ 章潢《圖書編》卷首,明萬曆四十一年刻本。

斗津先生行狀》及參編《章斗津先生年譜》。《四庫》本《圖書編》删萬序、《年譜》,卷末存《章
斗津先生行狀》,亦題"門人萬尚烈撰"。①《總目》四書類存目載:"《四書測》六卷,明萬尚
烈撰。尚烈字思文,南昌人。"②即此人。

<h3>15. 古儷府十二卷</h3>

分十八門,曰天文,曰地理,曰歲時,曰帝王,曰宫掖,曰儲宫,<u>曰帝戚</u>,<u>曰人</u>,曰職官,曰
禮,曰樂,曰道術,曰文學,曰武功,曰居處,曰恩賚,曰物類。(卷136,頁1794)

按:提要稱"分十八門",下僅叙十七門目。《古儷府》卷首目録"帝戚部"與"人部"間尚
有"政術部"(卷四),③提要闕述,疑"曰帝戚"下脱"曰政術"三字。

<h3>16. 御定佩文韵府四百四十四卷</h3>

康熙五十年聖祖仁皇帝御定。考《唐書·藝文志》載顔真卿<u>《韵海鏡源》二百卷</u>。(卷
136,頁1796)

按:《新唐書·藝文志》經録著録顔真卿《韵海鏡源》三百六十卷,④非二百卷。《舊唐
書·代宗紀》:"(大曆十二年)刑部尚書顔真卿獻所著《韵海鏡源》三百六十卷。"⑤《新唐
志》所據當即史傳。《封氏聞見記》載:"天寶末,平原太守顔真卿撰《韵海鏡源》二百卷;未
畢,屬胡寇憑陵,拔身濟河,遺失五十餘卷。廣德中爲湖州刺史,重加補葺,更于正經之外,
加入子、史、釋、道諸書,撰成三百六十卷。"⑥《總目·〈封氏聞見記〉提要》云:"顔真卿《韵
海鏡源》世無傳本,此書詳記其體例,知元陰時夫《韵府群玉》實源于此。"⑦則此"二百卷"
之説疑誤讀《封氏聞見記》文而來。

<h3>17. 璧水群英待問會元選要八十二卷</h3>

一曰《名流舉業》,又分立意發端、稽古偉議、法祖嘉猷、時文警段、綺語駢珠、<u>當今猷
策</u>、生意收結等七子目。(卷137,頁1802)

按:當今猷策,明麗澤堂活字印本《璧水群英待問會元》之《名流舉業》"綺語駢珠""生

①　章潢《圖書編》卷末,上海:上海古籍出版社,1987年,景印《文淵閣四庫全書》,第972册,第850頁。
②　紀昀等《欽定四庫全書總目》卷三七,第488頁。
③　王志慶《古儷府》卷首,上海:上海古籍出版社,1987年,景印《文淵閣四庫全書》,第979册,第1頁。
④　歐陽修、宋祁《新唐書》卷五七,第1451頁。
⑤　劉昫等《舊唐書》卷一一,第313頁。
⑥　封演撰,趙貞信校注《封氏聞見記校注》卷二,北京:中華書局,2005年,第13頁。
⑦　紀昀等《欽定四庫全書總目》卷一二〇,第1602頁。

意收結"間子目題"當今獻策",①其下各卷亦多見之,疑提要"獻"涉上文"法祖嘉獻"而誤。

18. 四六膏馥七卷

其曰"膏馥"者,蓋取元稹作《杜甫墓誌銘》"殘膏剩馥,沾溉無窮"語也。(卷 137,頁 1803)

按:檢元稹《唐故工部員外郎杜君墓係銘并序》無"殘膏剩馥,沾溉無窮"語。② 此語實出《新唐書·杜甫傳贊》:"至(杜)甫,渾涵汪茫,千彙萬狀,兼古今而有之,它人不足,甫乃厭餘,殘膏賸馥,沾丐後人多矣。故元稹謂:'詩人以來,未有如子美者。'"③所引元稹"詩人以來,未有如子美者"即見《墓係銘并序》。《新唐書》雖采元稹所撰杜甫墓誌銘,然"殘膏剩馥,沾溉無窮"實史臣總括,非元稹原文。提要蓋因傳贊涉元稹作《杜甫墓誌銘》而誤記。

19. 侍兒小名録拾遺一卷

此本爲明商維濬所刊。……所載不甚簡擇,如江蓮、王魁二事,皆猥鄙不足道。(卷 137,頁 1803)

按:江蓮,當作"紅蓮"。《稗海》本《侍兒小名録拾遺》:"五代時有一僧,號至聰禪師,祝融峰修行十年,自以爲戒行具足,無所誘掖也。……一日下山,于道傍見一美人,號紅蓮,一瞬而動,遂與合歡。至明,僧起沐浴,與婦人俱化。"④此即提要所據。《説郛》本《侍兒小名録》"紅蓮"條同,⑤則"江"爲"紅"之誤字亦明。

20. 群書鈎元十二卷

是書雜采古事古語,以字數爲標目次第,自一字起至七字止。其不能限以數者,別爲《膾炙句》二卷。……後附删節《通鑑》一卷,題曰《建置沿革》。又附陳騤《文則》一卷,更無倫理。(卷 137,頁 1806)

按:"《通鑑》一卷","一卷",疑當作"二卷"。《藏園群書經眼録》著録元刊本《群書鈎

---

　　① 劉達可編《璧水群英待問會元》卷一,《四庫全書存目叢書》,濟南:齊魯書社,1997 年,景印明麗澤堂活字印本,1997 年,子部第 168 册,第 62 頁。

　　② 元稹撰,冀勤點校《元稹集》卷五六,北京:中華書局,1982 年,第 600—602 頁。

　　③ 歐陽修、宋祁《新唐書》卷二〇一,第 5738 頁。

　　④ 題張邦幾《侍兒小名録拾遺》,《叢書集成初編》,北京:商務印書館,1935 年,排印《稗海》本,第 3313 册,第 5 頁。

　　⑤ 陶宗儀編《説郛》卷七七上,上海:上海古籍出版社,1987 年,景印《文淵閣四庫全書》,第 880 册,第 320 頁。

玄》十二卷,云:"一至七字各一卷,又《膾炙句》二卷,十一卷《建置沿革》,十二卷陳騤《文則》。"①此與提要所述全同。然《經眼錄》所叙計十一卷,卷十內容闕述。考《群書鈎玄》卷十、卷十一爲《建置沿革》上、下二卷,②餘與提要所述卷目同。則提要"一卷"疑爲"二卷"之誤。

21. 永樂大典二萬二千八百七十七卷目録六十卷

　　明永樂元年七月奉勅撰,二年十一月奏進,賜名《文獻大成》。……既而以所纂尚多未備,復命太子少保姚廣孝、刑部侍郎劉季箎與縉同監修,而以翰林學士王景……司經局洗馬楊博……翰林侍讀鄒輯……山東按察司僉事晏璧爲副總裁,與其事者凡二千一百六十九人。(案:以上俱見《明實録》。)……今仰蒙指授,裒輯成編者凡經部六十六種,史部四十一種,子部一百三種,集部一百七十五種,共四千九百二十六卷。(卷137,頁1807)

　　按:楊博,上海圖書館藏《總目》殘稿本作"楊溥",③是。侍讀鄒輯,上海圖書館藏《總目》殘稿本作"侍讀鄒緝",④均誤,當作"侍講鄒緝"。《明太宗實録》載:

　　　　(永樂二年十一月)丁巳,翰林學士兼右春坊大學士解縉等進所纂録韵書,賜名《文獻大成》。……既而上覽所進書,尚多未備,遂命重修,而敕太子少保姚廣孝、刑部侍郎劉季箎及縉總之。命翰林學士王景……司經局洗馬楊溥……翰林院侍講鄒緝……山東按察司僉事晏璧爲副總裁。⑤

此即提要所據。《明史·楊溥傳》:"楊溥,字弘濟,石首人。……永樂初,侍皇太子爲洗馬。"⑥又《鄒緝傳》:"鄒緝,字仲熙,吉水人。……成祖即位,擢翰林侍講。"⑦

　　又按:四千九百二十六卷,浙本作"四千九百四十六卷"。據曹書杰統計《總目》浙本著録《永樂大典》本凡388種,經部70種,史部41種,子部102種,集部175種。⑧今考殿本著録《永樂大典》本凡387種。浙本子部醫家類著録《衛生十全方》三卷《奇疾方》一卷,殿

---

　　①　傅增湘《藏園群書經眼録》卷一〇,北京:中華書局,1983年,第845頁。
　　②　高耻傳《群書鈎玄》,《四庫全書存目叢書》,濟南:齊魯書社,1997年,景印元至正七年刻明修補本,子部第172册,第481—496頁。
　　③④　紀昀等《四庫全書總目稿鈔本叢刊》,上海:上海科學技術文獻出版社,2021年,第5册,第55頁。
　　⑤　張輔修《明太宗實録》卷三六,1962年,臺灣研究院語言研究所編,第627—628頁。
　　⑥　張廷玉等《明史》卷一四八,第4142頁。
　　⑦　張廷玉等《明史》卷一六四,第4435頁。
　　⑧　曹書杰《〈四庫全書〉采輯"永樂大典本"數量辨》,《圖書館學研究》1986年第1期,第86頁。

本未著録此書,故殿本較浙本少一種。

據筆者統計,殿本著録《永樂大典》本凡經部 747 卷,史部 1293 卷,子部 541 卷,集部 2414 卷,總計 4995 卷;浙本著録《永樂大典》本經部、史部與殿本全同,唯子部 547 卷,集部 2419 卷,總計 5006 卷。子部差異有三:(1)醫家類浙本著録《衛生十全方》三卷《奇疾方》一卷,殿本未著録此書。(2)天文算法類《益古演段》,殿本作"二卷",浙本作"三卷"。(3)雜家類殿本著録《石林燕語》十卷,浙本著録爲《石林燕語》十卷《考异》一卷。集部別集類《蘆川歸來集》,殿本作"五卷",浙本作"十卷"。總計浙本較殿本多 11 卷。

22. 姓源珠璣六卷

是編以《洪武正韵》分隸諸姓,而各系古之名人于姓下。……宋姓列宋明帝、宋武宗、宋徽宗、宋山陰公主,已爲無理。(卷 137,頁 1808)

按:宋武宗,當作"宋武帝"。《姓源珠璣》"宋"姓下云:"宋武帝幼時讀書,十行俱下。(《南史》)"[1]《南史·孝武帝紀》:"世祖孝武皇帝,諱駿,字休龍,小字道人,文帝第三子也。……少機穎,神明爽發,讀書七行俱下。"[2]劉宋及兩宋無謚號廟號爲"武宗"者,"宋武宗"顯爲"宋武帝"之誤記。

23. 群書纂類十二卷

明袁均哲撰。……是編因臨江張九韶《群書備數》補其缺遺,加以注釋。凡十三門,百二十三事,千四百三十四條。(卷 137,頁 1808)

按:群書纂類,《翁方綱纂四庫提要稿》作"群書纂數"[3],是。明成化七年(1471)刻本《新編群書纂數》卷首袁均哲自序云:"先正臨江張美和先生嘗作《群書備數》,以嘉惠來學。……加以注釋,入新增凡百二十三事,分爲十有二卷,總一千四百三十四條,更名曰《群書纂數》,蓋謂纂其類而集其數。"[4]則提要實據袁序臠栝。是書名"數"字即承張九韶(字美和)書名"備數"而來。《百川書誌》《千頃堂書目》著録袁氏此書均作"《群書纂數》"。[5]則提要"類"爲"數"之形誤亦明。

---

① 楊信民《姓源珠璣》卷四,《四庫全書存目叢書》,濟南:齊魯書社,1997 年,景印明宣德刻本,子部第 173 册,第 419 頁。

② 李延壽《南史》卷二,第 55 頁。

③ 翁方綱撰,吳格整理《翁方綱纂四庫提要稿》,上海:上海科學技術文獻出版社,2005 年,第 629 頁。

④ 袁均哲《新編群書纂數》,明成化七年刻本。

⑤ 高儒《百川書誌》卷一一,北京:古典文學出版社,1957 年,第 173 頁。黄虞稷撰,瞿鳳起、潘景鄭整理《千頃堂書目》卷一五,上海:上海古籍出版社,2001 年,第 397 頁。

24. 群書集事淵海四十七卷

李東陽《懷麓堂集》有此書後序,稱:"國初人所輯,內官監左少監賈性在司禮購而得之。捐貲鏤板,病其字太小,募善書者録之,稍拓其式。"……其書分門十,分子目五百七十二,集諸書事迹,自春秋迄戰國,凡數千條,條下各注所出,皆陳因習見。(卷 137,頁 1809)

按:"自春秋迄戰國"文有訛脱。《翁方綱纂四庫提要稿》作"自春秋戰國迄于元末"。①《群書集事淵海》卷末李東陽《群書集事淵海後序》云:

> 有《群書集事淵海》者,蓋國初人所輯,不著姓名。凡四十七卷,自《君臣》而下至《夷狄》,爲門十,爲目五百七十二,爲事之條,其多以數千計。大抵皆集諸書事略,自春秋戰國訖于元季,每條之下,必注其所出,若可謂博而要矣。內官監左少監賈公性,在司禮,出納機密,雅尚文事,購而得之,圖欲捐貲鏤板,以便初學,病其字太小,募善書者録之,稍拓其式。②

李東陽《懷麓堂全集·文後稿》載此序同。③ 蓋提要本當作"自春秋戰國迄元末",輾轉脱"元末"二字,故將"戰國"置于"訖"下,未細核原書也。

25. 謝華啓秀八卷

明楊慎撰。……甚乃以"胡燕胸斑聲大"對"越燕紅襟身小",則亘古四六無此複句。(卷 137,頁 1810)

按:《謝華啓秀·六字類》有"胡燕胸斑聲小,越燕紅襟聲大"句,④即提要所據。楊慎《丹鉛總録》"胡燕"條引《玄中記》亦云:"胡燕斑胸聲小,越燕紅襟聲大。"⑤則提要"小""大"二字誤倒,"身"又"聲"之音誤。

26. 彙苑詳注三十六卷

舊本題明王世貞撰,鄒善長重訂。善長不知何許人。其書成于萬歷乙亥。(卷 137,

---

① 翁方綱撰,吳格整理《翁方綱纂四庫提要稿》,第 631 頁。
② 佚名《群書集事淵海》卷末,《四庫全書存目叢書》,濟南:齊魯書社,1997 年,景印明弘治十八年賈性刻本,子部第 176 册,第 854 頁。
③ 李東陽,周寅賓編《李東陽集·文後稿》卷四,長沙:岳麓書社,2008 年,第 970 頁。
④ 楊慎《謝華啓秀》卷五,《四庫全書存目叢書》,濟南:齊魯書社,1997 年,景印清康熙鈔本,子部第 177 册,第 38 頁。
⑤ 楊慎撰,王大淳箋證《丹鉛總録箋證》卷二一,杭州:浙江古籍出版社,2013 年,第 966 頁。

頁 1812)

　　按:乙亥,當作"乙未"。《彙苑詳注》卷首車大任序、黄鳳翔序均署"萬曆乙未",黄序云:"吾鄉鄒善長,晞茂先之博物,兼子雲之好奇,于太學卒業,終日校書,書成付之梓,拜手請序于不佞。"①則此書當成于萬曆二十三年乙未(1595),非萬曆三年乙亥,此蓋涉天干同字而誤。

27. 亘史鈔無卷數

　　編首顧起元序云:"内紀内篇以内之……外紀外篇以外之……雜記雜篇以雜之……内之目十七,外之目三十,雜之目三十二。爲目七十九,**爲卷九百九十有六**。"今是編僅存内紀内篇,蓋殘缺不完之本。(卷 138,頁 1815)

　　按:九百九十有六,當作"九百八十有六"。《亘史鈔》卷首顧起元序云:"内之目十有七,外之目三十,雜之目三十有二。合之凡爲目七十有九,爲卷九百八十有六。"②顧起元《嬾真草堂集文·亘史序》同。③ 則提要"九百九十有六"之"九十"爲"八十"之誤明甚。

28. 男子雙名記一卷

　　所記古今男子如殷七七、王保保之類凡**二十一人**。(卷 138,頁 1818)

　　按:二十一人,當作"三十一人"。《男子雙名記》起"殷七七",迄"馮存存",凡三十一條,提要之言當本于此,"二"蓋"三"字形誤。其中唯"精精兒空空兒"一條實爲二人,④所記實三十二人。

29. 事言要元三十二卷

　　明陳懋學撰。懋學字希賢,福唐人。萬曆壬子舉人,官兵馬司指揮。(卷 138,頁 1819)

　　按:希賢,浙本、粤本作"希顔",是。康熙《福清縣誌·選舉類》萬曆十年壬午謝綗榜載:"陳懋學,希顔,兵馬指揮。"⑤乾隆《福州府誌·選舉誌》萬曆十年壬子科(解元謝綗)亦

---

　　① 題王世貞撰,鄒道元訂《彙苑詳注》卷首,《四庫全書存目叢書》,濟南:齊魯書社,1997年,景印明萬曆二十三年鄒道元刻梅墅石渠閣補修本,子部第 180 册,第 5 頁。

　　② 潘之恒《亘史鈔》卷首,《四庫全書存目叢書》,濟南:齊魯書社,1997年,景印明刻本,子部第 193 册,第 111—112 頁。

　　③ 顧起元《嬾真草堂集文》卷一六,《明别集叢刊》,合肥:黄山書社,2016年,景印明萬曆四十六年刻本,第 4 輯第 84 册,第 299—300 頁。

　　④ 陶涵中《男子雙名記》,《四庫全書存目叢書》,濟南:齊魯書社,1997年,景印清道光十一年六安晁氏木活字《學海類編》本,子部第 200 册,第 136 頁。

　　⑤ 李傳甲修,郭文祥纂《福清縣誌》卷五,清康熙刻本。

載:"陳懋學,字希顏,兵馬指揮。"①唯"壬子"爲"壬午"之誤,萬曆十年歲壬午。《事言要玄》卷首魏濬序稱"予友謝孔聲爲言其師陳希顏先生所彙《事言要玄》,蓋數十年殫力于此",②是爲確證。又提要"壬子"爲"壬午"之誤,前人已發。③疑提要或襲《福州府誌》之誤而未察。

30. 千家姓文一卷

國朝崔冕撰。冕字**貢收**,巢縣人。是編以村塾所傳《百家姓》語無文義,因就史傳詳加繙閲,得複姓三十四,單姓九百七十二,**計千餘六音**,聯屬其文。……前有康熙癸卯冕自序。(卷139,頁1828)

按:貢收,當作"黃收"。《千家姓增補注釋》卷首龔鼎孳題詞稱"居巢崔子黃收"。④崔冕一字九玉,《素吟集》卷首自序末鈐"崔冕印""九玉字黃收"二印。⑤"黃收"即古冠名,《史記·五帝本紀》"黃收純衣"《索隱》:"收,冕名。其色黃,故曰黃收,象古質素也。"⑥則其字"黃收"與其名"冕"義正合。

又按:"計千餘六音"之"音",浙本、粵本作"姓",整理本據改。《千家姓增補注釋》卷首康熙二年癸卯(1663)崔冕自序云:"獨《百姓》一書,殊無文義,未審作者何人。……采其姓氏在耳目前而多顯貴聞望者,得覆姓三十四,單姓九百七十二,計千餘六音,字釘句餖,比事屬詞,上遡皇農,下詳歷代。"⑦則提要實據崔序櫽括,浙、粵二本改"音"作"姓",于義無礙,要非提要原文。

31. 三體摭韵十二卷

他如已引古詩之"魚戲蓮葉東",又引**岑德**詩之"蓮東自可戲",别出"蓮東"一條。(卷139,頁1831)

按:岑德,當作"岑德潤"。《初學記·鱗介部·魚》載隋岑德潤《咏魚詩》:"劍影侵波

①　徐景熹修,魯曾煜等纂《福州府誌》卷四〇,《中國方誌叢書》第72號,臺北:成文出版社,1967年,景印清乾隆十九年刻本,第822頁。
②　陳懋學《事言要玄》卷首,《四庫全書存目叢書》,濟南:齊魯書社,1997年,景印明萬曆四十六年楊秉政等刻本,子部第202册,第2頁。
③　魏小虎《四庫全書總目彙訂》卷一三八,第4326頁。
④　崔冕《千家姓增補注釋》卷首,《四庫全書存目叢書》,濟南:齊魯書社,1997年,景印清鈔本,子部第229册,第751頁。
⑤　崔冕《素吟集》,《四庫未收書輯刊》,北京:北京出版社,2000年,景印清康熙刻本,第8輯第16册,第373頁。
⑥　司馬遷《史記》卷一,北京:中華書局,2014年,第19頁。
⑦　崔冕《千家姓增補注釋》卷首,《四庫全書存目叢書》,子部第229册,第750頁。

合,珠光帶水新。蓮東自可戲,安用上龍津。"①《藝文類聚·鱗介部上·魚》引同。②《陳書·文學·岑之敬傳》稱岑之敬子"(岑)德潤,有父風,官至中軍吳興王記室",③《南史·文學·岑之敬傳》同,④即此人。《三體摭韵》"蓮東"條云:"岑德'蓮東自可戲'。"⑤則《三體摭韵》傳本已脱"潤"字,提要襲其誤而未察。

32. 考古原始六卷

考《世本》多載事始,其書久佚,馮贄《事始》亦無傳本。(卷 139,頁 1832)

　　按:馮贄,當作"馮鑒"。衢本《郡齋讀書志》(袁本前志卷三上):"《事始》三卷,右唐劉孝孫等撰。""《續事始》五卷,右僞蜀馮鑒廣孝孫所著。"⑥《宋史·藝文志》:"馮鑒《續事始》五卷。"⑦《總目·〈事始〉提要》引《郡齋讀書志》亦稱"蜀馮鑒《續事始》",⑧則提要所據當即《郡齋讀書志》。考唐人有馮贄者,撰《雲仙雜記》十卷,《總目》已著録,⑨提要"馮贄"疑爲誤記。

　　【作者簡介】孫利政,男,1992 年生,泰州學院人文學院講師。主要研究領域爲中國古典文獻學、四庫學。

---

① 徐堅等《初學記》卷三〇,北京:中華書局,1962 年,第 744 頁。
② 歐陽詢《藝文類聚》卷九六,上海:上海古籍出版社,1965 年,第 1673 頁。
③ 姚思廉《陳書》卷三四,北京:中華書局,1972 年,第 462 頁。
④ 李延壽《南史》卷七二,第 1789 頁。
⑤ 朱昆田《三體摭韵》卷一,《四庫全書存目叢書》,濟南:齊魯書社,1997 年,景印清鈔本,子部第 235 册,第 1 頁。
⑥ 晁公武撰,孫猛校證《郡齋讀書志校證》卷一二,第 520—521 頁。
⑦ 脱脱等《宋史》卷二〇六,北京:中華書局,1977 年,第 5221 頁。
⑧ 紀昀等《欽定四庫全書總目》卷一二六,第 1681 頁。
⑨ 紀昀等《欽定四庫全書總目》卷一四〇,第 1841 頁。